U0901262

西藏统计年鉴

TIBET STATISTICAL YEARBOOK

2022

总第34期 NO.34

西藏自治区统计局
国家统计局西藏调查总队 编

图书在版编目（CIP）数据

西藏统计年鉴. 2022 = Tibet Statistical Yearbook 2022：汉英对照 / 西藏自治区统计局，国家统计局西藏调查总队编. -- 北京：中国统计出版社，2023.10
ISBN 978-7-5230-0028-1

Ⅰ. ①西… Ⅱ. ①西… ②国… Ⅲ. ①统计资料－西藏－2022－年鉴－汉、英 Ⅳ. ①C832.75-54

中国国家版本馆 CIP 数据核字(2023)第 205948 号

西藏统计年鉴 2022

作　　者/ 西藏自治区统计局　国家统计局西藏调查总队
责任编辑/ 张　洁
封面设计/ 李雪燕
出版发行/ 中国统计出版社有限公司
地　　址/ 北京市丰台区西三环南路甲 6 号　邮政编码/100073
电　　话/ 邮购（010）63376909　书店（010）68783171
网　　址/ http://www.zgtjcbs.com
印　　刷/ 河北鑫兆源印刷有限公司
经　　销/ 新华书店
开　　本/ 890mm×1240mm　1/16
字　　数/ 808 千字
印　　张/ 25.25
版　　别/ 2023 年 10 月第 1 版
版　　次/ 2023 年 10 月第 1 次印刷
定　　价/ 280.00 元

本书附同版本 CD-ROM 一张，光盘内容以书面文字为准。
如有印装差错，由本社发行部调换。

《西藏统计年鉴 2022》编辑委员会及编辑工作人员

编辑委员会

主　任： 刘柏呈　巴　桑　索朗扎西

副主任： 达　顿　蔡　岷　次　仁　马洪钧　才让扎西　钮心敏　白玛卫东

编　委： (以姓氏笔画为序)

王　平　王　猛　王秀丽　扎西顿珠　毛学艳　巴桑次仁　龙友敏　平　措
卡　特　旦　珍　申延东　白　珍　达　娃　曲　珍　向　阳　刘东红
刘院明　次　珍　次仁旺姆　次旦玉珍　李建树　杨　珍　杨立东　杨作云
吴新红　陈建琼　尚克家　旺堆罗布　和向阳　周　平　周俊贤　周路春
胡　继　格桑尼玛　贾　洪　卿三喜　高　勇　唐　萍　桑　旦　曾素英
谢天芳　登增斯郎　雷德丰　德　庆　德吉拉姆

编辑工作人员

主　　编： 蔡　岷　钮心敏

副 主 编： 王　平　卿三喜

执行编辑： 张泽林　刘　娟

编辑人员： (以姓氏笔画为序)

王自荣　王普珍　扎西次松　扎西卓玛　邓　辉　邓其华　布晓瑶　央　吉
边巴卓玛　达娃央金　朱恩波　次仁旺珍　米　娜　米玛潘多　杜绣娟
李林轩　李跃龙　杨　瑶　杨安正　杨建林　杨素娟　张双建　张红霞
张泽林　张舒萌　拉巴卓玛　其米德吉　卓　玛　春　华　段永标
晋美朗杰　格桑央金　格桑贡嘎　常纪坡　谌　思　普琼次仁　操　萍

英文审校： 张泽林　刘　娟

光盘设计： 熊　威

《TIBET STATISTICAL YEARBOOK 2022》
EDITORIAL BOARD AND EDITORIAL STAFF

编辑说明

一、《西藏统计年鉴 2022》是一本信息高度密集的资料工具书。本书收录了 2021 年西藏自治区的经济和社会发展等各方面的统计数据，以及西藏和平解放以来各个时期的主要统计数据，是国内外各界人士了解西藏、认识西藏的重要资料性工具书。

二、全书内容分为 18 个篇目，即 1.行政区划和自然资源；2.综合和国民经济核算；3.人口、就业和工资；4.固定资产投资；5.财政；6.价格；7.人民生活；8.农业；9.工业；10.建筑业；11.运输和邮电业；12.国内贸易；13.对外贸易和旅游；14.金融业；15.教育、科技和文化；16.体育、卫生和其他；17.各县（市、区）主要统计指标；18.全国各省（区、市）统计资料。为便于读者正确使用资料，书末还附有主要统计指标解释。

三、本年鉴中总量指标均按当年现行价格计算。西藏生产总值及各产业增加值、农业总产值、工业总产值指数和增长速度均按可比价格计算。

四、本年鉴部分数据合计数或相对数由于单位取舍不同产生的计算误差未作机械调整。

五、本年鉴中涉及到的历史数据，均以最新出版的年鉴数据为准。

六、本年鉴所涉及的全国性统计数据均未包括香港、澳门特别行政区和台湾省数据。

七、本年鉴中的符号使用说明:“…”表示数据不足本表最小单位数;“空格”表示该项统计指标数据不详或无数据;“＃”表示其中主要项。

八、各篇章前设有《简要说明》，对本篇章的主要内容、资料来源、资料整理人进行了简要概述，以方便读者使用。

九、资料中所使用的度量衡单位采用国际统一标准计量单位。

十、本年鉴为中英文对照，配有电子版光盘。

十一、《西藏统计年鉴》出版得到区直有关部门和单位的大力支持，对此我们深表感谢。限于我们的水平，欢迎读者继续对年鉴的不足之处给予批评和指正，以便我们进一步改进年鉴的编辑工作，更好地为广大读者服务。

EDITOR'S NOTE

Ⅰ.*Tibet Statistical Yearbook 2022* contains comprehensive statistics on Tibetan economic and social development in 2021 and major statistical data in historically important years after The Peaceful Liberation of Tibet. It is really an important and efficient reference yearbook for people of all circles at home and abroad to know and understand Tibet.

Ⅱ.The Yearbook contains 18 parts: 1.Administrative Divisions and Natural Resources; 2.General Survey and National Accounts; 3.Population, Employment and Wages; 4.Investment in Fixed Assets; 5.Government Finance; 6.Prices; 7.People's Living Conditions; 8.Agriculture; 9.Industry; 10.Construction; 11.Transport, Postal and Telecommunication Services; 12.Domestic Trade; 13.Foreign Trade and Tourism; 14.Financial Intermediation; 15.Education, Science & Technology and Culture; 16.Sports, Public Health and Others; 17.Main Economic Indicators by Counties (Cities and Regions); 18.Statistical Data of Provinces, Autonomous Region and Municipality. To facilitate readers, at the end of the book, Explanatory Notes on main statistical indicators are included.

Ⅲ.The prices used in calculation in this publication are current prices of those years. Indices and growth rate of gross regional product of Tibet, value-added by three strata of industry, gross output value of agriculture and gross output value of industry are calculated at constant prices.

Ⅳ.Statistical discrepancies on totals and relative figures due to rounding are not adjusted in the Yearbook.

Ⅴ.Please refer to the newly published version of the Yearbook for updated historical data.

Ⅵ. The national data in this book do not include those of the Hong Kong Special Administrative Region, the Macao Special Administrative Region and Taiwan Province.

Ⅶ. Marks in this yearbook: "…" indicates that the data is not large enough to be rounded into the least unit; "blank space" indicates that the data are unknown or not available; "#" indicates a major breakdown of the total.

Ⅷ.To facilitate readers, the Brief Introduction at the beginning of each chapter provides a summary of the main contents of the chapter, data sources, data collection.

Ⅸ.The units of measurement used in the Yearbook are internationally standard measurement units.

Ⅹ.This book is written in Chinese and English, and is equipped with electric CD.

Ⅺ.During the compilation of the yearbook, we have got the support from some government departments of Autonomous Region and other relative units. We express our thanks to all of them here. In order to be better, we welcome all candid comments and criticism from our readers.

目　　录

Contents

第一篇　行政区划和自然资源

CHAPTER 1　ADMINISTRATIVE DIVISIONS AND NATURAL RESOURCES

1-1　行政区划 ······ 3
ADMINISTRATIVE DIVISIONS

1-2　行政区划一览表 ······ 3
LIST OF ADMINISTRATIVE DIVISIONS

1-3　县(市、区)分类 ······ 4
COUNTIES (CITIES AND REGIONS) BY TYPE

1-4　西藏各水系流域面积 ······ 5
DRAINAGE AREA OF TIBET WATER SYSTEM

1-5　西藏境内面积大于 200 平方公里的湖泊 ······ 6
STATISTICS OF LAKE AREA MORE THAN 200 SQUARE KILOMETERS IN TIBET

1-6　西藏境内海拔 5000 米以上的湖泊 ······ 7
STATISTICS OF LAKE HEIGHT ABOVE SEA LEVEL OVER 5000 METERS IN TIBET

第二篇　综合和国民经济核算

CHAPTER 2　GENERAL SURVEY AND NATIONAL ACCOUNTS

2-1　各部门机构数 ······ 11
GRASSROOTS UNITS IN VARIOUS SECTORS

2-2　国民经济和社会发展总量与速度指标 ······ 12
PRINCIPAL AGGREGATE INDICATORS ON NATIONAL ECONOMIC AND SOCIAL DEVELOPMENT AND GROWTH RATES

2-3　国民经济和社会发展结构指标 ······ 18
COMPOSITION INDICATORS ON NATIONAL ECONOMIC AND SOCIAL DEVELOPMENT

2-4　平均每天主要社会经济活动 ······ 19
SELECTED INDICATORS ON AVERAGE DAILY SOCIAL AND ECONOMIC ACTIVITIES

2-5　人均主要经济指标 ······ 20
PER CAPITA MAIN ECONOMIC INDICATORS

2-6　地区生产总值 ······ 21
GROSS DOMESTIC PRODUCT

2-7 地区生产总值构成 …… 22
COMPOSITION OF GROSS DOMESTIC PRODUCT
2-8 地区生产总值指数 …… 23
INDICES OF GROSS DOMESTIC PRODUCT
2-9 地区生产总值指数 …… 24
INDICES OF GROSS DOMESTIC PRODUCT
2-10 分地区生产总值 …… 25
GROSS DOMESTIC PRODUCT BY REGION
2-11 分地区生产总值增长速度 …… 25
GROWTH RATE OF GROSS DOMESTIC PRODUCT BY REGION

第三篇　人口、就业和工资
CHAPTER 3　POPULATION, EMPLOYMENT AND WAGES

3-1 人口数及构成 …… 29
POPULATION AND ITS COMPOSITION
3-2 人口出生率、死亡率和自然增长率 …… 30
BIRTH RATE, DEATH RATE AND NATURAL GROWTH RATE OF POPULATION
3-3 分地市年末人口数 …… 30
POPULATION AT YEAR-END BY REGION
3-4 按三次产业分的就业人员年末人数 …… 31
NUMBER OF EMPLOYED PERSONS BY THREE STRATA OF INDUSTRY
3-5 各行业分经济类型单位从业人员期末人数(2021 年) …… 32
NUMBER OF EMPLOYED PERSONS IN UNITS AT YEAR-END BY OWNERSHIP AND SECTOR (2021)
3-6 全区职工人数及构成 …… 33
NUMBER OF STAFF AND WORKERS AND ITS COMPOSITION
3-7 各行业分经济类型、分地市职工人数(2021 年) …… 34
NUMBER OF STAFF AND WORKERS BY REGION, OWNERSHIP AND SECTOR (2021)
3-8 单位从业人员工资总额(2021 年) …… 36
TOTAL WAGE BILL OF EMPLOYED PERSONS IN UNITS (2021)
3-9 职工工资总额及构成 …… 37
TOTAL WAGE BILL OF STAFF AND WORKERS AND ITS COMPOSITION
3-10 职工工资总额指数 …… 38
INDICES OF TOTAL WAGE OF STAFF AND WORKERS
3-11 职工平均工资及指数 …… 39
AVERAGE WAGE OF STAFF AND WORKERS AND RELATED INDICES
3-12 各行业分经济类型、分地市职工工资总额(2021 年) …… 40
TOTAL WAGE BILL OF STAFF AND WORKERS BY REGION, OWNERSHIP AND SECTOR (2021)

3-13 各行业分经济类型、分地市职工平均工资(2021 年) ……42
AVERAGE WAGE OF STAFF AND WORKERS BY REGION, OWNERSHIP AND SECTOR (2021)
3-14 各行业分经济类型从业人员平均工资(2021 年) ……44
AVERAGE WAGE OF EMPLOYED PERSONS BY OWNERSHIP AND SECTOR (2021)
3-15 各行业分经济类型从业人员工资总额(2021 年) ……45
TOTAL WAGE BILL OF EMPLOYED PERSONS BY OWNERSHIP AND SECTOR (2021)
3-16 城镇登记失业人员及失业率 ……46
REGISTERED UNEMPLOYED PERSONS AND UNEMPLOYMENT RATE IN URBAN AREA

第四篇 固定资产投资
CHAPTER 4 INVESTMENT IN FIXED ASSETS

4-1 全社会固定资产投资(不含农户)主要指标比上年增长情况 ……49
GROWTH OF MAIN INDICATORS OF FIXED ASSETS INVESTMENT (EXCLUDING RURAL HOUSEHOLDS) IN THE WHOLE COUNTRY
4-2 分行业固定资产投资和项目(不含农户)情况(2021 年) ……50
FIXED ASSETS INVESTMENT AND PROJECTS (EXCLUDING RURAL HOUSEHOLDS) BY SECTOR (2021)
4-3 分地市全社会固定资产投资(不含农户)主要指标比上年增长情况(2021 年) ……52
GROWTH OF MAIN INDICATORS OF FIXED ASSETS (EXCLUDING RURAL HOUSEHOLDS) INVESTMENT BY REGION (2021)
4-4 房地产开发主要指标 ……54
MAIN INDICATORS OF REAL ESTATE DEVELOPMENT

第五篇 财 政
CHAPTER 5 GOVERNMENT FINANCE

5-1 一般公共预算收支总额及增长速度 ……59
GENERAL PUBLIC BUDGET REVENUE AND EXPENDITURE AND THEIR INCREASE RATES
5-2 一般公共预算主要收入项目 ……60
MAIN ITEMS OF GENERAL PUBLIC BUDGET REVENUE
5-3 一般公共预算主要支出项目 ……62
MAIN ITEMS OF GENERAL PUBLIC BUDGET EXPENDITURE
5-4 分地市一般公共预算收支情况 ……62
GENERAL PUBLIC BUDGET REVENUE AND EXPENDITURE BY REGION
5-5 政府性基金收支和国家财政补助收入情况 ……63
REVENUE & EXPENDITURE OF GOVERNMENT FUNDS AND SUBSIDIES REVENUE OF GOVERNMENT
5-6 分地市政府性基金收支情况 ……64
REVENUE AND EXPENDITURE OF GOVERNMENT FUNDS BY REGION

第六篇　价　　格
CHAPTER 6　PRICES

6-1　全区价格指数 ……………………………………………… 67
GENERAL PRICE INDICES
6-2　全区价格定基指数 ……………………………………………… 68
GENERAL FIXED-BASE PRICE INDICES
6-3　全区居民消费价格分类指数 ……………………………………………… 69
CONSUMER PRICE INDICES BY CATEGORY
6-4　拉萨市居民消费价格分类指数 ……………………………………………… 70
CONSUMER PRICE INDICES BY CATEGORY OF LHASA
6-5　日喀则市居民消费价格分类指数 ……………………………………………… 71
CONSUMER PRICE INDICES BY CATEGORY OF XIGAZE
6-6　昌都市居民消费价格分类指数 ……………………………………………… 72
CONSUMER PRICE INDICES BY CATEGORY OF QAMDO
6-7　林芝市居民消费价格分类指数 ……………………………………………… 73
CONSUMER PRICE INDICES BY CATEGORY OF NYINGCHI
6-8　山南市居民消费价格分类指数 ……………………………………………… 74
CONSUMER PRICE INDICES BY CATEGORY OF LHOKA
6-9　那曲市居民消费价格分类指数 ……………………………………………… 75
CONSUMER PRICE INDICES BY CATEGORY OF NAGQU
6-10　阿里地区居民消费价格分类指数 ……………………………………………… 76
CONSUMER PRICE INDICES BY CATEGORY OF NGARI
6-11　全区各月居民消费价格分类指数(2021 年) ……………………………………………… 77
CONSUMER PRICE INDICES BY CATEGORY EACH MONTH (2021)
6-12　全区商品零售价格分类指数(2021 年) ……………………………………………… 78
RETAIL PRICE INDICES BY CATEGORY (2021)
6-13　拉萨市商品零售价格分类指数 ……………………………………………… 80
RETAIL PRICE INDICES BY CATEGORY OF LHASA
6-14　日喀则市商品零售价格分类指数 ……………………………………………… 82
RETAIL PRICE INDICES BY CATEGORY OF XIGAZE
6-15　昌都市商品零售价格分类指数 ……………………………………………… 84
RETAIL PRICE INDICES BY CATEGORY OF QAMDO
6-16　林芝市商品零售价格分类指数 ……………………………………………… 86
RETAIL PRICE INDICES BY CATEGORY OF NYINGCHI
6-17　山南市商品零售价格分类指数 ……………………………………………… 88
RETAIL PRICE INDICES BY CATEGORY OF LHOKA
6-18　那曲市商品零售价格分类指数 ……………………………………………… 90
RETAIL PRICE INDICES BY CATEGORY OF NAGQU

6-19 阿里地区商品零售价格分类指数 …………………………………………………………92
RETAIL PRICE INDICES BY CATEGORY OF NGARI
6-20 全区各月商品零售价格分类指数(2021 年) ………………………………………………94
RETAIL PRICE INDICES BY CATEGORY OF COMMODITIES EACH MONTH (2021)
6-21 工业生产者出厂价格主要分组指数 ……………………………………………………96
PRODUCER PRICE INDICES FOR INDUSTRIAL PRODUCTS BY MAIN GROUP

第七篇 人民生活
CHAPTER 7 PEOPLE’S LIVING CONDITIONS

7-1 人民物质文化生活提高情况 ……………………………………………………………101
IMPROVEMENT OF PEOPLE'S MATERIAL AND CULTURAL LIFE
7-2 城乡居民家庭人均可支配收入及增速 …………………………………………………102
PER CAPITA DISPOSABLE INCOME OF URBAN AND RURAL HOUSEHOLDS AND GROWTH RATE
7-3 全区居民人均收支情况 ………………………………………………………………104
PER CAPITA INCOME AND CONSUMPTION EXPENDITURE
7-4 全区居民人均主要食品消费量 …………………………………………………………105
PER CAPITA CONSUMPTION OF MAJOR FOODS OF HOUSEHOLDS
7-5 全区居民平均每百户年末主要耐用消费品拥有量 ………………………………………106
MAIN DURABLE GOODS OWNED PER 100 HOUSEHOLDS
7-6 城镇居民家庭基本情况 ………………………………………………………………106
BASIC CONDITIONS OF URBAN HOUSEHOLDS
7-7 城镇居民人均可支配收入 ……………………………………………………………107
PER CAPITA DISPOSABLE INCOME OF URBAN HOUSEHOLDS
7-8 城镇居民人均消费支出 ………………………………………………………………108
PER CAPITA CONSUMPTION EXPENDITURE OF URBAN HOUSEHOLDS
7-9 城镇居民人均购买生活消费品及服务 …………………………………………………109
PER CAPITA PURCHASES OF MAIN COMMODITIES OF URBAN HOUSEHOLDS
7-10 城镇居民人均主要食品消费量 …………………………………………………………110
PER CAPITA CONSUMPTION OF MAJOR FOODS OF URBAN HOUSEHOLDS
7-11 城镇居民平均每百户年末耐用消费品拥有量 ……………………………………………111
MAIN DURABLE GOODS OWNED PER 100 URBAN HOUSEHOLDS
7-12 农村居民家庭基本情况 ………………………………………………………………112
BASIC CONDITIONS OF RURAL HOUSEHOLDS
7-13 农村居民人均可支配收入 ……………………………………………………………113
PER CAPITA DISPOSABLE INCOME OF RURAL HOUSEHOLDS
7-14 农村居民人均消费支出 ………………………………………………………………114
PER CAPITA CONSUMPTION EXPENDITURE OF RURAL HOUSEHOLDS

7-15 农村居民人均主要食品消费量 …… 115
PER CAPITA CONSUMPTION OF MAJOR FOODS OF RURAL HOUSEHOLDS
7-16 农村居民平均每百户年末主要耐用物品拥有量 …… 115
MAIN DURABLE GOODS OWNED PER 100 RURAL HOUSEHOLDS
7-17 分地市居民平均每百户年末主要耐用消费品拥有量(2021 年) …… 116
MAIN DURABLE GOODS OWNED PER 100 HOUSEHOLDS BY REGION (2021)
7-18 分地市城镇居民人均可支配收入 …… 116
PER CAPITA DISPOSABLE INCOME OF URBAN HOUSEHOLDS BY REGION
7-19 分地市城镇居民人均消费支出 …… 116
PER CAPITA CONSUMPTION EXPENDITURE OF URBAN HOUSEHOLDS BY REGION
7-20 分地市城镇居民人均可支配收入和消费支出(2021 年) …… 117
PER CAPITA DISPOSABLE INCOME AND CONSUMPTION EXPENDITURE OF URBAN HOUSEHOLDS BY REGION (2021)
7-21 分地区城镇居民平均每百户年末耐用消费品拥有量(2021 年) …… 117
MAIN DURABLE GOODS OWNED PER 100 URBAN HOUSEHOLDS BY REGION (2021)
7-22 分地市农村居民人均可支配收入 …… 118
PER CAPITA DISPOSABLE INCOME OF RURAL HOUSEHOLDS BY REGION
7-23 分地市农村居民人均消费支出 …… 118
PER CAPITA CONSUMPTION EXPENDITURE OF RURAL HOUSEHOLDS BY REGION
7-24 分地市农村居民人均可支配收入和消费支出(2021 年) …… 119
PER CAPITA DISPOSABLE INCOME AND CONSUMPTION EXPENDITURE OF RURAL HOUSEHOLDS BY REGION (2021)
7-25 分地市农村居民平均每百户年末主要耐用物品拥有量(2021 年) …… 119
MAIN DURABLE GOODS OWNED PER 100 RURAL HOUSEHOLDS BY REGION (2021)

第八篇　农　　业
CHAPTER 8　AGRICULTURE

8-1 农村和农业基本情况 …… 123
BASIC CONDITIONS OF RURAL AREAS AND AGRICULTURE
8-2 农村基本情况 …… 124
BASIC CONDITIONS OF RURAL AREAS
8-3 乡村从业人员 …… 125
EMPLOYEES IN RURAL AREAS
8-4 农林牧渔业总产值 …… 126
GROSS OUTPUT VALUE OF AGRICULTURE, FORESTRY, ANIMAL HUSBANDRY AND FISHERY

8-5 农林牧渔业总产值指数 …… 127
INDICES OF GROSS OUTPUT VALUE OF AGRICULTURE, FORESTRY, ANIMALS HUSBANDRY AND FISHERY
8-6 农林牧渔业总产值指数 …… 128
INDICES OF GROSS OUTPUT VALUE OF AGRICULTURE, FORESTRY, ANIMALS HUSBANDRY AND FISHERY
8-7 分地市农林牧渔业总产值 …… 129
GROSS OUTPUT VALUE OF AGRICULTURE, FORESTRY, ANIMAL HUSBANDRY AND FISHERY BY REGION
8-8 分地市农林牧渔业总产值指数 …… 130
INDICES OF GROSS OUTPUT VALUE OF AGRICULTURE, FORESTRY, ANIMAL HUSBANDRY AND FISHERY BY REGION
8-9 农林牧渔业分项产值 …… 131
GROSS OUTPUT VALUE OF AGRICULTURE, FORESTRY, ANIMAL HUSBANDRY AND FISHERY BY BRANCH
8-10 农林牧渔业分项产值构成 …… 132
COMPOSITION OF GROSS OUTPUT VALUE OF AGRICULTURE, FORESTRY, ANIMAL HUSBANDRY AND FISHERY
8-11 主要农业机械年末拥有量(年底数) …… 133
MAJOR AGRICULTURAL MACHINERY AT YEAR-END
8-12 农业电气化、化学化及水利情况 …… 133
ELECTRIFICATION, CHEMICALIZATION AND IRRIGATION OF AGRICULTURE
8-13 主要农作物播种面积 …… 134
SOWN AREAS OF MAJOR FARM CROPS
8-14 主要农产品产量 …… 136
OUTPUT OF MAJOR FARM PRODUCTS
8-15 主要农产品单位面积产量 …… 138
OUTPUT OF MAJOR FARM PRODUCTS PER HECTARE
8-16 农作物播种面积及产量 …… 139
SOWN AREA AND OUTPUT OF FARM CROPS
8-17 茶园、果园面积和茶叶、水果产量 …… 141
AREA OF TEA PLANTATIONS, ORCHARDS AND OUTPUT OF TEA AND FRUITS
8-18 分地市造林面积情况(2021 年) …… 141
AFFORESTED AREAS BY REGION (2021)
8-19 林业生产情况 …… 142
OUTPUT OF FOREST PRODUCTS
8-20 年末牲畜存栏情况 …… 143
NUMBER OF LIVESTOCK (YEAR-END)
8-21 牛、猪、羊出栏情况 …… 144
SLAUGHTERED OF CATTLE AND BUFFALOES, HOGS, SHEEP AND GOATS

8-22 畜产品产量 ······ 145
OUTPUT OF LIVESTOCK PRODUCTS

第九篇 工　业
CHAPTER 9　INDUSTRY

9-1 工业总产值 ······ 149
GROSS OUTPUT VALUE OF INDUSTRY
9-2 工业总产值指数 ······ 150
INDICES OF GROSS OUTPUT VALUE OF INDUSTRY
9-3 工业总产值指数 ······ 151
INDICES OF GROSS OUTPUT VALUE OF INDUSTRY
9-4 全部工业企业分行业工业总产值 ······ 152
GROSS OUTPUT VALUE OF ALL INDUSTRIAL ENTERPRISES BY SECTOR
9-5 规模以上工业企业单位数 ······ 153
NUMBER OF INDUSTRIAL ENTERPRISES ABOVE DESIGNATED SIZE
9-6 规模以上工业企业主要经济指标 ······ 155
MAIN ECONOMIC INDICATORS OF INDUSTRIAL ENTERPRISES ABOVE DESIGNATED SIZE
9-7 规模以上工业企业分类型主要经济指标(2021 年) ······ 156
MAIN ECONOMIC INDICATORS OF INDUSTRIAL ENTERPRISES ABOVE DESIGNATED SIZE BY GROUP (2021)
9-8 规模以上工业企业分行业主要经济指标(2021 年) ······ 168
MAIN ECONOMIC INDICATORS OF INDUSTRIAL ENTERPRISES ABOVE DESIGNATED SIZE BY SECTOR (2021)
9-9 规模以上工业企业分地市主要经济指标(2021 年) ······ 180
MAIN ECONOMIC INDICATORS OF INDUSTRIAL ENTERPRISES ABOVE DESIGNATED SIZE BY REGION (2021)
9-10 工业主要产品产量 ······ 182
OUTPUT OF MAIN INDUSTRIAL PRODUCTS
9-11 分地区规模以下工业企业主要经济指标(2021 年) ······ 184
MAIN ECONOMIC INDICATOR OF INDUSTRIAL ENTERPRISE BELOW DESIGNATED SIZE BY REGION (2021)
9-12 规模以下工业企业分行业主要经济指标(2021 年) ······ 186
MAIN ECONOMIC INDICATORS OF INDUSTRIAL ENTERPRISES BELOW DESIGNATED SIZE BY SECTOR (2021)

第十篇　建 筑 业
CHAPTER 10　CONSTRUCTION

10-1　建筑业企业生产情况 ······ 191
CONDITIONS OF CONSTRUCTION ENTERPRISES
10-2　建筑业企业财务状况 ······ 192
FINANCIAL INDICATORS OF CONSTRUCTION ENTERPRISES
10-3　建筑业企业房屋建筑完成情况 ······ 193
COMPLETION OF BUILDINGS CONSTRUCTED BY CONSTRUCTION ENTERPRISES
10-4　分地市建筑业企业生产情况(2021 年) ······ 194
CONDITIONS OF CONSTRUCTION ENTERPRISES BY REGION (2021)

第十一篇　运输和邮电业
CHAPTER 11　TRANSPORT, POSTAL AND TELECOMMUNICATION SERVICES

11-1　运输线路长度 ······ 199
LENGTH OF TRANSPORT ROUTES
11-2　客运量和货运量 ······ 200
PASSENGER TRAFFIC AND FREIGHT TRAFFIC
11-3　旅客周转量和货物周转量 ······ 201
PASSENGER-KILOMETERS AND FREIGHT TON-KILOMETERS
11-4　邮政业网点及邮递线路(年底数) ······ 202
POSTAL SERVICES AND DELIVERY ROUTES AT YEAR-END
11-5　邮政和电信业务量 ······ 203
BUSINESS VOLUME OF POSTAL AND TELECOMMUNICATION SERVICES
11-6　电信主要通信能力(年底数) ······ 205
MAIN COMMUNICATION CAPACITY OF TELECOMMUNICATIONS AT YEAR-END
11-7　电信通信服务水平(年底数) ······ 206
TELECOMMUNICATION SERVICES AVAILABLE AT YEAR-END

第十二篇　国内贸易
CHAPTER 12　DOMESTIC TRADE

12-1　社会消费品零售总额 ······ 209
TOTAL RETAIL SALES OF CONSUMER GOODS
12-2　按行业分的社会消费品零售总额 ······ 210
TOTAL RETAIL SALES OF CONSUMER GOODS BY SECTOR

12-3 分地市社会消费品零售总额 …… 211
TOTAL RETAIL SALES OF CONSUMER GOODS BY REGION
12-4 分地市、分行业社会消费品零售总额(2021 年) …… 211
TOTAL RETAIL SALES OF CONSUMER GOODS BY REGION AND SECTOR (2021)
12-5 分地市限额以上批发业法人企业主要指标(2021 年) …… 212
MAIN INDICATORS OF ENTERPRISES ABOVE DESIGNATED SIZE OF WHOLESALE TRADE BY REGION (2021)
12-6 分地市限额以上零售业法人企业主要指标(2021 年) …… 212
MAIN INDICATORS OF ENTERPRISES ABOVE DESIGNATED SIZE OF RETAIL TRADE BY REGION (2021)
12-7 限额以上批发和零售业法人企业基本情况(2021 年) …… 214
BASIC STATISTICS OF CORPORATION ENTERPRISES ABOVE DESIGNATED SIZE OF WHOLESALE AND RETAIL TRADES BY STATUS OF REGISTRATION (2021)
12-8 按登记注册类型分限额以上批发和零售业法人企业商品购、销、存总额(2021 年) …… 215
TOTAL PURCHASES, SALES AND STOCK OF CORPORATION ENTERPRISES ABOVE DESIGNATED SIZE OF WHOLESALE AND RETAIL TRADES BY STATUS OF REGISTRATION (2021)
12-9 按行业分限额以上批发和零售业法人企业商品购、销、存总额(2021 年) …… 216
TOTAL PURCHASES, SALES AND STOCK OF CORPORATION ENTERPRISES ABOVE DESIGNATED SIZE OF WHOLESALE AND RETAIL TRADES BY SECTOR (2021)
12-10 按登记注册类型分限额以上批发和零售业法人企业资产及负债(2021 年) …… 217
ASSETS AND LIABILITIES OF ENTERPRISES ABOVE DESIGNATED SIZE OF WHOLESALE AND RETAIL TRADES BY STATUS OF REGISTRATION (2021)
12-11 按行业分限额以上批发和零售业法人企业资产及负债(2021 年) …… 218
ASSETS AND LIABILITIES OF ENTERPRISES ABOVE DESIGNATED SIZE OF WHOLESALE AND RETAIL TRADES BY SECTOR (2021)
12-12 按登记注册类型分限额以上批发和零售业法人企业主要财务指标(2021 年) …… 219
MAIN FINANCIAL INDICATORS OF CORPORATION ENTERPRISES ABOVE DESIGNATED SIZE OF WHOLESALE AND RETAIL TRADES BY STATUS OF REGISTRATION (2021)
12-13 按行业分限额以上批发和零售业法人单位主要财务指标(2021 年) …… 220
MAIN FINANCIAL INDICATORS OF CORPORATION ENTERPRISES ABOVE DESIGNATED SIZE OF WHOLESALE AND RETAIL TRADES BY SECTOR (2021)
12-14 限额以上批发和零售业商品分类销售额(2021 年) …… 221
SALE VALUES OF ENTERPRISES ABOVE DESIGNATED SIZE OF WHOLESALE AND RETAIL TRADES BY CATEGORY OF COMMODITIES (2021)
12-15 亿元以上商品交易市场摊位分类情况(2021 年) …… 222
CLASSIFICATION OF COMMODITY EXCHANGE MARKETS OF TRANSACTION VALUE OVER 100 MILLION YUAN (2021)

12-16 限额以上住宿和餐饮业法人企业基本情况(2021 年)…… 223
BASIC STATISTICS OF CORPORATION ENTERPRISES ABOVE DESIGNATED SIZE IN HOTELS AND CATERING SERVICES BY STATUS OF REGISTRATION AND SECTOR (2021)
12-17 限额以上住宿和餐饮业法人企业经营情况(2021 年)…… 224
SIZE IN HOTELS BASIC STATISTICS OF ENTERPRISES ABOVE DESIGNATED SIZE OF HOTELS AND CATERING SERVICES BY STATUS OF REGISTRATION AND SECTOR (2021)
12-18 限额以上住宿和餐饮业法人企业资产及负债(2021 年)…… 225
ASSETS AND LIABILITIES OF CORPORATION ENTERPRISES ABOVE DESIGNATED SIZE OF HOTELS AND CATERING SERVICES BY STATUS OF REGISTRATION AND SECTOR (2021)
12-19 限额以上住宿和餐饮业法人企业主要财务指标(2021 年)…… 226
MAIN FINANCIAL INDICATORS OF ENTERPRISES ABOVE DESIGNATED SIZE OF HOTELS AND CATERING SERVICES BY STATUS OF REGISTRATION AND SECTOR (2021)

第十三篇　对外贸易和旅游
CHAPTER 13　FOREIGN TRADE AND TOURISM

13-1 进出口贸易总额…… 229
TOTAL VALUE OF IMPORTS AND EXPORTS
13-2 边境小额进出口贸易总额…… 230
TOTAL VALUE OF IMPORTS AND EXPORTS FOR FRONTIER TRADE
13-3 旅游人数及旅游收入…… 231
NUMBER OF TOURISTS AND EARNINGS

第十四篇　金 融 业
CHAPTER 14　FINANCIAL INTERMEDIATION

14-1 金融机构本外币信贷收支…… 235
SOURCES AND USES OF CREDIT FUNDS OF FINANCIAL INSTITUTIONS (IN RMB AND FOREIGN CURRENCY)
14-2 金融机构各项存款(2021 年)…… 236
TOTAL DEPOSITS OF FINANCIAL INSTITUTIONS (2021)
14-3 金融机构各项贷款(2021 年)…… 236
TOTAL LOANS OF FINANCIAL INSTITUTIONS (2021)
14-4 保险业务经济技术指标…… 237
ECONOMIC AND TECHNICAL INDICATORS OF INSURANCE COMPANIES

第十五篇　教育、科技和文化
CHAPTER 15　EDUCATION, SCIENCE & TECHNOLOGY AND CULTURE

15-1　教育事业基本情况 ······ 243
BASIC STATISTICS ON EDUCATION
15-2　各级各类学校数 ······ 244
NUMBER OF SCHOOLS BY TYPE AND LEVEL
15-3　各级各类学校教职工数 ······ 245
NUMBER OF EDUCATIONAL PERSONNEL OF SCHOOLS BY TYPE AND LEVEL
15-4　各级各类学校专任教师数 ······ 246
NUMBER OF FULL-TIME TEACHERS OF SCHOOLS BY TYPE AND LEVEL
15-5　各级各类学校在校学生数 ······ 247
NUMBER OF ENROLMENTS OF FORMAL EDUCATION BY TYPE AND LEVEL
15-6　各级各类学校招生数 ······ 248
NUMBER OF ENTRANTS OF FORMAL EDUCATION BY TYPE AND LEVEL
15-7　各级各类学校毕业生数 ······ 249
NUMBER OF GRADUATES OF FORMAL EDUCATION BY TYPE AND LEVEL
15-8　普通本科分学科学生数(2021 年) ······ 250
NUMBER OF UNDERGRADUATES STUDENTS BY FIELD (2021)
15-9　中等职业学校分科学生数(2021 年) ······ 250
NUMBER OF STUDENTS BY FIELD IN SECONDARY VOCATIONAL SCHOOLS (2021)
15-10　高职专科分大类学生数(2021 年) ······ 251
NUMBER OF STUDENTS BY MAJOR CATEGORIES IN HIGHER VOCATIONAL COLLEGES (2021)
15-11　各级各类学校生师比 ······ 252
STUDENT-TEACHER RATIO OF SCHOOLS BY TYPE AND LEVEL
15-12　初中、小学毕业生升学率和小学学龄儿童入学率 ······ 254
PROMOTION RATE OF GRADUATES FROM JUNIOR SECONDARY PRIMARY SCHOOLS TO HIGHER LEVEL SCHOOLS, ENROLMENT RATIO OF SCHOOL-AGE CHILDREN IN PRIMARY SCHOOLS
15-13　高等学校分科专任教师数(2021 年) ······ 255
NUMBER OF FULL-TIME TEACHERS BY FIELD IN HIGHER EDUCATIONAL INSTITUTIONS (2021)
15-14　高等学校专任教师、聘请校外教师学历情况(2021 年) ······ 256
EDUCATIONAL BACKGROUND OF FULL-TIME TEACHERS AND ENGAGED TEACHERS OUTSIDE SCHOOL IN HIGHER EDUCATIONAL INSTITUTIONS (2021)
15-15　各级各类学校女学生和女专任教师数 ······ 257
NUMBER OF FEMALE STUDENTS AND FULL-TIME TEACHERS BY TYPE AND LEVEL

15-16　分地市普通中学基本情况(2021 年) ········· 258
BASIC STATISTICS ON REGULAR SECONDARY SCHOOLS BY REGION (2021)
15-17　分地市普通小学基本情况(2021 年) ········· 258
BASIC STATISTICS ON REGULAR PRIMARY SCHOOLS BY REGION (2021)
15-18　各类专业技术人员数 ········· 259
SCIENTIFIC AND TECHNICAL PERSONNEL
15-19　自治区科协系统科技活动情况 ········· 259
BASIC STATISTICS ON SCIENTIFIC AND TECHNOLOGICAL ACTIVITIES OF TIBET SCIENCE AND TECHNOLOGY ASSOCIATIONS
15-20　文化艺术、文物和出版发行事业机构和人员情况 ········· 260
NUMBER OF INSTITUTIONS AND PERSONNEL IN CULTURE AND ART, CULTURAL RELICS, NEWS AND PUBLISHING UNDERTAKINGS
15-21　图书、期刊出版情况 ········· 261
NUMBER OF BOOKS, MAGAZINES PUBLISHED
15-22　报纸出版情况 ········· 262
NUMBER OF NEWSPAPERS PUBLISHED
15-23　广播、电视基本情况 ········· 263
BASIC STATISTICS ON RADIO AND TELEVISION STATIONS
15-24　广播电视节目播出时间 ········· 263
LENGTH OF RADIO AND TELEVISION PROGRAMS BROADCASTED

第十六篇　体育、卫生和其他
CHAPTER 16　SPORTS, PUBLIC HEALTH AND OTHERS

16-1　体育系统职工人数 ········· 267
NUMBER OF STAFF AND WORKERS IN PHYSICAL EDUCATION SYSTEM
16-2　政府援建体育场地 ········· 267
PHYSICAL EDUCATION FIELD AIDED BY GOVERNMENT
16-3　等级运动员(2021 年) ········· 268
NUMBER OF ATHLETES IN GRADES BY TYPE OF SPORTS (2021)
16-4　体育彩票销量、公益金及税收情况 ········· 269
SITUATIONS OF SALES, PUBLIC WELFARE FUNDS AND TAXES OF SPORTS LOTTERY
16-5　医疗卫生事业发展情况 ········· 270
BASIC STATISTICS ON PUBLIC HEALTH
16-6　医疗卫生机构数 ········· 272
NUMBER OF HEALTH CARE INSTITUTIONS
16-7　医疗卫生机构床位数和卫生技术人员数 ········· 273
NUMBER OF BEDS AND MEDICAL TECHNICAL PERSONNEL IN HEALTH CARE INSTITUTIONS

16-8　全区医疗卫生机构、床位和人员情况(2021 年)…… 274
NUMBER OF HEALTH CARE INSTITUTIONS, BEDS AND EMPLOYED PERSONS BY TYPE OF INSTITUTIONS (2021)
16-9　分地市医疗卫生机构、床位和人员情况(2021 年)…… 276
NUMBER OF HEALTH CARE INSTITUTION, BEDS AND EMPLOYED PERSONS BY REGION (2021)
16-10　交通事故情况(2021 年)…… 278
BASIC STATISTICS ON TRAFFIC ACCIDENTS (2021)

第十七篇　各县（市、区）主要统计指标
CHAPTER 17　MAIN ECONOMIC INDICATORS BY COUNTIES (CITIES AND REGIONS)

17-1　乡村从业人员(2021 年)…… 281
EMPLOYEES IN RURAL AREAS (2021)
17-2　农林牧渔业、工业总产值(2021 年)…… 284
GROSS OUTPUT VALUE OF AGRICULTURE, FORESTRY, ANIMAL HUSBANDRY, FISHERY AND INDUSTRY (2021)
17-3　农林牧渔业产值…… 287
GROSS OUTPUT VALUE OF AGRICULTURE, FORESTRY, ANIMAL HUSBANDRY AND FISHERY
17-4　主要农作物播种面积(2021 年)…… 290
SOWN AREAS OF MAJOR FARM CROPS (2021)
17-5　主要农产品产量(2021 年)…… 293
OUTPUT OF MAJOR FARM PRODUCTS (2021)
17-6　年末牲畜存栏头数和肉类产量(2021 年)…… 296
NUMBER OF LIVESTOCK AND OUTPUT OF MEAT AT YEAR-END (2021)
17-7　奶类、羊毛产量(2021 年)…… 299
OUTPUT OF MILK, SHEEP AND GOAT WOOL PRODUCTS (2021)

第十八篇　全国各省（区、市）统计资料
CHAPTER 18　STATISTICAL DATA OF PROVINCE, AUTONOMOUS REGION AND MUNICIPALITY

18-1　各省(区、市)生产总值(2021 年)…… 305
GROSS DOMESTIC PRODUCT BY REGION (2021)
18-2　各省(区、市)生产总值构成(2021 年)…… 306
COMPOSITION OF GROSS DOMESTIC PRODUCT BY REGION(2021)
18-3　各省(区、市)总人口…… 307
TOTAL POPULATION BY REGION

18-4 各省(区、市)固定资产投资增长率(2021 年)……308
INVESTMENT IN FIXED ASSETS GROWTH RATE BY REGION (2021)
18-5 各省(区、市)主要农产品和畜产品产量(2021 年)……309
OUTPUT OF MAJOR FARM PRODUCTS AND LIVESTOCK PRODUCTS BY REGION (2021)
18-6 各省(区、市)规模以上工业企业主要经济指标(2021 年)……310
MAIN ECONOMIC INDICATORS OF INDUSTRIAL ENTERPRISES ABOVE DESIGNATED SIZE BY REGION (2021)
18-7 各省(区、市)社会消费品零售总额……311
TOTAL RETAIL SALES OF CONSUMER GOODS BY REGION
18-8 各省(区、市)人民生活(2021 年)……312
PEOPLE'S LIVING CONDITIONS BY REGION (2021)
18-9 各省(区、市)居民消费价格分类指数(2021 年)……313
CONSUMER PRICE INDICES BY CATEGORY AND REGION (2021)
18-10 各省(区、市)客运量和货运量(2021 年)……314
PASSENGER TRAFFIC AND FREIGHT TRAFFIC BY REGION (2021)
18-11 各省(区、市)网上零售额(2021 年)……315
ONLINE RETAIL SALES BY REGION (2021)
18-12 西部十二省(区、市)行政区划(2021 年)……316
DIVISIONS OF ADMINISTRATIVE AREAS IN TWELVE WESTERN REGIONS (2021)
18-13 西部十二省(区、市)农林牧渔业总产值(2021 年)……317
GROSS OUTPUT VALUE OF AGRICULTURE, FORESTRY, ANIMAL HUSBANDRY AND FISHERY OF TWELVE WESTERN REGIONS (2021)

附　录
APPENDIX

主要统计指标解释……321
2022 年西藏自治区人民政府工作报告……359
西藏自治区 2021 年国民经济和社会发展计划执行情况与 2022 年国民经济和社会发展计划草案报告…366
关于西藏自治区 2021 年预算执行情况和 2022 年预算草案的报告……372

第一篇

行政区划和自然资源

CHAPTER 1

ADMINISTRATIVE DIVISIONS AND NATURAL RESOURCES

简 要 说 明

一、本篇主要包括西藏自治区行政区划、水资源分布情况。

二、行政区划资料来源于自治区民政局，水资源分布资料来源于自治区水利厅。

三、本篇资料由自治区统计局执法监督处（设计管理处）、能源统计处整理提供。

四、资料整理：布晓瑶　春华

Brief Introduction

Ⅰ.This chapter mainly covers the divisions of administrative areas, and the distribution of water resource.

Ⅱ.The data on divisions of administrative areas are from the Civil Affairs Department of Tibet Autonomous Region, the data on distribution of water resource are from the Water Resources Department of Tibet Autonomous Region.

Ⅲ.The data are sorted and provided by the Law Enforcement and Supervision Division（Design and Management Division）and Energy Statistics Division of Tibet Autonomous Region Statistics Bureau.

Ⅳ.Data collection：Bu Xiaoyao　Chun Hua

1-1　行政区划
ADMINISTRATIVE DIVISIONS

单位：个　　　　(unit)

地　区 Region		市辖区 Districts Under the Jurisdica-tion of Cities	县级市 Cities at County Level	县 Counties	乡 Township	#民族乡 National Township	镇 Towns	街道 Street Commu-nities	居　民 委员会 Neighbor-hood Committee	村　民 委员会 Village Committee
总　计	**Total**	**8**		**66**	**534**	**9**	**142**	**21**	**245**	**5308**
拉萨市	Lhasa	3		5	37		12	16	56	223
日喀则市	Xigazê	1		17	175		27	2	31	1659
昌都市	Qamdo	1		10	110	1	28		33	1142
林芝市	Nyingchi	1		6	34	3	20	2	10	494
山南市	Lhoka	1		11	59	5	23	1	66	504
那曲市	Nagqu	1		10	89		25		37	1153
阿里地区	Ngari			7	30		7		12	133

1-2　行政区划一览表
LIST OF ADMINISTRATIVE DIVISIONS

拉萨市	Lhasa	城关区　堆龙德庆区　达孜区　林周县　当雄县　尼木县　曲水县　墨竹工卡县 Chengguan Doilungdêqên Dagzê Lhünzhub Damxung Nyêmo Qüxü Maizhokunggar
日喀则市	Xigazê	桑珠孜区　南木林县　江孜县　定日县　萨迦县　拉孜县　昂仁县　谢通门县　白朗县 仁布县　康马县　定结县　仲巴县　亚东县　吉隆县　聂拉木县　萨嘎县　岗巴县 Samzhubzê Namling Gyangzê Tingri Sa'gya Lhazê Ngamring Xaitongmoin Bainang Rinbung Kangmar Dinggyê Zhongba Yadong Gyirong Nyalam Saga Kamba
昌都市	Qamdo	卡若区　江达县　贡觉县　类乌齐县　丁青县　察雅县　八宿县　左贡县　芒康县　洛隆县 边坝县 Karub Jomda Konjo Riwoqê Dêngqên Chagyab Baxoi Zogang Markam Lhorong Banbar
林芝市	Nyingchi	巴宜区　工布江达县　米林县　墨脱县　波密县　察隅县　朗县 Bayip Gongbo'gyamda Mainling Mêdog Bomê Zayü Nang
山南市	Lhoka	乃东区　扎囊县　贡嘎县　桑日县　琼结县　曲松县　措美县　洛扎县　加查县　隆子县 错那县　浪卡子县 Nêdong Chanang Konggar Sangri Qonggyai Qusum Comai Lhozhag Gyaca Lhünzê Cona Nagarzê
那曲市	Nagqu	色尼区　嘉黎县　比如县　聂荣县　安多县　申扎县　索县　班戈县　巴青县　尼玛县　双湖县 Seni Lhari Biru Nyainrong Amdo Xainza Sog Bangoin Baqên Nyima Shuanghu
阿里地区	Ngari	普兰县　札达县　噶尔县　日土县　革吉县　改则县　措勤县 Burang Zanda Gar Rutog Gê'gyai Gêrzê Coqên

1-3 县(市、区)分类
COUNTIES (CITIES AND REGIONS) BY TYPE

分类 Classify	个数 Number	县(市、区)名称 Name of County (city and region)
边境县 Counties of Border	21	定日县 康马县 定结县 仲巴县 亚东县 吉隆县 聂拉木县 萨嘎县 岗巴县 米林县 墨脱县 察隅县 朗县 洛扎县 隆子县 错那县 浪卡子县 普兰县 札达县 噶尔县 日土县 Tingri Kangmar Dinggyê Zhongba Yadong Gyirong Nyalam Saga Kamba Mainling Mêdog Zayü Nang Lhozhag Lhünzê Cona Nagarzê Burang Zanda Gar Rutog
农业县 Counties of Agriculture	35	城关区 堆龙德庆区 达孜区 尼木县 曲水县 墨竹工卡县 桑珠孜区 南木林县 江孜县 定日县 萨迦县 拉孜县 白朗县 仁布县 定结县 吉隆县 聂拉木县 左贡县 芒康县 洛隆县 边坝县 巴宜区 米林县 墨脱县 波密县 察隅县 朗县 乃东区 扎囊县 贡嘎县 桑日县 琼结县 洛扎县 加查县 隆子县 Chengguan Doilungdêqên Dagzê Nyêmo Qüxü Maizhokunggar Samzhubzê Namling Gyangzê Tingri Sa'gya Lhazê Bainang Rinbung Dinggyê Gyirong Nyalam Zogang Markam Lhorong Banbar Bayip Mainling Mêdog Bomê Zayü Nang Nêdong Chanang Konggar Sangri Qonggyai Lhozhag Gyaca Lhünzê
牧业县 Counties of Animal Husbandry	15	当雄县 仲巴县 萨嘎县 色尼区 嘉黎县 聂荣县 安多县 申扎县 班戈县 巴青县 尼玛县 双湖县 革吉县 改则县 措勤县 Damxung Zhongba Saga Seni Lhari Nyainrong Amdo Xainza Bangoin Baqên Nyima Shuanghu Gê'gyai Gêrzê Coqên
半农半牧县 Counties of Half Agriculture and Half Animal Husbandry	24	林周县 昂仁县 谢通门县 康马县 亚东县 岗巴县 卡若区 江达县 贡觉县 类乌齐县 丁青县 察雅县 八宿县 工布江达县 曲松县 措美县 错那县 浪卡子县 比如县 索县 普兰县 札达县 噶尔县 日土县 Lhünzhub Ngamring Xaitongmoin Kangmar Yadong Kamba Karub Jomda Konjo Riwoqê Dêngqên Chagyab Baxoi Gongbo'gyamda Qusum Comai Cona Nagarzê Biru Sog Burang Zanda Gar Rutog
“一江两河”开发县 Counties of Three River Exploiture	18	城关区 堆龙德庆区 达孜区 林周县 尼木县 曲水县 墨竹工卡县 桑珠孜区 南木林县 江孜县 拉孜县 谢通门县 白朗县 乃东区 扎囊县 贡嘎县 桑日县 琼结县 Chengguan Doilungdêqên Dagzê Lhünzhub Nyêmo Qüxü Maizhokunggar Samzhubzê Namling Gyangzê Lhazê Xaitongmoin Bainang Nêdong Chanang Konggar Sangri Qonggyai
粮食基地县 Counties of Grain Base	11	堆龙德庆区 林周县 桑珠孜区 江孜县 拉孜县 白朗县 芒康县 波密县 乃东区 扎囊县 贡嘎县 Doilungdêqên Lhünzhub Samzhubzê Gyangzê Lhazê Bainang Markam Bomê Nêdong Chanang Konggar

1-4　西藏各水系流域面积
DRAINAGE AREA OF TIBET WATER SYSTEM

单位：平方公里、%　　(sq.km, %)

区域 Area	水系 Water System	流域	Drainage Area	面积 Area	比重 Proportion
外流区 Water System of Outer Area	太平洋水系 Pacific Ocean Water System	金沙江	Jingsha River	22933	1.9
		澜沧江	Lantsang River	38908	3.2
		小计	Subtotal	61841	5.1
	印度洋水系 Indian Ocean Water System	怒江	Nujiang River	102691	8.5
		吉太曲	Jitaicu	2350	0.2
		察隅曲	Chayucu	17881	1.5
		丹巴曲	Danbacu (Dalan River)	12114	1.0
		雅鲁藏布江	Brahmaputra	242004	20.1
		西巴霞曲	Xibaxiacu	25775	2.1
		鲍罗里河(卡门河)	Baoluoli River (Kameng River)	10790	0.9
		达旺-娘江曲	Dawang-niangjiangcu	6330	0.5
		洛扎怒曲	Luozhanucu	6312	0.5
		康布麻曲	Kangbucu	2176	0.2
		汇入布拉马普特拉河的其他河流	Brahmaputra from Other Rivers	8882	0.7
		朋曲	Pengcu	24272	2.0
		绒辖曲	Rongxiacangbu	1400	0.1
		波曲(麻章藏布)	Pocu (Mazhangcangbu)	1987	0.2
		吉隆藏布	Jilongcangbu	2950	0.2
		马甲藏布(孔雀河)	Majiacangbu (Peacock River)	3063	0.3
		甲扎岗噶曲	Jiazhagangcu	1483	0.1
		乌热曲-乌扎拉曲	Wurecu-wuzhalacu	816	0.1
		汇入恒河的其他河流	Ganges from Other Rivers	1443	0.1
		朗钦藏布(象泉河)	Langqincangbu (Xiangquan River)	23070	1.9
		如许藏布	Ruxucangbu	2630	0.2
		森格藏布(狮泉河)	Senggecangbu	27170	2.3
		羌臣摩河(奇普恰普河)	Qiangchengmo River (Qipuqiapu River)	1397	0.1
		小计	Subtotal	528986	44.0
	合计		Total	590827	49.1
内流区 Water System of Inner Area	藏南内流水系 Water System Inner of South Tibet	羊卓雍错-普莫雍错-哲古错	Yangzhuoyongcuo-pumoyongcuo-zhegucuo	10091	0.8
		多庆错-嘎拉错	Duoqingcuo-galacuo	3111	0.3
		错姆折林-共左错	Cuomuzhelin-Gongzuocuo	1380	0.1
		佩枯错-错戳龙	Peikucuo-cuochuolong	3290	0.3
		小计	Subtotal	17872	1.5
	藏北内流水系 Water System Inner of North Tibet	纳木错-己木错-兹格塘错	Namucuo-Jimucuo-Zigetangcuo	33449	2.8
		色林错-格林错	Selincuo-Gelincuo	51405	4.3
		扎日南木错-当惹雍错湖区	Zharinanmucuo-Dangreyongcuo	60962	5.1
		玛旁雍错-昂拉仁错-塔若错	Mapangyongcuo-Anglangrencuo-Taruocuo	52460	4.4
		班公错-泽错	Bangongcuo-Zecuo	28436	2.4
		藏北其他湖区	Others	366959	30.5
		小计	Subtotal	593671	49.4
	合计		Total	611543	50.9

1-5 西藏境内面积大于200平方公里的湖泊
STATISTICS OF LAKE AREA MORE THAN 200 SQUARE KILOMETERS IN TIBET

湖泊名称 Lake Name		湖面海拔(米) Height above Sea Level (m)	湖面面积 (平方公里) Area (sq.km)	湖泊类型 Type
纳木错	Namtso Lake	4718	2018	咸 Salty
色林错	Selin Lake	4530	2209	咸 Salty
扎日南木错	Zharinanmu Lake	4613	998	咸 Salty
当惹雍错	Dangreyong Lake	4535	843	咸 Salty
羊卓雍错	Yamdok Tso Lake	4441	614	咸 Salty
昂拉仁错	Anglaren Lake	4689	516	咸 Salty
塔若错	Tarou Lake	4545	490	淡 Fresh
格仁错	Geren Lake	4650	485	咸 Salty
班公错	Bangong Lake	4241	667	咸 Salty
玛旁雍错	Mapangyong Lake	4588	412	淡 Fresh
昂孜错	Angzi Lake	4638	446	咸 Salty
多格错仁	Dougeren Lake	4814	417	盐 Salt
吴如错	Wuru Lake	4552	365	咸 Salty
多尔索洞错	Douershoudong Lake	4749	466	咸 Salty
鲁玛江冬错	Lumajiangdong Lake	4810	343	咸 Salty
佩枯错	Peiku Lake	4591	271	咸 Salty
普莫雍错	Pumoyong Lake	5009	292	淡 Fresh
拉昂错	Laang Lake	4573	259	咸 Salty
错鄂	Coue Lake	4562	253	咸 Salty
郭扎错	Gouzha Lake	5080	250	咸 Salty
达则错	Dazhe Lake	4461	285	淡 Fresh
许如错	Xuru Lake	4714	212	咸 Salty
扎布耶茶卡	Zabuyeca Lake	4400	231	盐 Salt

1-6　西藏境内海拔5000米以上的湖泊
STATISTICS OF LAKE HEIGHT ABOVE SEA LEVEL OVER 5000 METERS IN TIBET

湖泊名称 Lake Name		湖面海拔(米) Height above Sea Level (m)	湖面面积 (平方公里) Area (sq.km)	湖泊类型 Type
普莫雍错	Mopuyong Lake	5009	292	淡 Fresh
郭扎错	Gouzha Lake	5080	250	咸 Salty
杰萨错	Jiesa Lake	5202	144	淡 Fresh
打加错	Dajia Lake	5170	111	咸 Salty
帕龙错	Palong Lake	5116	151	盐 Salt
龙木错	Longmu Lake	5002	102	咸 Salty
黑石北错	Heishibei Lake	5048	105	咸 Salty
令戈错	Lingge Lake	5051	112	咸 Salty
窝尔巴错	Woerba Lake	5177	92.6	淡 Fresh
森里错	Shengli Lake	5386	82.3	淡 Fresh
独立石湖	Dulishi Lake	5031	93.2	咸 Salty
美日切错玛日	Meiriqie Lake	5354	90.3	咸 Salty
骆驼错	Luotuo Lake	5103	67.4	淡 Fresh
清澈错	Qingche Lake	5104	67.5	淡 Fresh
阿果错	Arguo Lake	5000	4.72	淡 Fresh

第二篇

综合和国民经济核算

CHAPTER 2

GENERAL SURVEY AND

NATIONAL ACCOUNTS

简 要 说 明

一、本篇主要包括国民经济和社会发展综合资料、地区生产总值核算。

二、国民经济和社会发展综合表由自治区统计局综合处根据有关部门资料进行整理和编辑。

三、地区生产总值核算由自治区统计局核算处提供。

四、资料整理：张泽林　其米德吉

Brief Introduction

Ⅰ.This chapter mainly covers the data of national economic and social development, the gross domestic product.

Ⅱ.The data of national economic and social development chapter are sorted and compiled by the Comprehensive Statistics Division of Tibet Autonomous Region Statistics Bureau on the basis of the information provided by the relevant departments.

Ⅲ.The data on gross domestic product are provided by the National Economic Accounting Division of Autonomous Region Statistics Bureau.

Ⅳ.Data collection：Zhang Zelin　Chem Dekyi

2-1 各部门机构数
GRASSROOTS UNITS IN VARIOUS SECTORS

部　　门	Sector	2014	2015	2016	2017	2018	2019	2020	2021
农村基层组织(个)	**Rural Grassroots Units (unit)**								
乡政府	Township Governments	544	544	545	545	539	534	534	534
镇政府	Town Governments	140	140	140	140	138	142	142	142
村民委员会	Village Committees	5257	5258	5259	5261	5261	5263	5303	5303
乡村户数(万户)	**Numbers of Rural Household (10000 households)**	**55.28**	**57.02**	**56.94**	**56.93**	**57.11**	**57.08**	**57.44**	**58.51**
工业企业(个)	**Industrial Enterprises (unit)**	**763**	**1008**	**1199**	**1249**	**4332**	**3818**	**3803**	**3852**
#国有经济	State-owned	143	115	173	186	50	40	51	57
集体经济	Collective-owned	102	93	109	111	96	71	79	77
建筑业企业(个)	**Construction Enterprises (unit)**	**172**	**167**	**194**	**271**	**322**	**328**	**402**	**410**
#国有及国有控股	State-owned	25	26	28	34	36	42	45	45
邮政局所(个)	**Post Offices (unit)**	**281**	**738**	**758**	**762**	**752**	**752**	**754**	**754**
卫生事业(个)	**Health Care (unit)**	**1451**	**1463**	**1476**	**1507**	**1548**	**1642**	**1661**	
#医院及卫生院	Hospitals and Health Centers	790	819	824	830	835	834	851	
诊所、卫生所、医务室	Outpatient Department, Clinics and Dispensary	489	489	497	519	549	643	652	
疾病预防控制中心	Center for Disease Control and Prevention	82	82	82	82	82	82	82	
教育事业(所)	**Education (unit)**								
普通高等学校	Regular Higher Education Institutions	6	6	7	7	7	7	7	7
中等学校	Secondary Schools	134	136	139	143	144	148	155	156
#普通中学	Regular Secondary Schools	124	127	129	132	133	136	143	143
小学	Primary Schools	829	826	805	806	809	821	827	832
幼儿园	Kindergartens	722	882	1028	1239	1477	2014	2199	2337
文化艺术事业(个)	**Cultural and Art (unit)**	**951**	**954**	**956**	**956**	**956**	**955**	**960**	**961**
艺术事业	Art	99	99	99	99	99	99	99	99
群众文化事业	Mass Culture	772	774	774	774	774	774	779	779
图书馆事业	Libraries	78	79	81	81	81	81	81	82
文物事业(个)	**Cultural Relics (unit)**	**88**	**88**	**73**	**73**	**70**	**70**	**101**	**101**
出版发行事业(个)	**Publishing and Distribution (unit)**	**90**	**111**	**111**	**367**	**243**	**264**	**129**	**129**
广播电视(座)	**Radio and Television (unit)**	**85**	**85**	**85**	**153**	**153**	**153**		
广播电台	Radio Stations	1	1	1	1	1	1		
电视台	Television Stations	2	2	2	2	1	1		
广播电视台	Broadcast-Television Stations	6	6	6	74	75	75	76	76
县级以上有线电视转播发射台	Cable-TV Transmission and Relaying Stations above the County Level	76	76	76	76	76	76		

注：2017年获批增加了68个县级广播电视台。
Note: A total of 68 county-level broadcast-television stations had been approved and established in 2017.

2-2 国民经济和社会发展总量与速度指标

指标	Item	总量指标						
		1965	1978	1993	2000	2005	2010	2015
人 口(万人)	**Population (10000 persons)**							
总人口(年末)	Population (Year-end)	137.12	178.82	232.22	259.83	280.31	300.22	330.37
城镇人口	Urban Population		20.21	38.39	50.22	58.45	68.06	95.38
乡村人口	Rural Population		158.61	193.83	209.61	221.86	232.16	234.99
就 业(万人)	**Employment (10000 persons)**							
职工人数	Staff and Workers	6.25	13.52	16.90	16.24	16.28	19.46	28.46
国民经济核算	**National Accounts**							
地区生产总值(亿元)	Gross Domestic Product (100 million yuan)	3.27	6.65	37.42	117.80	243.09	512.87	1043.00
第一产业	Primary Industry	2.32	3.37	17.81	35.41	44.89	64.81	93.61
第二产业	Secondary Industry	0.22	1.84	5.49	27.05	60.52	155.01	341.81
第三产业	Tertiary Industry	0.73	1.44	14.12	55.34	137.68	293.05	607.58
人均地区生产总值(元)	Per Capita GDP (yuan)	241	375	1624	4572	8733	17209	31847
财 政(亿元)	**Government Finance (100 million yuan)**							
一般公共预算收入	General Public Budget Revenue				5.38	12.03	36.65	137.13
一般公共预算支出	General Public Budget Expenditures				59.97	185.45	551.04	1381.46
物价指数(上年=100)	**Price Indices (preceding year=100)**							
商品零售价格总指数	General Retail Price Index			111.9	99.2	100.8	101.0	101.4
居民消费价格总指数	General Consumer Price Index			113.4	99.9	101.5	102.2	102.0
人民生活	**People's Livelihood**							
城镇居民人均可支配收入(元)	Per Capita Disposable Income of Urban Households (yuan)	456	575	2392	6567	8567	15258	25457
农村居民人均可支配收入(元)	Per Capita Disposable Income of Rural Households (yuan)	108	174	703	1326	2070	4123	8244
储蓄存款余额(亿元)	Balance of Saving Deposits in Urban & Rural Areas (100 million yuan)	0.25	0.33	9.05	40.48	123.10	267.13	653.63
职工工资	**Wages of Staff and Workers**							
职工工资总额(亿元)	Total Wages of Staff and Workers (100 million yuan)	0.59	1.11	6.79	23.20	46.26	105.83	310.13
职工平均工资(元)	Average Wage of Staff and Workers (yuan)	938	850	4085	14976	28950	54397	110980
农 业	**Agriculture**							
农林牧渔业总产值(亿元)	Gross Output Value of Agriculture, Forestry, Animal Husbandry and Fishery (100 million yuan)	2.64	3.92	22.99	51.21	67.74	100.77	149.46

注：本表速度指标中，地区生产总值、三次产业增加值及人均地区生产总值、物价指数、农林牧渔业总产值、农业产值、牧业产值、工业总产值均按可比价格计算；其他指标按现价计算。

PRINCIPAL AGGREGATE INDICATORS ON NATIONAL ECONOMIC AND SOCIAL DEVELOPMENT AND GROWTH RATES

Aggregate Data			速度指标（%） Growth Rates												
			指数(2021年比以下各年) Index (2021 as percentage of the following years)							年平均增长速度 Average Annual Growth Rate					
2019	2020	2021	1965	1978	1993	2000	2010	2015	2020	1966–2021	1979–2021	1994–2021	2001–2021	2011–2021	2016–2021
360.76	364.81	366.01	266.9	204.7	157.6	140.9	121.9	110.8	100.3	1.8	1.7	1.6	1.6	1.8	1.7
124.50	130.34	133.99		663.0	349.0	266.8	196.9	140.5	102.8		4.5	4.6	4.8	6.4	5.8
236.26	234.47	232.02		146.3	119.7	110.7	99.9	98.7	99.0		0.9	0.6	0.5	0.0	-0.2
41.79	38.84	41.97	671.5	310.4	248.3	258.4	215.7	147.5	108.0	3.5	2.7	3.3	4.6	7.2	6.7
1697.82	1902.74	2080.17	13045.2	6906.0	2195.7	915.5	284.9	164.0	106.7	9.1	10.4	11.7	11.1	10.0	8.6
138.19	150.65	164.12	1070.0	780.2	311.9	243.3	162.0	135.1	107.3	4.3	4.9	4.1	4.3	4.5	5.1
635.62	798.25	757.28	67152.2	10063.6	6154.7	1625.4	368.5	177.7	99.1	12.3	11.3	15.9	14.2	12.6	10.1
924.01	953.84	1158.77	39488.0	20361.5	3199.6	990.7	269.0	160.3	111.8	11.3	13.2	13.2	11.5	9.4	8.2
47491	52345	56831	4958.5	3415.2	1391.2	649.2	231.8	146.7	106.1	7.2	8.6	9.9	9.3	7.9	6.6
221.99	220.99	215.62				4007.8	588.4	157.2	97.6				19.2	17.5	7.8
2187.75	2210.92	2027.01				3380.0	367.9	146.7	91.7				18.3	12.6	6.6
102.0	102.0	101.5													
102.3	102.2	100.9													
37410	41156	46503	10198.0	8087.5	1944.1	708.1	304.8	182.7	113.0	8.6	10.8	11.2	9.8	10.7	10.6
12951	14598	16935	15680.6	9732.8	2409.0	1277.1	410.7	205.4	116.0	9.4	11.2	12.0	12.9	13.7	12.7
960.18	1080.80														
512.63	482.18	604.85	102516.9	54491.0	8908.0	2607.1	571.5	195.0	125.4	13.2	15.8	17.4	16.8	17.2	11.8
123045	126226	145461	15507.6	17113.1	3560.9	971.3	267.4	131.1	115.2	9.4	12.7	13.6	11.4	9.4	4.6
212.81	233.53	255.34	965.1	649.7	346.8	266.6	176.0	144.9	105.6	4.1	4.4	4.5	4.8	5.3	6.4

Note:Indices and growth rates of the follow indicators are calculated at comparable prices:GDP,value added of the primary,secondary, tertiary industries and per capita GDP,price indices, gross output value of agriculture, forestry, animal husbandry and fishery, gross output value of industry.Growth rates of other indicators are calculated at current price.

2-2 续表1

指标	Item	总量指标 1965	1978	1993	2000	2005	2010
#农业产值	Gross Output Value of Farming	0.85	1.47	10.05	26.36	29.89	46.28
牧业产值	Gross Output Value of Animal Husbandry	1.79	2.44	12.37	23.53	30.05	48.86
主要产品产量	Output of Major Farm Products						
粮食(万吨)	Grain (10000 tons)	29.07	51.34	67.22	96.22	93.39	91.23
油菜籽(吨)	Rapeseeds (ton)	5264	7914	26040	39610	61164	57986
猪牛羊肉(万吨)	Pork, Beef and Mutton (10000 tons)		4.71	10.25	14.93	21.46	26.31
年末牲畜存栏	Number of Livestock in Year-end						
大牲畜(万头)	Large Animal (10000 heads)	459	509	588	579	686	706
猪(万头)	Hog (10000 heads)	13	25	20	23	30	36
羊(万头)	Sheep and Goats (10000 heads)	1229	1815	1713	1664	1698	1579
工 业	**Industry**						
工业总产值(亿元)	Gross Output Value of Industry (100 million yuan)	0.23	1.49	5.99	18.30	33.65	75.61
主要产品产量	Output of Major Industrial Products						
铬矿石(万吨)	Chromium Ore (10000 tons)		1.25	7.13	19.66	11.67	20.10
发电量(亿千瓦时)	Electricity (100 million kWh)	0.28	1.34	3.93	6.61	13.34	24.16
水泥(万吨)	Cement (10000 tons)	1.06	6.20	13.09	49.32	137.28	219.12
全部规模以上工业企业主要指标	Main Indicators of all Industrial Enterprises above Designated Size						
资产总计(亿元)	Total Assets (100 million yuan)				75.24	112.43	315.24
利润总额(亿元)	Total Profits (100 million yuan)				2.68	4.47	10.82
交通运输业	**Transport**						
客运量(万人次)	Passenger Traffic (10000 person-times)	9.30	6.0	218.70	310.08	479.47	2696.10
公路	Highways	9.30	6.0	207.42	257.00	385.00	2453.86
铁路	Railways						88.20
民航	Civil Aviation			11.28	53.08	94.47	154.04
货运量(万吨)	Freight Traffic (10000 tons)	29.60	49.0	153.62	209.30	369.61	996.37
公路	Highways	29.60	49.0	144.68	196.00	356.00	952.00
铁路	Railways						29.90
民航	Civil Aviation			0.14	1.30	1.61	1.47
管道	Pipelines			8.80	12.00	12.00	13.00
民用车辆拥有量(万辆)	Possession of Civil Motor Vehicles (10000 sets)	0.32	1.14	2.80	4.50	10.64	22.03
邮电业	**Postal, Telecommunication**						
邮政业务总量(万元)	Business Volume of Postal Services (10000 yuan)		89	1399	3220	10466	18700
电信业务总量(万元)	Volume of Telecommunication Services (10000 yuan)		125	1874	35211	154367	142200

continued

Aggregate Data				速度指标(%) Growth Rates												
				指数(2021年比以下各年) Index (2021 as percentage of the following years)							年平均增长速度 Average Annual Growth Rate					
2015	2019	2020	2021	1965	1978	1993	2000	2010	2015	2020	1966–2021	1979–2021	1994–2021	2001–2021	2011–2021	2016–2021
68.05	94.90	103.99	115.31	932.9	555.6	352.9	239.2	175.8	143.6	107.1	4.1	4.1	4.6	4.2	5.3	6.2
75.30	108.41	119.69	129.32	571.9	413.8	279.4	232.9	180.9	145.7	104.4	3.2	3.4	3.7	4.1	5.5	6.5
100.63	103.93	102.87	106.15	365.2	206.8	157.9	110.3	116.4	105.5	103.2	2.3	1.7	1.6	0.5	1.4	0.9
63722	56899	50661	45632	866.9	576.6	175.2	115.2	78.7	71.6	90.1	3.9	4.2	2.0	0.7	-2.2	-5.4
29.28	27.75	27.79	26.95		572.2	262.9	180.5	102.4	92.0	97.0		4.1	3.5	2.9	0.2	-1.4
636.60	654.68	656.01	688.15	149.9	135.2	117.0	118.9	97.5	108.1	104.9	0.7	0.7	0.6	0.8	-0.2	1.3
40.44	31.15	50.15	62.05	477.3	248.2	310.3	269.8	172.4	153.5	123.7	2.8	2.1	4.1	4.8	5.1	7.4
1155.64	1016.98	951.38	942.32	76.7	51.9	55.0	56.6	59.7	81.5	99.0	-0.5	-1.5	-2.1	-2.7	-4.6	-3.3
179.15	306.74	344.09	417.95	30258.6	5354.6	2943.0	1360.5	405.1	181.4	121.1	10.7	9.7	12.8	13.2	13.6	10.4
9.17	7.84	13.76	21.60		1728.0	302.9	109.9	107.5	235.5	157.0		6.9	4.0	0.4	0.7	15.3
44.77	83.69	87.09	112.77	40275.0	8415.7	2869.5	1706.1	466.8	251.9	129.5	11.3	10.9	12.7	14.5	15.0	16.6
467.90	1080.95	1085.04	991.59	93546.2	15993.4	7575.2	2010.5	452.5	211.9	91.4	13.0	12.5	16.7	15.4	14.7	13.3
895.00	1726.29	2044.00	2253.34				2994.9	714.8	251.8	110.2				17.6	19.6	16.6
6.93	6.94	19.17	50.10				1869.5	463.1	723.4	261.3				15.0	15.0	39.1
2073.70	1893.23	1215.96	1371.81	14750.6	22863.5	627.3	442.4	50.9	66.2	112.8	9.3	13.5	6.8	7.3	-6.0	-6.7
1490.00	1019.58	576.39	612.30	6583.9	10205.0	295.2	238.2	25.0	41.1	106.2	7.8	11.4	3.9	4.2	-11.9	-13.8
220.64	345.19	248.61	327.20					371.0	148.3	131.6					12.7	6.8
363.06	528.46	390.96	432.31			3832.5	814.4	280.6	119.1	110.6			13.9	10.5	9.8	3.0
2025.86	4039.74	4106.51	4588.11	15500.4	9363.5	2986.7	2192.1	460.5	226.5	111.7	9.4	11.1	12.9	15.8	14.9	14.6
1973.00	3969.00	4038.97	4502.03	15209.6	9187.8	3111.7	2297.0	472.9	228.2	111.5	9.4	11.1	13.1	16.1	15.2	14.7
41.89	55.19	51.99	80.35					268.7	191.8	154.5					9.4	11.5
2.86	3.77	2.75	2.16			1542.9	166.2	146.9	75.5	78.5			10.3	2.4	3.6	-4.6
8.11	11.78	12.80	3.57			40.6	29.8	27.5	44.0	27.9			-3.2	-5.6	-11.1	-12.8
37.45	63.61	70.21														
25900	47948	49916	51600		57977.5	3688.3	1602.5	275.9	199.2	103.4		15.9	13.8	14.1	9.7	12.2
538000	2998341	4288016	606526		485200.0	32363.9	1722.5	426.5	112.7	14.1		21.8	22.9	14.5	14.1	2.0

2-2　续表2

指　　标	Item	总量指标						
		1965	1978	1993	2000	2005	2010	2015
国内贸易	**Domestic Trade**							
社会消费品零售总额(亿元)	Total Retail Sales of Consumer Goods (100 million yuan)		2.45	18.28	44.87	80.24	217.94	477.07
对外贸易	**Foreign Trade**							
进出口总额(万元)	Total Exports and Imports (10000 yuan)	693	2869	89305	113352	166366	565890	565535
出口	Exports	110	272	13076	98597	133909	521942	362364
进口	Imports	583	2597	76229	14755	32457	43948	203171
旅　游	**Tourism**							
入境旅客(万人次)	Number of Oversea Visitor Arrivals (10000 person-times)			5.44	14.94	12.13	22.83	29.26
国内旅客(万人次)	Number of Domestic Visitors (10000 person-times)			12.99	45.89	167.93	662.31	1988.27
国际旅游收入(万美元)	Foreign Exchange Earnings from International Tourism (10000 USD)			675	5226	4443	10359	17666
金　融	**Finance**							
金融机构人民币各项存款余额(亿元)	Deposits of National Banking System (100 million yuan)	2.30	7.06	32.68	144.98	455.11	1295.54	3663.85
金融机构人民币各项贷款余额(亿元)	Loans of National Banking System (100 million yuan)	0.91	1.61	33.01	80.62	178.85	301.49	2120.33
教　育	**Education**							
在校学生数	Students Enrollment							
高等学校(人)	Higher Education Institutions (person)	2251	2081	2813	5475	18979	31109	34203
中等职业学校(人)	Secondary Vocational Schools (person)	455	4640	4948	6585	7027	22613	15796
普通中学(人)	Regular Secondary Schools (person)	1059	17679	25693	55232	154048	179720	175481
小学(万人)	Primary Schools (10000 persons)	6.68	26.26	21.19	31.38	32.75	29.94	29.23
文　化	**Culture**							
出版数量	Publications							
报纸(千印张)	Number of Newspapers Issue (1000 sheets)	3258	26669	15377	28712	53511	140237	201548
期刊(千册)	Number of Magazines Issue (1000 copies)		74	297	580	767	1605	2381
图书(千册)	Number of Books Published (1000 copies)	500	3060	4164	5240	8540	14460	12580
卫　生	**Public Health**							
医院、卫生院(个)	Hospitals and Health Centers (unit)	86	519	614	810	763	773	819
医院、卫生院床位数(张)	Number of Beds of Hospitals and Health Centers (unit)	1570	4198	4515	6156	6412	8439	13283
卫生技术人员数(人)	Medical Technical Personnel (person)	2424	5780	7540	8948	8914	9983	14335

continued

Aggregate Data			速度指标(%)　Growth Rates												
2019	2020	2021	指数(2021年比以下各年) Index (2021 as percentage of the following years)							年平均增长速度 Average Annual Growth Rate					
			1965	1978	1993	2000	2010	2015	2020	1966–2021	1979–2021	1994–2021	2001–2021	2011–2021	2016–2021
773.40	745.78	810.34		33075.1	4432.9	1806.0	371.8	169.9	108.7		14.4	14.5	14.8	12.7	9.2
487558	213286	401616	13998.5	13998.5	449.7	354.3	71.0	71.0	188.3	12.0	12.2	5.5	6.2	-3.1	-5.5
374534	129364	225196	82792.6	82792.6	1722.2	228.4	43.1	62.1	174.1	14.6	16.9	10.7	4.0	-7.4	-7.6
113024	83922	176420	6793.2	6793.2	231.4	1195.7	401.4	86.8	210.2	10.7	10.3	3.0	12.5	13.5	-2.3
54.19	0.34	0.92			16.9	6.2	4.0	3.1	272.9			-6.1	-12.4	-25.3	-43.8
3957.96	3504.67	4152.5			31966.9	9048.8	627.0	208.8	118.5			22.9	23.9	18.2	13.1
27907	302	545			80.7	10.4	5.3	3.1	180.5			-0.8	-10.2	-23.5	-44.0
4973.91	5418.09	5591.85	79204.7	79204.7	17110.9	3857.0	431.6	152.6	103.2	14.9	16.8	20.2	19.0	14.2	7.3
4695.22	4956.89	5135.13	318952.2	318952.2	15556.3	6369.5	1703.2	242.2	103.6	16.7	20.6	19.8	21.9	29.4	15.9
38681	41694	45559	2189.3	2189.3	1619.6	832.1	146.4	133.2	109.3	5.5	7.4	10.5	10.6	3.5	4.9
25402	32120	33196	715.4	715.4	670.9	504.1	146.8	210.2	103.3	8.0	4.7	7.0	8.0	3.6	13.2
205308	217942	220825	1249.1	1249.1	859.5	399.8	122.9	125.8	101.3	10.0	6.0	8.0	6.8	1.9	3.9
34.10	35.29	36.56	139.2	139.2	172.5	116.5	122.1	125.1	103.6	3.1	0.8	2.0	0.7	1.8	3.8
151441	110253	98498	369.3	369.3	640.6	343.1	70.2	48.9	89.3	6.3	3.1	6.9	6.0	-3.2	-11.2
2613	2317	2482	3354.1	3354.1	835.7	427.9	154.6	104.2	107.1		8.5	7.9	7.2	4.0	0.7
17829	15336	17746	579.9	579.9	426.2	338.7	122.7	141.1	115.7	6.6	4.2	5.3	6.0	1.9	5.9
834	851	854	164.5	164.5	139.1	105.4	110.5	104.3	100.4	4.2	1.2	1.2	0.3	0.9	0.7
16405	18394	18874	449.6	449.6	418.0	306.6	223.7	142.1	102.6	4.5	3.6	5.2	5.5	7.6	6.0
20662	22629	25392	439.3	439.3	336.8	283.8	254.4	177.1	112.2	4.3	3.5	4.4	5.1	8.9	10.0

2-3 国民经济和社会发展结构指标
COMPOSITION INDICATORS ON NATIONAL ECONOMIC AND SOCIAL DEVELOPMENT

单位：% (%)

指标	Item	1978	1994	2000	2010	2015	2019	2020	2021
常住人口	**Population**								
城乡	Urban and Rural Composition								
城镇	Urban	11.3	16.6	18.9	22.7	28.9	34.5	35.7	36.6
乡村	Rural	88.7	83.4	81.1	77.3	71.1	65.5	64.3	63.4
性别	Sexual Composition								
男	Male	48.8	49.4	50.6	51.4	50.7	49.8	52.5	52.0
女	Female	51.2	50.6	49.4	48.6	49.3	50.2	47.5	48.0
地区生产总值	**Gross Domestic Product**								
第一产业	Primary Industry	50.7	44.7	30.1	12.6	9.0	8.2	7.9	7.9
第二产业	Secondary Industry	27.7	17.1	22.9	30.3	32.8	37.4	37.6	36.4
第三产业	Tertiary Industry	21.6	38.2	47.0	57.1	58.2	54.4	54.5	55.7
投资	**Investment**								
全社会固定资产投资	Total Investment in Fixed Assets								
第一产业	Primary Industry		4.6	4.6	5.1	7.1	3.2	3.5	6.5
第二产业	Secondary Industry		30.5	25.3	29.0	14.0	17.6	21.4	17.5
第三产业	Tertiary Industry		64.9	70.1	65.9	78.9	79.2	75.1	76.0
资金来源结构	Structure of Funded Sources								
国家预算资金	State Budget		49.1	53.0	62.1	68.6	32.5	21.4	37.3
国内贷款	Domestic Loans		4.4	3.8	1.9	0.7	25.9	18.4	12.1
自筹和其他投资	Self-raising Funds and Other Investment		46.5	43.2	36.0	30.7	41.6	60.2	48.8
农业	**Agriculture**								
农林牧渔业产值	Gross Output Value of Agriculture, Forestry, Animal Husbandry and Fishery								
#农业	Farming	39.6	49.0	51.5	45.9	45.5	44.6	44.5	45.2
林业	Forestry	0.4	2.4	2.6	2.4	1.4	1.7	1.6	1.6
牧业	Animal Husbandry	59.9	48.6	45.9	48.5	50.4	50.9	51.3	50.6
渔业	Fishery	…		…	0.2	0.1	0.2	0.1	0.1
工业	**Industry**								
轻工业	Light Industry	38.1	47.2	37.6	36.6	44.6	24.9	23.5	21.4
重工业	Heavy Industry	61.9	52.8	62.4	63.4	55.4	75.1	76.5	78.6

2-4　平均每天主要社会经济活动
SELECTED INDICATORS ON AVERAGE DAILY SOCIAL AND ECONOMIC ACTIVITIES

指　　标	Item	1978	1994	2000	2010	2015	2019	2020	2021
每天创造的财富	**Daily Production**								
地区生产总值(万元)	Gross Domestic Product (10000 yuan)	182	1260	3227	14051	28575	46516	51987	56991
第一产业	Primary Industry	92	564	970	1776	2565	3786	4116	4496
第二产业	Secondary Industry	50	216	741	4247	9365	17414	21810	20747
工业	Industry	17	94	279	1119	2013	3609	3966	5203
建筑业	Construction	34	122	462	3128	7351	13805	17844	15545
第三产业	Tertiary Industry	39	481	1516	8029	16646	25315	26061	31747
农林牧渔业总产值(万元)	Gross Output Value of Agriculture (10000 yuan)	107	735	1403	2761	4095	5830	6381	6996
工业总产值(万元)	Gross Output Value of Industry (10000 yuan)	41	209	501	2072	4908	8404	9401	11451
一般公共预算收入(万元)	General Public Budget Revenue (10000 yuan)			148	1004	3757	6082	6038	5907
一般公共预算支出(万元)	General Public Budget Expenditures (10000 yuan)			1643	15097	37848	59938	60408	55535
粮食(吨)	Grain (ton)	1407	1820	2636	2499	2757	2847	2811	2908
油菜籽(吨)	Rapeseeds (ton)	22	80	108	159	175	156	138	125
发电量(万千瓦时)	Electricity (10000 kWh)	37	122	181	662	1227	2293	2380	3090
水泥(吨)	Cement (ton)	170	411	1351	6003	12819	29615	29646	27167
铬矿石(吨)	Chromium Ore (ton)	34	203	539	551	251	215	376	592
每天消费量	**Daily Consumption**								
社会消费品零售总额(万元)	Total Retail Sales of Consumer Goods (10000 yuan)	67	576	1229	5971	13070	21189	20376	22201
每天其他活动	**Other Daily Activities**								
邮电业务总量(万元)	Business Volume of Postal and Telecommunications Services (10000 yuan)	1	11	105	638	1545	8346	11852	1803
入境旅客(人次)	Number of Oversea Visitor Arrivals (person-time)		181	409	626	802	1485	9	25
居民储蓄额(万元)	Outstanding Amount of Saving Deposit (10000 yuan)	9	306	1109	7319	17908	26306	29530	
出版报纸(千印张)	Number of Newspapers Issue (1000 sheets)	73	74	79	384	552	415	301	270
出版图书(千册)	Number of Books Published (1000 copies)	8	8	14	39	34	49	42	49

2-5 人均主要经济指标
PER CAPITA MAIN ECONOMIC INDICATORS

年 份 Year	地 区 生产总值 (元) Gross Domestic Product (yuan)	农 业 总产值 (元) Gross Output Value of Agriculture (yuan)	工 业 总产值 (元) Gross Output Value of Industry (yuan)	粮 食 产 量 (公斤) Output of Grain (kg)	社会消费品 零售总额 (元) Total Retail Sales of Consumer Goods (yuan)	储 蓄 存款余额 (元) Outstanding Amount of Saving Deposit (yuan)	农村居民人均 可支配收入 (元) Per Capita Disposable Income of Rural Residents (yuan)	全部职工 人均工资 (元) Average Wage of All Staff and Workers (yuan)
1965	241	194	17	214				940
1978	375	221	84	290	105		174	850
1985	894	550	107	268	406	80	533	1963
1986	843	494	101	226	389	99	490	2375
1987	863	506	105	228	422	111	517	2499
1988	964	616	126	242	454	134	571	2710
1989	1021	640	156	257	551	155	553	2881
1990	1276	899	171	256	551	180	580	3181
1991	1358	941	198	289	593	227	615	3355
1992	1468	990	219	290	651	260	651	3448
1993	1624	998	260	292	805	334	703	4085
1994	1964	1146	325	284	912	472	814	7115
1995	2358	1508	382	302	1061	807	875	7382
1996	2688	1594	429	321	1113	1098	971	11087
1997	3144	1688	479	322	1361	1230	1081	10098
1998	3666	1698	578	341	1448	1330	1154	10987
1999	4180	1902	655	364	1556	1441	1253	12904
2000	4572	1988	710	373	1741	1558	1326	14976
2001	5318	2027	764	376	1975	1908	1399	19144
2002	6094	2108	816	371	2129	2637	1515	24766
2003	6883	2184	892	360	2304	3401	1685	26931
2004	7946	2307	1045	353	2508	3927	1854	29292
2005	8733	2460	1222	339	2883	4444	2070	28950
2006	10112	2526	1440	331	3514	4975	2426	31518
2007	11991	2825	1785	332	4360	5615	2777	46098
2008	13703	3097	2091	333	5006	6440	3164	47280
2009	15154	3236	2279	314	6083	7805	3519	48750
2010	17209	3455	2593	313	7313	9159	4123	54397
2011	20083	3624	3151	311	8961	10566	4885	55845
2012	22762	3847	3443	308	10423	13130	5697	58347
2013	26209	4131	4061	310	11990	16010	6553	64409
2014	29275	4407	4818	311	13429	17766	7359	68059
2015	31847	4660	5585	314	14873	20378	8244	110980
2016	35015	4964	6422	318	16472	24015	9094	110330
2017	39158	5337	7368	313	18537	26351	10330	115549
2018	44051	5741	8504	307	20904	27195	11450	119947
2019	47491	6129	8835	302	22276	27673	12951	123045
2020	52280	6427	9470	283	20526	29746	14598	126226
2021	56831	3156	11438	291	22176		16935	145461

2-6　地区生产总值
GROSS DOMESTIC PRODUCT

单位：亿元　　(100 million yuan)

年　份 Year	地区生产总　值 Gross Domestic Product	第一产业 Primary Industry	第二产业 Secondary Industry	工　业 Industry	建筑业 Construction	第三产业 Tertiary Industry	人均地区生产总值(元) Per Capita GDP (yuan)
1951	1.29	1.26	0.00		0.00	0.03	114
1959	1.74	1.28	0.22	0.15	0.07	0.24	142
1965	3.27	2.32	0.22	0.09	0.13	0.73	241
1978	6.65	3.37	1.84	0.61	1.23	1.44	375
1985	17.76	8.87	3.08	1.23	1.85	5.81	894
1986	16.95	7.95	2.18	1.01	1.17	6.82	843
1987	17.71	8.07	2.13	1.09	1.04	7.51	863
1988	20.25	9.65	2.41	1.28	1.13	8.19	964
1989	21.86	10.04	2.84	1.58	1.26	8.98	1021
1990	27.70	14.10	3.57	1.92	1.65	10.03	1276
1991	30.53	15.50	4.17	2.27	1.90	10.86	1358
1992	33.29	16.14	4.46	2.56	1.90	12.69	1468
1993	37.42	17.81	5.49	2.70	2.79	14.12	1624
1994	45.99	20.57	7.87	3.43	4.44	17.55	1964
1995	56.11	22.85	13.23	4.10	9.13	20.03	2358
1996	64.98	26.47	11.33	4.40	6.93	27.18	2688
1997	77.24	28.44	16.88	8.16	8.72	31.92	3144
1998	91.50	30.52	20.14	9.05	11.09	40.84	3666
1999	105.98	33.33	23.86	9.50	14.36	48.79	4180
2000	117.80	35.41	27.05	10.17	16.88	55.34	4572
2001	139.16	36.53	31.97	10.88	21.09	70.66	5318
2002	162.04	38.68	32.72	11.65	21.07	90.64	6094
2003	185.97	39.56	47.49	13.91	33.58	98.92	6883
2004	217.93	42.13	51.31	15.97	35.34	124.49	7946
2005	243.09	44.89	60.52	17.16	43.36	137.68	8733
2006	285.85	47.57	76.10	21.48	54.62	162.18	10112
2007	344.10	52.31	95.22	28.07	67.15	196.57	11991
2008	398.19	57.55	110.80	30.06	80.74	229.84	13703
2009	445.67	60.48	130.10	33.92	96.18	255.09	15154
2010	512.87	64.81	155.01	40.84	114.17	293.05	17209
2011	611.52	69.83	195.55	49.66	145.89	346.14	20083
2012	710.16	75.25	226.13	57.44	168.69	408.78	22762
2013	828.20	81.21	270.78	63.85	206.93	476.21	26209
2014	939.74	88.11	310.34	69.66	240.68	541.29	29275
2015	1043.00	93.61	341.81	73.49	268.32	607.58	31847
2016	1173.00	110.52	390.41	91.62	298.79	672.07	35015
2017	1349.00	118.15	469.61	110.06	359.55	761.24	39158
2018	1548.39	128.34	582.72	126.97	455.75	837.33	44051
2019	1697.82	138.19	635.62	131.72	503.90	924.01	47491
2020	1902.74	150.32	714.89	158.61	556.28	1037.53	52280
2021	2080.17	164.12	757.28	189.90	567.38	1158.77	56831

注：1.本表按当年价格计算。
2.根据2018年第四次全国经济普查核算，对1952年以来的地区生产总值进行了修订(以下相关表同)。
3.根据第七次全国人口普查数据，对2011-2019年人均地区生产总值进行了修订(以下相关表同)。
4.2020年地区生产总值为最终核实数。
5.测算人均地区生产总值时，地区生产总值和人口数均为整数。

Note: 1.Data in this table are calculated at current prices.
2.Since1952, the data has been adjusted in accordance with the 4th Economic Census in 2018.The same applies to the relevant tables following.
3.The data of GDP Per Capita has been adjusted from 2011 to 2019 in accordance with the 7th National Population Census. The same applies to the relevant tables following.
4.The regional GDP in 2020 is the final real number.
5.When calculating per capita GDP, both GDP and population are integers.

2-7 地区生产总值构成
COMPOSITION OF GROSS DOMESTIC PRODUCT

单位：% (%)

年 份 Year	地区生产总值 Gross Domestic Product	第一产业 Primary Industry	第二产业 Secondary Industry	工 业 Industry	建筑业 Construction	第三产业 Tertiary Industry
1951	100.0	97.7	…		…	2.3
1959	100.0	73.6	12.6	8.6	4.0	13.8
1965	100.0	71.0	6.7	2.7	4.0	22.3
1978	100.0	50.7	27.7	9.2	18.5	21.6
1985	100.0	50.0	17.3	6.9	10.4	32.7
1986	100.0	46.9	12.9	6.0	6.9	40.2
1987	100.0	45.6	12.0	6.1	5.9	42.4
1988	100.0	47.7	11.9	6.3	5.6	40.4
1989	100.0	45.9	13.0	7.2	5.8	41.1
1990	100.0	50.9	12.9	6.9	6.0	36.2
1991	100.0	50.8	13.6	7.4	6.2	35.6
1992	100.0	48.5	13.4	7.7	5.7	38.1
1993	100.0	47.6	14.7	7.2	7.5	37.7
1994	100.0	44.7	17.1	7.5	9.6	38.2
1995	100.0	40.7	23.6	7.3	16.3	35.7
1996	100.0	40.7	17.5	6.8	10.7	41.8
1997	100.0	36.8	21.9	10.6	11.3	41.3
1998	100.0	33.4	22.0	9.9	12.1	44.6
1999	100.0	31.5	22.5	9.0	13.5	46.0
2000	100.0	30.1	22.9	8.6	14.3	47.0
2001	100.0	26.2	23.0	7.8	15.2	50.8
2002	100.0	23.9	20.2	7.2	13.0	55.9
2003	100.0	21.3	25.5	7.5	18.0	53.2
2004	100.0	19.3	23.5	7.3	16.2	57.2
2005	100.0	18.5	24.9	7.1	17.8	56.6
2006	100.0	16.7	26.6	7.5	19.1	56.7
2007	100.0	15.2	27.7	8.2	19.5	57.1
2008	100.0	14.5	27.8	7.5	20.3	57.7
2009	100.0	13.6	29.2	7.6	21.6	57.2
2010	100.0	12.6	30.3	8.0	22.3	57.1
2011	100.0	11.4	32.0	8.1	23.9	56.6
2012	100.0	10.6	31.8	8.1	23.7	57.6
2013	100.0	9.8	32.7	7.7	25.0	57.5
2014	100.0	9.4	33.0	7.4	25.6	57.6
2015	100.0	9.0	32.8	7.1	25.7	58.2
2016	100.0	9.4	33.3	7.8	25.5	57.3
2017	100.0	8.8	34.8	8.1	26.7	56.4
2018	100.0	8.3	37.6	8.2	29.4	54.1
2019	100.0	8.2	37.4	7.8	29.6	54.4
2020	100.0	7.9	37.6	8.4	29.2	54.5
2021	100.0	7.9	36.4	9.1	27.3	55.7

注：本表按当年价格计算。
Note: Data in this table are calculated at current prices.

2-8　地区生产总值指数
INDICES OF GROSS DOMESTIC PRODUCT

上年=100　　(preceding year=100)

年 份 Year	地区生产总值 Gross Domestic Product	第一产业 Primary Industry	第二产业 Secondary Industry	工业 Industry	建筑业 Construction	第三产业 Tertiary Industry	人均地区生产总值 Per Capita GDP
1959	101.7	91.1	139.6	96.5	422.7	166.9	100.5
1960	144.6	115.9	297.9	270.0	339.9	167.8	141.0
1965	116.6	110.1	179.3	190.9	167.0	124.8	114.6
1978	107.0	102.9	114.8	107.4	120.1	108.5	105.2
1985	111.5	113.6	107.9	102.3	111.1	111.0	109.8
1986	91.0	91.2	67.1	96.3	52.3	100.3	89.7
1987	100.0	101.5	104.2	106.2	102.2	97.6	98.0
1988	104.2	106.3	100.4	110.9	89.2	103.3	101.8
1989	108.4	104.1	117.5	116.3	118.5	110.0	106.3
1990	108.9	106.5	114.3	113.5	116.3	109.5	107.5
1991	100.5	96.3	108.6	107.9	109.4	103.6	99.1
1992	107.7	114.4	107.0	108.6	105.3	99.1	106.0
1993	115.5	106.6	119.7	108.6	132.9	126.7	113.7
1994	115.7	104.0	128.8	108.6	148.4	124.9	113.8
1995	117.9	104.0	167.5	109.1	208.8	112.9	116.0
1996	113.2	104.2	90.8	106.9	84.8	134.1	111.5
1997	111.8	104.0	114.4	108.9	117.0	116.5	110.0
1998	112.1	101.7	121.1	107.8	126.9	115.4	110.3
1999	112.3	105.3	120.2	106.1	125.4	113.1	110.5
2000	110.4	102.1	116.1	106.7	119.0	112.4	108.6
2001	112.7	103.1	117.6	106.7	124.1	116.5	111.9
2002	112.9	104.4	120.5	105.7	128.1	113.9	111.1
2003	112.0	103.4	113.4	110.5	114.7	115.7	110.2
2004	112.1	105.5	111.4	116.4	109.3	115.5	110.4
2005	112.1	105.5	120.4	110.9	124.6	110.8	110.5
2006	113.3	103.1	121.9	117.4	123.6	112.8	111.5
2007	114.0	104.2	115.1	117.8	114.0	116.4	112.3
2008	110.1	106.2	107.0	108.9	106.2	112.7	108.7
2009	112.4	103.0	120.6	113.3	123.6	111.0	111.1
2010	112.3	103.2	113.1	113.5	113.0	114.0	110.8
2011	112.7	103.4	117.4	118.4	117.0	112.3	110.3
2012	111.8	103.4	113.5	115.0	113.0	112.6	109.1
2013	112.1	103.8	119.2	112.8	121.5	109.7	110.7
2014	110.8	104.2	113.7	109.7	115.0	110.2	109.0
2015	111.0	103.7	115.0	113.8	115.3	109.8	108.8
2016	110.1	104.5	111.6	113.0	111.2	110.1	107.6
2017	110.0	104.1	110.8	109.9	111.0	110.4	107.0
2018	108.9	102.7	116.8	112.8	117.9	105.3	106.7
2019	108.1	104.6	107.0	105.1	107.5	109.2	106.2
2020	107.8	107.7	116.1	111.1	117.4	102.6	106.0
2021	106.7	107.3	99.1	116.2	94.2	111.8	106.1

注：本表按可比价格计算。
Note: Data in this table are calculated at constant prices.

2-9 地区生产总值指数
INDICES OF GROSS DOMESTIC PRODUCT

1951年=100 (year of 1951=100)

年 份 Year	地区生产总值 Gross Domestic Product	第一产业 Primary Industry	第二产业 Secondary Industry	工 业 Industry	建筑业 Construction	第三产业 Tertiary Industry	人均地区生产总值 Per Capita GDP
1959	132.9	101.8	23229.4	3102.4	10398.0	776.8	124.4
1965	263.7	184.4	26138.5	1913.9	18850.1	2825.3	221.3
1978	498.2	252.9	174416.3	11509.6	149850.9	5479.1	321.3
1985	1119.0	493.8	217429.9	14676.1	183651.5	21997.5	645.7
1986	1018.9	450.3	145865.5	14133.1	96049.5	22063.4	579.2
1987	1019.2	457.1	152053.7	15009.4	98162.6	21533.9	567.6
1988	1062.1	485.9	152661.9	16645.4	87561.0	22244.5	577.8
1989	1150.9	505.8	179378.8	19358.6	103759.8	24469.0	614.2
1990	1253.2	538.7	205004.3	21972.0	120672.6	26793.6	660.3
1991	1259.8	518.9	222620.9	23707.8	132015.8	27758.1	654.3
1992	1356.7	593.6	238204.4	25746.7	138956.3	27511.2	693.6
1993	1567.0	632.6	285190.9	27960.9	184672.9	34868.2	788.7
1994	1813.2	658.0	367402.4	30365.6	274054.6	43546.4	897.4
1995	2137.0	684.1	615277.8	33128.8	572226.0	49167.9	1041.2
1996	2418.9	712.9	558480.5	35414.7	485247.7	65954.3	1160.9
1997	2705.0	741.4	639033.1	38566.6	567739.8	76808.6	1276.9
1998	3032.1	753.9	773983.6	41574.8	720461.8	88621.3	1408.6
1999	3404.6	794.1	930326.9	44110.9	903459.1	100226.8	1556.5
2000	3758.1	810.8	1079873.7	47066.3	1075116.3	112609.4	1690.4
2001	4236.0	836.0	1269479.2	50219.7	1334219.3	131187.7	1891.5
2002	4781.4	872.8	1529165.4	53082.3	1709135.0	149468.0	2101.5
2003	5354.3	902.5	1734721.2	58655.9	1960377.8	172897.6	2315.9
2004	6002.6	952.1	1931974.4	68275.5	2142693.0	199782.8	2556.6
2005	6730.1	1004.5	2326553.4	75717.5	2669795.4	221419.7	2825.4
2006	7624.3	1035.6	2835535.0	88910.7	3300916.4	249837.0	3150.2
2007	8689.7	1079.1	3263018.1	104751.4	3764559.3	290711.9	3537.8
2008	9571.2	1146.0	3490983.4	114061.6	3999767.3	327572.5	3845.5
2009	10753.7	1180.4	4211784.4	129240.4	4942446.5	363634.6	4272.2
2010	12077.0	1218.1	4763437.4	146669.6	5582803.3	414714.9	4733.9
2011	13609.3	1259.6	5590378.3	173604.5	6531933.7	465599.3	5221.5
2012	15217.9	1302.4	6345103.9	199605.7	7378865.0	524288.5	5696.6
2013	17060.0	1351.9	7560470.4	225175.9	8964660.9	575300.9	6306.2
2014	18897.5	1408.7	8592686.8	246975.2	10310362.4	633915.9	6873.7
2015	20980.7	1460.8	9878731.9	281164.6	11891268.4	695966.8	7478.6
2016	23091.7	1526.5	11022642.9	317778.3	13221236.2	766009.7	8047.0
2017	25401.8	1589.1	12211061.7	349227.2	14679281.5	845859.8	8610.3
2018	27671.2	1632.3	14257847.4	393760.5	17301990.5	890800.3	9187.2
2019	29912.6	1707.3	15255807.1	413846.4	18599606.5	972598.6	9756.8
2020	32245.8	1838.8	17711992.0	459783.4	21835938.0	997886.2	10342.2
2021	34406.3	1973.0	17552584.1	534268.3	20569453.6	1115636.7	10973.1

注：本表按可比价格计算。
Note: Data in this table are calculated at constant prices.

2-10　分地区生产总值
GROSS DOMESTIC PRODUCT BY REGION

单位：亿元　　(100 million yuan)

地　区	Region	2020 地区生产总值 Gross Domestic Product	2020 第一产业 Primary Industry	2020 第二产业 Secondary Industry	2020 第三产业 Tertiary Industry	2021 地区生产总值 Gross Domestic Product	2021 第一产业 Primary Industry	2021 第二产业 Secondary Industry	2021 第三产业 Tertiary Industry
拉萨市	Lhasa	678.16	22.45	290.44	365.27	741.84	24.45	278.08	439.31
日喀则市	Xigazê	322.78	47.33	123.30	152.15	348.26	51.78	109.17	187.31
昌都市	Qamdo	252.89	31.09	114.05	107.75	279.24	32.92	110.25	136.07
林芝市	Nyingchi	191.34	12.29	74.05	105.00	209.01	12.56	70.97	125.48
山南市	Lhoka	215.40	8.14	115.51	91.75	237.27	8.99	112.33	115.95
那曲市	Nagqu	171.41	21.49	54.35	95.57	186.86	25.11	49.48	112.27
阿里地区	Ngari	70.67	7.61	24.91	38.15	77.65	8.15	24.35	45.15

注：本表按当年价格计算。
Note: Data in this table are calculated at current prices.

2-11　分地区生产总值增长速度
GROWTH RATE OF GROSS DOMESTIC PRODUCT BY REGION

单位：%　　(%)

地　区	Region	2020 地区生产总值 Gross Domestic Product	2020 第一产业 Primary Industry	2020 第二产业 Secondary Industry	2020 第三产业 Tertiary Industry	2021 地区生产总值 Gross Domestic Product	2021 第一产业 Primary Industry	2021 第二产业 Secondary Industry	2021 第三产业 Tertiary Industry
拉萨市	Lhasa	7.8	11.2	16.5	2.1	6.7	4.7	1.0	10.8
日喀则市	Xigazê	8.0	7.5	21.0	0.7	6.4	6.5	-2.2	11.9
昌都市	Qamdo	7.8	6.4	17.0	1.0	7.0	2.2	1.0	13.3
林芝市	Nyingchi	7.9	4.0	9.5	7.4	6.9	-0.9	4.0	9.4
山南市	Lhoka	7.9	7.8	17.1	-0.5	6.9	5.8	4.3	9.5
那曲市	Nagqu	7.6	10.1	28.1	-0.2	6.3	11.3	0.7	7.8
阿里地区	Ngari	7.7	11.8	11.0	5.4	6.6	6.2	1.4	9.6

注：本表按可比价格计算。
Note: Data in this table are calculated at constant prices.

第三篇

人口、就业和工资

CHAPTER 3

POPULATION, EMPLOYMENT AND WAGES

简要说明

一、本篇主要包括常住人口情况、就业人数和职工工资情况以及城镇登记失业人员及失业率情况。

二、本篇表 3-5 至 3-15 数据来源于劳动工资统计报表制度，其调查内容为城镇非私营单位的就业人数和工资情况。

三、本篇人口、就业和工资资料由自治区统计局人口和就业统计处提供。

四、本篇城镇登记失业人员及失业率资料由自治区人社厅提供。

五、资料整理：杜绣娟

Brief Introduction

Ⅰ.This chapter includes the condition of resident population, the employed persons and wage bill, as well as the registered unemployed persons and unemployment rate in urban area.

Ⅱ.The data in the table 3-5 to 3-15 are taken from the Reporting Form System on Labour and Wage Statistics, they include the staff and workers and wage bill of urban non-private units.

Ⅲ.The data on population, employed persons and wage bill are provided by the Population and Employment Statistics Division of Tibet Autonomous Region Statistics Bureau.

Ⅳ.The registered unemployed persons and unemployment rate in urban area are provided by the Human Resources and Social Security Department of Tibet Autonomous Region.

Ⅴ.Data collection：Du Xiujuan

3-1　人口数及构成
POPULATION AND ITS COMPOSITION

单位：万人　　(10000 persons)

年份 Year	总人口(年末) Total Population	按性别分 By Sex 男 Male 人口数 Population	比重(%) Proportion	女 Female 人口数 Population	比重(%) Proportion	按城乡分 By Residence 城镇 Urban 人口数 Population	比重(%) Proportion	乡村 Rural 人口数 Population	比重(%) Proportion
1995	239.84	118.51	49.4	121.33	50.6	40.05	16.7	199.79	83.3
1996	243.70	121.10	49.7	122.60	50.3	43.64	17.9	200.06	82.1
1997	247.60	123.32	49.8	124.28	50.2	45.14	18.2	202.46	81.8
1998	251.54	124.51	49.5	127.03	50.5	46.69	18.6	204.85	81.4
1999	255.51	126.99	49.7	128.52	50.3	48.29	18.9	207.22	81.1
2000	259.83	131.47	50.6	128.36	49.4	50.22	19.3	209.61	80.7
2001	263.55	133.52	50.66	130.03	49.34	51.77	19.64	211.78	80.36
2002	268.24	136.10	50.74	132.14	49.26	53.36	19.89	214.88	80.11
2003	272.16	138.25	50.80	133.91	49.20	55.00	20.21	217.16	79.79
2004	276.35	140.56	50.86	135.79	49.14	56.70	20.52	219.65	79.48
2005	280.31	142.90	50.98	137.41	49.02	58.45	20.85	221.86	79.15
2006	285.08	145.25	50.95	139.83	49.05	60.25	21.13	224.83	78.87
2007	288.83	147.04	50.91	141.79	49.09	62.10	21.50	226.73	78.50
2008	292.33	149.40	51.11	142.93	48.89	64.01	21.90	228.32	78.10
2009	295.84	151.80	51.31	144.04	48.69	65.99	22.30	229.85	77.70
2010	300.22	154.26	51.38	145.96	48.62	68.06	22.67	232.16	77.33
2011	308.69	158.05	51.20	150.64	48.80	70.41	22.81	238.28	77.19
2012	314.55	160.42	51.00	154.13	49.00	71.94	22.87	242.61	77.13
2013	317.43	161.57	50.90	155.86	49.10	75.96	23.93	241.47	76.07
2014	324.77	164.66	50.70	160.11	49.30	85.19	26.23	239.58	73.77
2015	330.37	167.53	50.71	162.84	49.29	95.38	28.87	234.99	71.13
2016	340.08	172.69	50.78	167.39	49.22	107.36	31.57	232.72	68.43
2017	349.28	177.40	50.79	171.88	49.21	116.59	33.38	232.69	66.62
2018	353.83	180.38	50.98	173.45	49.02	119.59	33.80	234.24	66.20
2019	360.76	179.66	49.80	181.10	50.20	124.50	34.51	236.26	65.49
2020	364.81	191.34	52.45	173.47	47.55	130.34	35.73	234.47	64.27
2021	366.01	191.01	52.03	175.00	47.97	133.99	36.61	232.02	63.39

注：1.本表数据为常住人口数。2020年数据为第七次全国人口普查时点(2020年11月1日)数。
2.本表2011-2019年数据根据第七次全国人口普查数据修订，其余年份为年度人口变动抽样调查推算数据。

Note:1.Data in this table are usual residents.Data of 2020 is the reference time (00:00 hours of November 1,2020) of the 7th National Population Census.
2. The data from 2011 to 2019 have been adjusted in accordance with the 7th National Population Census,the rest of the data have been the estimates from the annual national sample survey of population.

3-2 人口出生率、死亡率和自然增长率
BIRTH RATE, DEATH RATE AND NATURAL GROWTH RATE OF POPULATION

单位：‰ (‰)

年 份 Year	出生率 Birth Rate	死亡率 Death Rate	自然增长率 Natural Growth Rate	年 份 Year	出生率 Birth Rate	死亡率 Death Rate	自然增长率 Natural Growth Rate
1990	26.00	8.90	17.10	2008	15.50	5.20	10.30
1995	24.90	8.80	16.10	2009	15.30	5.10	10.20
1996	24.70	8.50	16.20	2010	15.23	5.30	9.93
1997	23.90	7.90	16.00	2011	15.39	5.13	10.26
1998	23.70	7.80	15.90	2012	15.48	5.21	10.27
1999	23.20	7.40	15.80	2013	15.77	5.39	10.38
2000	19.50	6.60	12.90	2014	15.76	5.21	10.55
2001	18.60	6.50	12.10	2015	15.75	5.10	10.65
2002	18.80	6.10	12.70	2016	15.79	5.11	10.68
2003	17.40	6.30	11.10	2017	16.00	4.95	11.05
2004	17.40	6.20	11.20	2018	15.22	4.58	10.64
2005	17.90	7.20	10.80	2019	14.60	4.46	10.14
2006	17.40	5.70	11.70	2020	13.96	5.37	8.59
2007	16.40	5.10	11.30	2021	14.17	5.47	8.7

3-3 分地市年末人口数
POPULATION AT YEAR-END BY REGION

单位：万人 (10000 persons)

年 份 Year	合 计 Total	拉萨市 Lhasa	日喀则市 Xigazê	昌都市 Qamdo	林芝市 Nyingchi	山南市 Lhoka	那曲市 Nagqu	阿里地区 Ngari
2010	300.22	55.94	70.33	65.75	19.51	32.90	46.24	9.55
2011	308.69	57.88	72.20	67.74	20.04	33.62	47.35	9.86
2012	314.55	59.47	73.40	69.23	20.39	33.97	47.98	10.11
2013	317.43	61.21	73.65	69.53	20.61	34.08	48.09	10.26
2014	324.77	65.60	74.56	70.21	21.19	34.26	48.40	10.55
2015	330.37	69.59	75.01	70.53	21.63	34.33	48.48	10.80
2016	340.08	74.43	76.40	71.77	22.33	34.80	49.16	11.19
2017	349.28	78.78	77.77	73.15	22.96	35.23	49.82	11.57
2018	353.83	80.89	78.43	74.22	23.22	35.24	50.01	11.82
2019	360.76	83.79	79.55	75.69	23.63	35.47	50.50	12.13
2020	364.81	86.79	79.82	76.10	23.89	35.40	50.48	12.33
2021	366.01	87.07	80.09	76.35	23.97	35.51	50.65	12.37

注：1.本表数据为常住人口数。2020年数据为第七次全国人口普查时点(2020年11月1日)数。
2.本表2011-2019年数据根据第七次全国人口普查数据修订。

Note:1.Data in this table are usual residents.Data of 2020 is the reference time (00:00 hours of November 1,2020) of the 7th National Population Census.
2. The data from 2011 to 2019 have been adjusted in accordance with the 7th National Population Census.

3-4　按三次产业分的就业人员年末人数
NUMBER OF EMPLOYED PERSONS BY THREE STRATA OF INDUSTRY

年　份 Year	合计(万人) Total (10000 persons)	第一产业 Primary Industry	第二产业 Secondary Industry	第三产业 Tertiary Industry	构成(%) Proportion 第一产业 Primary Industry	第二产业 Secondary Industry	第三产业 Tertiary Industry
1978	93	76.34	5.53	11.22	82.0	5.9	12.1
1986	107	85.75	5.37	16.25	79.9	5.0	15.1
1987	108	85.79	5.30	16.68	79.6	4.9	15.5
1988	107	85.38	4.90	16.96	79.6	4.6	15.8
1989	108	86.79	4.30	16.47	80.7	4.0	15.3
1990	108	87.08	4.13	16.67	80.7	3.8	15.5
1991	110	87.13	4.32	18.28	79.4	3.9	16.7
1992	111	86.78	4.67	19.47	78.2	4.2	17.6
1993	112	88.14	5.41	18.80	78.5	4.8	16.7
1994	114	88.21	4.21	21.92	77.1	3.7	19.2
1995	115	89.51	5.62	19.96	77.8	4.9	17.3
1996	118	89.72	5.84	22.14	76.2	5.0	18.8
1997	120	91.01	6.38	23.08	75.5	5.3	19.2
1998	120	89.27	6.87	24.08	74.3	5.7	20.0
1999	124	92.19	6.46	25.26	74.4	5.2	20.4
2000	124	90.98	7.35	25.85	73.3	5.9	20.8
2001	126	89.65	8.16	28.52	71.0	6.5	22.5
2002	130	89.63	8.11	32.46	68.8	6.2	25.0
2003	133	85.14	12.36	35.31	64.1	9.3	26.6
2004	137	86.00	13.17	38.15	62.6	9.6	27.8
2005	144	86.39	13.60	43.61	60.1	9.5	30.4
2006	148	87.32	14.28	46.60	58.9	9.6	31.4
2007	158	88.63	17.07	52.45	56.0	10.8	33.2
2008	164	89.41	17.09	57.00	54.6	10.5	34.9
2009	169	92.17	18.18	58.72	54.5	10.8	34.7
2010	169	90.61	18.37	60.02	53.6	10.9	35.5
2011	171	86.09	20.80	64.11	50.3	12.2	37.5
2012	174	80.56	23.32	70.12	46.3	13.4	40.3
2013	175	78.93	24.68	71.40	45.1	14.1	40.8
2014	176	76.91	25.87	73.22	43.7	14.7	41.6
2015	181	74.57	24.07	82.36	41.2	13.3	45.5
2016	185	69.79	30.38	84.83	37.7	16.4	45.9
2017	187	69.75	33.10	84.15	37.3	17.7	45.0
2018	187	68.31	36.83	81.87	36.5	19.7	43.8
2019	190	67.74	41.30	80.96	35.7	21.7	42.6
2020	193	69.00	30.00	94.00	35.8	15.5	48.7
2021	196	70.36	30.58	95.06	35.9	15.6	48.5

注：1.根据第七次全国人口普查数据结果，国家统计局对就业人数指标口径进行了调整，并结合劳动力调查推算了2010-2020年就业人数。
2.劳动年龄人口为16-59岁。

Note:1. The statistical caliber of employed persons number has been adjusted according to the 7th National Populatian Census by National Bureau of Statistics.From 2010,the total number of employed persons were estimated according to Labour Force Survey and Population Census.
2.The working-age population is the age between 16-59.

3-5 各行业分经济类型单位从业人员期末人数(2021年)
NUMBER OF EMPLOYED PERSONS IN UNITS AT YEAR-END BY OWNERSHIP AND SECTOR (2021)

单位：人 (person)

行业	Sector	合计 Total	国有经济单位 State-owned Units	集体经济单位 Collective-owned Units	其他经济单位 Other Units
总计	**Total**	**445385**	**267737**	**2834**	**174814**
农、林、牧、渔业	Agriculture, Forestry, Animal Husbandry and Fishery	2109	477	51	1582
工业	Industry	39052	2253	841	35958
采矿业	Mining	7264	32	432	6800
制造业	Manufacturing	16746	1059	400	15287
电力、热力、燃气及水生产供应业	Production and Supply of Electricity, Heat, Gas and Water	15042	1162	9	13871
建筑业	Construction	33982	1166	1042	31774
批发和零售业	Wholesale and Retail Trade	25954	2989	56	22909
交通运输、仓储及邮政业	Transport, Storage and Post	23048	11791	18	11239
住宿和餐饮业	Hotels and Catering Services	7492	1313	259	5921
信息传输、软件和信息技术服务业	Information Transmission, Software and Information Technology	12732	6619	36	6077
其他行业	Others	301017	241130	498	59389
金融业	Financial Intermediation	20377	3065		17312
房地产业	Real Estate	7641	806		6835
租赁和商务服务业	Leasing and Business Services	18659	2963	33	15663
科学研究和技术服务业	Scientific Research and Technical Services	10865	6864	48	3953
水利、环境和公共设施管理业	Management of Water Conservancy, Environment and Public Facilities	6604	657	7	5940
居民服务、修理和其他服务业	Services to Households, Repair and Other Services	2529	529		2001
教育	Education	52971	49313	228	3430
卫生和社会工作	Health and Social Service	20957	18406	201	2350
文化、体育和娱乐业	Culture, Sports and Entertainment	6574	5061	14	1499
公共管理、社会保障和社会组织	Public Management, Social Security and Social Organization	153840	153466		374

3-6　全区职工人数及构成
NUMBER OF STAFF AND WORKERS AND ITS COMPOSITION

年　份 Year	合　计 (人) Total (person)	国有经济单位 State-owned Units	集体经济单位 Collective-owned Units	其他经济单位 Other Units	构成(总计=100) Proportion (Total=100) 国有经济单位 State-owned Units	集体经济单位 Collective-owned Units	其他经济单位 Units of Other Type of Ownership
1978	135217	126663	8554		93.7	6.3	
1981	174227	162637	11590		93.3	6.7	
1982	182821	168301	14520		92.1	7.9	
1983	174964	160191	14773		91.6	8.4	
1984	176282	161695	14587		91.7	8.3	
1985	166772	152566	14018	188	91.5	8.4	0.1
1986	158985	146216	12202	567	92.0	7.7	0.3
1987	156826	146168	10189	469	93.2	6.5	0.3
1988	160038	148718	10746	574	92.9	6.7	0.4
1989	161385	150657	10125	603	93.4	6.3	0.3
1990	157841	149144	8557	140	94.5	5.4	0.1
1991	163863	152573	10522	768	93.1	6.4	0.5
1992	167790	155940	11043	807	92.9	6.7	0.4
1993	169018	157263	11194	561	93.1	6.6	0.3
1994	160143	151134	8318	691	94.4	5.2	0.4
1995	162896	151971	10021	904	93.3	6.1	0.6
1996	167496	155488	10818	1190	92.8	6.5	0.7
1997	166960	154262	11348	1350	92.4	6.8	0.8
1998	163342	149057	11752	2533	91.3	7.2	1.5
1999	161451	147146	10076	4229	91.1	6.2	2.6
2000	162438	149690	8187	4561	92.2	5.0	2.8
2001	159691	144592	8512	6587	90.6	5.3	4.1
2002	148025	137940	5580	4505	93.2	3.8	3.0
2003	144777	136646	3688	4443	94.4	2.5	3.1
2004	144924	136732	2940	5252	94.4	2.0	3.6
2005	162831	154473	3226	5132	94.9	2.0	3.1
2006	170141	160669	4709	4763	94.4	2.8	2.8
2007	177690	167465	4873	5352	94.3	2.7	3.0
2008	180700	170748	4983	4969	94.5	2.8	2.7
2009	188881	178593	4648	5640	94.8	2.3	2.9
2010	194553	184151	4754	5648	94.7	2.4	2.9
2011	198029	187335	3788	6906	94.6	1.9	3.5
2012	215020	207167	2780	5073	96.3	1.3	2.4
2013	264807	228325	3582	32900	86.2	1.4	12.4
2014	277015	229119	2973	44923	82.7	1.1	16.2
2015	284628	234804	2641	47183	82.5	0.9	16.6
2016	286316	242007	2356	41953	84.5	0.8	14.7
2017	302424	253614	2018	46792	83.9	0.7	15.5
2018	346225	286221	1542	58462	82.7	0.4	16.9
2019	417885	274409	2357	141119	65.7	0.6	33.7
2020	388442	234120	2774	151548	60.3	0.7	39.0
2021	419713	250274	2508	166931	59.6	0.6	39.8

注：1.从2020年起，根据国家统计局劳动工资统计制度改革，规模以下单位采用抽样调查方法推算(以下相关表同)。
2.职工人数包含在岗职工和劳务派遣人员(以下相关表同)。

Note:1.From 2020,the units below designated size has been estimated by sample survey method according to The Reporting Form System on Labour and Wage Statistics reform.The same applies to the relevant tables following.
2.Staff and workers include the staff and workers at-post and labor dispatch personnel.The same applies to the relevant tables following.

3-7 各行业分经济类型、分地市职工人数(2021年)

单位：人

行　　业	Sector	合　计 Total	国有经济单　位 State-owned Units	集体经济单　位 Collective-owned Units
总　计	**Total**	**419713**	**250274**	**2508**
农、林、牧、渔业	Farming, Forestry, Animal Husbandry and Fishery	1800	434	51
采矿业	Mining	7155	32	411
制造业	Manufacturing	16417	970	400
电力、热力、燃气及水生产供应业	Production and Supply of Electricity, Heat, Gas and Water	14780	1021	9
建筑业	Construction	31167	637	752
批发和零售业	Wholesale and Retail Trade	25322	2844	56
交通运输、仓储及邮政业	Transport, Storage and Post	22025	10792	18
住宿和餐饮业	Hotels and Catering Services	7233	1164	259
信息传输、软件和信息技术服务业	Information Transmission, Software and Information Technology	12583	6535	36
金融业	Financial Intermediation	19572	3022	
房地产业	Real Estate	7569	800	
租赁和商务服务业	Leasing and Business Services	15971	2875	33
科学研究和技术服务业	Scientific Research and Technical Services	10143	6413	48
水利、环境和公共设施管理业	Management of Water Conservancy, Environment and Public Facilities	6498	559	7
居民服务、修理和其他服务业	Services to Households, Repair and Other Services	2451	476	
教　育	Education	49370	45984	219
卫生和社会工作	Health and Social Service	18965	16423	195
文化、体育和娱乐业	Culture, Sports and Entertainment	5874	4797	14
公共管理、社会保障和社会组织	Public Management, Social Security and Social Organization	144818	144498	

注：增加区直管理级别，因区直管理级别仅个别行业，样本推算无行业细项(职工人数、职工工资总额表相同)。

NUMBER OF STAFF AND WORKERS BY REGION, OWNERSHIP AND SECTOR (2021)

(person)

其他经济单　位 Other Units	拉萨市 Lhasa	日喀则市 Xigazê	昌都市 Qamdo	林芝市 Nyingchi	山南市 Lhoka	那曲市 Nagqu	阿里地区 Ngari	区直管 District Direct Management
166931	**168831**	**51323**	**52867**	**31786**	**46035**	**37298**	**18804**	**12768**
1315	342	372	462	295	326	167	79	
6712	4253	391	1182	57	870	310	173	
15047	8431	2413	2068	1115	2001	391	90	
13750	9486	1038	757	578	1172	153	1171	
29777	11515	6386	3927	1187	4422	2538	712	
22422	17268	2028	1109	1070	2234	1039	461	
11215	8380	1615	1086	1819	4718	1461	1089	
5810	3940	704	448	947	642	216	266	
6012	5971	661	704	534	915	741	410	
16550	12032	604	704	632	241	381	332	
6769	5103	394	228	383	675	321	32	
13062	8523	1063	1134	833	2701	834	827	
3682	6197	1079	1282	288	340	556	410	
5932	4609	365	231	770	345	37	62	
1975	1165	207	252	371	147	182	176	
3168	16572	7062	10136	4391	3730	6248	1101	
2348	6632	2180	2692	1902	2200	2597	811	
1063	4221	346	569	152	346	295	204	
320	34191	22415	23896	14463	18010	18833	10400	

Note: The level of district direct management is added, as it is only limited to a few industries, there are no industry details in the sample calculation (the same as the table on the number of employees and the total salary).

3-8 单位从业人员工资总额(2021年)
TOTAL WAGE BILL OF EMPLOYED PERSONS IN UNITS (2021)

单位：万元 (10000 yuan)

行业	Sector	工资总额 Total	在岗职工 Staff and Workers at-post	劳务派遣人员 Labor Dispatched Workers	其他从业人员 Others
总计	**Total**	**6200770**	**5953983**	**94520**	**152266**
按经济类型分	**Grouped by Ownership**				
国有经济单位	State-owned Units	4271709	4135685	30428	105597
集体经济单位	Urban Collective Owned Units	22285	21111	207	967
其他经济单位	Other Units	1906775	1797188	63885	45703
按行业分	**Grouped by Sector**				
农、林、牧、渔业	Agriculture, Forestry, Animal Husbandry and Fishery	14103	12980	249	874
采矿业	Mining	94136	91702	1910	524
制造业	Manufacturing	149077	145667	1930	1480
电力、热力、燃气及水生产供应业	Production and Supply of Electricity, Heat, Gas and Water	185989	180252	3620	2117
建筑业	Construction	247244	213482	15957	17805
批发和零售业	Wholesale and Retail Trade	249164	237445	7215	4504
交通运输、仓储及邮政业	Transport, Storage and Post	293505	271114	15718	6674
住宿和餐饮业	Stay Place and Catering	51004	46604	2785	1615
信息传输、软件和信息技术服务业	Information Transmission, Software and Information Technology	223105	217294	4630	1181
金融业	Financial Intermediation	499091	485869	6897	6326
房地产业	Real Estate	69751	66118	3037	596
租赁和商务服务业	Leasing and Business Services	167730	142760	9557	15413
科学研究和技术服务业	Scientific Research and Technical Services	156486	150652	643	5191
水利、环境和公共设施管理业	Management of Water Conservancy, Environment and Public Facilities	41953	41059	325	569
居民服务、修理和其他服务业	Services to Households, Repair and Other Services	21451	20634	193	624
教育	Education	865614	848312	1830	15472
卫生和社会工作	Health and Social Service	299640	284424	2549	12667
文化、体育和娱乐业	Culture, Sports and Entertainment	84699	78950	3248	2501
公共管理、社会保障和社会组织	Public Management, Social Security and Social Organization	2487028	2418667	12228	56133

3-9　职工工资总额及构成
TOTAL WAGE BILL OF STAFF AND WORKERS AND ITS COMPOSITION

年　份 Year	绝对数(万元)　Value (10000 yuan)				构成(总计=100)　Composition(Total=100)		
	合　计 Total	国有经济单　位 State-Owned Units	集体经济单　位 Collection-Owned Units	其他经济单　位 Other Units	国有经济单　位 State-Owned Units	城镇集体经济单位 Collection-Owned Units	其他经济单　位 Other Units
1965	5861	5861			100.0		
1978	11125	10658	467		95.8	4.2	
1985	32856	30636	2181	39	93.2	6.6	0.2
1990	49071	47118	1896	57	96.0	3.9	0.1
1991	54513	51567	2312	274	95.2	4.3	0.5
1992	56851	53946	2610	295	94.9	4.6	0.5
1993	67869	64520	3032	317	95.1	4.5	0.4
1994	111934	108501	2478	955	96.9	2.2	0.9
1995	120652	115668	4007	977	95.9	3.3	0.8
1996	185405	179463	4482	1460	96.8	2.4	0.8
1997	170366	164175	5223	968	96.3	3.1	0.6
1998	179427	171185	6321	1921	95.4	3.5	1.1
1999	205336	195535	5389	4412	95.2	2.6	2.2
2000	232007	222425	4648	4934	95.9	2.0	2.1
2001	295197	283439	5123	6635	96.0	1.7	2.3
2002	364066	351545	5437	7084	96.6	1.5	1.9
2003	388303	375822	3402	9079	96.8	0.9	2.3
2004	422299	410205	2814	9280	97.1	0.7	2.2
2005	462580	448477	3935	10168	97.0	0.9	2.1
2006	528980	512456	5184	11340	96.9	1.0	2.1
2007	805584	785865	5776	13943	97.6	0.7	1.7
2008	848391	829494	6699	12198	97.8	0.8	1.4
2009	920798	897831	5685	17282	97.5	0.6	1.9
2010	1058308	1023536	7819	26953	96.7	0.7	2.6
2011	1105895	1068081	5750	32064	96.6	0.5	2.9
2012	1238223	1205450	7499	25274	97.3	0.7	2.0
2013	1687309	1511242	8810	167257	89.6	0.5	9.9
2014	1865641	1581317	8249	276075	84.8	0.4	14.8
2015	3101255	2771958	9591	319706	89.4	0.3	10.3
2016	3115931	2795856	12292	307783	89.7	0.4	9.9
2017	3449197	3078383	9933	360881	89.2	0.3	10.5
2018	3993223	3440453	8051	544719	86.2	0.2	13.6
2019	5126260	3783303	15650	1327307	73.8	0.3	25.9
2020	4821828	3385279	19025	1417524	70.2	0.4	29.4
2021	6048504	4166113	21318	1861073	68.9	0.4	30.7

3-10 职工工资总额指数
INDICES OF TOTAL WAGE OF STAFF AND WORKERS

年 份 Year	指数(1978=100) Indices (year of 1978=100)				指数(上年=100) Indices (preceding year=100)			
	合 计 Total	国有经济单位 State-Owned Units	集体经济单位 Collection-Owned Units	其他经济单位 Other Units	合 计 Total	国有经济单位 State-Owned Units	集体经济单位 Collection-Owned Units	其他经济单位 Other Units
1978	100.0	100.0	100.0			107.0		
1981	174.3	173.0	205.3		99.2	99.3	98.4	
1982	210.8	205.1	340.5		102.9	118.6	165.9	
1983	219.1	210.0	425.4		103.9	102.4	125.0	
1984	265.0	257.1	446.5		121.0	122.4	105.0	
1985	295.3	287.5	466.9	100.0	111.4	111.8	104.6	
1986	337.6	331.2	452.0	387.2	114.3	115.2	96.8	387.2
1987	347.3	343.3	427.7	261.5	102.9	103.5	94.6	67.5
1988	383.5	376.0	426.4	341.0	110.4	109.7	123.1	130.4
1989	418.7	416.5	433.4	425.6	109.2	110.8	82.3	124.8
1990	441.1	442.9	406.0	146.2	105.4	106.3	93.7	34.4
1991	490	483.8	495.1	702.6	111.1	109.2	121.9	480.6
1992	511.0	506.2	558.9	756.4	104.3	104.6	112.9	107.7
1993	610.1	605.4	649.3	812.8	119.4	119.6	116.2	107.5
1994	1006.2	1018.1	530.6	2448.7	164.9	168.2	81.7	301.3
1995	1084.5	1085.3	858	2505.1	107.8	106.6	161.7	102.3
1996	1666.6	1683.8	959.7	3743.6	153.7	155.2	111.9	149.4
1997	1531.4	1540.4	1118.4	2481.5	91.9	91.5	116.5	66.3
1998	1612.8	1606.2	1353.5	4925.6	105.3	104.3	121.0	198.5
1999	1845.7	1834.6	1154.0	11312.8	114.4	114.2	85.3	229.7
2000	2085.6	2087.8	995.9	12647.7	113.0	113.8	86.3	111.8
2001	2653.5	2659.4	1096.8	17010.3	127.2	127.4	110.2	134.5
2002	3272.5	3298.4	1164.2	18164.1	123.3	124.0	106.1	106.8
2003	3490.4	3526.2	728.5	23279.5	106.7	106.9	62.6	128.2
2004	3797.6	3847.1	602.5	23791.6	108.8	109.1	82.7	102.2
2005	4158.0	4207.9	842.6	26071.8	109.5	109.3	139.8	109.6
2006	4754.9	4808.2	1110.1	29076.9	114.4	114.3	131.7	115.5
2007	7241.2	7373.5	1236.8	35753.9	152.3	153.4	111.4	123.0
2008	7625.9	7792.8	1434.4	31276.9	105.3	105.6	116	87.5
2009	8276.8	8424.0	1217.3	44312.8	108.5	108	84.9	141.7
2010	9512.8	9603.4	1674.3	69110.3	114.9	114.0	137.5	155.9
2011	9940.6	10021.4	1231.3	82241.3	104.5	104.4	73.5	119
2012	11130.1	11310.3	1605.8	64805.1	119.7	112.9	130.4	78.8
2013	15166.8	14179.4	1886.5	428864.1	136.3	125.4	117.5	661.8
2014	16769.8	14836.9	1766.4	707884.6	110.6	104.6	93.6	165.1
2015	27876.4	26008.2	2053.7	819759.0	166.2	175.3	116.3	115.8
2016	28008.4	26232.5	2632.1	789187.2	100.5	100.9	128.2	96.3
2017	31004.0	28883.3	2127.0	925335.9	110.7	110.1	80.8	117.3
2018	35894.1	32280.5	1724.0	1396715.4	115.8	111.8	81.1	150.9
2019	46078.7	35497.3	3350.9	3403353.0	128.4	110.0	194.4	243.7
2020	43341.7	31770.1	4074.8	3634781.1	94.1	89.5	121.6	106.8
2021	54177.1	39077.2	4563.7	4761563.2	125.4	123.1	112.1	131.3

3-11　职工平均工资及指数
AVERAGE WAGE OF STAFF AND WORKERS AND RELATED INDICES

年　份 Year	平均工资(元) Average (yuan)				指数(上年=100) Indices (preceding year=100)			
	合　计 Total	国有经济单位 State-owned Units	集体经济单位 Collective-Owned Units	其他经济单位 Other Units	合　计 Total	国有经济单位 State-owned Units	集体经济单位 Collective-Owned Units	其他经济单位 Other Units
1978		854						
1990	3181	3224	2384	3419	110.4	109.6	119.3	124.8
1991	3355	3416	2507	3568	105.5	106.0	105.2	104.3
1992	3448	3495	2689	3656	108.4	108.4	112.8	106.9
1993	4085	4178	2720	5566	118.5	120.0	101.1	152.3
1994	7115	7304	3067	13815	174.8	174.8	112.8	248.2
1995	7382	7572	4090	10821	103.8	103.7	133.4	78.3
1996	11087	11519	4370	12411	150.2	152.1	106.8	114.7
1997	10098	10524	4588	7233	91.1	91.4	105.0	58.3
1998	10987	11462	5382	8709	108.8	108.9	117.3	120.4
1999	12904	13490	5364	10692	117.4	117.7	99.7	122.8
2000	14976	15566	5835	12135	116.1	115.4	108.8	113.5
2001	19144	20112	6236	13125	127.8	129.2	106.9	108.2
2002	24766	25675	9761	15693	129.4	127.7	156.5	119.6
2003	26931	27611	9348	20475	108.7	107.5	95.8	130.5
2004	29292	30163	9600	17704	108.8	109.2	102.7	86.5
2005	28950	29644	12336	19154	98.8	98.3	128.5	108.2
2006	31518	32355	11125	23680	108.9	109.2	90.2	123.6
2007	46098	47757	11770	26334	146.3	147.6	105.8	111.2
2008	47280	48975	13023	24778	102.6	102.6	110.6	94.1
2009	48750	50272	12231	30641	103.1	102.6	93.9	123.6
2010	54397	55581	16447	47722	111.5	110.5	134.4	155.7
2011	55845	57014	15181	46429	102.7	102.6	92.3	97.3
2012	58347	58982	11160	50527	104.5	103.5	73.5	108.8
2013	64409	67186	23856	50164	110.4	113.9	213.8	99.3
2014	68059	69754	28066	62063	105.7	103.8	117.6	123.7
2015	110980	120786	36219	67591	163.1	173.2	129.0	108.9
2016	110330	117554	52086	72895	99.4	97.3	143.8	107.8
2017	115549	122876	49443	78504	104.7	104.5	94.9	107.7
2018	119947	125852	51055	93972	103.8	102.4	103.3	119.7
2019	123045	139406	68428	92857	102.6	110.8	134.0	98.8
2020	126226	146671	71628	95435	102.6	105.2	104.7	102.8
2021	145461	168632	82915	111984	115.2	115.0	115.8	117.3

3-12 各行业分经济类型、分地市职工工资总额(2021年)

单位：万元

行业	Sector	合计 Total	国有经济单位 State-owned Units	集体经济单位 Collective-owned Units
总计	**Total**	**6048504**	**4166113**	**21318**
农、林、牧、渔业	Agriculture, Forestry, Animal Husbandry and Fishery	13228	4377	530
采矿业	Mining	93612	366	3822
制造业	Manufacturing	147597	8747	1507
电力、热力、燃气及水生产供应业	Production and Supply of Electricity, Heat, Gas and Water	183872	17592	60
建筑业	Construction	229439	6290	4516
批发和零售业	Wholesale and Retail Trade	244660	35655	523
交通运输、仓储及邮政业	Transport, Storage and Post	286831	155929	96
住宿和餐饮业	Hotels and Catering Services	49389	8096	1716
信息传输、软件和信息技术服务业	Information Transmission, Software and Information Technology	221924	125296	785
金融业	Financial Intermediation	492765	74368	
房地产业	Real Estate	69155	5262	
租赁和商务服务业	Leasing and Business Services	152317	36103	110
科学研究和技术服务业	Scientific Research and Technical Services	151295	112217	792
水利、环境和公共设施管理业	Management of Water Conservancy, Environment and Public Facilities	41384	5791	48
居民服务、修理和其他服务业	Services to Households, Repair and Other Services	20827	5899	
教育	Education	850142	804786	4188
卫生和社会工作	Health and Social Service	286973	260830	2550
文化、体育和娱乐业	Culture, Sports and Entertainment	82198	72562	75
公共管理、社会保障和社会组织	Public Management, Social Security and Social Organization	2430895	2425947	

TOTAL WAGE BILL OF STAFF AND WORKERS BY REGION, OWNERSHIP AND SECTOR (2021)

(10000 yuan)

其他经济单　位 Other Units	拉萨市 Lhasa	日喀则市 Xigazê	昌都市 Qamdo	林芝市 Nyingchi	山南市 Lhoka	那曲市 Nagqu	阿里地区 Ngari
1861073	**2383769**	**654273**	**763701**	**439944**	**606270**	**626964**	**313357**
8322	3769	1795	3756	1823	1960	575	977
89424	59472	4314	14357	369	10667	2829	2337
137343	84892	13890	17973	12025	15469	3026	399
166220	107205	13629	9190	7279	25562	1263	12690
218633	126836	31821	24164	7918	14507	16825	3606
208482	171316	15549	10717	10918	19151	11381	5498
130806	103578	18242	11263	22357	74960	16983	12332
39577	27540	3980	2643	7459	3986	1375	2030
95842	102340	10464	10011	8818	14624	12296	7283
418397	308967	13140	11896	11112	3962	10352	5529
63893	55237	2033	1916	3323	2757	1010	351
116104	86821	7569	9597	6121	25668	5966	11019
38286	93430	14499	16508	2199	4937	11414	7511
35545	25359	3089	1343	7217	2878	699	1012
14928	9472	839	2333	2828	1422	1534	2658
41168	270207	128015	172453	75358	61540	111040	22266
23593	114297	33357	39476	23838	24490	37886	13228
9561	59323	4447	8423	1469	4612	4703	3586
4948	573707	333601	395680	227512	293117	375807	199046

3-13 各行业分经济类型、分地市职工平均工资(2021年)

单位：元

行 业	Sector	合 计 Total	国有经济单位 State-owned Units	集体经济单位 Collective-owned Units
总 计	**Total**	**145461**	**168632**	**82915**
农、林、牧、渔业	Agriculture, Forestry, Animal Husbandry and Fishery	70803	101900	105900
采矿业	Mining	128876	114281	93591
制造业	Manufacturing	89201	93747	38152
电力、热力、燃气及水生产供应业	Production and Supply of Electricity, Heat, Gas and Water	127278	177516	67000
建筑业	Construction	72657	92630	54596
批发和零售业	Wholesale and Retail Trade	97301	121009	93339
交通运输、仓储及邮政业	Transport, Storage and Post	134982	145856	53333
住宿和餐饮业	Hotels and Catering Services	67867	69139	66778
信息传输、软件和信息技术服务业	Information Transmission, Software and Information Technology	181090	202626	218167
金融业	Financial Intermediation	252596	249124	
房地产业	Real Estate	95451	66859	
租赁和商务服务业	Leasing and Business Services	94220	128119	33273
科学研究和技术服务业	Scientific Research and Technical Services	149915	177569	165021
水利、环境和公共设施管理业	Management of Water Conservancy, Environment and Public Facilities	64898	105842	68143
居民服务、修理和其他服务业	Services to Households, Repair and Other Services	83814	124383	
教 育	Education	174246	177104	191237
卫生和社会工作	Health and Social Service	155410	163454	131765
文化、体育和娱乐业	Culture, Sports and Entertainment	140558	151985	53857
公共管理、社会保障和社会组织	Public Management, Social Security and Social Organization	169745	169774	

AVERAGE WAGE OF STAFF AND WORKERS BY REGION, OWNERSHIP AND SECTOR (2021)

(yuan)

其他经济单　位 Other Units	拉萨市 Lhasa	日喀则市 Xigazê	昌都市 Qamdo	林芝市 Nyingchi	山南市 Lhoka	那曲市 Nagqu	阿里地区 Ngari
111984	**141577**	**129630**	**145041**	**139371**	**133376**	**169724**	**169785**
59923	111040	104109	81933	60932	51061	38656	123608
131056	141092	104109	109683	62610	125357	89863	138744
90247	99027	58425	89011	111135	74142	74002	51322
123616	115938	135067	122112	126880	219929	82523	113421
72702	99822	50686	61260	68555	35313	74976	51076
94157	101205	80972	92696	106830	85384	91480	118241
124093	125241	112907	106022	122972	161269	125325	115573
67660	69253	56668	59081	76534	63172	63560	79147
158804	173242	159939	142974	169024	161771	162495	181358
253223	258043	217616	168425	174246	163046	272005	167292
98936	110854	54211	85087	85713	51615	37616	109813
87197	98051	71160	85567	71150	98417	72400	138588
102797	150318	137536	128080	73121	150608	207303	186443
61046	56201	86310	58156	95321	85333	186884	163586
74245	82282	41186	92157	66734	99278	80330	151028
131551	165926	184840	171749	174058	165290	176886	202739
101931	174580	155855	148785	127631	115285	152611	174703
90221	141827	129257	148024	96864	130025	152580	176173
156557	171223	151229	166848	158600	162463	200131	194024

3-14 各行业分经济类型从业人员平均工资(2021年) AVERAGE WAGE OF EMPLOYED PERSONS BY OWNERSHIP AND SECTOR (2021)

单位：元 (yuan)

行业	Sector	合计 Total	国有经济单位 State-owned Units	集体经济单位 Collective-owned Units	其他经济单位 Other Units
总计	**Total**	**140355**	**161382**	**76945**	**109459**
农、林、牧、渔业	Agriculture, Forestry, Animal Husbandry and Fishery	66674	95543	105900	56878
采矿业	Mining	127699	114281	92034	129977
制造业	Manufacturing	88355	88832	38152	89607
电力、热力、燃气及水生产供应业	Production and Supply of Electricity, Heat, Gas and Water	126469	166255	67000	123186
建筑业	Construction	71241	99322	47485	71010
批发和零售业	Wholesale and Retail Trade	96498	118617	93339	93489
交通运输、仓储及邮政业	Transport, Storage and Post	131777	138878	53333	124054
住宿和餐饮业	Hotels and Catering Services	67630	68641	66778	67439
信息传输、软件和信息技术服务业	Information Transmission, Software and Information Technology	179818	200594	218167	158259
金融业	Financial Intermediation	245574	246971		245329
房地产业	Real Estate	95252	66717		98716
租赁和商务服务业	Leasing and Business Services	89789	125407	33273	83331
科学研究和技术服务业	Scientific Research and Technical Services	145640	171849	165021	101208
水利、环境和公共设施管理业	Management of Water Conservancy, Environment and Public Facilities	64685	97858	68143	60993
居民服务、修理和其他服务业	Services to Households, Repair and Other Services	81991	115880		73438
教育	Education	164731	167421	185254	124379
卫生和社会工作	Health and Social Service	146732	152724	128637	101974
文化、体育和娱乐业	Culture, Sports and Entertainment	129745	146538	53857	73207
公共管理、社会保障和社会组织	Public Management, Social Security and Social Organization	163288	163352		137347

3-15 各行业分经济类型从业人员工资总额(2021年) TOTAL WAGE BILL OF EMPLOYED PERSONS BY OWNERSHIP AND SECTOR (2021)

单位：千元 (1000 yuan)

行业	Sector	合计 Total	国有经济单位 State-owned Units	集体经济单位 Collective-owned Units	其他经济单位 Other Units
总计	**Total**	**62007695**	**42717092**	**222848**	**19067755**
农、林、牧、渔业	Agriculture, Forestry, Animal Husbandry and Fishery	141028	45144	5295	90589
采矿业	Mining	941359	3657	39520	898182
制造业	Manufacturing	1490770	90790	15070	1384910
电力、热力、燃气及水生产供应业	Production and Supply of Electricity, Heat, Gas and Water	1859894	188367	603	1670924
建筑业	Construction	2472441	120279	53007	2299155
批发和零售业	Wholesale and Retail Trade	2491639	366747	5227	2119665
交通运输、仓储及邮政业	Transport, Storage and Post	2935049	1623461	960	1310628
住宿和餐饮业	Hotels and Catering Services	510042	91739	17162	401141
信息传输、软件和信息技术服务业	Information Transmission, Software and Information Technology	2231052	1257228	7854	965970
金融业	Financial Intermediation	4990908	748054		4242854
房地产业	Real Estate	697506	52890		644616
租赁和商务服务业	Leasing and Business Services	1677303	364475	1098	1311730
科学研究和技术服务业	Scientific Research and Technical Services	1564857	1153941	7921	402995
水利、环境和公共设施管理业	Management of Water Conservancy, Environment and Public Facilities	419528	63428	477	355623
居民服务、修理和其他服务业	Services to Households, Repair and Other Services	214513	61098		153416
教育	Education	8656135	8193745	42238	420152
卫生和社会工作	Health and Social Service	2996398	2734499	25663	236236
文化、体育和娱乐业	Culture, Sports and Entertainment	846994	738094	754	108146
公共管理、社会保障和社会组织	Public Management, Social Security and Social Organization	24870279	24819456		50823

3-16 城镇登记失业人员及失业率
REGISTERED UNEMPLOYED PERSONS AND UNEMPLOYMENT RATE IN URBAN AREA

年 份 Year	失业人员(万人) Unemployed Persons (10000 persons)	失业率(%) Unemployment Rate (%)
2010	1.6	3.81
2011	1.8	3.20
2012	1.64	2.58
2013	1.64	2.49
2014	1.69	2.49
2015	1.76	2.48
2016	1.84	2.58
2017	1.95	2.68
2018	2.11	2.83
2019	2.14	2.86
2020	2.1	4.00
2021	1.81	3.90

第四篇

固定资产投资

CHAPTER 4

INVESTMENT IN FIXED ASSETS

简 要 说 明

一、本篇主要包括固定资产投资情况、房地产开发及商品房销售情况。

二、2018 年起，固定资产投资项目统计起点由 50 万元提高到 500 万元，且不含农户投资。

三、本篇资料由自治区统计局固定资产投资统计处提供。

四、资料整理：朱恩波　杨瑶

Brief Introduction

Ⅰ.This chapter mainly covers the total investment in fixed assets, the real estate development, the sales of commercialized buildings.

Ⅱ.Since 2018, the statistical starting point of fixed asset investment projects has been raised from 500,000 yuan to 5 millon yuan, excluding the investment of farmers.

Ⅲ.All the data are provided by the Investment and Construction Statistics Division of Tibet Autonomous Region Statistics Bureau.

Ⅳ.Data collection：Zhu Enbo　Yang Yao

4-1　全社会固定资产投资(不含农户)主要指标比上年增长情况
GROWTH OF MAIN INDICATORS OF FIXED ASSETS INVESTMENT (EXCLUDING RURAL HOUSEHOLDS) IN THE WHOLE COUNTRY

单位：%　　(%)

指　　标	Item	2020	2021
投资总额	**Total Investment**	**5.4**	**-14.2**
按经济类型分	**Grouped by Ownership**		
国有经济	State-Owned	-15.7	-12.5
集体经济	Collective-Owned	-12.6	21.0
个体经济	Self-employed Individual	1197.8	-78.2
联营经济	Joint	-80.2	-59.6
股份制经济	Share Holding	58.5	-24.6
外商投资经济	Foreign Funded	65.8	-58.3
港澳台投资经济	Funds from Hong Kong, Macao and Taiwan	109.4	-98.3
其他经济	Others	-11.2	53.6
按三次产业分	**Grouped by Three Strata of Industry**		
第一产业	Primary Industry	18.0	56.3
第二产业	Secondary Industry	28.0	-29.7
第三产业	Tertiary Industry	-0.2	-13.1
按构成分	**Grouped by Composition of Funds**		
建筑安装工程	Construction and Installation	0.8	-16.9
设备工器具购置	Purchase of Equipment and Instruments	67.6	-14.7
其他费用	Others	24.1	16.6
按建设性质分	**Grouped by Type of Construction**		
#新　建	New Construction	2.5	-11.6
扩　建	Expansion	20.0	-59.6
改　建	Reconstruction	-14.6	-15.3
实际到位资金	**Actual Funds for Investment**		
国家预算资金	State Budget	-44.0	142.5
国内贷款	Domestic Loans	-39.6	-8.3
债　券	Bond	-51.7	316.9
利用外资	Foreign Investment		
自筹资金	Self-raising Fund	27.2	11.7
其他资金	Others	18.5	22.0

4-2 分行业固定资产投资和项目(不含农户)情况(2021年)
FIXED ASSETS INVESTMENT AND PROJECTS (EXCLUDING RURAL HOUSEHOLDS) BY SECTOR (2021)

单位：% (%)

行业	Sector	固定资产投资比上年增长 Growth of Fixed Assets Investment	项目建成投产率 Rate of Construction Projects Completed and Put into Use	固定资产交付使用率 Rate of Projects of Fixed Assets Completed and Put into Use
总计	**Total**	**-14.2**	**30.5**	**34.3**
农、林、牧、渔业	Agriculture, Forestry, Animal Husbandry and Fishery	54.6	27.2	36.2
采矿业	Mining	-8.5	17.5	24.7
#有色金属矿采选业	Mining and Processing of Non-ferrous Metal Ores	-13.0	14.3	23.6
制造业	Manufacturing	-23.3	31.3	28.6
#农副食品加工业	Processing of Food from Agricultural Products	-46.0	30.8	51.6
食品制造业	Manufacture of Foods	-49.4	18.2	16.3
酒、饮料和精制茶制造业	Manufacture of Liquor, Beverages and Refined Tea	-39.3	13.6	20.5
医药制造业	Manufacture of Medicines	56.3	25.0	15.0
非金属矿物制品业	Manufacture of Non-metallic Mineral Products	-42.3	42.9	36.2
电力、热力、燃气及水生产和供应业	Production and Supply of Electricity, Heats, Gas and Water	-37.6	42.6	32.5
#电力、热力生产和供应业	Production and Supply of Electricity and Heat Power	-38	46.3	32.5
建筑业	Construction			
批发和零售业	Wholesale and Retail Trades	42.8	32.7	30.8
交通运输、仓储及邮政业	Transport, Storage and Post	-27.1	40.4	23.8
#铁路运输业	Railway Transportation	4.6	50.0	10.3
道路运输业	Road Transportation	-40.1	43.1	23.2
住宿和餐饮业	Hotels and Catering Services	27.6	39.4	66.3
住宿业	Hotels	19.7	40.2	65.1
餐饮业	Catering Services	624.7	28.6	81

4-2 续表 continued

单位：% (%)

行　业	Sector	固定资产投资比上年增长 Growth of Fixed Assets Investment	项目建成投产率 Rate of Construction Projects Completed and Put into Use	固定资产交付使用率 Rate of Projects of Fixed Assets Completed and Put into Use
信息传输、软件和信息技术服务业	Information Transmission, Software and Information Technology	-1.3	21.2	27.9
#电信、广播电视和卫星传输服务	Telecommunication, Radio and Television, and Satellite Transmission Service	-18.6	22.2	37.9
金融业	Financial Intermediation	-5.9	20.0	35.2
房地产业	Real Estate	-10.4	36.2	35.7
租赁和商务服务业	Leasing and Business Services	-34.4	33.1	76.6
商务服务业	Business Services	-34.8	33.1	77.1
科学研究和技术服务业	Scientific Research and Technical Services	-34.6	20.0	42.7
水利、环境和公共设施管理业	Management of Water Conservancy, Environment and Public Facilities	4.8	27.3	43.6
水利管理业	Management of Water Conservancy	-16.9	26.7	47.3
生态保护和环境治理业	Ecological Protection and Environmental Treatment	42.7	24.8	48.5
公共设施管理业	Management of Public Facilities	14.1	28.1	41.5
居民服务、修理和其他服务业	Services to Households, Repair and Other Services	1.2	24.3	45.5
教　育	Education	6.8	23.7	51.4
卫生和社会工作	Health and Social Service	60.9	25.9	21.2
文化、体育和娱乐业	Culture, Sports and Entertainment	-33.3	29.8	22.3
#广播、电视、电影和影视录音制作业	Radio, Television, Motion Picture and Videotape Programme Production Services	-43.8	20	0.2
文化艺术业	Cultural and Art Activities	-29.9	37.1	17.6
体　育	Sports Activities	-33.0	27.8	52.9
娱乐业	Entertainment	-56.2	23.5	59.8
公共管理、社会保障和社会组织	Public Management, Social Security and Social Organizations	10.4	26.6	45.8

4-3　分地市全社会固定资产投资(不含农户)主要指标比上年增长情况(2021年)

单位：%

指　　标	Item	合　计 Total
投资总额	**Total Investment**	**-14.2**
实际到位资金	**Actual Funds for Investment**	
国家预算资金	State Budget	142.5
国内贷款	Domestic Loans	-8.3
债　券	Bond	316.9
利用外资	Foreign Investment	
自筹资金	Self-raising Fund	11.7
其他资金	Others	22.0
按构成分	**Grouped by Composition of Funds**	
建筑安装工程	Construction and Installation	-16.9
设备工器具购置	Purchase of Equipment and Instruments	-14.7
其他费用	Others	16.6
按建设性质分	**Grouped by Type of Construction**	
#新　建	New Construction	-11.6
扩　建	Expansion	-59.6
改　建	Reconstruction	-15.3
按三次产业分	**Grouped by Three Strata of Industry**	
第一产业	Primary Industry	56.3
第二产业	Secondary Industry	-29.7
第三产业	Tertiary Industry	-13.1
按国民经济主要行业分	**Grouped by Main Sector**	
#农林牧渔业	Agriculture, Forestry, Animal Husbandry and Fishery	54.6
工　业	Industry	-29.8
交通运输、仓储及邮政业	Transport, Storage and Post	-27.1
房地产开发	Real Estate Development	-14.2

注：此表地市分项指标跨地市项目未做调整。
Note: The indicators by region that is belonging to the across projects of region are not adjusted.

GROWTH OF MAIN INDICATORS OF FIXED ASSETS (EXCLUDING RURAL HOUSEHOLDS) INVESTMENT BY REGION (2021)

(%)

拉　萨 Lhasa	日喀则 Xigazê	昌　都 Qamdo	林　芝 Nyingchi	山　南 Lhoka	那　曲 Nagqu	阿　里 Ngari
-19.0	**-10.6**	**-25.6**	**8.0**	**0.9**	**-40.1**	**8.0**
17.4	159.6	231.9	314.9	140.1	231.8	989.2
-45.0	-98.7	291.2	-55.6	-87.7	21.9	-83.5
19.3	79.2	1.6	33.8	13.1	-42.6	27.7
312.9	538.1	9.4	322.4	8.1	-61.2	308.7
-18.3	6.8	-25.8	8.7	2.1	-36.8	31.5
126.8	39.5	-59.1	-27.3	-32.9	-21.8	-52.3
22.9	-34.3	36.5	9.6	-2.7	289.2	-59.9
-14.2	26.2	-15.5	-9.9	1.1	5.6	3.4
-48.1	-89.9	-53.0	-41.3	-63.2	-85.5	756.8
-23.7	-33.3	-3.5	419.0	88.2	-79.0	861.8
59.0	90.3	15.5	31.3	113.4	-63.4	-0.5
29.1	-7.9	-29.2	-45.3	-32.2	-25.3	-69.3
-13.1	-1.3	-21.9	27.1	7.4	-31.1	57.9
63.5	99.3	15.7	17.0	119.6	-38.7	-15.7
29.0	-7.9	-29.2	-44.6	-31.8	-26.6	-69.4
-26.3	-52.6	-17.3	61.5	21.9	-62.4	721.3
-15.3	118.8	-2.9	-29.8	-14.9	-19.7	-49.3

4-4　房地产开发主要指标

指　　标	Item	2004	2005	2006	2007
本年土地购置面积(万平方米)	**Land Space Purchased This Year (10000 sq.m)**		**44.66**	**52.92**	**5.2**
实际到位资金(万元)	**Actual Funds for Investment (10000 yuan)**	**60166**	**69783**	**115081**	**119154**
国内贷款	Domestic Loans	4100	9626	16062	14060
利用外资	Foreign Investment				
自筹资金	Self-raising Fund	6552	24567	40029	30865
其他资金	Others	49514	35590	57274	74229
房屋建筑面积(万平方米)	**Floor Space of Buildings (10000 sq.m)**				
施工面积	Floor Space under Construction	38.43	43.36	107.82	114.71
竣工面积	Floor Space Completed	9.19	26.49	32.94	41.27
本年新开工面积	Floor Space Started This Year	30.05	38.81	60.37	56.42
#住　宅	Residential Buildings	30.05	33.43	51.96	48.49
商品房屋销售额(万元)	**Selling Value of Commercialized Buildings (10000 yuan)**	**26279**	**44032**	**112855**	**164348**
#住　宅	Residential Buildings	26279	36421	71317	158663
商品房屋销售面积(万平方米)	**Floor Space of Commercialized Buildings Sold (10000 sq.m)**	**9.56**	**25.9**	**57.10**	**60.78**
#住　宅	Residential Buildings	9.56	24.18	42.28	59.60
商品房平均销售价格(元/平方米)	**Average Selling Price of Commercialized Buildings (yuan/sq.m)**	**2749**	**1700**	**1976**	**2704**
#住　宅	Residential Buildings	2749	1506	1687	2662
本年完成投资额(万元)	**Investment Completed This Year (10000 yuan)**	**53934**	**60207**	**89022**	**116767**
#住　宅	Residential Buildings	52734	43348	69001	104008

MAIN INDICATORS OF REAL ESTATE DEVELOPMENT

2008	2009	2010	2011	2012	2013	2014	2015	2016	2017	2018	2019	2020	2021
20.46	**5.23**	**4.55**	**5.77**	**1.34**		**58.10**	**30.82**	**2.94**	**26.57**	**36.08**	**37.71**	**15.38**	**81.10**
133641	**310418**	**150211**	**136383**	**107702**		**479030**	**439281**	**640297**	**535784**	**989461**	**1105024**	**1543473**	**1743800**
19391	18600	783	24000			8000	12000	10000	161100	58131	169517	236760	186064
43514	118125	107545	28843	21319	51017	350322	286959	368497	175067	705471	587455	878768	1006336
70736	173693	41883	44497	60001	74539	120708	140322	159549	199617	225859	348052	427945	550400
144.89	140.62		48.73	47.33	57.7	273.17	380.62	348.77	229.85	349.07	764.16	945.33	945.37
54.85	45.98	12.18	21.69	9.23	18.09	52.47	92.27	31.53	43.57	52.32	18.87	27.99	87.97
122.53	37.35	16.92	4.53	22.68	27.76	191.49	119.87	57.01	61.07	183.51	416.89	222.83	222.34
53.26	31.84	15.3	19.28	17.07	22.37	118.43	80.88	35.53	31.58	128.17	333.99	145.72	147.23
213056	**155127**	**56143**	**66890**	**73545**	**106023**	**342528**	**210756**	**381416**	**352842**	**529486**	**967828**	**839343**	**1217300**
192808	146889	52105	60733	61578	88458	285541	166997	346994	251926	430658	812104	720278	975121
66.68	**63.26**	**19.37**	**19.36**	**22.50**	**25.40**	**59.33**	**51.27**	**74.61**	**53.25**	**73.62**	**127.71**	**93.26**	**140.81**
62.26	61.42	18.85	18.40	20.65	22.78	53.64	46.32	71.16	44.96	62.37	110.49	81.62	115.50
3195	**2452**	**2898**	**3455**	**3269**	**4174**	**5774**	**4111**	**5112**	**6626**	**7193**	**7578**	**9000**	**8645**
3097	2397		3299	2982	3883	5323	3605	4876	5604	6905	7350	8824	8443
137888	**157480**	**89634**	**51342**	**68719**	**96777**	**529087**	**500161**	**485361**	**403647**	**933338**	**1295559**	**1654676**	**1419695**
120080	113798	69870	37363	42509	58669	294421	395958	391421	200964	503206	968672	1184741	874620

第五篇

财　政

CHAPTER 5

GOVERNMENT FINANCE

简 要 说 明

一、本篇主要包括公共财政预算收支、政府性基金收支以及国家财政补助收入情况。

二、本篇资料由自治区财政厅提供。

三、资料整理：张泽林

Brief Introduction

Ⅰ.This chapter mainly covers the general public budget revenue and expenditure, the government funds revenue and expenditure, as well as the government subsidies revenue.

Ⅱ.All the data are provided by the Finance Department of Tibet Autonomous Region.

Ⅲ.Data collection：Zhang Zelin

5-1 一般公共预算收支总额及增长速度
GENERAL PUBLIC BUDGET REVENUE AND EXPENDITURE AND THEIR INCREASE RATES

单位：万元 (10000 yuan)

年 份 Year	一般公共预算收入 General Public Budget Revenue	#税收收入 Total Tax Revenue	一般公共预算支出 General Public Budget Expenditure	增长速度(%) Increase Rate (%) 一般公共预算收入 General Public Budget Revenue	一般公共预算支出 General Public Budget Expenditure
1996	24141	27498	368458		
1997	29537	31496	381952	22.35	3.66
1998	36393	35935	453225	23.21	18.66
1999	45731	43073	532544	25.66	17.50
2000	53848	50652	599693	17.75	12.61
2001	61108	53587	1045690	13.48	74.37
2002	73082	58140	1378433	19.59	31.82
2003	81499	65387	1459054	11.52	5.85
2004	100188	71917	1338335	22.93	-8.27
2005	120312	81458	1854502	20.09	38.57
2006	145607	88486	2001969	21.02	7.95
2007	201412	116667	2753682	38.33	37.55
2008	248823	151865	3806589	23.54	38.24
2009	300894	185065	4701322	20.93	23.50
2010	366473	252770	5510362	21.79	17.21
2011	547647	458317	7581085	49.44	37.58
2012	865827	700654	9053384	58.10	19.42
2013	950237	715366	10143128	9.75	12.04
2014	1242708	858616	11855107	30.78	16.88
2015	1371293	919971	13814638	10.35	16.53
2016	1559861	990506	15879748	13.75	14.95
2017	1858341	1227022	16819444	19.14	5.92
2018	2303543	1559298	19706768	23.96	17.17
2019	2219942	1575194	21877492	-3.60	11.00
2020	2209860	1432362	22109192	-0.45	1.06
2021	2156208	1421660	20270120	-0.01	-0.08

5-2 一般公共预算主要收入项目

单位：万元

项　目	Item	1999	2000	2005
合　计	**General Public Budget Revenue**	**45731**	**53848**	**120312**
税收收入	Total Tax Revenue	43073	50652	81458
#增值税	Value Added Tax	6954	7892	11824
营业税	Business Tax	16758	19390	48721
企业所得税	Corporate Income Tax	12623	16123	8879
个人所得税	Individual Income Tax	2697	3127	4475
资源税	Resources Tax	1534	1654	2399
城市维护建设税	City Maintenance and Construction Tax	1912	2117	4114
印花税	Stamp Tax	151	168	654
土地增值税	Land Appreciation Tax	437	144	296
非税收入	Total Non-tax Revenue	2658	3196	38854
#专项收入	Special Program Receipts	1153	1607	3469
行政事业性收费	Charge of Administrative and Institutional Units	689	834	16289
罚没收入	Penalty Receipts	1530	2029	5841
国有资本经营收入	Operating Income from Government Capital	1014	837	1683
国有资源(资产)有偿使用收入	Income from Use of State-owned Resources (Assets)			

MAIN ITEMS OF GENERAL PUBLIC BUDGET REVENUE

(10000 yuan)

2010	2017	2018	2019	2020	2021
366473	**1858341**	**2303543**	**2219942**	**2209860**	**2156208**
252770	1227022	1559298	1575194	1432362	1421660
35005	789438	989297	972319	830634	824441
119554					
45273	47419	49341	176403	155270	136856
19797	186240	251974	172251	175212	142012
6630	19341	26380	25193	23483	60985
18651	110165	137624	130015	120677	117970
3099	35676	39073	30560	32429	35569
1302	14102	31775	41263	57817	46445
113703	631319	744245	644748	777498	734548
11806	155875	111841	129995	216268	197918
15879	68344	91868	66646	129180	150923
8295	43749	52956	56712	111182	137498
-4273	-2830	-7684	12984	12166	1641
30864	201554	398088	267325	222785	175628

5-3 一般公共预算主要支出项目
MAIN ITEMS OF GENERAL PUBLIC BUDGET EXPENDITURE

单位：万元 (10000 yuan)

项　　目	Item	2020	2021
合　计	**General Public Budget Expenditure**	**22109192**	**20270120**
#一般公共服务支出	Expenditure for General Public Services	2946046	2837155
教育支出	Expenditure for Education	2738927	2591334
科学技术支出	Expenditure for Science and Technology	89891	83436
文化旅游体育与传媒支出	Expenditure for Culture, Tourism, Sport and Media	594337	465608
社会保障和就业支出	Expenditure for Social Security and Employment	1847371	1940210
卫生健康支出	Expenditure for Medical and Health Care	1443746	1152575
节能环保支出	Expenditure for Environmental Protection	489349	274494
城乡社区支出	Expenditure for Urban and Rural Community Affairs	1252769	1068229
农林水支出	Expenditure for Agriculture, Forestry and Water Conservancy	4154420	3405423
交通运输支出	Expenditure for Transportation	3045592	3239154
资源勘探工业信息等支出	Expenditure for Affairs of Resource Exploration, Electricity and Information	688140	612689
金融支出	Expenditure for Financial Affairs	109181	202237
自然资源海洋气象等支出	Expenditure for Affairs of Natural Resources, Ocean and Weather	255109	157985
粮油物资储备支出	Expenditure for Affairs of Management of Grain & Oil Reserves	40434	19813

5-4 分地市一般公共预算收支情况
GENERAL PUBLIC BUDGET REVENUE AND EXPENDITURE BY REGION

单位：万元 (10000 yuan)

地　区	Region	2019		2020		2021	
		一般公共预算收入 General Public Budget Revenue	一般公共预算支出 General Public Budget Expenditure	一般公共预算收入 General Public Budget Revenue	一般公共预算支出 General Public Budget Expenditure	一般公共预算收入 General Public Budget Revenue	一般公共预算支出 General Public Budget Expenditure
拉萨市	Lhasa	1170407	3654116	1072584	3496638	1069404	3183815
日喀则市	Xigazê	156911	3232612	156730	3378352	145571	2459931
昌都市	Qamdo	180334	3091185	182602	2741980	203432	2304408
林芝市	Nyingchi	99618	1232636	142958	1347341	150237	1035838
山南市	Lhoka	192821	1820075	202164	2196135	192539	1771893
那曲市	Nagqu	87196	2350188	75298	2227117	70446	1757689
阿里地区	Ngari	43383	1081456	51777	1010497	37633	962454

5-5 政府性基金收支和国家财政补助收入情况
REVENUE & EXPENDITURE OF GOVERNMENT FUNDS AND SUBSIDIES REVENUE OF GOVERNMENT

单位：万元 (10000 yuan)

年 份 Year	政府性基金收入 Revenue of Government Funds	政府性基金支出 Expenditure of Government Funds	国家财政补助收入 Subsidies Revenue of State
1996	247	12737	312114
1997	8717	9009	346368
1998	7880	8741	415547
1999	8850	11679	572711
2000	9417	16415	635957
2001	12682	16377	986328
2002	14243	20471	1311470
2003	18843	22912	1335857
2004	19711	22355	1361555
2005	23018	37110	1915340
2006	27075		2056347
2007	30025	39949	2869900
2008	37049	33584	3578559
2009	8214	9669	4709465
2010	58206	115472	5309980
2011	97623	175742	7146967
2012	90458	286329	8043375
2013	153997	347519	9024888
2014	404828	547604	10348682
2015	387014	433522	13311740
2016	507624	565463	13692531
2017	732738	863685	15107587
2018	891355	1097851	17047933
2019	754615	832481	19638004
2020	882835	1997871	19752566
2021	463841	718103	21501372

注：国家财政补助收入为一般公共预算补助收入。
Note: Subsidies Revenue of State is just a Subsidies Revenue of General Public Budget.

5-6 分地市政府性基金收支情况
REVENUE AND EXPENDITURE OF GOVERNMENT FUNDS BY REGION

单位：万元 (10000 yuan)

地　区	Region	2019		2020		2021	
		政府性基金收入 Subsidies Revenue of Government	政府性基金支出 Subsidies Expenditure of Government	政府性基金收入 Subsidies Revenue of Government	政府性基金支出 Subsidies Expenditure of Government	政府性基金收入 Subsidies Revenue of Government	政府性基金支出 Subsidies Expenditure of Government
拉萨市	Lhasa	457441	443202	520923	745976	253775	257939
日喀则市	Xigazê	69691	117961	53967	233528	46679	99363
昌都市	Qamdo	32091	51648	83271	201933	19186	21870
林芝市	Nyingchi	46887	31493	34945	147740	23772	48413
山南市	Lhoka	58570	92478	61751	294056	56188	49726
那曲市	Nagqu	28197	51222	42132	241317	11247	182463
阿里地区	Ngari	3633	10130	25955	84066	19432	15710

第六篇

价　格

CHAPTER 6

PRICES

简要说明

一、本篇主要包括居民消费价格指数、商品零售价格指数、农业生产资料价格指数、工业生产者出厂价格指数。

二、居民消费价格指数、商品零售价格指数、农业生产资料价格指数采用抽样调查和重点调查相结合的方法进行统计。

三、工业生产者出厂价格指数采用重点调查和典型调查相结合的方法统计。

四、本篇资料由国家统计局西藏调查总队消费价格调查处、生产价格调查处提供。

五、资料整理：扎西卓玛　杨安正

Brief Introduction

Ⅰ.This chapter mainly covers the consumer price indices, the retail price indices, the price indices for the means of agricultural production and the producer price indices for industrial products.

Ⅱ.The consumer price indices (CPI), the retail price indices (RPI) and the price indices of means of agricultural production are collected by program involving the combined use of sample surveys and key surveys.

Ⅲ.The producer price indices for industrial products (PPI) are collected by program involving the combined use of surveys on key units and typical units.

Ⅳ.All the data are provided by the Consumer Price Survey Office, the Production and Investment Price Survey Office of the Tibet Survey Team of the National Bureau of Statistics.

Ⅴ.Data collection：Tashi Droma　Yang Anzheng

6-1　全区价格指数
GENERAL PRICE INDICES

上年=100　　(preceding year=100)

年　份 Year	商品零售价格指数 Retail Price Index	城　市 Urban	农　村 Rural	居民消费价格指数 Consumer Price Index	城　市 Urban	农　村 Rural
1990	104.5	105.1	103.9	105.0	105.2	104.7
1991	108.7	109.3	108.1	109.2	109.4	108.9
1992	108.3	108.9	107.7	108.8	109.0	108.5
1993	111.9	113.3	110.4	113.4	115.2	111.6
1994	118.9	115.9	121.8	128.3	125.5	130.6
1995	117.4	116.5	118.8	119.4	121.3	117.5
1996	107.2	106.4	108.5	107.8	109.5	106.1
1997	104.2	103.7	104.6	105.0	104.8	105.6
1998	98.8	99.0	98.9	100.7	99.8	101.5
1999	98.8	98.5	99.0	100.0	99.4	100.5
2000	99.2	99.1	99.5	99.9	100.4	99.8
2001	99.6	99.6	99.4	100.2	99.2	100.9
2002	99.5	99.4	99.6	100.4	101.0	99.9
2003	99.4	99.1	100.0	100.9	100.8	100.9
2004	100.7	100.5	101.2	102.7	102.0	103.4
2005	100.8	100.8	100.4	101.5	101.5	100.9
2006	100.2	99.9	100.8	102.0	101.9	102.4
2007	101.7	101.3	102.5	103.4	102.9	104.2
2008	103.9	104.1	103.5	105.7	105.7	105.7
2009	99.5	99.5	99.6	101.4	101.5	101.3
2010	101.0	101.0	101.0	102.2	102.2	102.2
2011	103.7	103.9	103.3	105.0	105.2	104.7
2012	102.9	103.1	102.5	103.5	103.6	103.4
2013	103.0	103.3	102.5	103.6	103.5	103.6
2014	102.2	102.4	101.9	102.9	103.3	102.5
2015	101.4	101.4	101.3	102.0	102.1	101.8
2016	102.1	102.1	102.2	102.5	102.6	102.5
2017	101.4	101.5	101.3	101.6	101.6	101.7
2018	101.5	101.3	102.4	101.7	101.3	102.2
2019	102.0	102.0	101.8	102.3	102.4	102.3
2020	102.0	102.0	101.7	102.2	102.2	102.1
2021	101.5	101.4	102.0	100.9	100.9	100.9

6-2 全区价格定基指数
GENERAL FIXED-BASE PRICE INDICES

1989年=100 (Year of 1989=100)

年 份 Year	商品零售价格指数 Retail Price Index	城 市 Urban	农 村 Rural	居民消费价格指数 Consumer Price Index	城 市 Urban	农 村 Rural
1989	100.0	100.0	100.0	100.0	100.0	100.0
1990	104.5	105.1	103.9	105.0	105.2	104.7
1991	113.6	114.9	112.3	114.7	115.1	114.0
1992	123.0	125.1	120.9	124.8	125.5	123.7
1993	137.6	141.7	133.5	141.5	144.6	138.0
1994	163.6	164.2	162.6	181.5	181.5	180.2
1995	192.1	191.3	193.2	216.7	220.2	211.7
1996	205.9	203.5	209.6	233.6	241.1	224.6
1997	214.5	211.0	219.2	245.3	252.7	237.2
1998	211.9	208.9	216.8	247.0	252.2	240.8
1999	209.4	205.8	214.6	247.0	250.7	242.0
2000	207.7	203.9	213.5	246.8	251.8	241.5
2001	206.9	203.1	212.2	247.3	249.8	243.7
2002	205.9	201.9	211.4	248.3	252.3	243.5
2003	204.7	200.1	211.4	250.5	254.3	245.7
2004	206.1	201.1	213.9	257.3	259.4	254.1
2005	207.8	202.7	214.8	261.2	263.3	256.4
2006	208.2	202.5	216.5	266.4	268.3	262.6
2007	211.7	205.1	221.9	275.5	276.1	273.6
2008	220.0	213.5	229.7	291.2	291.8	289.2
2009	218.9	212.4	228.8	295.3	296.2	293.0
2010	221.1	214.5	231.1	301.8	302.8	299.5
2011	229.5	223.1	239.2	315.4	316.4	313.0
2012	236.0	229.8	244.7	328.0	330.0	324.3
2013	243.1	237.4	250.8	339.8	341.6	336.0
2014	248.4	243.1	255.6	349.7	352.9	344.4
2015	251.9	246.5	258.9	356.7	360.3	350.6
2016	257.2	251.7	264.6	365.6	369.7	359.4
2017	260.8	255.5	268.0	371.4	375.6	365.5
2018	264.7	258.8	274.4	377.7	380.5	373.5
2019	270.0	264.0	279.3	386.4	389.6	382.1
2020	275.4	269.3	284.0	395.0	398.2	390.1
2021	279.5	273.1	289.7	398.6	401.8	393.6

6-3 全区居民消费价格分类指数
CONSUMER PRICE INDICES BY CATEGORY

上年=100 (preceding year=100)

项 目	Item	2010	2015	2018	2019	2020	2021
居民消费价格总指数	**Consumer Price Index**	**102.2**	**102.0**	**101.7**	**102.3**	**102.2**	**100.9**
非食品烟酒价格指数	**Consumer Price Index without Food, Liquor and Tobacco**			**101.4**	**101.8**	**100.7**	**101.1**
服务价格指数	**Services Price Index**	**101.5**	**102.1**	**100.9**	**101.7**	**100.8**	**100.7**
工业品价格指数	**Industrial Goods Price Index**			**101.8**	**101.8**	**100.5**	**101.5**
消费品价格指数	**Consumer Goods Price Index**	**102.3**	**102.0**	**102.0**	**102.6**	**102.7**	**101.0**
食品烟酒	**Food, Tobacco and Liquor**			**102.3**	**103.3**	**104.8**	**100.5**
食品	Food	104.5	103.1	101.7	103.9	106.2	100.4
茶及饮料	Tea and Beverages	100.7	101.1	100.7	102.6	101.1	100.8
烟酒	Tobacco and Liquor			100.7	100.6	101.0	100.5
在外餐饮	Dining Out	104.4	105.8	105.1	103.2	102.6	101.4
衣着	**Clothing**	**102.1**	**102.4**	**102.3**	**104.0**	**101.0**	**100.7**
服装	Garments	102.5	100.2	101.8	103.6	101.3	100.8
鞋类	Footwear			101.6	102.5	101.1	100.5
居住	**Residence**	**102.8**	**100.7**	**101.1**	**101.9**	**100.1**	**100.2**
租赁房房租	Rent of Rental Housing	105.2	100.0	101.2	106.8	101.5	100.2
住房保养维修及管理	House Maintenance and Management			100.9	104.1	101.2	100.3
水电燃料	Water, Electricity and Fuels	101.3	100.8	100.2	99.6	98.6	97.7
自有住房	Private Housing	100.2	101.0	101.7	101.1	100.3	100.8
生活用品及服务	**Articles for Daily Use and Services**			**101.7**	**103.7**	**101.6**	**99.8**
家具及室内装饰品	Furniture and Interior Decorations			101.6	103.4	103.8	101.2
家用器具	Home Appliances			102.4	101.8	100.4	100.3
家用纺织品	Home Textiles			101.2	100.1	100.0	100.0
家庭日用杂品	Daily Use Household Articles	100.7	101.7	100.9	106.9	102.2	99.6
个人护理用品	Personal-care Supplies			102.4	101.8	101.4	98.3
家庭服务	Household Services			101.7	107.4	102.0	100.8
交通通信	**Transport and Communications**	**99.8**	**98.5**	**101.5**	**98.7**	**98.1**	**103.8**
交通	Transport	102.9	97.4	103.6	98.5	96.2	105.7
通信	Communications	94	100.0	98.7	99.1	100.6	100.3
教育文化娱乐	**Education, Culture and Recreation**			**100.4**	**100.2**	**101.2**	**100.4**
教育	Education	100.8	100.9	100.2	100.3	99.9	100.2
文化娱乐	Culture and Recreation	101.1	100.1	100.6	100.2	102.4	100.7
医疗保健	**Health Care**			**102.1**	**103.0**	**102.2**	**100.8**
药品及医疗器具	Medicine and Medical Instrument			103.9	106.0	104.0	99.5
医疗服务	Medical Services			100.8	101.0	101.0	101.5
其他用品及服务	**Other Articles and Services**			**101.1**	**102.7**	**104.9**	**99.2**
其他用品类	Other Articles			99.1	103.5	107.8	98.1
其他服务类	Other Services			103.1	102.0	101.9	100.2

6-4 拉萨市居民消费价格分类指数
CONSUMER PRICE INDICES BY CATEGORY OF LHASA

上年=100 (preceding year=100)

项 目	Item	2010	2015	2018	2019	2020	2021
居民消费价格总指数	**Consumer Price Index**	**102.2**	**102.2**	**101.1**	**102.2**	**102.0**	**100.5**
非食品烟酒价格指数	**Consumer Price Index without Food, Liquor and Tobacco**			**101.2**	**102.1**	**100.8**	**101.0**
服务价格指数	**Services Price Index**	**102.0**	**101.8**	**100.8**	**101.6**	**101.2**	**100.7**
工业品价格指数	**Industrial Goods Price Index**			**101.6**	**102.5**	**100.4**	**101.2**
消费品价格指数	**Consumer Goods Price Index**	**102.2**	**102.3**	**101.2**	**102.5**	**102.4**	**100.3**
食品烟酒	**Food, Tobacco and Liquor**			**100.7**	**102.5**	**104.6**	**99.5**
食品	Food	105.3	103.9	100.2	103.3	105.9	98.4
茶及饮料	Tea and Beverages	101.0	102.4	98.5	103.3	100.7	100.0
烟酒	Tobacco and Liquor			100.2	101.0	102.9	102.7
在外餐饮	Dining Out	105.5	106.3	102.3	101.1	102.6	102.0
衣着	**Clothing**	**102.4**	**101.5**	**102.8**	**107.7**	**101.1**	**101.1**
服装	Garments	102.6	98.9	102.5	108.6	100.9	100.7
鞋类	Footwear			100.7	104.0	101.4	102.3
居住	**Residence**	**102.7**	**100.8**	**100.6**	**101.4**	**99.4**	**99.9**
租赁房房租	Rent of Rental Housing	106.2	101.0	102.1	110.4	100.0	100.0
住房保养维修及管理	House Maintenance and Management			100.9	103.7	100.0	100.0
水电燃料	Water, Electricity and Fuels	98.5	99.7	99.8	98.1	97.1	99.3
自有住房	Private Housing	102.0	101.2	100.4	99.9	100.0	100.0
生活用品及服务	**Articles for Daily Use and Services**			**100.6**	**100.9**	**100.6**	**99.3**
家具及室内装饰品	Furniture and Interior Decorations			99.3	100.0	100.0	99.9
家用器具	Home Appliances			100.0	100.2	99.9	100.2
家用纺织品	Home Textiles			100.8	99.9	99.9	100.0
家庭日用杂品	Daily Use Household Articles	100.8	100.0	99.5	100.9	100.9	99.7
个人护理用品	Personal-care Supplies			104.4	98.9	101.5	97.8
家庭服务	Household Services			100.7	110.2	101.6	101.1
交通通信	**Transport and Communications**	**98.6**	**99.0**	**101.7**	**99.2**	**97.8**	**103.9**
交通	Transport	102.3	98.3	102.9	98.6	96.4	105.9
通信	Communications	93.2	100.0	99.8	100.0	100.0	100.5
教育文化娱乐	**Education, Culture and Recreation**			**100.0**	**100.0**	**103.5**	**101.0**
教育	Education	100.7	100.1	100.0	100.0	100.0	100.0
文化娱乐	Culture and Recreation	101.5	99.3	99.9	100.0	106.9	102.0
医疗保健	**Health Care**			**102.4**	**104.7**	**103.1**	**100.2**
药品及医疗器具	Medicine and Medical Instrument			106.0	111.2	107.0	100.5
医疗服务	Medical Services			100.0	100.0	100.0	100.0
其他用品及服务	**Other Articles and Services**			**100.1**	**102.5**	**107.3**	**101.2**
其他用品类	Other Articles			98.5	104.4	110.6	98.2
其他服务类	Other Services			102.0	100.2	103.1	104.3

6-5 日喀则市居民消费价格分类指数
CONSUMER PRICE INDICES BY CATEGORY OF XIGAZE

上年=100 (preceding year=100)

项 目	Item	2010	2015	2018	2019	2020	2021
居民消费价格总指数	**Consumer Price Index**	**102.4**	**102.5**	**102.0**	**102.7**	**102.0**	**102.0**
非食品烟酒价格指数	**Consumer Price Index without Food, Liquor and Tobacco**			**102.0**	**102.1**	**100.9**	**101.4**
服务价格指数	**Services Price Index**	**99.0**	**103.5**	**102.7**	**103.1**	**101.2**	**101.8**
工业品价格指数	**Industrial Goods Price Index**			**101.5**	**101.1**	**100.6**	**101.0**
消费品价格指数	**Consumer Goods Price Index**	**103.0**	**102.2**	**101.7**	**102.5**	**102.3**	**102.1**
食品烟酒	**Food, Tobacco and Liquor**			**101.8**	**103.7**	**103.9**	**103.1**
食品	Food	105.0	103.0	102.0	106.3	105.7	104.2
茶及饮料	Tea and Beverages	100.0	100.0	100.1	101.2	97.9	100.3
烟酒	Tobacco and Liquor			101.5	101.3	102.5	101.6
在外餐饮	Dining Out	102.5	105.2	101.8	99.4	100.7	100.3
衣着	**Clothing**	**102.0**	**107.2**	**102.9**	**100.7**	**100.2**	**100.4**
服装	Garments	102.6	102.8	102.3	101.7	101.2	100.2
鞋类	Footwear			103.1	97.4	97.4	100.7
居住	**Residence**	**106.1**	**100.1**	**102.5**	**104.1**	**100.9**	**101.8**
租赁房房租	Rent of Rental Housing	101.8	98.5	101.9	113.0	105.9	101.9
住房保养维修及管理	House Maintenance and Management			101.4	105.4	99.0	99.8
水电燃料	Water, Electricity and Fuels	118.2	101.8	100.1	102.0	98.2	99.7
自有住房	Private Housing	91.7	100.4	104.1	102.4	101.6	102.9
生活用品及服务	**Articles for Daily Use and Services**			**101.0**	**103.5**	**101.2**	**99.2**
家具及室内装饰品	Furniture and Interior Decorations			99.6	100.1	100.2	100.0
家用器具	Home Appliances			100.0	100.2	99.7	99.5
家用纺织品	Home Textiles			100.0	100.0	99.5	100.0
家庭日用杂品	Daily Use Household Articles	100.2	106.7	101.2	102.3	101.9	99.6
个人护理用品	Personal-care Supplies			101.8	109.8	103.1	98.0
家庭服务	Household Services			103.7	111.5	102.2	101.3
交通通信	**Transport and Communications**	**98.9**	**97.8**	**103.8**	**100.6**	**99.2**	**104.1**
交通	Transport	102.5	96.4	103.5	98.9	95.9	106.4
通信	Communications	91.0	100.0	104.1	102.8	103.4	100.5
教育文化娱乐	**Education, Culture and Recreation**			**100.6**	**100.1**	**101.6**	**100.1**
教育	Education	100.1	100.0	100.0	100.5	102.7	100.3
文化娱乐	Culture and Recreation	100.0	100.9	101.2	99.8	100.5	99.8
医疗保健	**Health Care**			**100.8**	**103.1**	**100.5**	**99.4**
药品及医疗器具	Medicine and Medical Instrument			100.2	102.9	103.0	98.7
医疗服务	Medical Services			101.2	103.2	98.6	100.0
其他用品及服务	**Other Articles and Services**			**99.3**	**102.2**	**109.1**	**99.6**
其他用品类	Other Articles			100.0	104.7	116.2	97.9
其他服务类	Other Services			98.5	99.6	101.2	101.6

6-6 昌都市居民消费价格分类指数
CONSUMER PRICE INDICES BY CATEGORY OF QAMDO

上年=100 (preceding year=100)

项 目	Item	2010	2015	2018	2019	2020	2021
居民消费价格总指数	**Consumer Price Index**	**102.5**	**102.3**	**102.3**	**102.5**	**102.7**	**100.9**
非食品烟酒价格指数	**Consumer Price Index without Food, Liquor and Tobacco**			**101.5**	**102.3**	**100.6**	**101.6**
服务价格指数	**Services Price Index**	**104.7**	**100.5**	**101.2**	**104.1**	**100.9**	**103.2**
工业品价格指数	**Industrial Goods Price Index**			**101.8**	**100.7**	**100.3**	**100.0**
消费品价格指数	**Consumer Goods Price Index**	**102.2**	**102.8**	**102.8**	**101.7**	**103.5**	**99.9**
食品烟酒	**Food, Tobacco and Liquor**			**103.7**	**102.7**	**106.3**	**99.8**
食品	Food	105.1	104.5	100.9	103.2	108.2	99.9
茶及饮料	Tea and Beverages	102.4	100.7	102.0	105.9	101.0	98.7
烟酒	Tobacco and Liquor			104.8	100.4	100.8	100.4
在外餐饮	Dining Out	104.5	107.4	109.9	102.2	104.6	99.1
衣着	**Clothing**	**102.3**	**100.1**	**104.4**	**104.5**	**101.5**	**99.9**
服装	Garments	103.8	100.0	102.9	102.3	102.5	99.0
鞋类	Footwear			101.1	102.4	96.1	102.0
居住	**Residence**	**100.0**	**100.9**	**105.5**	**103.0**	**101.2**	**102.7**
租赁房房租	Rent of Rental Housing	107.0	100.0	101.0	103.4	100.3	100.0
住房保养维修及管理	House Maintenance and Management			101.0	103.2	101.9	102.6
水电燃料	Water, Electricity and Fuels	95.2	102.1	100.0	100.0	100.0	94.9
自有住房	Private Housing	106.0	100.0	110.6	104.1	101.6	105.7
生活用品及服务	**Articles for Daily Use and Services**			**102.1**	**99.7**	**100.2**	**100.7**
家具及室内装饰品	Furniture and Interior Decorations			101.5	101.1	104.6	114.9
家用器具	Home Appliances			100.0	97.4	97.2	97.6
家用纺织品	Home Textiles			101.0	100.5	99.7	96.3
家庭日用杂品	Daily Use Household Articles	100.3	100.1	104.1	100.4	99.3	96.7
个人护理用品	Personal-care Supplies			102.8	99.7	102.9	100.0
家庭服务	Household Services			102.3	101.1	100.0	100.0
交通通信	**Transport and Communications**	**102.7**	**98.5**	**91.8**	**100.3**	**97.0**	**103.4**
交通	Transport	104.7	97.3	103.2	98.2	96.4	105.1
通信	Communications	100.1	100.1	76.2	104.2	97.9	100.8
教育文化娱乐	**Education, Culture and Recreation**			**100.2**	**100.4**	**99.7**	**99.4**
教育	Education	105.2	105.7	100.1	100.3	100.4	100.9
文化娱乐	Culture and Recreation	100.5	101.1	100.3	100.4	99.1	97.7
医疗保健	**Health Care**			**103.3**	**103.9**	**102.9**	**101.0**
药品及医疗器具	Medicine and Medical Instrument			103.8	106.5	105.2	99.8
医疗服务	Medical Services			102.9	101.9	101.2	101.9
其他用品及服务	**Other Articles and Services**			**101.0**	**104.7**	**102.7**	**98.3**
其他用品类	Other Articles			100.0	101.1	105.8	98.8
其他服务类	Other Services			102.0	107.7	100.2	97.8

6-7 林芝市居民消费价格分类指数
CONSUMER PRICE INDICES BY CATEGORY OF NYINGCHI

上年=100 (preceding year=100)

项 目	Item	2010	2015	2018	2019	2020	2021
居民消费价格总指数	**Consumer Price Index**	**102.2**	**102.1**	**101.3**	**103.0**	**102.2**	**100.3**
非食品烟酒价格指数	**Consumer Price Index without Food, Liquor and Tobacco**			**101.6**	**101.8**	**99.3**	**99.3**
服务价格指数	**Services Price Index**	**100.9**	**103.0**	**104.2**	**103.0**	**99.5**	**98.5**
工业品价格指数	**Industrial Goods Price Index**			**98.8**	**100.6**	**99.1**	**100.0**
消费品价格指数	**Consumer Goods Price Index**	**102.4**	**101.8**	**100.0**	**103.1**	**103.6**	**101.2**
食品烟酒	**Food, Tobacco and Liquor**			**101.0**	**105.2**	**107.4**	**102.1**
食品	Food	104.6	103.5	99.4	107.5	109.3	102.6
茶及饮料	Tea and Beverages	101.6	102.3	105.2	105.1	106.7	96.2
烟酒	Tobacco and Liquor			99.7	98.2	100.2	101.2
在外餐饮	Dining Out	105.0	101.0	104.9	102.1	104.9	102.2
衣着	**Clothing**	**102.3**	**101.6**	**95.0**	**103.5**	**101.0**	**100.2**
服装	Garments	102.5	98.3	95.3	103.3	101.9	100.1
鞋类	Footwear			89.1	108.2	100.8	100.4
居住	**Residence**	**101.9**	**101.0**	**103.3**	**103.6**	**100.8**	**96.8**
租赁房房租	Rent of Rental Housing	101.3	100.0	100.2	99.6	101.1	100.0
住房保养维修及管理	House Maintenance and Management			102.8	103.1	102.0	100.2
水电燃料	Water, Electricity and Fuels	100.8	100.0	101.5	100.0	99.6	84.1
自有住房	Private Housing	101.0	102.4	104.6	105.7	101.0	99.8
生活用品及服务	**Articles for Daily Use and Services**			**100.3**	**100.4**	**100.3**	**100.1**
家具及室内装饰品	Furniture and Interior Decorations			101.4	101.5	100.0	100.0
家用器具	Home Appliances			98.8	100.1	99.1	100.2
家用纺织品	Home Textiles			102.1	94.9	100.8	105.2
家庭日用杂品	Daily Use Household Articles	99.3	100.4	100.2	102.6	99.1	99.5
个人护理用品	Personal-care Supplies			99.6	95.1	99.7	99.1
家庭服务	Household Services			102.7	109.3	108.3	98.9
交通通信	**Transport and Communications**	**99.6**	**98.5**	**101.8**	**98.6**	**97.1**	**100.6**
交通	Transport	101.3	97.6	103.6	98.4	96.1	100.6
通信	Communications	96.9	100.0	99.5	98.8	98.5	100.5
教育文化娱乐	**Education, Culture and Recreation**			**101.1**	**100.7**	**95.0**	**101.3**
教育	Education	101.9	100.0	100.8	100.6	100.0	100.0
文化娱乐	Culture and Recreation	100.7	99.1	101.4	100.9	90.2	103.2
医疗保健	**Health Care**			**109.1**	**102.1**	**100.5**	**99.7**
药品及医疗器具	Medicine and Medical Instrument			100.5	98.4	100.2	99.6
医疗服务	Medical Services			113.6	103.8	100.6	99.8
其他用品及服务	**Other Articles and Services**			**101.0**	**106.4**	**100.9**	**99.7**
其他用品类	Other Articles			99.7	100.3	99.8	98.1
其他服务类	Other Services			102.3	112.1	101.9	101.6

6-8 山南市居民消费价格分类指数
CONSUMER PRICE INDICES BY CATEGORY OF LHOKA

上年=100 (preceding year=100)

项目	Item	2010	2015	2018	2019	2020	2021
居民消费价格总指数	**Consumer Price Index**	**102.3**	**101.2**	**101.5**	**102.5**	**102.9**	**100.0**
非食品烟酒价格指数	**Consumer Price Index without Food, Liquor and Tobacco**			**100.7**	**101.1**	**100.1**	**100.7**
服务价格指数	**Services Price Index**	**102.0**	**101.1**	**100.5**	**102.0**	**100.5**	**100.4**
工业品价格指数	**Industrial Goods Price Index**			**100.8**	**100.4**	**99.7**	**101.0**
消费品价格指数	**Consumer Goods Price Index**	**102.9**	**101.3**	**101.9**	**102.7**	**103.8**	**99.8**
食品烟酒	**Food, Tobacco and Liquor**			**102.9**	**104.8**	**107.4**	**98.6**
食品	Food	103.1	101.5	102.9	106.5	109.7	98.0
茶及饮料	Tea and Beverages	100.0	100.0	100.0	100.0	101.7	104.1
烟酒	Tobacco and Liquor			100.0	100.0	100.1	95.2
在外餐饮	Dining Out	106.0	103.9	105.9	100.9	101.6	104.3
衣着	**Clothing**	**103.6**	**102.7**	**99.3**	**102.5**	**99.0**	**98.1**
服装	Garments	104.0	101.9	97.4	100.3	100.6	99.1
鞋类	Footwear			102.5	101.4	100.1	95.5
居住	**Residence**	**100.5**	**100.2**	**100.1**	**101.1**	**99.8**	**100.0**
租赁房房租	Rent of Rental Housing	103.7	100.0	100.0	111.7	110.5	100.0
住房保养维修及管理	House Maintenance and Management			100.1	100.0	99.5	99.9
水电燃料	Water, Electricity and Fuels	94.8	100.6	100.9	99.9	95.5	100.0
自有住房	Private Housing	100.0	100.1	99.5	100.0	100.0	100.0
生活用品及服务	**Articles for Daily Use and Services**			**100.7**	**103.1**	**102.7**	**100.4**
家具及室内装饰品	Furniture and Interior Decorations			102.8	113.9	116.5	100.8
家用器具	Home Appliances			99.7	99.6	97.5	100.8
家用纺织品	Home Textiles			100.0	100.0	100.0	100.0
家庭日用杂品	Daily Use Household Articles	103.7	100.5	100.5	101.1	100.0	100.4
个人护理用品	Personal-care Supplies			101.2	99.6	100.4	98.0
家庭服务	Household Services			100.0	114.4	107.3	102.0
交通通信	**Transport and Communications**	**101.2**	**96.9**	**101.8**	**98.7**	**97.7**	**103.5**
交通	Transport	104.8	95.8	103.2	97.7	95.9	105.4
通信	Communications	97.2	98.4	100.0	100.0	100.1	100.5
教育文化娱乐	**Education, Culture and Recreation**			**100.4**	**99.8**	**99.7**	**100.2**
教育	Education	103.1	100.0	100.8	100.0	100.0	100.2
文化娱乐	Culture and Recreation	102.9	101.6	100.0	99.7	99.4	100.7
医疗保健	**Health Care**			**102.8**	**103.6**	**102.7**	**103.4**
药品及医疗器具	Medicine and Medical Instrument			107.7	105.3	102.6	99.4
医疗服务	Medical Services			100.0	102.6	102.8	105.2
其他用品及服务	**Other Articles and Services**			**100.8**	**98.9**	**101.9**	**97.8**
其他用品类	Other Articles			98.0	99.3	103.1	97.1
其他服务类	Other Services			103.8	98.4	100.7	98.3

6-9 那曲市居民消费价格分类指数
CONSUMER PRICE INDICES BY CATEGORY OF NAGQU

上年=100 (preceding year=100)

项 目	Item	2010	2015	2018	2019	2020	2021
居民消费价格总指数	**Consumer Price Index**	**101.5**	**102.4**	**102.4**	**102.0**	**102.0**	**101.9**
非食品烟酒价格指数	**Consumer Price Index without Food, Liquor and Tobacco**			**102.0**	**101.5**	**100.7**	**101.9**
服务价格指数	**Services Price Index**	**100.6**	**102.0**	**100.5**	**99.8**	**99.8**	**100.1**
工业品价格指数	**Industrial Goods Price Index**			**103.2**	**102.7**	**101.4**	**103.3**
消费品价格指数	**Consumer Goods Price Index**	**101.6**	**102.4**	**103.1**	**102.8**	**102.8**	**102.6**
食品烟酒	**Food, Tobacco and Liquor**			**102.9**	**102.9**	**104.1**	**101.9**
食品	Food	104.8	103.5	102.2	102.2	105.5	102.4
茶及饮料	Tea and Beverages	100.2	100.9	102.9	102.7	100.4	100.3
烟酒	Tobacco and Liquor			100.7	101.1	100.5	100.0
在外餐饮	Dining Out	104.9	105.8	109.7	108.6	101.4	100.0
衣着	**Clothing**	**98.6**	**101.9**	**103.0**	**102.0**	**102.0**	**102.9**
服装	Garments	99.3	100.8	103.7	101.9	102.4	103.7
鞋类	Footwear			102.7	101.5	101.9	101.4
居住	**Residence**	**98.6**	**100.1**	**100.4**	**100.9**	**99.9**	**100.0**
租赁房房租	Rent of Rental Housing	103.3	100.0	100.4	100.1	100.0	100.0
住房保养维修及管理	House Maintenance and Management			100.6	100.6	100.0	100.0
水电燃料	Water, Electricity and Fuels	97.3	100.4	100.0	100.6	100.0	100.3
自有住房	Private Housing	98.2	100.0	100.6	101.5	99.8	100.0
生活用品及服务	**Articles for Daily Use and Services**			**104.5**	**111.1**	**103.3**	**100.0**
家具及室内装饰品	Furniture and Interior Decorations			105.3	102.0	99.7	100.1
家用器具	Home Appliances			110.1	107.4	104.0	102.9
家用纺织品	Home Textiles			100.8	100.1	100.1	100.3
家庭日用杂品	Daily Use Household Articles	98.6	100.1	102.3	127.3	106.7	99.4
个人护理用品	Personal-care Supplies			102.0	108.1	101.5	97.7
家庭服务	Household Services			102.8	103.1	100.0	100.0
交通通信	**Transport and Communications**	**99.6**	**100.2**	**103.4**	**95.6**	**98.2**	**104.5**
交通	Transport	101.7	99.2	105.8	95.1	94.7	106.6
通信	Communications	95.9	102.0	100.7	96.2	102.5	99.5
教育文化娱乐	**Education, Culture and Recreation**			**101.1**	**100.8**	**100.3**	**100.2**
教育	Education	99.8	100.1	100.1	100.7	98.7	100.2
文化娱乐	Culture and Recreation	105.2	99.9	102.1	100.9	101.8	100.4
医疗保健	**Health Care**			**100.2**	**100.0**	**100.0**	**100.9**
药品及医疗器具	Medicine and Medical Instrument			100.6	100.1	100.2	98.1
医疗服务	Medical Services			100.0	100.0	99.9	101.9
其他用品及服务	**Other Articles and Services**			**102.3**	**105.3**	**105.5**	**97.1**
其他用品类	Other Articles			98.9	107.9	110.2	97.1
其他服务类	Other Services			105.7	102.9	101.0	97.1

6-10　阿里地区居民消费价格分类指数
CONSUMER PRICE INDICES BY CATEGORY OF NGARI

上年=100　　(preceding year=100)

项　　目	Item	2010	2015	2018	2019	2020	2021
居民消费价格总指数	**Consumer Price Index**	**101.5**	**101.1**	**102.6**	**102.1**	**101.2**	**100.5**
非食品烟酒价格指数	**Consumer Price Index without Food, Liquor and Tobacco**			**101.6**	**101.0**	**101.2**	**100.6**
服务价格指数	**Services Price Index**	**99.2**	**103.8**	**101.0**	**101.7**	**101.5**	**100.0**
工业品价格指数	**Industrial Goods Price Index**			**102.1**	**100.4**	**101.0**	**101.1**
消费品价格指数	**Consumer Goods Price Index**	**102.0**	**100.4**	**103.2**	**102.3**	**101.0**	**100.7**
食品烟酒	**Food, Tobacco and Liquor**			**104.2**	**104.1**	**101.1**	**100.2**
食品	Food	103.8	100.5	104.3	103.0	101.1	100.2
茶及饮料	Tea and Beverages	100.0	99.7	100.1	100.1	101.9	100.5
烟酒	Tobacco and Liquor			100.4	100.1	98.8	99.2
在外餐饮	Dining Out	98.2	117.5	108.6	115.5	102.9	101.0
衣着	**Clothing**	**100.8**	**98.9**	**104.6**	**100.2**	**101.8**	**100.0**
服装	Garments	101.7	99.0	104.3	98.4	100.5	99.9
鞋类	Footwear			105.2	101.7	105.0	100.3
居住	**Residence**	**99.2**	**100.2**	**100.6**	**104.2**	**102.7**	**97.5**
租赁房房租	Rent of Rental Housing	100.0	100.0	100.6	103.2	96.9	100.0
住房保养维修及管理	House Maintenance and Management			101.4	116.2	107.5	102.7
水电燃料	Water, Electricity and Fuels	97.7	100.0	100.6	101.0	103.8	79.3
自有住房	Private Housing	99.7	100.0	100.1	100.4	100.0	100.0
生活用品及服务	**Articles for Daily Use and Services**			**101.6**	**101.9**	**100.7**	**100.4**
家具及室内装饰品	Furniture and Interior Decorations			101.3	101.7	100.3	100.0
家用器具	Home Appliances			101.9	102.4	100.3	100.3
家用纺织品	Home Textiles			105.6	102.1	100.4	100.9
家庭日用杂品	Daily Use Household Articles	102.4	100.6	100.8	102.5	101.5	101.1
个人护理用品	Personal-care Supplies			100.2	100.8	100.8	98.8
家庭服务	Household Services			102.0	100.6	100.0	100.0
交通通信	**Transport and Communications**	**101.5**	**98.7**	**102.0**	**97.5**	**98.7**	**103.9**
交通	Transport	102.5	97.2	103.3	98.8	97.7	105.2
通信	Communications	100.7	100.0	100.3	95.8	100.0	101.6
教育文化娱乐	**Education, Culture and Recreation**			**100.2**	**100.2**	**100.0**	**100.5**
教育	Education	98.2	106.7	100.3	100.5	100.1	100.1
文化娱乐	Culture and Recreation	99.4	100.1	100.1	100.0	99.9	102.3
医疗保健	**Health Care**			**100.0**	**100.5**	**102.8**	**100.0**
药品及医疗器具	Medicine and Medical Instrument			100.0	100.0	100.0	100.1
医疗服务	Medical Services			99.9	100.8	104.3	100.0
其他用品及服务	**Other Articles and Services**			**103.7**	**102.1**	**103.5**	**101.1**
其他用品类	Other Articles			102.5	101.8	101.2	102.7
其他服务类	Other Services			104.9	102.4	105.8	99.9

6-11 全区各月居民消费价格分类指数(2021年)
CONSUMER PRICE INDICES BY CATEGORY EACH MONTH (2021)

上年同月=100 (same month of preceding year=100)

项 目	Item	1月 Jan.	2月 Feb.	3月 Mar.	4月 Apr.	5月 May	6月 June
居民消费价格总指数	**Consumer Price Index**	**100.7**	**101.0**	**101.2**	**101.6**	**101.4**	**101.1**
食品烟酒	Food, Tobacco and Liquor	103.2	102.8	102.0	102.2	101.5	100.5
食品	Food	103.6	103.0	102.0	102.3	101.4	100.2
茶及饮料	Tea and Beverages	101.5	101.6	101.9	101.9	101.9	101.6
烟酒	Cigarettes, Liquors	101.3	101.7	101.9	100.6	100.6	100.0
在外用餐	Dining Out	103.0	102.9	102.4	102.5	102.5	101.7
衣着	Clothing	100.5	100.7	100.5	100.6	100.6	100.8
居住	Residence	100.0	100.1	100.1	99.9	99.9	99.8
生活用品及服务	Articles for Daily Use and Services	100.3	99.4	99.9	100.2	99.9	99.7
交通通信	Transport and Communications	96.3	98.9	102.2	104.4	105.0	105.4
教育文化娱乐	Education, Culture and Recreation	100.6	100.7	100.7	100.7	100.7	100.5
医疗保健	Health Care	101.1	101.1	101.0	101.0	101.1	101.0
其他用品及服务	Other Articles and Services	102.3	102.4	101.2	100.5	100.3	100.2

6-11 续表 continued

上年同月=100 (same month of preceding year=100)

项 目	Item	7月 July	8月 Aug.	9月 Sep.	10月 Oct.	11月 Nov.	12月 Dec.
居民消费价格总指数	**Consumer Price Index**	**100.9**	**100.5**	**100.5**	**100.5**	**100.9**	**100.5**
食品烟酒	Food, Tobacco and Liquor	99.4	98.9	98.8	98.7	99.6	98.9
食品	Food	99.0	98.3	98.2	98.3	99.4	98.4
茶及饮料	Tea and Beverages	100.1	100.1	99.9	99.8	99.8	99.8
烟酒	Cigarettes, Liquors	100.0	100.0	100.0	100.2	100.2	100.2
在外用餐	Dining Out	100.9	100.6	100.7	99.7	100.1	100.1
衣着	Clothing	101.0	100.7	100.8	100.7	100.9	100.9
居住	Residence	100.4	100.5	100.5	100.3	100.3	100.4
生活用品及服务	Articles for Daily Use and Services	99.5	99.8	100.3	100.0	99.3	99.4
交通通信	Transport and Communications	106.4	105.4	104.8	105.9	106.6	104.7
教育文化娱乐	Education, Culture and Recreation	100.0	100.0	100.2	100.2	100.1	100.1
医疗保健	Health Care	100.9	100.5	100.6	100.6	100.6	100.6
其他用品及服务	Other Articles and Services	98.5	96.3	96.4	97.0	97.3	98.3

6-12 全区商品零售价格分类指数(2021年)
RETAIL PRICE INDICES BY CATEGORY (2021)

上年=100 (preceding year=100)

项　目	Item	全　区 Average	城　市 Urban	农　村 Rural
商品零售价格指数	**Retail Price Index**	**101.5**	**101.4**	**102.0**
食品	**Food**	**100.3**	**100.5**	**99.6**
粮食	Grain	100.9	101.3	100.1
薯类	Tubers	95.2	95.7	92.2
豆类	Beans	101.5	101.6	100.4
食用油	Edible Oil and Fats	100.9	101.3	98.1
菜及食用菌	Vegetables and Edible Fungi	101.1	101.9	96.3
畜肉类	Meat of Livestock	99.4	99.5	98.0
禽肉类	Meat of Poultry	97.3	97.2	99.4
水产品	Aquatic Products	107.8	107.8	107.6
蛋类	Eggs	105.8	106.0	104.1
奶类	Milk	101.7	101.0	106.8
干鲜瓜果类	Dried and Fresh Melons and Fruits	97.9	98.3	94.4
糖果糕点类	Candy and Cake	100.5	100.8	99.8
调味品	Flavoring	100.3	100.2	100.8
其他食品类	Other Foods	101.4	100.3	104.4
餐饮业零售	Retail Sale of Catering Services	101.7	101.5	102.7
饮料、烟酒	**Beverages, Tobacco and Liquor**	**101.2**	**101.5**	**99.8**
茶及饮料	Tea and Beverages	100.5	99.6	102.7
卷烟	Cigarette	100.8	101.8	94.5
酒类	Liquor	102.4	102.7	101.6
服装、鞋帽	**Garments, Shoes and Hats**	**100.6**	**100.8**	**99.5**
服装	Garments	100.4	100.4	100.2
鞋帽袜	Footgear and Hat	101.1	101.7	98.2
其他衣着配件	Other Clothing and Parts	100.1	100.1	100.1
纺织品	**Textiles**	**100.2**	**100.2**	**100.1**
服装材料	Clothing	100.0	100.0	100.0
床上用品	Bedding	100.3	100.3	100.1
家用电器及音像器材类	**Household Appliances Music and Video Equipment**	**100.1**	**99.9**	**101.2**
家庭设备	Home Appliances	100.2	99.8	101.5
文娱耐用消费品	Durable Consumer Goods for Culture and Recreation	100.1	100.1	100.2
专业音像器材	Professional Audio and Video Equipment	100.0	100.0	100.0

6-12 续表 continued

上年=100 (preceding year=100)

项 目	Item	全 区 Average	城 市 Urban	农 村 Rural
文化办公用品	**Culture and Office Appliances**	**100.3**	**100.1**	**102.3**
日用品	**Articles for Daily Use**	**99.4**	**99.5**	**99.3**
日用百货	General Merchandise for Daily Use	99.6	99.5	100.3
厨具餐具茶具	Kitchenware, Tableware and Teaware	97.2	97.2	96.8
清洗用品	Clean Articles	100.5	100.5	100.4
其他日用品	Others	99.9	100.0	99.2
体育娱乐用品	**Sports and Recreation Articles**	**99.4**	**99.3**	**100.2**
体育户外用品	Sports Outdoor Articles	99.9	100.0	99.6
娱乐用品	Recreation Articles	99.3	99.2	100.4
交通通信用品	**Transportation and Communication Appliances**	**100.2**	**100.2**	**100.1**
交通运输机械	Transportation Machines	100.0	100.0	100.0
通信器材	Communication Appliances	102.7	102.9	101.5
家具	**Furniture**	**100.9**	**101.0**	**100.5**
化妆品	**Cosmetics**	**98.0**	**98.0**	**97.5**
金银饰品	**Gold and Silver Ornaments**	**98.1**	**98.3**	**96.8**
中西药品及医疗保健用品	**Traditional Chinese and Western Medicines and Health Care Articles**	**99.9**	**100.0**	**98.6**
医疗卫生器具	Medical Instrument	97.5	97.5	96.6
中药	Traditional Chinese Medicines	98.9	98.8	100.0
西药	Western Medicines	100.5	100.8	98.3
保健器具及用品	Health Care Instrument and Articles	99.2	99.2	100.0
书报杂志及电子出版物	**Books, Newspapers, Magazines and Electronic Publications**	**100.5**	**100.5**	**100.6**
教材及参考书	Teaching Materials and Reference Books	100.6	100.6	100.7
书报杂志及音像制品	Books, Newspapers, Magazines and Audiovisual Products	100.0	100.0	100.0
计算机办公软件	Computer Office Software	100.0	100.0	100.1
燃料	**Fuels**	**108.2**	**107.4**	**112.2**
煤炭及制品	Coal and Relevant Products	100.2	100.2	100.8
石油及制品	Petroleum and Relevant Products	110.1	109.5	112.2
建筑材料及五金电料	**Building Materials and Hardware**	**100.1**	**99.9**	**101.7**
建筑装潢材料	Building Decoration Materials	100.0	100.0	99.8
五金水暖	Hardware	100.4	99.4	102.3

6-13 拉萨市商品零售价格分类指数
RETAIL PRICE INDICES BY CATEGORY OF LHASA

上年=100 (preceding year=100)

项目	Item	2010	2015	2018	2019	2020	2021
商品零售价格总指数	**General Retail Price Index**	**101.2**	**101.5**	**101.1**	**102.3**	**102.1**	**101.4**
食品	**Food**	**105.0**	**104.0**	**100.7**	**102.7**	**105.2**	**98.6**
粮食	Grain	107.0	105.1	100.3	99.9	102.3	100.4
薯类	Tubers			106.9	102.4	98.4	97.7
豆类	Beans			104.5	109.6	98.8	103.5
食用油	Edible Oil and Fats			95.8	99.4	103.6	100.9
菜及食用菌	Vegetables and Edible Fungi						101.3
畜肉类	Meat of Livestock			99.8	105.0	114.8	95.6
禽肉类	Meat of Poultry			97.8	122.5	116.1	94.8
水产品	Aquatic Products	101.2	101.5	101.7	99.7	102.1	109.5
蛋类	Eggs	105.0	106.5	101.1	101.1	101.6	109.3
奶类	Milk			98.7	99.4	100.4	100.6
干鲜瓜果类	Dried and Fresh Melons and Fruits	109.8	100.8	100.0	103.6	96.9	96.2
糖果糕点类	Candy and Cake			101.0	99.8	99.8	100.7
调味品	Flavoring	106.0	102.9	100.5	104.0	100.4	99.6
其他食品类	Other Foods	100.0	100.0	99.9	108.1	100.6	100.0
餐饮业零售	Retail Sale of Catering Services						102.0
饮料、烟酒	**Beverages, Tobacco and Liquor**	**101.8**	**103.2**	**99.9**	**101.3**	**102.5**	**102.0**
茶及饮料	Tea and Beverages	101.0	102.4	98.5	103.3	100.7	100.0
卷烟	Cigarette	102.9	106.8	99.9	98.9	103.9	102.7
酒类	Liquor	101.2	99.8	100.6	102.9	101.9	102.5
服装、鞋帽	**Garments, Shoes and Hats**	**102.0**	**99.3**	**101.9**	**107.5**	**101.0**	**101.1**
服装	Garments	102.6	98.9	102.5	108.6	100.9	100.6
鞋帽袜	Footgear and Hat	101.2	100.0	100.4	104.8	101.2	102.2
其他衣着配件	Other Clothing and Parts			100.1	99.9	100.1	100.2
纺织品	**Textiles**	**103.7**	**100.8**	**99.9**	**100.0**	**100.0**	**100.0**
服装材料	Clothing	103.1	100.0	100.0	100.0	100.0	100.0
床上用品	Bedding	104.3	101.3	99.9	100.0	100.0	100.0
家用电器及音像器材类	**Household Appliances Music and Video Equipment**	**94.1**	**100.4**	**100.0**	**100.6**	**100.0**	**100.4**
家庭设备	Home Appliances	98.0	100.3	100.0	100.5	99.9	100.0
文娱耐用消费品	Durable Consumer Goods for Culture and Recreation	90.6	100.7	99.9	101.3	100.0	101.1
专业音像器材	Professional Audio and Video Equipment	71.2	100.0	100.0	100.0	100.0	100.0

6-13 续表 continued

上年=100 (preceding year=100)

项 目	Item	2010	2015	2018	2019	2020	2021
文化办公用品	**Culture and Office Appliances**	**97.0**	**101.2**	**99.8**	**100.4**	**101.2**	**99.5**
日用品	**Articles for Daily Use**	**100.0**	**100.0**	**99.5**	**100.4**	**100.6**	**99.7**
日用百货	General Merchandise for Daily Use	100.8	100.0	99.7	100.1	100.0	99.9
厨具餐具茶具	Kitchenware, Tableware and Teaware			100.0	100.0	100.1	97.5
清洗用品	Clean Articles			98.0	100.0	100.0	100.5
其他日用品	Others	98.5	100.0	99.9	101.2	101.9	100.0
体育娱乐用品	**Sports and Recreation Articles**	**97.1**	**100.0**	**100.1**	**99.2**	**100.0**	**100.0**
体育户外用品	Sports Outdoor Articles			99.6	96.5	100.5	100.0
娱乐用品	Recreation Articles	94.0	100.0	100.3	100.2	99.8	100.0
交通通信用品	**Transportation and Communication Appliances**	**92.8**	**100.0**	**99.8**	**100.0**	**100.0**	**100.2**
交通运输机械	Transportation Machines	95.3	100.0	100.0	100.0	100.0	100.0
通信器材	Communication Appliances	90.0	100.0	99.0	100.0	100.0	102.5
家具	**Furniture**	**104.9**	**101.2**	**99.2**	**100.0**	**100.0**	**99.9**
化妆品	**Cosmetics**	**100.0**	**99.1**	**105.3**	**98.7**	**101.7**	**98.0**
金银饰品	**Gold and Silver Ornaments**	**106.7**	**96.1**	**97.2**	**109.8**	**118.5**	**102.4**
中西药品及医疗保健用品	**Traditional Chinese and Western Medicines and Health Care Articles**	**99.5**	**105.6**	**106.2**	**111.5**	**106.8**	**101.5**
医疗卫生器具	Medical Instrument			100.0	103.3	105.8	95.1
中药	Traditional Chinese Medicines			110.5	109.8	110.7	98.8
西药	Western Medicines	97.7	106.6	106.8	115.4	107.7	103.0
保健器具及用品	Health Care Instrument and Articles	100.0	100.8	101.8	102.5	101.1	99.3
书报杂志及电子出版物	**Books, Newspapers, Magazines and Electronic Publications**	**100.4**	**100.0**	**100.0**	**100.0**	**100.0**	**100.0**
教材及参考书	Teaching Materials and Reference Books	100.0	100.0	100.0	100.0	100.0	100.0
书报杂志及音像制品	Books, Newspapers, Magazines and Audiovisual Products						100.0
计算机办公软件	Computer Office Software			100.0	100.0	100.0	100.0
燃料	**Fuels**	**108.0**	**92.1**	**106.2**	**97.3**	**92.4**	**108.2**
煤炭及制品	Coal and Relevant Products	100.7	100.0	100.0	100.0	100.0	100.0
石油及制品	Petroleum and Relevant Products	110.2	89.9	108.2	96.5	90.1	109.9
建筑材料及五金电料	**Building Materials and Hardware**	**104.2**	**102.4**	**100.2**	**100.4**	**100.4**	**100.0**
建筑装潢材料	Building Decoration Materials	106.5	101.4	100.3	100.0	100.0	100.1
五金水暖	Hardware			100.0	101.8	102.2	99.6

6-14 日喀则市商品零售价格分类指数
RETAIL PRICE INDICES BY CATEGORY OF XIGAZE

上年=100 (preceding year=100)

项　　目	Item	2010	2015	2018	2019	2020	2021
商品零售价格总指数	**General Retail Price Index**	**100.9**	**101.5**	**101.7**	**102.0**	**102.2**	**102.1**
食品	**Food**	**104.5**	**102.8**	**101.9**	**104.4**	**104.5**	**103.8**
粮食	Grain	108.4	105.8	103.8	111.9	104.0	103.8
薯类	Tubers			116.1	96.7	107.5	92.2
豆类	Beans			101.6	105.5	100.3	98.7
食用油	Edible Oil and Fats			101.2	98.0	104.7	98.8
菜及食用菌	Vegetables and Edible Fungi						104.0
畜肉类	Meat of Livestock			97.3	112.4	117.0	106.6
禽肉类	Meat of Poultry			104.4	105.1	103.8	101.7
水产品	Aquatic Products	100.6	101.9	103.6	102.0	103.2	108.7
蛋类	Eggs	101.1	99.8	110.1	108.7	93.5	103.8
奶类	Milk			101.0	101.2	105.9	102.3
干鲜瓜果类	Dried and Fresh Melons and Fruits	114.8	106.8	104.5	104.5	97.3	100.9
糖果糕点类	Candy and Cake			101.4	102.7	101.3	101.1
调味品	Flavoring	100.5	100.9	104.2	100.9	101.9	101.2
其他食品类	Other Foods	100.0	100.0	100.0	97.2	103.6	100.0
餐饮业零售	Retail Sale of Catering Services						100.3
饮料、烟酒	**Beverages, Tobacco and Liquor**	**100.5**	**101.7**	**101.3**	**101.2**	**101.8**	**101.1**
茶及饮料	Tea and Beverages	100.0	100.0	100.1	101.2	97.9	100.3
卷烟	Cigarette	100.0	103.0	100.0	102.4	98.7	100.0
酒类	Liquor	101.7	101.1	103.5	99.8	107.5	103.0
服装、鞋帽	**Garments, Shoes and Hats**	**101.7**	**102.9**	**102.4**	**100.4**	**100.0**	**100.3**
服装	Garments	102.1	103.1	102.3	101.7	101.2	100.3
鞋帽袜	Footgear and Hat	101.2	102.7	102.6	97.4	97.0	100.3
其他衣着配件	Other Clothing and Parts			100.2	101.7	98.6	100.0
纺织品	**Textiles**	**100.0**	**102.7**	**100.0**	**100.1**	**99.7**	**100.0**
服装材料	Clothing	100.0	102.0	100.0	100.0	100.0	100.0
床上用品	Bedding	100.0	103.4	100.0	100.1	99.3	100.0
家用电器及音像器材类	**Household Appliances Music and Video Equipment**	**95.6**	**99.5**	**100.0**	**100.2**	**99.9**	**99.8**
家庭设备	Home Appliances	96.9	100.2	100.0	100.2	99.8	100.0
文娱耐用消费品	Durable Consumer Goods for Culture and Recreation	96.5	98.6	99.9	100.3	100.2	99.4
专业音像器材	Professional Audio and Video Equipment			100.0	100.0	100.0	100.0

6-14 续表 continued

上年=100 (preceding year=100)

项 目	Item	2010	2015	2018	2019	2020	2021
文化办公用品	**Culture and Office Appliances**	**95.2**	**99.0**	**99.9**	**99.7**	**99.2**	**100.6**
日用品	**Articles for Daily Use**	**100.0**	**103.8**	**100.3**	**101.5**	**101.0**	**99.6**
日用百货	General Merchandise for Daily Use	100.2	103.1	100.0	100.2	100.9	100.0
厨具餐具茶具	Kitchenware, Tableware and Teaware			100.7	99.1	100.5	97.3
清洗用品	Clean Articles			100.0	107.1	100.6	100.6
其他日用品	Others	100.0	104.8	100.6	100.2	101.6	100.0
体育娱乐用品	**Sports and Recreation Articles**	**97.2**	**103.1**	**101.6**	**102.9**	**105.4**	**97.9**
体育户外用品	Sports Outdoor Articles			103.3	101.2	102.3	100.0
娱乐用品	Recreation Articles	93.0	107.3	101.1	103.4	106.3	97.5
交通通信用品	**Transportation and Communication Appliances**	**89.1**	**100.0**	**100.3**	**100.1**	**99.9**	**101.2**
交通运输机械	Transportation Machines	100.0	100.0	100.0	100.0	100.0	101.0
通信器材	Communication Appliances	82.6	100.0	101.2	100.3	99.4	102.4
家具	**Furniture**	**100.0**	**101.7**	**99.6**	**100.0**	**100.0**	**100.0**
化妆品	**Cosmetics**	**99.2**	**100.8**	**102.0**	**111.2**	**103.2**	**98.1**
金银饰品	**Gold and Silver Ornaments**	**105.1**	**98.8**	**100.1**	**108.6**	**128.6**	**97.7**
中西药品及医疗保健用品	**Traditional Chinese and Western Medicines and Health Care Articles**	**100.6**	**103.3**	**100.2**	**103.1**	**103.3**	**98.7**
医疗卫生器具	Medical Instrument			100.0	100.2	99.8	100.0
中药	Traditional Chinese Medicines			102.2	102.2	108.6	98.4
西药	Western Medicines	100.0	102.0	99.3	105.4	102.4	98.0
保健器具及用品	Health Care Instrument and Articles	99.6	100.9	100.0	100.0	100.0	100.0
书报杂志及电子出版物	**Books, Newspapers, Magazines and Electronic Publications**	**100.0**	**100.0**	**100.1**	**102.0**	**110.8**	**101.7**
教材及参考书	Teaching Materials and Reference Books	100.0	100.0	99.9	102.7	114.4	102.2
书报杂志及音像制品	Books, Newspapers, Magazines and Audiovisual Products						99.8
计算机办公软件	Computer Office Software			101.5	100.0	100.0	100.0
燃料	**Fuels**	**106.9**	**92.9**	**107.8**	**99.5**	**96.7**	**108.9**
煤炭及制品	Coal and Relevant Products	100.0	103.7	106.3	106.2	112.3	100.0
石油及制品	Petroleum and Relevant Products	109.4	87.6	108.4	97.1	90.8	112.1
建筑材料及五金电料	**Building Materials and Hardware**	**101.4**	**101.0**	**102.8**	**102.7**	**99.8**	**99.6**
建筑装潢材料	Building Decoration Materials	101.8	100.5	101.1	102.2	97.7	99.5
五金水暖	Hardware			109.4	104.5	107.1	100.0

6-15 昌都市商品零售价格分类指数
RETAIL PRICE INDICES BY CATEGORY OF QAMDO

上年=100 (preceding year=100)

项 目	Item	2010	2015	2018	2019	2020	2021
商品零售价格总指数	**General Retail Price Index**	**101.5**	**101.9**	**102.2**	**101.0**	**101.7**	**100.7**
食品	**Food**	**105.1**	**104.4**	**103.1**	**102.8**	**107.2**	**99.8**
粮食	Grain	109.7	101.4	103.2	100.9	100.2	101.5
薯类	Tubers			93.7	115.0	104.2	87.7
豆类	Beans			101.9	106.7	103.7	97.9
食用油	Edible Oil and Fats			99.7	100.8	102.8	114.3
菜及食用菌	Vegetables and Edible Fungi						97.3
畜肉类	Meat of Livestock			100.4	105.0	121.5	99.7
禽肉类	Meat of Poultry			100.1	102.0	104.8	99.1
水产品	Aquatic Products	105.1	114.0	103.9	95.0	99.6	103.3
蛋类	Eggs	102.8	101.2	98.5	96.6	98.9	96.8
奶类	Milk			102.2	105.0	106.9	96.8
干鲜瓜果类	Dried and Fresh Melons and Fruits	107.5	112.7	102.3	113.8	93.2	98.3
糖果糕点类	Candy and Cake			100.0	101.0	103.1	102.4
调味品	Flavoring	81.9	110.1	105.4	104.4	105.8	102.2
其他食品类	Other Foods	100.3	100.6	109.2	100.4	100.8	103.3
餐饮业零售	Retail Sale of Catering Services						99.1
饮料、烟酒	**Beverages, Tobacco and Liquor**	**97.9**	**104.0**	**104.2**	**101.4**	**100.8**	**100.1**
茶及饮料	Tea and Beverages	102.9	100.6	102.0	105.9	101.0	98.7
卷烟	Cigarette	95.4	106.8	105.1	100.4	100.0	100.0
酒类	Liquor	102.7	100.1	104.4	100.3	101.8	101.2
服装、鞋帽	**Garments, Shoes and Hats**	**102.3**	**100.0**	**102.4**	**102.3**	**100.9**	**99.9**
服装	Garments	103.7	100.0	102.8	102.3	102.6	98.8
鞋帽袜	Footgear and Hat	100.2	100.2	101.4	102.3	96.6	101.8
其他衣着配件	Other Clothing and Parts			102.0	99.5	100.0	100.0
纺织品	**Textiles**	**99.3**	**100.1**	**101.0**	**103.9**	**99.8**	**95.8**
服装材料	Clothing	98.2	100.1	101.5	107.2	100.0	100.0
床上用品	Bedding	100.1	100.0	100.6	100.8	99.6	95.2
家用电器及音像器材类	**Household Appliances Music and Video Equipment**	**99.7**	**99.4**	**100.1**	**98.9**	**98.5**	**97.3**
家庭设备	Home Appliances	100.7	100.0	99.9	97.3	97.1	97.6
文娱耐用消费品	Durable Consumer Goods for Culture and Recreation	99.1	100.0	101.8	102.3	100.9	96.3
专业音像器材	Professional Audio and Video Equipment	85.0	64.7	92.9	98.6	100.0	100.0

6-15 续表 continued

上年=100 (preceding year=100)

项 目	Item	2010	2015	2018	2019	2020	2021
文化办公用品	**Culture and Office Appliances**	**96.7**	**99.7**	**99.8**	**100.2**	**94.3**	**103.6**
日用品	**Articles for Daily Use**	**96.6**	**102.2**	**101.9**	**100.4**	**99.5**	**97.3**
日用百货	General Merchandise for Daily Use	96.8	103.6	102.4	100.4	98.6	96.0
厨具餐具茶具	Kitchenware, Tableware and Teaware			103.2	101.5	98.9	95.9
清洗用品	Clean Articles			102.9	100.3	100.2	97.7
其他日用品	Others	96.0	100.6	100.0	100.2	100.3	99.6
体育娱乐用品	**Sports and Recreation Articles**	**101.3**	**100.3**	**100.0**	**100.3**	**100.1**	**95.8**
体育户外用品	Sports Outdoor Articles			100.0	100.0	100.0	100.0
娱乐用品	Recreation Articles	100.7	100.8	100.0	100.4	100.1	95.5
交通通信用品	**Transportation and Communication Appliances**	**100.0**	**100.0**	**98.9**	**98.6**	**97.9**	**96.9**
交通运输机械	Transportation Machines	100.1	100.0	100.0	100.0	99.8	95.8
通信器材	Communication Appliances	100.0	100.0	95.9	94.4	92.0	107.9
家具	**Furniture**	**100.5**	**100.2**	**101.7**	**101.2**	**105.1**	**117.3**
化妆品	**Cosmetics**	**101.0**	**102.0**	**103.3**	**99.5**	**103.4**	**100.2**
金银饰品	**Gold and Silver Ornaments**	**100.0**	**98.9**	**99.6**	**101.5**	**112.5**	**98.1**
中西药品及医疗保健用品	**Traditional Chinese and Western Medicines and Health Care Articles**	**100.0**	**100.1**	**104.2**	**106.2**	**104.0**	**100.6**
医疗卫生器具	Medical Instrument			100.0	111.1	121.5	101.6
中药	Traditional Chinese Medicines			104.4	105.4	109.3	98.9
西药	Western Medicines	97.2	100.0	106.1	106.5	101.2	102.4
保健器具及用品	Health Care Instrument and Articles	99.8	100.0	100.0	106.0	101.9	94.7
书报杂志及电子出版物	**Books, Newspapers, Magazines and Electronic Publications**	**101.1**	**104.6**	**99.5**	**93.0**	**99.2**	**100.2**
教材及参考书	Teaching Materials and Reference Books	103.2	113.3	100.6	98.4	99.1	100.2
书报杂志及音像制品	Books, Newspapers, Magazines and Audiovisual Products						100.0
计算机办公软件	Computer Office Software			89.4	100.0	100.0	100.0
燃料	**Fuels**	**105.5**	**92.2**	**105.7**	**95.4**	**93.9**	**107.6**
煤炭及制品	Coal and Relevant Products	96.7	101.2	100.0	100.0	100.0	103.0
石油及制品	Petroleum and Relevant Products	108.2	89.6	107.4	94.1	92.1	108.9
建筑材料及五金电料	**Building Materials and Hardware**	**99.3**	**105.6**	**103.6**	**102.1**	**99.9**	**100.4**
建筑装潢材料	Building Decoration Materials	99.8	106.7	100.5	102.7	99.9	100.5
五金水暖	Hardware			113.9	100.3	99.7	100.0

6-16 林芝市商品零售价格分类指数
RETAIL PRICE INDICES BY CATEGORY OF NYINGCHI

上年=100 (preceding year=100)

项　　目	Item	2010	2015	2018	2019	2020	2021
商品零售价格总指数	**General Retail Price Index**	**102.0**	**100.7**	**99.8**	**101.6**	**101.8**	**101.9**
食品	**Food**	**104.7**	**102.6**	**100.7**	**106.1**	**108.2**	**102.4**
粮食	Grain	106.1	99.4	105.3	105.8	100.2	100.1
薯类	Tubers			104.1	102.3	119.4	95.4
豆类	Beans			103.7	98.3	91.8	91.2
食用油	Edible Oil and Fats			99.1	101.7	104.6	106.3
菜及食用菌	Vegetables and Edible Fungi						104.6
畜肉类	Meat of Livestock			96.2	119.5	129.1	101.8
禽肉类	Meat of Poultry			91.1	103.1	103.9	102.2
水产品	Aquatic Products	98.8	106.8	101.5	100.1	100.2	106.6
蛋类	Eggs	105.4	100.0	98.6	109.9	103.2	99.4
奶类	Milk			101.1	106.8	97.1	104.4
干鲜瓜果类	Dried and Fresh Melons and Fruits	108.9	97.9	106.5	103.4	98.3	105.7
糖果糕点类	Candy and Cake			99.1	96.7	99.9	100.0
调味品	Flavoring	102.7	100.0	99.6	99.4	100.5	100.9
其他食品类	Other Foods	100.0	100.1	99.6	107.2	102.0	101.8
餐饮业零售	Retail Sale of Catering Services						102.2
饮料、烟酒	**Beverages, Tobacco and Liquor**	**101.4**	**101.2**	**101.0**	**99.9**	**101.9**	**100.0**
茶及饮料	Tea and Beverages	101.8	102.1	105.2	105.2	106.7	96.2
卷烟	Cigarette	100.9	101.9	100.2	97.3	99.4	100.5
酒类	Liquor	101.9	100.0	99.2	99.2	101.2	103.5
服装、鞋帽	**Garments, Shoes and Hats**	**102.6**	**100.6**	**94.1**	**104.3**	**101.3**	**100.2**
服装	Garments	102.4	98.3	95.5	103.3	102.0	100.1
鞋帽袜	Footgear and Hat	103.0	106.3	91.2	106.5	99.7	100.5
其他衣着配件	Other Clothing and Parts			97.8	100.0	100.0	100.0
纺织品	**Textiles**	**98.2**	**101.4**	**105.4**	**95.2**	**99.8**	**105.8**
服装材料	Clothing	100.8	103.3	109.7	96.8	100.0	100.0
床上用品	Bedding	96.3	100.0	100.0	93.0	99.6	107.0
家用电器及音像器材类	**Household Appliances Music and Video Equipment**	**94.9**	**100.0**	**99.0**	**100.1**	**98.5**	**100.9**
家庭设备	Home Appliances	95.7	100.0	98.8	100.1	99.1	100.2
文娱耐用消费品	Durable Consumer Goods for Culture and Recreation	93.4	100.0	99.1	100.1	96.8	102.6
专业音像器材	Professional Audio and Video Equipment			100.0	100.0	100.0	100.0

6-16 续表 continued

上年=100 (preceding year=100)

项 目	Item	2010	2015	2018	2019	2020	2021
文化办公用品	**Culture and Office Appliances**	**101.5**	**100.0**	**96.0**	**97.8**	**99.8**	**100.0**
日用品	**Articles for Daily Use**	**100.5**	**100.8**	**99.9**	**100.5**	**98.9**	**100.5**
日用百货	General Merchandise for Daily Use	103.4	100.5	99.7	97.5	99.5	100.6
厨具餐具茶具	Kitchenware, Tableware and Teaware			100.0	99.9	98.6	98.1
清洗用品	Clean Articles			100.6	108.2	93.1	101.5
其他日用品	Others	95.4	102.4	99.9	100.8	101.2	100.9
体育娱乐用品	**Sports and Recreation Articles**	**97.5**	**100.2**	**104.1**	**102.4**	**100.2**	**100.0**
体育户外用品	Sports Outdoor Articles			101.9	102.6	100.0	100.0
娱乐用品	Recreation Articles	93.5	100.0	104.8	102.3	100.3	100.0
交通通信用品	**Transportation and Communication Appliances**	**93.8**	**100.0**	**96.5**	**99.0**	**98.6**	**100.2**
交通运输机械	Transportation Machines	96.1	100.0	100.0	100.0	100.0	100.0
通信器材	Communication Appliances	91.8	100.0	86.9	95.7	94.1	102.4
家具	**Furniture**	**102.4**	**101.2**	**101.5**	**101.3**	**99.9**	**100.0**
化妆品	**Cosmetics**	**99.7**	**100.3**	**99.9**	**95.7**	**99.7**	**99.0**
金银饰品	**Gold and Silver Ornaments**	**107.8**	**100.1**	**99.3**	**101.3**	**100.8**	**97.9**
中西药品及医疗保健用品	**Traditional Chinese and Western Medicines and Health Care Articles**	**101.9**	**100.0**	**100.7**	**98.3**	**100.3**	**99.6**
医疗卫生器具	Medical Instrument			97.5	100.0	100.0	99.6
中药	Traditional Chinese Medicines			100.0	100.0	100.0	100.1
西药	Western Medicines	103.5	100.0	101.5	96.9	100.5	99.7
保健器具及用品	Health Care Instrument and Articles	101.9	100.0	100.0	100.0	100.0	98.9
书报杂志及电子出版物	**Books, Newspapers, Magazines and Electronic Publications**	**100.7**	**100.3**	**100.5**	**102.0**	**99.1**	**99.9**
教材及参考书	Teaching Materials and Reference Books	102.7	100.0	100.5	102.5	98.8	99.8
书报杂志及音像制品	Books, Newspapers, Magazines and Audiovisual Products						100.0
计算机办公软件	Computer Office Software			100.0	100.0	100.0	100.0
燃料	**Fuels**	**107.4**	**91.9**	**106.4**	**97.1**	**93.1**	**109.8**
煤炭及制品	Coal and Relevant Products	101.6	100.0	100.0	100.0	100.0	100.0
石油及制品	Petroleum and Relevant Products	109.5	89.2	108.6	96.2	90.9	111.7
建筑材料及五金电料	**Building Materials and Hardware**	**103.0**	**100.5**	**99.0**	**104.0**	**102.7**	**99.5**
建筑装潢材料	Building Decoration Materials	103.7	100.5	98.7	104.0	100.5	100.6
五金水暖	Hardware			100.0	104.0	110.1	95.6

6-17 山南市商品零售价格分类指数
RETAIL PRICE INDICES BY CATEGORY OF LHOKA

上年=100 (preceding year=100)

项 目	Item	2010	2015	2018	2019	2020	2021
商品零售价格总指数	**General Retail Price Index**	**101.6**	**100.5**	**101.7**	**101.8**	**102.6**	**101.8**
食品	**Food**	**103.2**	**101.5**	**103.2**	**105.8**	**108.8**	**98.3**
粮食	Grain	103.0	102.5	102.7	100.4	102.1	100.5
薯类	Tubers			96.6	112.3	99.1	95.2
豆类	Beans			100.2	103.7	98.1	107.4
食用油	Edible Oil and Fats			100.0	108.1	108.7	104.9
菜及食用菌	Vegetables and Edible Fungi						94.7
畜肉类	Meat of Livestock			100.0	117.0	128.7	93.0
禽肉类	Meat of Poultry			100.3	108.0	107.8	97.0
水产品	Aquatic Products	107.0	101.3	103.6	97.6	103.2	112.2
蛋类	Eggs	103.1	100.7	103.0	107.1	95.0	100.7
奶类	Milk			101.2	100.4	102.8	99.8
干鲜瓜果类	Dried and Fresh Melons and Fruits	107.0	95.7	101.3	110.6	98.6	92.2
糖果糕点类	Candy and Cake			100.3	101.7	100.0	100.0
调味品	Flavoring	101.9	101.9	102.4	108.1	108.5	103.2
其他食品类	Other Foods	102.2	100.0	100.0	100.0	104.3	106.8
餐饮业零售	Retail Sale of Catering Services						104.3
饮料、烟酒	**Beverages, Tobacco and Liquor**	**104.3**	**102.5**	**100.0**	**100.0**	**100.3**	**99.7**
茶及饮料	Tea and Beverages	100.0	100.0	100.0	100.0	101.7	104.1
卷烟	Cigarette	99.6	106.6	100.0	100.0	100.0	90.9
酒类	Liquor	114.6	97.0	100.0	100.0	100.1	102.8
服装、鞋帽	**Garments, Shoes and Hats**	**102.5**	**102.0**	**98.6**	**100.4**	**100.4**	**98.3**
服装	Garments	103.9	102.1	97.4	100.3	100.6	99.0
鞋帽袜	Footgear and Hat	100.9	102.4	102.2	100.9	100.0	95.8
其他衣着配件	Other Clothing and Parts			100.0	100.0	100.0	100.2
纺织品	**Textiles**	**102.1**	**100.0**	**100.0**	**100.0**	**100.0**	**100.0**
服装材料	Clothing	104.0	100.1	100.0	100.0	100.0	100.0
床上用品	Bedding	100.4	100.0	100.0	100.0	100.0	100.0
家用电器及音像器材类	**Household Appliances Music and Video Equipment**	**98.0**	**100.1**	**99.7**	**99.8**	**98.8**	**100.7**
家庭设备	Home Appliances	98.7	100.2	99.6	99.6	98.2	100.7
文娱耐用消费品	Durable Consumer Goods for Culture and Recreation	97.4	100.0	100.0	100.0	99.7	100.4
专业音像器材	Professional Audio and Video Equipment	94.6	100.0	100.0	100.0	100.0	100.0

6-17 续表 continued

上年=100 (preceding year=100)

项 目	Item	2010	2015	2018	2019	2020	2021
文化办公用品	**Culture and Office Appliances**	**95.8**	**100.6**	**100.0**	**98.5**	**100.3**	**100.5**
日用品	**Articles for Daily Use**	**98.0**	**100.7**	**100.1**	**100.0**	**100.1**	**99.2**
日用百货	General Merchandise for Daily Use	97.6	100.7	100.1	100.1	100.3	100.3
厨具餐具茶具	Kitchenware, Tableware and Teaware			100.6	100.0	100.0	96.7
清洗用品	Clean Articles			100.0	100.0	100.0	100.6
其他日用品	Others	94.8	100.3	100.0	100.0	99.7	98.9
体育娱乐用品	**Sports and Recreation Articles**	**92.6**	**99.2**	**100.0**	**102.5**	**104.2**	**100.4**
体育户外用品	Sports Outdoor Articles			100.0	110.5	116.3	99.1
娱乐用品	Recreation Articles	90.7	100.0	100.0	100.0	100.0	100.5
交通通信用品	**Transportation and Communication Appliances**	**96.4**	**97.2**	**100.0**	**100.0**	**100.0**	**100.2**
交通运输机械	Transportation Machines	99.0	100.0	100.0	100.0	100.0	100.0
通信器材	Communication Appliances	93.4	97.2	100.0	100.0	100.0	102.5
家具	**Furniture**	**104.4**	**101.9**	**103.0**	**115.0**	**117.6**	**100.9**
化妆品	**Cosmetics**	**103.5**	**101.4**	**101.2**	**99.4**	**99.9**	**97.5**
金银饰品	**Gold and Silver Ornaments**	**109.3**	**97.4**	**96.1**	**98.7**	**106.8**	**97.2**
中西药品及医疗保健用品	**Traditional Chinese and Western Medicines and Health Care Articles**	**99.6**	**102.1**	**107.5**	**105.0**	**104.3**	**99.1**
医疗卫生器具	Medical Instrument			100.0	100.0	100.0	93.6
中药	Traditional Chinese Medicines			106.5	103.9	104.9	101.2
西药	Western Medicines	98.6	102.7	110.5	107.6	99.2	98.7
保健器具及用品	Health Care Instrument and Articles	100.0	100.0	102.2	100.0	119.8	100.1
书报杂志及电子出版物	**Books, Newspapers, Magazines and Electronic Publications**	**101.7**	**101.2**	**100.0**	**100.0**	**100.0**	**101.1**
教材及参考书	Teaching Materials and Reference Books	105.3	100.0	100.0	100.0	100.0	101.2
书报杂志及音像制品	Books, Newspapers, Magazines and Audiovisual Products						100.0
计算机办公软件	Computer Office Software			100.0	100.0	100.0	100.1
燃料	**Fuels**	**104.0**	**91.8**	**106.2**	**95.2**	**93.4**	**112.3**
煤炭及制品	Coal and Relevant Products	86.9	100.0	100.0	100.0	100.0	99.7
石油及制品	Petroleum and Relevant Products	109.7	89.4	108.5	93.4	90.8	112.3
建筑材料及五金电料	**Building Materials and Hardware**	**99.6**	**100.0**	**101.4**	**102.9**	**100.2**	**102.3**
建筑装潢材料	Building Decoration Materials	103.0	100.0	100.2	100.0	100.0	99.8
五金水暖	Hardware			105.4	112.2	100.7	103.4

6-18 那曲市商品零售价格分类指数
RETAIL PRICE INDICES BY CATEGORY OF NAGQU

上年=100 (preceding year=100)

项 目	Item	2010	2015	2018	2019	2020	2021
商品零售价格总指数	**General Retail Price Index**	**98.6**	**102.5**	**103.3**	**101.5**	**101.9**	**102.6**
食品	**Food**	**104.9**	**103.4**	**103.0**	**103.0**	**105.0**	**101.7**
粮食	Grain	103.9	100.1	103.6	103.8	104.4	99.6
薯类	Tubers			96.9	94.1	87.3	88.8
豆类	Beans			106.7	99.2	102.3	92.7
食用油	Edible Oil and Fats			100.8	100.2	100.2	92.8
菜及食用菌	Vegetables and Edible Fungi						98.4
畜肉类	Meat of Livestock			99.6	102.0	120.7	106.3
禽肉类	Meat of Poultry			106.4	99.9	102.0	100.7
水产品	Aquatic Products	109.8	104.6	110.0	106.6	95.1	101.8
蛋类	Eggs	100.3	102.4	104.4	99.6	95.3	106.1
奶类	Milk			107.6	102.3	99.7	113.5
干鲜瓜果类	Dried and Fresh Melons and Fruits	107.2	110.7	97.4	106.3	93.9	97.3
糖果糕点类	Candy and Cake			104.9	102.0	100.1	99.6
调味品	Flavoring	99.9	100.1	100.3	102.1	100.2	99.4
其他食品类	Other Foods	100.3	100.0	104.9	101.6	100.2	102.5
餐饮业零售	Retail Sale of Catering Services						100.0
饮料、烟酒	**Beverages, Tobacco and Liquor**	**100.0**	**106.9**	**100.9**	**101.4**	**100.5**	**100.1**
茶及饮料	Tea and Beverages	100.2	100.9	102.9	102.7	100.4	100.3
卷烟	Cigarette	99.9	112.1	101.8	104.2	101.8	100.0
酒类	Liquor	99.8	106.5	99.6	98.6	99.4	100.0
服装、鞋帽	**Garments, Shoes and Hats**	**98.6**	**100.8**	**103.2**	**101.7**	**102.3**	**102.7**
服装	Garments	99.4	100.6	103.7	101.9	102.4	104.1
鞋帽袜	Footgear and Hat	97.1	101.6	102.2	101.3	102.1	101.3
其他衣着配件	Other Clothing and Parts			100.0	100.0	100.0	100.0
纺织品	**Textiles**	**99.6**	**100.0**	**100.4**	**101.0**	**100.8**	**100.3**
服装材料	Clothing	100.2	100.0	100.0	101.7	101.2	100.0
床上用品	Bedding	100.2	100.0	101.0	100.1	100.1	100.5
家用电器及音像器材类	**Household Appliances Music and Video Equipment**	**95.4**	**100.0**	**107.4**	**105.5**	**102.5**	**102.3**
家庭设备	Home Appliances	99.3	100.0	109.5	107.3	103.9	102.9
文娱耐用消费品	Durable Consumer Goods for Culture and Recreation	95.0	100.0	103.9	102.5	100.0	100.0
专业音像器材	Professional Audio and Video Equipment			102.8	100.9	100.0	100.0

6-18 续表 continued

上年=100 (preceding year=100)

项 目	Item	2010	2015	2018	2019	2020	2021
文化办公用品	**Culture and Office Appliances**	**93.9**	**100.7**	**101.0**	**101.0**	**100.4**	**105.4**
日用品	**Articles for Daily Use**	**88.6**	**100.3**	**102.1**	**108.6**	**102.1**	**99.3**
日用百货	General Merchandise for Daily Use	89.9	101.4	103.6	103.5	100.6	100.2
厨具餐具茶具	Kitchenware, Tableware and Teaware			103.8	101.5	100.0	96.8
清洗用品	Clean Articles			97.5	109.3	100.2	99.7
其他日用品	Others	89.0	100.5	102.3	121.4	106.9	99.7
体育娱乐用品	**Sports and Recreation Articles**	**80.1**	**103.5**	**101.3**	**101.0**	**100.2**	**100.1**
体育户外用品	Sports Outdoor Articles			104.8	102.3	101.0	100.0
娱乐用品	Recreation Articles	80.1	107.4	100.2	100.6	100.0	100.1
交通通信用品	**Transportation and Communication Appliances**	**93.2**	**100.0**	**106.2**	**96.5**	**102.9**	**99.8**
交通运输机械	Transportation Machines	91.5	100.0	100.0	100.0	100.0	100.0
通信器材	Communication Appliances	94.4	100.0	119.1	90.4	108.6	97.1
家具	**Furniture**	**94.4**	**100.6**	**104.7**	**101.9**	**99.7**	**100.0**
化妆品	**Cosmetics**	**88.3**	**97.4**	**101.8**	**107.5**	**101.4**	**97.3**
金银饰品	**Gold and Silver Ornaments**	**97.2**	**113.1**	**96.8**	**110.3**	**119.4**	**96.0**
中西药品及医疗保健用品	**Traditional Chinese and Western Medicines and Health Care Articles**	**102.1**	**100.0**	**100.5**	**100.1**	**100.2**	**98.2**
医疗卫生器具	Medical Instrument			100.0	100.0	100.0	100.0
中药	Traditional Chinese Medicines			98.8	99.7	100.3	99.3
西药	Western Medicines	100.9	100.0	101.9	100.4	100.2	97.6
保健器具及用品	Health Care Instrument and Articles	103.7	100.0	100.0	100.0	100.0	100.0
书报杂志及电子出版物	**Books, Newspapers, Magazines and Electronic Publications**	**98.6**	**100.0**	**100.4**	**102.4**	**99.4**	**100.0**
教材及参考书	Teaching Materials and Reference Books	96.8	99.9	100.4	102.5	93.0	100.0
书报杂志及音像制品	Books, Newspapers, Magazines and Audiovisual Products						100.0
计算机办公软件	Computer Office Software			101.8	110.2	106.3	100.0
燃料	**Fuels**	**99.6**	**103.8**	**106.8**	**97.3**	**93.1**	**112.1**
煤炭及制品	Coal and Relevant Products	93.7	116.0	100.3	99.7	100.0	102.4
石油及制品	Petroleum and Relevant Products	107.3	89.8	109.9	96.2	90.0	112.1
建筑材料及五金电料	**Building Materials and Hardware**	**99.5**	**100.0**	**100.4**	**100.2**	**100.2**	**100.0**
建筑装潢材料	Building Decoration Materials	101.3	100.0	100.5	100.1	100.0	100.0
五金水暖	Hardware			100.0	100.5	100.8	100.0

6-19 阿里地区商品零售价格分类指数
RETAIL PRICE INDICES BY CATEGORY OF NGARI

上年=100 (preceding year=100)

项 目	Item	2010	2015	2018	2019	2020	2021
商品零售价格总指数	**General Retail Price Index**	**100.6**	**99.9**	**102.5**	**101.5**	**100.4**	**102.2**
食品	**Food**	**104.2**	**100.3**	**104.7**	**104.3**	**101.3**	**100.1**
粮食	Grain	107.9	93.1	102.3	104.1	100.7	100.8
薯类	Tubers			109.8	99.6	101.3	79.7
豆类	Beans			102.6	104.7	100.6	97.6
食用油	Edible Oil and Fats			102.4	102.8	100.0	102.7
菜及食用菌	Vegetables and Edible Fungi						101.0
畜肉类	Meat of Livestock			104.8	99.4	101.9	100.1
禽肉类	Meat of Poultry			104.6	101.5	99.1	110.4
水产品	Aquatic Products	101.2	101.9	102.7	102.7	101.2	106.4
蛋类	Eggs	108.8	103.9	105.2	105.1	98.0	104.7
奶类	Milk			103.6	109.7	105.1	97.0
干鲜瓜果类	Dried and Fresh Melons and Fruits	91.9	102.1	108.4	127.0	107.3	97.1
糖果糕点类	Candy and Cake			102.6	107.8	101.1	100.7
调味品	Flavoring	99.7	99.5	101.3	100.0	99.4	101.8
其他食品类	Other Foods	97.6	101.8	101.0	100.1	98.3	97.3
餐饮业零售	Retail Sale of Catering Services						101.0
饮料、烟酒	**Beverages, Tobacco and Liquor**	**100.4**	**102.0**	**100.4**	**100.0**	**99.4**	**99.8**
茶及饮料	Tea and Beverages	100.0	99.0	100.1	100.1	101.9	100.5
卷烟	Cigarette	99.3	104.1	100.0	100.0	100.0	98.6
酒类	Liquor	102.1	101.4	101.1	100.0	97.2	100.0
服装、鞋帽	**Garments, Shoes and Hats**	**100.9**	**98.9**	**104.6**	**99.5**	**101.9**	**100.0**
服装	Garments	101.9	99.1	104.3	98.4	100.5	99.8
鞋帽袜	Footgear and Hat	99.2	98.4	105.2	101.9	104.6	100.3
其他衣着配件	Other Clothing and Parts			100.9	98.1	99.8	100.0
纺织品	**Textiles**	**104.5**	**100.0**	**109.5**	**105.2**	**101.1**	**100.0**
服装材料	Clothing	100.0	100.0	111.0	107.5	101.7	100.0
床上用品	Bedding	106.3	100.0	107.4	101.9	100.0	100.0
家用电器及音像器材类	**Household Appliances Music and Video Equipment**	**99.9**	**100.0**	**101.1**	**101.0**	**99.8**	**100.3**
家庭设备	Home Appliances	101.0	100.1	101.6	101.7	100.2	100.3
文娱耐用消费品	Durable Consumer Goods for Culture and Recreation	99.0	100.0	100.3	99.8	99.1	100.2
专业音像器材	Professional Audio and Video Equipment			100.0	100.0	100.0	100.0

6-19 续表 continued

上年=100 (preceding year=100)

项 目	Item	2010	2015	2018	2019	2020	2021
文化办公用品	**Culture and Office Appliances**	**90.0**	**100.2**	**100.3**	**100.0**	**100.0**	**103.0**
日用品	**Articles for Daily Use**	**91.1**	**100.6**	**100.8**	**103.6**	**103.1**	**100.0**
日用百货	General Merchandise for Daily Use	98.8	100.3	100.2	104.6	104.8	100.5
厨具餐具茶具	Kitchenware, Tableware and Teaware			103.9	101.1	100.7	97.3
清洗用品	Clean Articles			100.2	105.6	104.5	102.7
其他日用品	Others	89.2	100.2	100.9	102.1	100.5	99.9
体育娱乐用品	**Sports and Recreation Articles**	**96.7**	**100.3**	**100.2**	**100.0**	**100.0**	**100.0**
体育户外用品	Sports Outdoor Articles			100.0	100.0	100.0	100.0
娱乐用品	Recreation Articles	98.0	100.0	100.3	100.0	100.0	100.0
交通通信用品	**Transportation and Communication Appliances**	**101.8**	**100.0**	**100.1**	**100.0**	**100.0**	**101.4**
交通运输机械	Transportation Machines	104.9	100.0	100.1	100.0	100.0	100.0
通信器材	Communication Appliances	99.4	100.0	100.0	100.0	100.0	108.2
家具	**Furniture**	**103.8**	**100.2**	**101.4**	**101.5**	**100.3**	**100.0**
化妆品	**Cosmetics**	**104.0**	**101.5**	**100.2**	**101.0**	**100.9**	**98.5**
金银饰品	**Gold and Silver Ornaments**	**98.5**	**101.6**	**104.1**	**103.8**	**102.0**	**104.9**
中西药品及医疗保健用品	**Traditional Chinese and Western Medicines and Health Care Articles**	**100.0**	**100.5**	**100.0**	**100.0**	**100.0**	**100.1**
医疗卫生器具	Medical Instrument			100.0	100.0	100.0	94.4
中药	Traditional Chinese Medicines			100.0	100.0	100.0	100.0
西药	Western Medicines	100.0	100.0	100.0	100.0	100.0	100.2
保健器具及用品	Health Care Instrument and Articles	100.0	100.0	100.0	100.0	100.0	100.0
书报杂志及电子出版物	**Books, Newspapers, Magazines and Electronic Publications**	**98.4**	**100.1**	**100.2**	**101.9**	**100.4**	**100.9**
教材及参考书	Teaching Materials and Reference Books	98.8	100.3	100.2	102.6	100.5	100.9
书报杂志及音像制品	Books, Newspapers, Magazines and Audiovisual Products						101.3
计算机办公软件	Computer Office Software			100.0	100.0	100.0	100.0
燃料	**Fuels**	**101.7**	**93.5**	**105.2**	**97.0**	**95.2**	**110.6**
煤炭及制品	Coal and Relevant Products	100.0	100.0	104.3	104.0	100.0	105.7
石油及制品	Petroleum and Relevant Products	102.8	89.7	105.6	94.0	92.9	110.6
建筑材料及五金电料	**Building Materials and Hardware**	**98.0**	**103.9**	**100.4**	**102.0**	**101.0**	**102.2**
建筑装潢材料	Building Decoration Materials	102.0	104.5	100.6	102.5	101.0	100.3
五金水暖	Hardware			99.9	100.4	101.2	102.8

6-20 全区各月商品零售价格分类指数(2021年)
RETAIL PRICE INDICES BY CATEGORY OF COMMODITIES EACH MONTH (2021)

上年同月=100 (same month of preceding year=100)

项目	Item	1月 Jan.	2月 Feb.	3月 Mar.	4月 Apr.	5月 May	6月 June
总指数	**General Index**	**99.6**	**100.4**	**101.7**	**102.3**	**102.2**	**102.0**
食品	Food	103.6	103.1	103.0	102.8	101.9	100.4
#粮食	Grain	101.6	101.4	100.0	101.2	101.3	101.1
菜及食用菌	Vegetables and Edible Fungi	101.9	99.4	99.1	98.9	97.9	95.6
饮料、烟酒	Beverages, Tobacco and Liquor	102.2	102.6	102.8	101.5	101.5	100.9
服装、鞋帽	Garments, Shoes and Hats	100.5	100.8	100.7	100.6	100.6	100.8
纺织品	Textiles	99.9	99.8	100.3	100.3	100.3	100.4
家用电器及音像器材	Household Appliances, Music and Video Equipment	99.9	100.1	100.1	100.1	100.1	100.3
文化办公用品	Cultural and Office Appliances	100.0	100.4	100.4	100.6	100.7	100.1
日用品	Articles for Daily Use	99.5	99.2	99.4	99.5	99.7	99.1
体育娱乐用品	Sports and Recreation Articles	98.8	99.1	99.1	99.1	99.3	100.2
交通、通信用品	Transportation and Communication Appliances	100.0	100.1	100.2	100.2	100.2	100.2
家具	Furniture	100.7	100.7	101.0	101.0	101.0	101.0
化妆品	Cosmetics	100.6	96.9	98.7	99.8	99.5	98.1
金银饰品	Gold and Silver Ornaments	110.1	111.5	103.7	104.7	101.5	100.1
中西药品及医疗保健用品	Traditional Chinese and Western Medicines and Health Care Articles	99.6	99.6	99.7	99.7	100.0	99.8
书报杂志及电子出版物	Books, Newspapers, Magazines and Electronic Publications	101.4	101.4	101.4	100.0	100.0	100.0
燃料	Fuels	91.0	95.8	104.5	108.9	109.9	111.1
建筑材料及五金电料	Building Materials and Hardware	100.1	100.1	100.3	100.3	99.4	100.2

6-20 续表 continued

上年同月=100 (same month of preceding year=100)

项 目	Item	7月 July	8月 Aug.	9月 Sep.	10月 Oct.	11月 Nov.	12月 Dec.
总指数	**General Index**	**101.5**	**100.9**	**101.2**	**101.9**	**102.3**	**101.4**
食品	Food	98.7	97.9	98.0	98.2	98.9	97.7
#粮食	Grain	100.9	100.9	100.9	100.9	100.5	100.4
菜及食用菌	Vegetables and Edible Fungi	98.6	97.4	101.4	104.4	109.5	109.0
饮料、烟酒	Beverages, Tobacco and Liquor	100.6	100.5	100.6	100.4	100.4	100.4
服装、鞋帽	Garments, Shoes and Hats	100.6	100.6	100.7	100.5	100.5	100.5
纺织品	Textiles	100.4	100.4	100.4	100.4	100.4	99.5
家用电器及音像器材	Household Appliances, Music and Video Equipment	99.8	100.1	100.9	100.1	100.1	100.0
文化办公用品	Cultural and Office Appliances	100.5	100.1	100.3	100.6	99.9	100.2
日用品	Articles for Daily Use	100.2	99.2	99.7	99.9	98.7	99.2
体育娱乐用品	Sports and Recreation Articles	100.2	100.2	99.2	99.1	99.1	99.1
交通、通信用品	Transportation and Communication Appliances	100.2	100.1	100.2	100.3	100.1	100.2
家具	Furniture	101.0	101.0	101.7	100.6	100.6	100.6
化妆品	Cosmetics	96.0	98.1	97.1	98.7	95.6	96.5
金银饰品	Gold and Silver Ornaments	96.3	86.4	90.4	90.6	92.7	94.5
中西药品及医疗保健用品	Traditional Chinese and Western Medicines and Health Care Articles	100.0	99.4	99.8	100.4	100.5	100.5
书报杂志及电子出版物	Books, Newspapers, Magazines and Electronic Publications	100.1	100.1	100.1	100.1	100.1	101.1
燃料	Fuels	111.9	111.1	111.2	115.8	118.0	112.9
建筑材料及五金电料	Building Materials and Hardware	100.2	100.2	100.2	100.3	100.3	100.3

6-21 工业生产者出厂价格主要分组指数
PRODUCER PRICE INDICES FOR INDUSTRIAL PRODUCTS BY MAIN GROUP

上年=100 (preceding year=100)

项 目	Item	2018	2019	2020	2021
总指数	**Total Price Indices**	**100.1**	**98.9**	**99.4**	**101.5**
核心指数	Core Index	102.0	97.6	98.5	103.2
高技术	High-tech	100.7	101.5	101.6	98.7
能源	Energy	84.5	98.5	100.6	99.4
战略性新兴产业	Strategic Emerging Industries				92.1
三黑一色	Coal, Iron and Steel, Petrochemicals, and Non-ferrous Metals				124.4
装备制造业	Manufacture of Equipment				103.7
按轻重工业分	**Grouped by Light and Heavy Industries**				
轻工业	Light Industry	104.2	101.3	100.0	96.3
以农产品为原料	Using Farm Products as Raw Materials	104.7	101.5	99.7	93.9
以非农产品为原料	Using Non-farm Products as Raw Materials	101.0	99.9	102.0	99.6
重工业	Heavy Industry	98.5	97.9	99.2	102.8
采掘	Mining and Quarrying	104.4	92.5	99.8	123.8
原材料	Raw Materials	84.9	98.6	100.6	103.4
加工	Processing	98.4	101.6	98.2	85.7
按生产生活资料分	**Grouped by Means of Production and Consumer Goods**				
生产资料	Means of Production	98.5	97.8	98.8	102.8
采掘	Mining and Quarrying	104.4	92.5	99.8	123.8
原材料	Raw Materials	85.0	98.6	100.6	103.4
加工	Processing	98.5	102.1	97.2	85.9
生活资料	Consumer Goods	103.3	101.0	100.5	96.2
食品	Food	103.4	101.1	100.4	94.5
衣着	Clothing	100.0	100.0	100.0	100.0
一般日用品	Articles for Daily Use	102.2	99.8	103.7	100.7
耐用消费品	Durable Consumer Goods	103.5	102.7	100.7	100.0
按初级中间最终产品分	**Grouped by Primary, Intermediate and Final Products**				
初级产品	Primary Products	104.4	92.5	99.8	123.8
矿产品	Mineral Products	104.4	92.5	99.8	123.8
中间产品	Intermediate Products	97.7	101.6	99.5	93.5
最终产品	Final Products	98.3	100.2	100.7	98.4
最终投资品	Final Investment Products	104.7	97.4	102.3	100.5
最终消费品	Final Consumer Products	97.7	100.4	100.6	97.7
按工业门类分	**Grouped by Industrial Category**				
采矿业	Mining and Quarrying	104.4	92.5	99.8	123.8
制造业	Manufacturing	101.1	101.5	99.0	91.2
电力、热力、燃气及水的生产和供应业	Production and Supply of Electricity, Heat, Gas and Water	86.6	98.7	100.5	99.4

6-21 续表 continued

上年=100 (preceding year=100)

项 目	Item	2018	2019	2020	2021
按工业部门分	**Grouped by Industrial Sectors**				
冶金工业	Metallurgical Industry	104.4	92.6	99.9	124.4
电力工业	Power Industry	84.5	98.5	100.6	99.4
石油工业	Petroleum Industry				100.0
化学工业	Chemical Industry	100.6	99.6	102.1	119.6
机械工业	Machine Manufacturing Industry	100.0	100.0	100.0	103.7
建筑材料工业	Building Materials Industry	97.5	102.5	96.4	85.3
食品工业	Food Industry	104.8	101.0	100.1	94.3
纺织工业	Textile Industry	102.6	121.5	89.5	96.2
造纸工业	Paper Making Industry	104.3	100.5	99.5	97.1
文教艺术用品工业	Industry for Cultural, Educational & Art Articles	100.0	99.5	105.0	108.7
其他工业	Others	101.2	99.5	101.1	100.2
按工业行业大类分	**Grouped by Industrial Sector**				
黑色金属矿采选业	Mining and Processing of Ferrous Metal Ores	82.1	74.3	90.7	112.8
有色金属矿采选业	Mining and Processing of Non-ferrous Metal Ores	106.5	94.0	100.5	125.2
非金属矿采选业	Mining and Processing of Non-metal Ores	97.5	86.6	79.0	95.3
农副食品加工业	Processing of Food from Agricultural Products	99.5	104.0	101.2	97.5
食品制造业	Manufacture of Foods	103.5	100.6	114.7	103.2
酒、饮料和精制茶制造业	Manufacture of Liquor, Beverages and Refined Tea	106.0	100.6	96.4	91.2
纺织业	Manufacture of Textile	102.6	121.5	89.5	96.2
造纸及纸制品业	Manufacture of Paper and Paper Products	104.3	100.5	99.5	97.1
印刷业和记录媒介复制业	Printing and Reproduction of Recording Media	100.0	99.5	105.0	108.7
文教、工美、体育和娱乐用品制造业	Manufacture of Articles for Culture, Education, Arts and Crafts, Sport and Entertainment Activities	103.6	98.9	102.7	103.2
化学原料及化学制品制造业	Manufacture of Raw Chemical Materials and Chemical Products	100.0	85.4	110.3	125.7
医药制造业	Manufacture of Medicines	100.7	101.5	101.6	98.7
橡胶和塑料制品业	Manufacture of Rubber and Plastics Products				105.4
非金属矿物制品业	Manufacture of Non-metallic Mineral Products	97.5	102.5	96.4	85.0
有色金属冶炼和压延加工业	Smelting and Pressing of Non-ferrous Metals				116.6
专用设备制造业	Manufacture of Metal Products	100.0	100.0	100.0	103.0
电气机械和器材制造业	Manufacture of Electrical Machinery and Apparatus				104.4
电力、热力生产和供应业	Production and Supply of Electric Power and Heat Power	84.5	98.5	100.6	99.4
燃气生产和供应业	Production and Supply of Gas				100.0
水的生产和供应业	Production and Supply of Water	100.0	100.0	100.0	100.1

第七篇

人民生活

CHAPTER 7

PEOPLE'S LIVING CONDITIONS

简 要 说 明

一、本篇主要包括全体居民及分城乡居民家庭基本情况、收入与消费支出情况及结构、主要耐用消费品拥有量等。

二、2013 年前人均可支配收入数据是根据历史数据按住户收支与生活状况调查推算获得。2013 年之后数据来源于住户收支与生活状况调查。

三、本篇资料由国家统计局西藏调查总队居民收支调查处提供。

四、资料整理：扎西顿珠

Brief Introduction

Ⅰ.This chapter mainly covers the basic conditions of the urban and rural households, the conditions and structure of income and consumption expenditure, and the possession of durable consumer goods, etc.

Ⅱ.The data before 2013 are estimated based on historical data by the household survey on income and expenditure and living conditions. The data after 2013 are compiled on the basis of the household survey on income and expenditure.

Ⅲ.All the data are provided by the Resident Income and Expenditure Survey Office of the Tibet Survey Team of the National Bureau of Statistics.

Ⅳ.Data collection：Tashi Dhundrup

7-1　人民物质文化生活提高情况
IMPROVEMENT OF PEOPLE'S MATERIAL AND CULTURAL LIFE

指　　标	Item	2000	2010	2015	2020	2021
就业	**Employment**					
每一农村劳动力负担人数(人)	Number of Persons Supported by Each Rural Laborer (person)	1.74	1.59	1.64	1.71	1.65
每一城镇就业者负担人数(人)	Number of Persons Supported by Each Urban Employee (person)	1.89	2.25	2.05	2.00	2.06
收入	**Income**					
农村居民人均可支配收入(元)	Per Capita Disposable Income of Rural Households (yuan)	1326	4123	8244	14598	16935
城镇居民人均可支配收入(元)	Per Capita Disposable Income of Urban Households (yuan)	6448	14980	25457	41156	46503
职工年平均工资(元)	Annual Average Wages of Staff and Workers (yuan)	14976	54397	110980	126226	145461
消费	**Consumption**					
全区居民人均消费支出(元)	Per Capita Consumption of All Households (yuan)	1823	4326	8756	13225	15342
农村居民	Rural Households	1144	2381	5412	8917	10577
城镇居民	Urban Households	4737	11028	17466	24927	28159
储蓄	**Savings**					
城乡居民年末储蓄存款余额(亿元)	Balance of Savings Deposit of Rural and Urban Households (year-end) (100 million yuan)	40.48	267.13	653.63	1080.80	
平均每人年末储蓄存款余额(元)	Per Capita Balance of Saving Deposit (yuan)	1558	9159	20378	29746	
住房(平方米)	**Residence (sq.m)**					
农村人均现住房建筑面积	Per Capita Current Floor Space in Rural Areas			34.09	41.38	40.63
城市人均现住房建筑面积	Per Capita Current Floor Space in Urban Areas			38.33	46.80	45.62
文化、教育	**Culture and Education**					
城市每百户拥有彩色电视机(台)	Number of Color TV Sets per 100 Urban Households (unit)	120	129	134	127	124
农村每百户拥有电视机(台)	Number of TV Sets per 100 Rural Households (unit)	14	76	104	113	114
学龄儿童入学率(%)	Enrolment Ratio of School-aged Children (%)	85.8	99.2	99.7	99.9	99.9
每万人口中在校学生数(人)	Number of Students per 10000 Population (person)	1467	1775	1598	1766	
卫生	**Public Health**					
每千人拥有床位数(张)	Number of Beds per 1000 Population (unit)	2.52	3.02	4.33	5.19	5.37
每千人拥有卫生技术人员数(人)	Number of Medical Technical Personnel per 1000 Population (person)	3.44	3.44	4.43	6.2	6.94

注：2014年及以后居民收入及消费数据均来源于城乡一体化住户收支与生活状况抽样调查新口径数据(以下相关表相同)。
Note: Since 2014, the data of income and consumption are compiled on the basis of the integrated household income and expenditure survey, including both urban and rural households. The same applies to the relevant tables following.

7-2　城乡居民家庭人均可支配收入及增速

年　份 Year	全体居民人均可支配收入 Per Capita Disposable Income of Households	农村居民人均可支配收入 Per Capita Disposable Income of Rural Households	城镇居民人均可支配收入 Per Capita Disposable Income of Urban Households
	绝对数(元)　Value(yuan)		
1965	141	108	456
1978	219	174	575
1980	327	273	696
1981	338	295	728
1982	366	323	782
1983	369	317	856
1984	494	444	932
1985	581	533	1002
1986	547	490	1045
1987	610	517	1252
1988	680	571	1401
1989	712	553	1504
1990	754	580	1643
1991	845	615	2032
1992	887	651	2122
1993	982	703	2392
1994	1242	814	3392
1995	1409	875	4074
1996	1715	971	5123
1997	1837	1081	5230
1998	1968	1154	5540
1999	2171	1253	6109
2000	2339	1326	6567
2001	2548	1399	7251
2002	2786	1515	7906
2003	3003	1685	8207
2004	3187	1854	8352
2005	3425	2070	8567
2006	3838	2426	9107
2007	4618	2777	11337
2008	5255	3164	12713
2009	5811	3519	13795
2010	6647	4123	15258
2011	7522	4885	16496
2012	8568	5698	18362
2013	9740	6553	20394
2014	10730	7359	22016
2015	12254	8244	25457
2016	13639	9094	27802
2017	15457	10330	30671
2018	17286	11450	33797
2019	19501	12951	37410
2020	21744	14598	41156
2021	24950	16935	46503

注：1.本表2014年前人均可支配收入数据是根据历史数据按住户收支与生活状况调查推算获得。
　　2.本表数据按当年价格计算。

PER CAPITA DISPOSABLE INCOME OF URBAN AND RURAL HOUSEHOLDS AND GROWTH RATE

全体居民人均可支配收入 Per Capita Disposable Income of Households	农村居民人均可支配收入 Per Capita Disposable Income of Rural Households	城镇居民人均可支配收入 Per Capita Disposable Income of Urban Households
比上年增长(%) Growth Rate(%)		
9.2	9.0	8.2
16.7	17.6	9.3
3.1	8.0	4.7
8.5	9.5	7.4
0.8	-1.9	9.4
33.8	40.3	8.9
17.7	20.0	7.5
-6.0	-8.0	4.3
11.6	5.5	19.8
11.4	10.4	12.0
4.7	-3.1	7.3
5.9	4.9	9.2
12.0	6.0	23.7
5.0	5.8	4.4
10.7	8.1	12.7
26.4	15.7	41.8
13.5	7.5	20.1
21.7	11.0	25.8
7.1	11.3	2.1
7.1	6.7	5.9
10.3	8.6	10.3
7.7	5.8	7.5
8.9	5.5	10.4
9.3	8.3	9.0
7.8	11.2	3.8
6.1	10.1	1.8
7.5	11.7	2.6
12.1	17.2	6.3
20.3	14.5	24.5
13.8	13.9	12.1
10.6	11.2	8.5
14.4	17.2	10.6
13.2	18.5	8.1
13.9	16.6	11.3
13.5	15.0	11.1
10.2	12.3	7.9
14.2	12.0	15.6
11.3	10.3	9.2
13.3	13.6	10.3
11.8	10.8	10.2
12.8	13.1	10.7
11.5	12.7	10.0
14.7	16.0	13.0

Note: 1.The data before 2014 are estimated based on historical data by the household survey on income and expenditure and living conditions.
2.Data in this table are calculated at current prices.

7-3 全区居民人均收支情况
PER CAPITA INCOME AND CONSUMPTION EXPENDITURE

单位：元 (yuan)

项　　目	Item	2020	2021
全区居民人均收入	**Per Capita Income**		
可支配收入	Disposable Income	21744.1	24949.9
工资性收入	Income of Wages and Salaries	11757.5	13801.6
经营净收入	Net Business Income	5376.2	5787.8
财产净收入	Net Income from Property	1341.8	1711.2
转移净收入	Net Income from Transfer	3268.7	3649.3
现金可支配收入	Cash Disposable Income	22479.4	22698.8
工资性收入	Income of Wages and Salaries	11751.1	13791.3
经营净收入	Net Business Income	6036.9	4329.5
财产净收入	Net Income from Property	865.2	1153.6
转移净收入	Net Income from Transfer	3826.3	3424.4
全区居民人均支出	**Per Capita Expenditure**		
消费性支出	Consumption Expenditure	13224.8	15342.5
食品烟酒	Food, Tobacco and Liquor	4786.6	5459.9
衣着	Clothing	1137.2	1294.4
居住	Residence	2970.5	3622.5
生活用品及服务	Household Facilities, Articles and Services	838.6	975.8
交通通信	Transport and Communications	1987.5	2104.9
教育文化娱乐	Education, Culture and Recreation	550.9	768.0
医疗保健	Health Care and Medical Services	589.9	781.4
其他用品及服务	Miscellaneous Goods and Services	363.6	335.4
现金消费支出	Cash Consumption Expenditure	10033.2	11308.8
食品烟酒	Food, Tobacco and Liquor	3799.6	4052.4
衣着	Clothing	1135.6	1293.5
居住	Residence	946.9	1192.5
生活用品及服务	Household Facilities, Articles and Services	830.3	870.9
交通通信	Transport and Communications	1987.5	2104.1
教育文化娱乐	Education, Culture and Recreation	550.9	767.5
医疗保健	Health Care and Medical Services	538.7	704.6
其他用品及服务	Miscellaneous Goods and Services	243.8	323.4

7-4　全区居民人均主要食品消费量
PER CAPITA CONSUMPTION OF MAJOR FOODS OF HOUSEHOLDS

单位：千克 (kg)

项　目	Item	2020	2021
谷物	Cereal	189.9	157.4
薯类	Tuber	2.3	2.6
豆类	Beans and the Products	1.5	1.1
食用油	Edible Oil	15.3	13.6
#食用植物油	Edible Vegetable Oil	10.5	4.9
蔬菜及食用菌	Vegetable and Mushroom	55.7	52.2
#鲜菜	Fresh Vegetables	54.8	51.4
肉类	Products of Meat	30.4	35.6
#猪肉	Pork	6.7	6.2
牛肉	Beef	17.4	21.9
羊肉	Mutton	5.5	6.6
禽类	Poultry	1.2	1.2
水产品	Aquatic Products	0.4	0.5
蛋类	Eggs	2.5	2.7
奶类	Milk and Dairy Products	8.5	9.3
干鲜瓜果类	Dried and Fresh Melons and Fruits	11.2	11.6
#鲜瓜果	Fresh Melons and Fruits	10.0	10.5
坚果类	Nuts and Processed Products	1.0	0.9
食糖	Sugar	4.0	3.5
糕点	Cake	1.4	1.3
白酒	Liquor	3.4	5.2
啤酒	Beer	10.4	12.5
茶叶	Tea	1.1	1.3

7-5 全区居民平均每百户年末主要耐用消费品拥有量
MAIN DURABLE GOODS OWNED PER 100 HOUSEHOLDS

项　　目		Item		2020	2021
家用汽车	(辆)	Automobile	(unit)	41.7	38.9
摩托车	(辆)	Motorcycle	(unit)	58.4	58.1
电动助力车	(辆)	Electric Bicycle	(unit)	23.3	24.2
洗衣机	(台)	Washing Machine	(unit)	86.9	92.0
电冰箱(柜)	(台)	Refrigerator	(unit)	91.6	93.4
微波炉	(台)	Microwave Oven	(unit)	19.2	19.2
彩色电视机	(台)	Color TV Set	(unit)	118.7	118.2
空调	(台)	Air Conditioner	(unit)	5.3	5.5
热水器	(台)	Water Heater	(unit)	30.9	25.0
排油烟机	(台)	Exhaust Fan	(unit)	18.8	19.1
移动电话	(部)	Mobile Phone	(unit)	244.9	246.0
计算机	(台)	Computer	(unit)	22.4	23.2
照相机	(架)	Camera	(unit)	6.0	5.1

7-6 城镇居民家庭基本情况
BASIC CONDITIONS OF URBAN HOUSEHOLDS

项　　目		Item		2020	2021
调查户数	**(户)**	**Number of Households Surveyed**	**(household)**	**800**	**800**
平均每户家庭人口数	**(人)**	**Average Household Size**	**(person)**	**2.76**	**2.82**
平均每户就业人口数	**(人)**	**Average Number of Employed Persons per Household**	**(person)**	**1.38**	**1.37**
平均每户就业面	**(%)**	**Percentage of Employment per Household**	**(%)**	**50.0**	**48.6**
平均每一就业者负担人数	**(人)**	**Number of Persons Supported by Each Employee (Including the Employee Himself or Herself)**	**(person)**	**2.0**	**2.1**
人均可支配收入	**(元)**	**Per Capita Annual Disposable Income**	**(yuan)**	**41156.5**	**46503.3**
工资性收入		Income of Wages and Salaries		30717.4	34549.9
经营净收入		Net Business Income		1203.6	1522.8
财产净收入		Net Income from Property		3330.0	4247.6
转移净收入		Net Income from Transfer		5905.4	6183.0
人均消费性支出	**(元)**	**Per Capita Consumption Expenditure**	**(yuan)**	**24927.4**	**28159.2**
食品烟酒		Food, Tobacco and Liquor		8637.7	9395.4
衣着		Clothing		2303.1	2625.6
居住		Residence		5855.3	6538.8
生活用品及服务		Household Facilities, Articles and Services		1827.7	2052.5
交通通信		Transport and Communications		3621.1	3651.3
教育文化娱乐		Education, Culture and Recreation		1015.1	1566.7
医疗保健		Health Care and Medical Services		1098.9	1565.8
其他用品及服务		Miscellaneous Goods and Services		568.4	763.1

7-7　城镇居民人均可支配收入
PER CAPITA DISPOSABLE INCOME OF URBAN HOUSEHOLDS

单位：元　　(yuan)

项　　目	Item	2020	2021
可支配收入	**Disposable Income**	**41156.5**	**46503.3**
工资性收入	**Income of Wages and Salaries**	**30717.4**	**34549.9**
工资	Wages	28915.1	31882.9
实物福利	Benefits in Kind	15.3	31.8
其他	Others	1787.0	2635.3
经营净收入	**Net Business Income**	**1203.6**	**1522.8**
第一产业经营净收入	Primary Industry	5.7	54.5
#农业	Farming	-6.6	-10.7
牧业	Animal Husbandry	1.2	19.5
林业	Forestry	11.1	45.8
第二产业经营净收入	Secondary Industry	47.9	59.4
#建筑业	Construction	47.3	166.2
第三产业经营净收入	Tertiary Industry	1150.0	1408.9
#批发和零售业	Wholesale and Retail Trades	797.9	905.0
交通运输、仓储和邮政业	Transport, Storage and Post	90.1	149.6
住宿和餐饮业	Hotels and Catering Services	116.2	164.7
租赁和商务服务业	Leasing and Business Services	5.1	2.8
居民服务、修理和其他服务业	Services to Households and Other Services	71.2	137.2
财产净收入	**Net Income from Property**	**3330.0**	**4247.6**
#利息净收入	Net Interest Income	-38.7	-106.0
红利收入	Dividend Income	48.6	156.4
#集体分配的红利	Collective Distribution of Dividends	44.5	156.4
储蓄性保险净收益	Net Income of Savings Insurance	2.0	0.7
转让承包土地经营权租金净收入	Net Income from Transfer of Right to Contracted Management of Rural Land	15.5	6.5
出租房屋财产性收入	Property Income from Rental Accommodation	1002.1	1416.9
出租机械、专利、版权等资产的收入	Income from Rental Machinery, Patent, Copyright and the Like	1.1	5.2
房屋虚拟租金	Housing Virtual Rent	1888.3	2057.1
其他财产净收入	Other Net Income from Property	411.2	710.8
转移净收入	**Net Income from Transfer**	**5905.4**	**6183.0**
转移性收入	Transfer Income	8507.4	9491.2
养老金或离退休金	Pension or Retirement Pension	7861.7	8660.9
#离退休金	Pensions of Retirees	7816.4	8628.0
城镇居民社会养老保险	Social Old-age Insurance for Urban Residents	29.2	21.8
新型农村养老保险	New System of Old-age Insurance for Rural Residents	4.6	6.1
社会救济和补助	Social Welfare or Aid	311.7	307.2
政策性生活补贴	Policy Living Allowance	67.4	97.9
报销医疗费	Reimbursement of Medical Expenses	19.2	98.3
家庭外出从业人员寄回带回收入	Sent Back by Family Outings Employees	1.4	33.3
赡养收入	Alimony Income	94.8	138.9
其他经常转移收入	Other Regular Transfer Income	132.9	36.6
从政府和组织得到的实物产品和服务折价	Cash Calculated from Physical Products and Service Paid by Government and Organizations	16.5	101.5
现金政策性惠农补贴	Policy Agricultural Subsidies in Cash	1.8	16.6
转移性支出	Transfer Expenditure	2602.0	3308.2
#个人所得税	Personal Income Tax	65.2	73.2
社会保障支出	Social Security Expenditure	2317.8	2916.1
赡养支出	Alimony Expenditure	169.3	258.7

7-8 城镇居民人均消费支出
PER CAPITA CONSUMPTION EXPENDITURE OF URBAN HOUSEHOLDS

单位：元 (yuan)

项　　目	Item	2020	2021
消费性支出	**Consumption Expenditure**	**24927.4**	**28159.2**
食品烟酒	**Food, Tobacco and Liquor**	**8637.7**	**9395.4**
#食品	Food	5977.0	5895.7
谷物	Cereal	707.3	626.5
薯类	Tuber	56.6	68.6
豆类	Beans	21.7	19.0
食用油	Edible Oil and Fats	219.0	162.4
肉类	Meats	2530.7	2446.3
禽类	Poultry	90.0	96.8
蛋类	Eggs	87.1	103.9
水产品类	Aquatic Products	25.2	52.5
蔬菜和食用菌	Vegetable and Mushroom	952.5	815.7
糖果糕点类	Sugar and Cake	151.6	171.2
干鲜瓜果类	Dried and Fresh Melons and Fruits	395.5	427.2
奶及奶制品	Milk and Dairy Products	569.7	703.8
其他食品	Other Food	170.1	201.6
烟酒	Tobacco and Liquor	843.4	877.2
烟草类	Tobacco	551.9	518.3
酒类	Liquor	291.5	358.9
饮料	Beverages	248.1	273.6
食品加工服务费	Food Processing Service Fees	9.0	5.5
在外饮食	Dining Out	1407.5	2192.8
衣着	**Clothing**	**2303.1**	**2625.6**
衣类	Garments	1777.7	2096.4
鞋类	Shoes	525.5	529.2
居住	**Residence**	**5855.3**	**6538.8**
租赁房房租	Rent of Rental House	278.0	382.8
住房维修及管理	Management and Maintenance of Housing	1324.9	1724.9
水电燃料其他	Water, Electricity, Fuels and Others	973.2	958.4
自有住房折算租金	Converted Rent of Owner Occupied Housing	3279.3	3472.7
生活用品及服务	**Household Facilities, Articles and Services**	**1827.7**	**2052.5**
耐用消费品家用器具	Durable Goods Household Facilities	239.3	244.5
家具及室内装饰品	Furniture and Interior Decorations	348.3	413.8
家用纺织品	Home Textiles	129.0	166.6
家庭日用杂品	Household Daily Groceries	518.2	551.0
个人用品	Personal Products	531.9	652.8
家庭服务	Household Services	61.0	23.8
交通通信	**Transport and Communications**	**3621.1**	**3651.3**
交通	Transport	2443.7	2437.3
通信	Communications	1177.4	1213.9
教育文化娱乐	**Education, Culture and Recreation**	**1015.1**	**1566.7**
教育	Education	587.1	951.6
文化娱乐服务	Cultural and Recreational Services	428.0	615.2
医疗保健	**Health Care and Medical Services**	**1098.9**	**1565.8**
医疗器具及药品	Medical Instrument and Articles	379.6	467.4
医疗服务	Medical Service	719.3	1098.4
其他用品及服务	**Miscellaneous Goods and Services**	**568.4**	**763.1**
其他用品	Miscellaneous Goods	290.5	370.3
其他服务	Other Services	278.0	392.8

7-9　城镇居民人均购买生活消费品及服务
PER CAPITA PURCHASES OF MAIN COMMODITIES OF URBAN HOUSEHOLDS

单位：千克 (kg)

项　　目	Item	2020	2021
谷物	Cereal	120.0	102.0
薯类	Tuber	10.1	12.4
豆类	Beans and the Products	4.8	3.4
食用油	Edible Oil	13.7	11.3
#食用植物油	Edible Vegetable Oil	11.1	10.9
肉类	Products of Meat	56.6	52.9
#猪肉	Pork	14.7	12.8
牛肉	Beef	30.8	31.6
羊肉	Mutton	5.6	5.5
禽类	Poultry	3.5	3.5
奶类	Milk and Dairy Products	19.4	21.7
蛋类	Eggs	6.2	6.9
水产品类	Aquatic Products	1.4	1.8
蔬菜及食用菌	Vegetable and Mushroom	105.0	85.4
#鲜菜	Fresh Vegetables	102.6	83.3
白酒	Liquor	0.5	0.3
啤酒	Beer	17.4	21.1
茶叶	Tea	1.3	1.1
干鲜瓜果	Dried and Fresh Melons and Fruits	26.4	26.3
#鲜瓜果	Fresh Melons and Fruits	24.6	24.2
坚果类	Nuts and Processed Products	1.1	1.4
食糖	Sugar	3.3	2.4
糕点	Cake	3.7	3.0

7-10 城镇居民人均主要食品消费量
PER CAPITA CONSUMPTION OF MAJOR FOODS OF URBAN HOUSEHOLDS

单位：千克 (kg)

项 目	Item	2020	2021
谷物	Cereal	157.3	128.7
薯类	Tuber	2.0	2.4
豆类	Beans and the Products	4.8	3.0
食用油	Edible Oil	13.7	11.5
#食用植物油	Edible Vegetable Oil	11.2	10.9
蔬菜及食用菌	Vegetable and Mushroom	104.9	85.3
#鲜菜	Fresh Vegetables	102.6	83.3
肉类	Products of Meat	53.5	52.7
#猪肉	Pork	14.7	12.6
牛肉	Beef	30.7	31.6
羊肉	Mutton	5.6	5.5
禽类	Poultry	3.5	3.5
水产品	Aquatic Products	1.4	1.9
蛋类	Eggs	6.3	6.9
奶类	Milk and Dairy Products	19.4	21.7
干鲜瓜果类	Dried and Fresh Melons and Fruits	26.4	26.2
#鲜瓜果	Fresh Melons and Fruits	24.6	24.1
坚果类	Nuts and Processed Products	1.1	1.4
食糖	Sugar	3.3	2.4
糕点	Cake	3.7	3.0
白酒	Liquor	0.5	0.3
啤酒	Beer	17.4	21.1
茶叶	Tea	1.3	1.1

7-11　城镇居民平均每百户年末耐用消费品拥有量
MAIN DURABLE GOODS OWNED PER 100 URBAN HOUSEHOLDS

项　目		Item		2020	2021
家用汽车	（辆）	Automobile	(unit)	51.43	46.31
摩托车	（辆）	Motorcycle	(unit)	10.35	11.00
电动助力车	（辆）	Electric Bicycle	(unit)	23.09	23.92
洗衣机	（台）	Washing Machine	(unit)	100.00	99.72
电冰箱	（台）	Refrigerator	(unit)	105.53	104.90
微波炉	（台）	Microwave Oven	(unit)	41.51	40.52
彩色电视机	（台）	Color TV Set	(unit)	126.85	124.28
空调	（台）	Air Conditioner	(unit)	12.22	12.84
热水器	（台）	Water Heater	(unit)	59.50	49.83
排油烟机	（台）	Exhaust Fan	(unit)	45.46	46.36
洗碗机	（台）	Dish-washer	(unit)	1.93	2.63
健身器材	（套）	Healthy Equipment	(set)	5.67	5.91
固定电话	（部）	Fixed Telephone	(unit)	10.23	11.19
移动电话	（部）	Mobile Phone	(unit)	217.92	214.23
计算机	（台）	Computer	(unit)	48.21	45.43
照相机	（架）	Camera	(unit)	13.35	12.34

7-12 农村居民家庭基本情况
BASIC CONDITIONS OF RURAL HOUSEHOLDS

项 目		Item		2020	2021
调查户数	**（户）**	**Number of Households Surveyed**	**(household)**	**1480**	**1480**
调查户常住人口	**（人）**	**Number of Permanent Residents in the Households Surveyed**	**(person)**	**7331**	**7373**
平均每户常住人口		Number of Permanent Residents per Household		4.95	4.91
平均每户劳动力人数		Number of Laborers per Household		2.91	2.98
平均每个劳动力负担人口(含本人)		Number of Persons Supported by Each Laborer (including the laborer himself or herself)		1.71	1.65
总收入	**（元）**	**Total Income**	**(yuan)**	**17333.6**	**19053.7**
工资性收入		Income of Wages and Salaries		4778.3	6086.4
经营净收入		Net Business Income		9578.4	9378.5
财产净收入		Net Income from Property		613.1	773.9
转移净收入		Net Income from Transfer		2363.8	2814.9
可支配收入	**（元）**	**Disposable Income**	**(yuan)**	**14598.4**	**16935.2**
工资性收入		Income of Wages and Salaries		4778.3	6086.4
经营净收入		Net Business Income		6912.1	7373.7
财产净收入		Net Income from Property		609.9	768.0
转移净收入		Net Income from Transfer		2298.1	2707.1
现金可支配收入	**（元）**	**Cash Disposable Income**	**(yuan)**	**13217.3**	**14632.0**
现金工资性收入		Cash Income of Wages and Salaries		4775.2	6084.0
现金经营净收入		Cash Net Business Income		5781.5	5307.1
现金财产净收入		Cash Net Income from Property		609.9	768.0
现金转移净收入		Cash Net Income from Transfer		2050.6	2472.9
总支出	**（元）**	**Total Expenditure**	**(yuan)**	**11764.7**	**13459.6**
#消费支出		Consumption Expenditure		8917.1	10576.6
生产经营费用支出		Expenditure for Business		1909.7	1611.6
财产性支出		Property Expenditure		3.2	5.9
转移性支出		Transferred Expenditure		65.8	107.6
购置资产及非经常性转移支出		Acquisition of Assets and Non-recurring Transfer Expenditure		578.1	1004.5
借贷性支出		Lending Expenditure		290.6	152.7
现金支出	**（元）**	**Cash Expenditure**	**(yuan)**	**8422.8**	**9093.7**
#现金消费支出		Cash Consumption Expenditure		5777.3	6420.2
生产经营费用支出		Cash Expenditure for Business		1707.7	1402.1
现金财产性支出		Cash Property Expenditure		3.2	5.9
现金转移性支出		Cash Transferred Expenditure		65.7	107.6
购置资产及非经常性转移支出		Acquisition of Assets and Non-recurring Transfer Expenditure		578.1	1004.5
借贷性支出		Lending Expenditure		290.6	152.7
期末住房情况		**Housing Conditions of Term End**			
人均现住房建筑面积	（平方米）	Per Capita Current Floor Space	(sq.m)	41.38	40.63

7-13　农村居民人均可支配收入
PER CAPITA DISPOSABLE INCOME OF RURAL HOUSEHOLDS

单位：元　　(yuan)

项　　目	Item	2020	2021
可支配收入	**Disposable Income**	**14598.4**	**16935.2**
工资性收入	**Income of Wages and Salaries**	**4778.3**	**6086.4**
工资	Wages	4718.4	5997.7
实物福利	Benefits in Kind	3.1	2.3
其他	Others	56.8	86.3
经营净收入	**Net Business Income**	**6912.1**	**7373.7**
第一产业经营净收入	Primary Industry	5009.8	5102.2
#农业	Farming	456.8	492.9
牧业	Animal Husbandry	2437.0	2655.8
第二产业经营净收入	Secondary Industry	378.1	409.2
#制造业	Manufacturing	25.6	34.5
建筑业	Construction	350.8	372.9
第三产业经营净收入	Tertiary Industry	1524.1	1862.3
#批发和零售业	Wholesale and Retail Trades	217.1	328.1
交通运输、仓储和邮政业	Transport, Storage and Post	1221.7	1451.5
住宅和餐饮业	Hotels and Catering Services	9.1	14.9
租赁和商务服务业	Leasing and Business Services	5.8	5.2
居民服务、修理和其他服务业	Services to Households and Other Services	113.8	96.8
财产净收入	**Net Income from Property**	**609.9**	**768.0**
#利息净收入	Net Interest Income	10.1	14.8
红利收入	Dividend Income	111.3	144.1
#集体分配的红利	Collective Distribution of Dividends	72.7	116.6
储蓄性保险净收益	Net Income of Savings Insurance	1.6	2.2
转让承包土地经营权租金净收入	Net Income from Transfer of Right to Contracted Management of Rural Land	108.3	126.7
出租房屋财产性收入	Property Income from Rental Accommodation	85.6	121.1
出租机械、专利、版权等资产的收入	Income from Rental Machinery, Patent, Copyright and the Like	107.2	101.1
转移净收入	**Net Income from Transfer**	**2298.1**	**2707.1**
转移性收入	Transfer Income	2363.9	2814.7
养老金或离退休金	Pension or Retirement Pension	217.5	230.0
#离退休金	Pensions of Retirees	65.8	91.7
城镇居民社会养老保险	Social Old-age Insurance for Urban Residents	4.1	2.0
新型农村养老保险	New System of Old-age Insurance for Rural Residents	122.4	128.5
社会救济和补助	Social Welfare or Aid	400.1	330.8
政策性生活补贴	Policy Living Allowance	296.7	659.7
报销医疗费	Reimbursement of Medical Expenses	67.3	62.4
家庭外出从业人员寄回带回收入	Sent Back by Family Outings Employees	121.8	136.7
赡养收入	Alimony Income	40.2	76.8
其他经常转移收入	Other Regular Transfer Income	463.4	419.6
从政府和组织得到的实物产品和服务折价	Cash Calculated from Physical Products and Service Paid by Government and Organizations	180.2	171.8
现金政策性惠农补贴	Policy Agricultural Subsidies in Cash	576.7	726.8
转移性支出	Transfer Expenditure	65.8	107.6
#个人所得税	Personal Income Tax	1.2	
社会保障支出	Social Security Expenditure	60.6	96.9
赡养支出	Alimony Expenditure	0.3	6.8

7-14 农村居民人均消费支出
PER CAPITA CONSUMPTION EXPENDITURE OF RURAL HOUSEHOLDS

单位：元 (yuan)

项　　目	Item	2020	2021
消费支出	**Consumption Expenditure**	**8917.1**	**10576.6**
按消费类别分	**By Category of Expenditure**		
食品烟酒	Food, Tobacco and Liquor	3369.0	3996.5
#食品	Food	2865.3	3402.0
谷物	Cereal	641.3	583.7
薯类	Tuber	129.6	136.3
豆类	Beans	2.1	2.4
食用油	Edible Oil and Fats	293.0	601.0
肉类	Meats	1150.2	1276.8
禽类	Poultry	8.1	6.4
蛋类	Eggs	16.5	17.6
水产品类	Aquatic Products	0.1	0.7
蔬菜和食用菌	Vegetable and Mushroom	255.5	261.7
糖果糕点类	Sugar and Cake	65.0	90.5
干鲜瓜果类	Dried and Fresh Melons and Fruits	50.1	66.3
奶及奶制品	Milk and Dairy Products	128.3	158.7
其他食品	Other Food	125.7	199.9
烟酒	Tobacco and Liquor	172.5	221.9
烟草类	Tobacco	98.1	120.2
酒类	Liquor	74.4	101.7
衣着	Clothing	708.0	799.4
居住	Residence	1908.6	2538.1
生活用品及服务	Household Facilities, Articles and Services	474.6	575.5
交通通信	Transport and Communications	1386.2	1529.9
交通	Transport	856.9	893.0
通信	Communications	529.3	636.9
教育文化娱乐	Education, Culture and Recreation	380.1	471.0
教育	Education	320.7	392.3
文化娱乐服务	Cultural and Recreational Services	59.3	78.8
医疗保健	Health Care and Medical Services	402.5	489.8
其他用品及服务	Miscellaneous Goods and Services	288.2	176.4
现金消费支出	**Cash Consumption Expenditure**	**5777.3**	**6420.2**
食品烟酒	Food, Tobacco and Liquor	2024.2	2084.3
衣着	Clothing	706.4	798.3
居住	Residence	348.1	495.8
生活用品及服务	Household Facilities, Articles and Services	466.4	449.8
交通通信	Transport and Communications	1386.1	1528.9
教育文化娱乐	Education, Culture and Recreation	380.1	470.4
医疗保健	Health Care and Medical Services	340.0	426.8
其他用品及服务	Miscellaneous Goods and Services	126.0	165.9

7-15 农村居民人均主要食品消费量
PER CAPITA CONSUMPTION OF MAJOR FOODS OF RURAL HOUSEHOLDS

单位：千克 (kg)

项 目	Item	2020	2021
谷物	Cereal	201.8	168.1
薯类	Tuber	2.4	2.6
豆类	Beans and the Products	0.3	0.3
食用油	Edible Oil	15.9	14.4
食用植物油	Edible Vegetable Oil	10.2	2.7
食用动物油	Edible Fats	5.7	11.8
蔬菜及食用菌	Vegetable and Mushroom	37.5	39.9
#鲜菜	Fresh Vegetables	37.3	39.6
肉类	Meat	21.9	29.3
#猪肉	Pork	3.8	3.9
牛肉	Beef	12.5	18.2
羊肉	Mutton	5.5	6.9
禽类	Poultry	0.4	0.4
水产品	Aquatic Products		
蛋类	Eggs	1.0	1.1
奶类	Milk and Dairy Products	4.6	4.7
干鲜瓜果类	Dried and Fresh Melons and Fruits	5.5	6.2
#鲜瓜果	Fresh Melons and Fruits	4.6	5.4
坚果类	Nuts and Processed Products	0.9	0.7
食糖	Sugar	4.3	3.9
糕点	Cake	0.5	0.7
白酒	Liquor	4.5	7.1
啤酒	Beer	7.9	9.3
茶叶	Tea	1.1	1.3

7-16 农村居民平均每百户年末主要耐用物品拥有量
MAIN DURABLE GOODS OWNED PER 100 RURAL HOUSEHOLDS

项 目		Item		2020	2021
家用汽车	(辆)	Household Automobile	(unit)	35.17	34.09
摩托车	(辆)	Motorcycle	(unit)	90.35	88.65
电动助力车	(辆)	Electric Bicycle	(unit)	23.45	24.42
洗衣机	(台)	Washing Machine	(set)	78.20	87.05
电冰箱	(台)	Refrigerator	(set)	82.41	86.02
微波炉	(台)	Microwave Oven	(set)	4.39	5.34
彩色电视机	(台)	Color TV Set	(set)	113.27	114.32
热水器	(台)	Water Heater	(set)	11.93	8.95
固定电话	(部)	Telephone	(set)	2.38	3.06
移动电话	(部)	Mobile Telephone	(set)	262.84	266.51
计算机	(台)	Computer	(set)	5.32	8.80
照相机	(台)	Camera	(set)	1.07	0.47

7-17 分地市居民平均每百户年末主要耐用消费品拥有量(2021年) MAIN DURABLE GOODS OWNED PER 100 HOUSEHOLDS BY REGION (2021)

项目		Item		拉萨市 Lhasa	日喀则市 Xigazê	昌都市 Qamdo	林芝市 Nyingchi	山南市 Lhoka	那曲市 Nagqu	阿里地区 Ngari
家用汽车	(辆)	Automobile	(unit)	53.1	39.0	27.0	66.4	27.0	41.6	58.9
摩托车	(辆)	Motorcycle	(unit)	41.3	80.0	24.0	67.7	75.1	64.0	22.8
电动助力车	(辆)	Electric Bicycle	(unit)	45.2	30.0	5.0	20.9	28.9	2.0	15.6
洗衣机	(台)	Washing Machine	(unit)	110.5	110.0	110.0	110.5	90.9	83.0	114.4
电冰箱	(台)	Refrigerator	(unit)	127.0	123.0	105.0	121.4	91.1	60.0	78.3
微波炉	(台)	Microwave Oven	(unit)	44.0	11.0	11.0	21.4	11.4	7.3	12.8
彩色电视机	(台)	Color TV Set	(unit)	142.9	141.0	108.0	130.0	108.7	74.0	101.1
空调	(台)	Air Conditioner	(unit)	12.0	6.0	7.0	5.0	0.4	0.8	0.6
热水器	(台)	Water Heater	(unit)	32.8	19.0	35.0	72.7	24.3	4.5	10.6
排油烟机	(台)	Exhaust Fan	(unit)	40.1	13.0	10.0	21.4	12.3	2.0	15.6
移动电话	(部)	Mobile Phone	(unit)	289.4	341.0	235.0	250.0	240.8	159.2	226.1
计算机	(台)	Computer	(unit)	31.1	20.0	56.0	41.8	15.7	7.2	23.9
照相机	(架)	Camera	(unit)	10.3	4.0	5.0	13.2	2.2	2.5	3.9

7-18 分地市城镇居民人均可支配收入 PER CAPITA DISPOSABLE INCOME OF URBAN HOUSEHOLDS BY REGION

年份 Year / 地区 Region	拉萨市 Lhasa	日喀则市 Xigazê	昌都市 Qamdo	林芝市 Nyingchi	山南市 Lhoka	那曲市 Nagqu	阿里地区 Ngari
绝对数(元) Value (yuan)							
2020	43640	39992	36002	36480	38100	41635	43962
2021	49299	45286	40586	41346	43100	46977	49620
增长速度(%) Growth Rate (%)							
2020	10.0	9.7	10.3	10.4	10.0	9.9	9.9
2021	13.0	13.2	12.7	13.3	13.1	12.8	12.9

7-19 分地市城镇居民人均消费支出 PER CAPITA CONSUMPTION EXPENDITURE OF URBAN HOUSEHOLDS BY REGION

年份 Year / 地区 Region	拉萨市 Lhasa	日喀则市 Xigazê	昌都市 Qamdo	林芝市 Nyingchi	山南市 Lhoka	那曲市 Nagqu	阿里地区 Ngari
绝对数(元) Value (yuan)							
2020	27996	26068	24600	21647	27666	20963	22757
2021	31987	28404	27798	23410	31179	23751	26685
增长速度(%) Growth Rate (%)							
2020	-3.0	7.0	10.0	6.9	5.8	-2.5	1.5
2021	14.3	9.0	13.0	8.1	12.7	13.3	17.3

7-20　分地市城镇居民人均可支配收入和消费支出(2021年)
PER CAPITA DISPOSABLE INCOME AND CONSUMPTION EXPENDITURE OF URBAN HOUSEHOLDS BY REGION (2021)

单位：元 (yuan)

项　目	Item	拉萨市 Lhasa	日喀则市 Xigazê	昌都市 Qamdo	林芝市 Nyingchi	山南市 Lhoka	那曲市 Nagqu	阿里地区 Ngari
人均可支配收入	**Per Capita Disposable Income**	**49299**	**45286**	**40586**	**41346**	**43100**	**46977**	**49620**
工资性收入	Income of Wages and Salaries	27457	37983	27992	36100	33735	39532	46395
经营净收入	Net Business Income	3359	1118	2635	2810	4150	1362	1092
转移净收入	Net Income from Property	13012	4022	2452	876	2543	4605	844
财产净收入	Net Income from Transfer	5471	2163	7507	1560	2672	1478	1290
消费支出	**Consumption Expenditure**	**31987**	**28404**	**27798**	**23410**	**31179**	**23751**	**26685**
食品烟酒	Food, Tobacco and Liquor	10297	11904	10065	9960	10632	12015	11937
衣着	Clothing	2630	3991	2423	1701	3516	1672	3844
居住	Residence	8258	4689	6415	4346	3394	4850	3522
生活用品及服务	Household Facilities, Articles and Services	2012	1267	1572	982	3103	327	1721
交通通信	Transport and Communications	4765	2993	2679	3921	5627	2599	2823
教育文化娱乐	Education, Culture and Recreation	1642	1356	2529	1186	2217	958	1828
医疗保健	Health Care and Medical Services	1541	1583	1189	942	1258	725	760
其他用品及服务	Miscellaneous Goods and Services	843	621	926	372	1432	605	250

7-21　分地区城镇居民平均每百户年末耐用消费品拥有量(2021年)
MAIN DURABLE GOODS OWNED PER 100 URBAN HOUSEHOLDS BY REGION (2021)

项　目		Item		拉萨市 Lhasa	日喀则市 Xigazê	昌都市 Qamdo	林芝市 Nyingchi	山南市 Lhoka	那曲市 Nagqu	阿里地区 Ngari
摩托车	(辆)	Motorcycle	(unit)	4.2	12.0	22.0	7.0	36.6	22.7	
电动助力车	(辆)	Electric Bicycle	(unit)	33.7	53.0	17.0	13.0	25.0	12.0	8.0
洗衣机	(台)	Washing Machine	(unit)	103.7	117.0	122.0	103.0	85.3	78.0	95.0
电冰箱	(台)	Refrigerator	(unit)	111.0	180.0	130.0	92.0	83.3	78.0	79.0
微波炉	(台)	Microwave Oven	(unit)	61.6	47.0	12.0	39.0	32.0	23.0	21.0
彩色电视机	(台)	Color TV Set	(unit)	137.6	205.0	124.0	102.0	107.3	79.0	96.0
空调	(台)	Air Conditioner	(unit)	21.6	29.0	25.0	9.0	1.1	3.5	
热水器	(台)	Water Heater	(unit)	54.6	72.0	59.0	89.0	51.7	5.5	18.0
排油烟机	(台)	Exhaust Fan	(unit)	67.2	62.0	26.0	63.0	36.4	6.1	25.0
洗碗机	(台)	Dish-washer	(unit)	4.4	6.0	2.0		1.8	1.1	
健身器材	(套)	Healthy Equipment	(set)	10.3	11.0	3.0	2.0	3.4	2.3	5.0
固定电话	(部)	Fixed Telephone	(unit)	19.4	2.0	25.0	1.0	6.2	5.0	8.0
移动电话	(部)	Mobile Phone	(unit)	249.8	295.0	231.0	178.0	202.8	106.0	201.0
计算机	(台)	Computer	(unit)	40.0	71.0	76.0	78.0	30.7	24.0	36.0
照相机	(架)	Camera	(unit)	16.0	17.0	31.0	23.0	6.8	7.6	7.0

7-22 分地市农村居民人均可支配收入
PER CAPITA DISPOSABLE INCOME OF RURAL HOUSEHOLDS BY REGION

年 份 Year 地 区 Region	拉萨市 Lhasa	日喀则市 Xigazê	昌都市 Qamdo	林芝市 Nyingchi	山南市 Lhoka	那曲市 Nagqu	阿里地区 Ngari
绝对数(元) Value (yuan)							
2020	18268	13080	13041	18791	15874	13651	13765
2021	21198	15217	15159	21767	18435	15792	15959
增长速度(%) Growth Rate (%)							
2020	12.7	13.0	13.0	12.5	12.5	12.4	12.6
2021	16.0	16.3	16.2	15.8	16.1	15.7	15.9

7-23 分地市农村居民人均消费支出
PER CAPITA CONSUMPTION EXPENDITURE OF RURAL HOUSEHOLDS BY REGION

年 份 Year 地 区 Region	拉萨市 Lhasa	日喀则市 Xigazê	昌都市 Qamdo	林芝市 Nyingchi	山南市 Lhoka	那曲市 Nagqu	阿里地区 Ngari
绝对数(元) Value (yuan)							
2020	10110	9007	8492	13090	8649	8261	11808
2021	12132	10602	10217	14601	10016	9748	13150
增长速度(%) Growth Rate (%)							
2020	8.8	9.6	11.0	10.1	18.9	6.0	9.2
2021	20.0	17.7	20.3	11.5	15.8	18.0	11.4

7-24　分地市农村居民人均可支配收入和消费支出(2021年)
PER CAPITA DISPOSABLE INCOME AND CONSUMPTION EXPENDITURE OF RURAL HOUSEHOLDS BY REGION (2021)

单位：元　　　　(yuan)

项　目	Item	拉萨市 Lhasa	日喀则市 Xigazê	昌都市 Qamdo	林芝市 Nyingchi	山南市 Lhoka	那曲市 Nagqu	阿里地区 Ngari
人均可支配收入	**Per Capita Disposable Income**	**21198**	**15217**	**15159**	**21767**	**18435**	**15792**	**15959**
工资性收入	Income of Wages and Salaries	8682	5253	4254	2940	6738	2450	2729
经营净收入	Net Business Income	8182	6812	8209	14000	7044	11209	8937
转移净收入	Net Income from Property	2923	2863	807	1211	398	1995	4086
财产净收入	Net Income from Transfer	1411	289	1889	3616	4255	138	207
消费支出	**Consumption Expenditure**	**12132**	**10602**	**10217**	**14601**	**10016**	**9748**	**13150**
食品烟酒	Food, Tobacco and Liquor	4263	4659	4309	4731	3696	5515	4076
衣着	Clothing	1270	1268	1104	1462	1172	395	1683
居住	Residence	2302	1420	1023	1990	1623	440	1591
生活用品及服务	Household Facilities, Articles and Services	621	708	1021	781	890	401	671
交通通信	Transport and Communications	1735	1388	987	3283	1108	995	2932
教育文化娱乐	Education, Culture and Recreation	1333	621	765	1210	852	465	1460
医疗保健	Health Care and Medical Services	542	275	682	853	410	672	592
其他用品及服务	Miscellaneous Goods and Services	66	263	326	291	265	865	145

7-25　分地市农村居民平均每百户年末主要耐用物品拥有量(2021年)
MAIN DURABLE GOODS OWNED PER 100 RURAL HOUSEHOLDS BY REGION (2021)

项　目	Item	拉萨市 Lhasa	日喀则市 Xigazê	昌都市 Qamdo	林芝市 Nyingchi	山南市 Lhoka	那曲市 Nagqu	阿里地区 Ngari
家用汽车　(辆)	Household Automobile (unit)	50.2	34.0	25.0	68.3	18.4	41.6	61.3
摩托车　(辆)	Motorcycle (unit)	81.3	98.0	27.0	118.3	93.8	81.0	51.3
电动助力车(辆)	Electric Bicycle (unit)	56.6	25.0	1.0	27.5	30.8	1.6	25.0
洗衣机　(台)	Washing Machine (set)	115.5	109.0	103.0	116.7	93.7	95.0	138.8
电冰箱　(台)	Refrigerator (set)	130.0	110.0	96.0	145.8	94.9	54.0	77.5
微波炉　(台)	Microwave Oven (set)	31.3	2.0	10.0	6.7	1.4	2.5	2.5
彩色电视机(台)	Color TV Set (set)	147.5	125.0	100.0	153.3	109.4	73.0	107.5
热水器　(台)	Water Heater (set)	17.0	6.0	23.0	59.2	10.9	4.0	1.3
固定电话　(部)	Fixed Telephone (set)	1.8	3.0	34.0	1.7	0.8	6.3	
移动电话　(部)	Mobile Telephone (set)	315.1	353.0	226.0	310.0	259.3	185.3	257.5
计算机　(台)	Computer (set)	22.1	8.0	48.0	11.7	8.3		8.8
照相机　(台)	Camera (set)	4.5	1.0	2.0	5.0		0.6	

第八篇

农　业

CHAPTER 8

AGRICULTURE

简 要 说 明

一、本篇主要包括农村和农业基本情况、农林牧渔业总产值、农业机械拥有量、主要农作物播种面积及产量、林业生产情况、牲畜存出栏情况、畜产品产量等。

二、本篇资料中林业生产由自治区林业局提供。

三、本篇资料中其他农牧渔业相关情况由自治区统计局农村经济统计处和国家统计局西藏调查总队农业调查处、农村调查处提供。

四、资料整理：格桑贡嘎　扎西次松　李跃龙　段永标　普琼次仁　杨素娟

Brief Introduction

Ⅰ.This chapter mainly covers the basic conditions of rural areas and agriculture, the gross output value of agriculture, forestry, animal husbandry and fishery, the quantity of agricultural machinery, the sown areas and output of major products, the area of cultivated land, the output of forest products, the number of livestock, the output of livestock products, etc.

Ⅱ.The data on forest products are provided by the Forest Department of Tibet Autonomous Region.

Ⅲ.All the other data of agriculture are provided by the Rural Economic Statistics Division of Tibet Autonomous Region Statistics Bureau and the Rural (Agriculture) Survey Office of the Tibet Survey Team of the National Bureau of Statistics.

Ⅳ.Data collection：Gyalsang Gunga　Tashi Tsesung　Li Yuelong　Duan Yongbiao　Phuchung Tsering　Yang Sujuan

8-1　农村和农业基本情况
BASIC CONDITIONS OF RURAL AREAS AND AGRICULTURE

项　　目	Item	2000	2019	2020	2021
乡村户数(万户)	Number of Rural Households (10000 households)	37.83	57.08	57.44	58.51
乡村从业人员(万人)	Number of Employees in Rural Areas (10000 persons)	100.83	142.57	144.94	146.06
男	Male	50.80	76.88	76.73	76.85
女	Female	50.03	65.68	68.21	69.21
按行业分乡村劳动力(万人)	Number of Rural Laborers by Sector (10000 persons)	100.83	142.57	144.94	146.06
农林牧渔业	Agriculture, Forestry, Animal Husbandry and Fishery	90.12	95.27	94.08	93.37
工业	Industry	1.57	4.01	4.02	4.11
建筑业	Construction	2.33	15.99	16.68	15.99
交通运输、仓储和邮政业	Transport, Storage and Post	1.89	6.29	6.47	6.28
批发和零售业	Wholesale and Retail Trades		4.57	5.32	5.04
住宿和餐饮业	Hotels and Catering Services				
其他非农行业	Other Non-agricultural Sectors	2.93	16.44	18.38	21.27
农业机械总动力(千瓦)	Total Agricultural Machinery Power (kW)	1145276	11436365	13687334	7106015
农用大中型拖拉机(台)	Number of Large & Medium-sized Agricultural Tractors (unit)	2025	95191	99138	101367
农用大中型拖拉机(千瓦)	Capacity of Large & Medium-sized Agricultural Tractors (kW)	126960	2495447	2739725	2915584
小型拖拉机及手扶拖拉机(台)	Number of Small Tractors (unit)	30999	178114	178011	182407
小型拖拉机及手扶拖拉机(千瓦)	Capacity of Small Tractors (kW)	332177	2790396	3510672	3809370
化肥施用量(吨)	Consumption of Chemical Fertilizers (ton)	24955	48228	43986	42713
农林牧渔业总产值(万元)	Gross Output of Agriculture, Forestry, Animal Husbandry and Fishery (10000 yuan)	512185	2128073	2335343	2552845
#农业	Farming	263649	949006	1039931	1153101
牧业	Animal Husbandry	235282	1084132	1196891	1293208
农作物总播种面积(千公顷)	Total Sown Area (1000 hectares)	231.05	270.16	266.91	
#粮食	Grain Crops	201.44	184.73	182.31	
油料	Oil-bearing Crops	16.11	21.51	20.17	19.01
蔬菜	Vegetables		25.83	25.82	29.36
粮食总产量(万吨)	Output of Grain Crops (10000 tons)	96.22	103.93	102.87	
#小麦	Wheat	30.73	18.73	17.65	
年末牲畜总头数(万头)	Number of Livestock (Year-end) (10000 heads)	2266.31	1702.81	1657.53	
猪牛羊肉产量(万吨)	Output of Pork, Beef and Mutton (10000 tons)	14.93	27.75	27.79	

8-2 农村基本情况
BASIC CONDITIONS OF RURAL AREAS

年份 Year	地区 Region	乡村户数(万户) Number of Rural Households (10000 households)	乡村从业人员(万人) Number of Employees in Rural Areas (10000 persons)	男 Male	女 Female
1965		23.14	67.94		
1978		30.84	80.86		
1985		31.81	87.83	43.69	44.14
1990		33.49	90.85	45.00	45.85
1991		33.89	91.19	45.35	45.84
1992		34.21	91.55	46.03	45.52
1993		35.04	92.81	46.20	46.61
1994		35.79	94.35	47.21	47.33
1995		35.44	94.71	47.57	47.14
1996		34.87	95.34	47.71	47.63
1997		36.28	97.77	49.03	48.72
1998		36.75	97.52	50.14	47.38
1999		37.11	100.91	51.05	49.86
2000		37.83	100.83	50.80	50.03
2001		38.34	100.67	51.08	49.60
2002		38.87	103.50	52.64	50.86
2003		39.02	103.61	52.66	50.95
2004		39.26	105.69	53.52	52.17
2005		40.35	108.83	55.31	53.52
2006		40.75	109.92	55.86	54.06
2007		42.78	112.42	57.72	54.70
2008		44.09	115.07	59.40	55.67
2009		46.03	119.36	61.77	57.59
2010		47.78	121.94	63.78	58.16
2011		50.34	126.08	65.43	60.65
2012		52.36	127.92	66.84	61.07
2013		53.98	129.98	68.61	61.37
2014		55.28	133.77	70.14	63.63
2015		57.02	136.26	71.73	64.53
2016		56.94	137.97	73.29	64.68
2017		56.93	141.18	74.09	67.09
2018		57.11	141.86	74.43	67.43
2019		57.08	142.57	76.88	65.68
2020		57.44	144.94	76.73	68.21
2021		58.51	146.06	76.85	69.21
拉萨市	Lhasa	7.55	16.48	8.49	7.99
日喀则市	Xigazê	14.14	39.45	21.40	18.05
昌都市	Qamdo	13.00	38.13	20.06	18.07
林芝市	Nyingchi	3.44	7.48	3.97	3.51
山南市	Lhoka	7.95	15.61	7.96	7.65
那曲市	Nagqu	10.07	24.40	12.62	11.78
阿里地区	Ngari	2.36	4.51	2.35	2.16

8-3 乡村从业人员
EMPLOYEES IN RURAL AREAS

单位：万人 (10000 persons)

年份 地区 Year Region		合计 Total	农林牧渔业 Agriculture, Forestry, Animal Husbandry and Fishery	工业 Industry	建筑业 Construction	交通运输、仓储和邮政业 Transport, Storage and Post	批发和零售业 Wholesale and Retail Trades	其他非农行业 Other Non-agricultural Sectors
1978		80.86	79.65	0.30				0.91
1990		90.85	86.01	0.40	0.48	0.79	0.67	2.50
1991		91.19	86.05	0.52	0.41	0.91	0.73	2.57
1992		91.55	85.86	0.63	0.47	0.92	0.76	2.91
1993		92.81	87.15	1.07	0.69	0.95	0.84	2.11
1994		94.35	88.92	1.02	0.87	1.01	0.93	1.60
1995		94.72	88.48	1.23	0.79	1.17	1.12	1.93
1996		95.34	88.68	1.29	1.03	1.42	1.18	1.74
1997		97.77	90.34	1.40	1.32	1.37	1.23	2.11
1998		97.52	88.79	1.56	1.63	1.63	1.39	2.52
1999		100.91	91.75	1.33	1.56	1.68	1.43	3.16
2000		100.83	90.12	1.57	2.33	1.89	1.99	2.93
2001		100.68	88.84	1.86	2.72	2.04	1.74	3.48
2002		103.50	88.80	1.66	2.97	2.39	2.11	5.57
2003		103.61	84.39	1.95	5.75	2.28	2.21	7.03
2004		105.69	85.19	2.03	5.96	2.52	2.57	7.42
2005		108.83	85.53	2.62	5.63	2.98	2.81	9.26
2006		109.92	86.38	2.65	5.68	3.01	2.84	9.36
2007		112.42	87.67	2.34	7.71	3.59	2.64	8.47
2008		115.07	88.28	2.39	7.59	3.50	2.94	10.37
2009		119.36	91.19	2.44	8.41	3.45	2.80	11.07
2010		121.94	91.55	2.97	8.77	3.69	3.19	11.77
2011		126.08	91.88	2.75	11.62	3.89	3.34	12.60
2012		127.92	92.07	3.14	12.33	4.25	3.77	12.36
2013		129.98	91.48	3.12	13.29	4.57	4.31	13.21
2014		133.77	91.76	2.54	15.33	5.17	4.51	14.46
2015		136.26	94.67	2.50	15.60	5.56	4.63	13.30
2016		137.97	94.67	2.92	17.11	5.34	4.19	13.74
2017		141.18	97.55	3.02	16.74	5.52	4.26	14.08
2018		141.86	93.79	3.56	15.93	6.28	4.30	18.00
2019		142.57	95.27	4.01	15.99	6.29	4.57	16.44
2020		144.94	94.08	4.02	16.68	6.47	5.32	18.38
2021		146.06	93.37	4.11	15.99	6.28	5.04	21.27
拉萨市	Lhasa	16.48	8.56	0.55	1.54	1.15	0.79	3.89
日喀则市	Xigazê	39.45	24.91	1.80	6.06	1.87	0.91	3.90
昌都市	Qamdo	38.13	26.78	0.67	2.23	1.25	1.18	6.02
林芝市	Nyingchi	7.48	6.06	0.07	0.28	0.24	0.10	0.73
山南市	Lhoka	15.61	7.33	0.63	4.32	0.83	0.54	1.96
那曲市	Nagqu	24.40	16.38	0.30	1.29	0.80	1.39	4.24
阿里地区	Ngari	4.51	3.35	0.09	0.27	0.14	0.13	0.53

注：2002年以前交通运输、仓储和邮政业为交通运输、仓储和邮电通讯业资料，批发和零售业为批发零售贸易餐饮业资料。

Note: Before 2002, the data of transport, storage and post included telecommunications, the data of wholesale and retail sale included Catering.

8-4 农林牧渔业总产值
GROSS OUTPUT VALUE OF AGRICULTURE, FORESTRY, ANIMAL HUSBANDRY AND FISHERY

单位：万元 (10000 yuan)

年份 Year	地区 Region	农林牧渔业总产值 Gross Output Value	农业 Farming	林业 Forestry	牧业 Animal Husbandry	渔业 Fishery	农林牧渔服务业 FFAF Services
1959		14417	4704		9713		
1965		26420	8520	20	17880		
1978		39228	14657	167	24386	18	
1980		53215	24846	765	27597	7	
1985		108875	50999	2274	55562	40	
1990		195023	98138	3250	93573	62	
1991		210063	95755	2949	111278	81	
1992		224530	101092	3485	119863	90	
1993		229860	100451	5659	123661	89	
1994		268249	131327	6487	130335	100	
1995		358961	177927	7151	173782	101	
1996		385282	192157	8773	184083	269	
1997		414546	218195	8577	187624	150	
1998		423770	224346	8821	190350	253	
1999		482155	260667	9224	212062	202	
2000		512185	263649	13130	235282	124	
2001		527791	276113	12849	238695	134	
2002		558874	290759	12221	255772	122	
2003		586339	252779	53084	270867	78	9531
2004		627373	265638	57186	291197	87	13265
2005		677408	298887	56997	300498	136	20890
2006		704765	304974	60191	316975	1762	20863
2007		798309	359382	63078	349108	1073	25668
2008		884518	396962	67971	389629	2804	27152
2009		933807	390576	71155	442880	2049	27147
2010		1007685	462822	24602	488612	2268	29381
2011		1093675	496152	23929	541123	2181	30290
2012		1183267	533863	25577	590193	2220	31415
2013		1279967	579235	26534	641557	1762	30879
2014		1387236	632559	26371	693386	1676	33244
2015		1494633	680481	21087	752956	1774	38334
2016		1624618	728270	23926	827290	2449	42683
2017		1781603	784369	29475	921680	3271	42808
2018		1954681	880846	31975	983579	3471	54810
2019		2128073	949006	35381	1084132	3630	55924
2020		2335343	1039931	36795	1196891	1454	60273
2021		2553410	1153101	39704	1293208	2889	64508
拉萨市	Lhasa	456630	189045	4751	258460		4374
日喀则市	Xigazê	701338	403666	10758	256513	1130	29271
昌都市	Qamdo	550438	233762	16148	288427	50	12051
林芝市	Nyingchi	172277	86062	3241	77087	88	5799
山南市	Lhoka	166353	74923	2845	83595		4990
那曲市	Nagqu	388013	159500	18	221886	1620	4989
阿里地区	Ngari	118361	6143	1943	107241		3034

注：1.本表按当年价格计算。
2.2002年以前农林牧渔业总产值不含农林牧渔服务业产值。

Note: 1.Data are calculated at current prices.
2.Data of gross output value didn't include FFAF services before 2002.

8-5 农林牧渔业总产值指数
INDICES OF GROSS OUTPUT VALUE OF AGRICULTURE, FORESTRY, ANIMALS HUSBANDRY AND FISHERY

上年=100 (preceding year=100)

年 份 Year	农林牧渔业总产值 Gross Output Value	农 业 Farming	林 业 Forestry	牧 业 Animal	渔 业 Fishery	农林牧渔服务业 FFAF Services
1959	92.1	109.8		85.0		
1965	111.3	107.3	105.0	113.6		
1978	103.9	103.2	130.7	103.9	293.7	
1980	111	130.0	89.4	102.0	80.2	
1985	112.3	106.6	119.4	111.4	79.9	
1986	104.8	85.7	77.1	107.4	76.3	
1987	104.4	104.4	103.8	105.6	105.4	
1988	102.6	107.9	112.5	96.7	103.9	
1989	101.4	102.2	86.3	99.0	131.4	
1990	106.4	116.2	132.6	98.8	64.5	
1991	104.5	91.1	89.5	103.1	106.6	
1992	103.4	100.4	96.0	104.4	119.1	
1993	100.3	123.4	111.7	98.7	89.0	
1994	104.5	102.3	119.8	104.8	109.3	
1995	104.4	108.9	119.4	100.7	102.1	
1996	103.4	107.4	107.3	100.2	153.1	
1997	103.4	104.2	85.4	104.5	94.6	
1998	102.4	104.5	103.1	100.9	135.4	
1999	107.5	110.8	97.5	105.9	100.0	
2000	101.9	102.2	104.0	101.6	45.2	
2001	105.4	108.5	84.7	104.5	91.8	
2002	103.8	103.0	119.8	103.6	70.3	
2003	103.2	84.9	218.7	102.2	41.9	
2004	104.1	102.0	102.7	104.2	156.4	152.0
2005	105.1	109.6	97.0	92.5	152.2	155.2
2006	100.8	98.8	102.3	102.8	1254.7	97.9
2007	107.9	112.8	100.3	104.3	58.3	119.0
2008	106.5	106.1	103.5	100.2	251.1	100.0
2009	102.3	96.6	102.8	104.8	71.8	98.6
2010	103.5	112.3	32.8	107.1	104.9	105.9
2011	103.5	104.0	94.4	103.9	93.3	98.0
2012	103.6	103.0	102.4	104.5	97.5	99.3
2013	104.0	104.3	99.7	104.5	76.3	94.5
2014	104.2	105.0	95.6	103.9	91.5	103.5
2015	104.5	104.4	77.6	105.3	102.7	111.9
2016	105.8	104.1	110.4	106.9	134.4	108.3
2017	105.5	103.6	118.5	107.2	128.5	96.5
2018	105.5	108.0	104.3	102.7	102.1	123.2
2019	107.7	106.6	109.4	109.0	103.5	100.9
2020	108.2	108.0	102.5	108.8	39.5	106.3
2021	105.6	107.1	104.2	104.4	154.4	103.4

注：本表按可比价格计算。
Note: Indices in this table are calculated at comparable prices.

8-6 农林牧渔业总产值指数
INDICES OF GROSS OUTPUT VALUE OF AGRICULTURE, FORESTRY, ANIMALS HUSBANDRY AND FISHERY

1951年=100 (year of 1951=100)

年 份 Year	农林牧渔业总产值 Gross Output Value	农 业 Farming	林 业 Forestry	牧 业 Animal	渔 业 Fishery	农林牧渔服务业 FFAF Services
1959	102.1	113.2		108.2		
1965	187.1	205.1	145.3	190.3	100.0	
1978	277.9	344.4	1239.8	263.0	1010.9	
1980	320.8	390.0	2653.5	282.2	671.3	
1985	396.5	419.0	8122.4	341.7	1317.8	
1986	415.5	359.1	6262.4	367.0	1005.5	
1987	433.8	374.9	6500.4	387.6	1059.8	
1988	445.1	404.5	7313.0	374.8	1101.1	
1989	451.3	413.4	6311.1	371.1	1446.8	
1990	480.2	480.4	8368.5	366.6	933.2	
1991	501.9	437.6	7489.8	378.0	994.8	
1992	519.0	439.4	7190.2	394.6	1184.8	
1993	520.6	542.2	8031.5	389.5	1054.5	
1994	544.0	554.7	9621.7	408.2	1152.6	
1995	565.8	604.1	11488.3	411.1	1176.8	
1996	583.9	648.8	12326.9	411.9	1801.7	
1997	603.8	676.0	10527.2	430.4	1704.4	
1998	618.3	706.4	10853.5	434.3	2307.8	
1999	664.7	782.7	10582.2	459.9	2307.8	
2000	677.3	799.9	11005.5	467.3	1043.1	
2001	713.9	867.9	9321.7	488.3	957.6	
2002	741.0	893.9	11167.3	505.9	673.2	
2003	764.7	758.9	24423.0	517.0	282.1	100.0
2004	796.1	774.1	25082.4	538.8	441.1	152.0
2005	836.7	848.4	24329.9	498.9	671.4	236.5
2006	843.4	838.2	24889.5	512.9	8424.6	231.5
2007	910.0	945.5	24964.2	534.9	4911.5	275.5
2008	969.2	1003.2	25838.0	535.9	12332.8	275.5
2009	991.5	969.1	26561.5	561.6	8855.0	271.6
2010	1026.2	1088.3	8712.2	601.5	9288.8	287.6
2011	1062.1	1131.8	8224.3	625.0	8666.5	281.9
2012	1100.3	1165.8	8421.7	653.1	8449.8	279.9
2013	1143.8	1215.6	8395.6	682.2	6444.7	264.4
2014	1192.2	1276.7	8024.5	709.1	5893.8	273.7
2015	1246.0	1332.3	6224.3	746.9	6052.0	306.1
2016	1318.3	1386.9	6871.6	798.4	8133.9	331.5
2017	1390.8	1436.8	8142.8	855.9	10452.1	319.9
2018	1467.3	1551.7	8492.9	879.0	10671.6	394.1
2019	1580.3	1654.2	9291.3	958.1	11045.1	397.7
2020	1709.9	1786.5	9523.6	1042.4	4362.8	422.7
2021	1805.6	1913.3	9923.5	1088.3	6736.2	437.1

注：本表按可比价格计算。

Note: Indices in this table are calculated at comparable prices.

8-7 分地市农林牧渔业总产值
GROSS OUTPUT VALUE OF AGRICULTURE, FORESTRY, ANIMAL HUSBANDRY AND FISHERY BY REGION

单位：万元 (10000 yuan)

年 份 Year	合 计 Total	拉 萨 Lhasa	日喀则 Xigazê	昌 都 Qamdo	林 芝 Nyingchi	山 南 Lhoka	那 曲 Nagqu	阿 里 Ngari	其 他 Others
2000	512185	85059	132220	124269	34151	53416	56272	22473	4325
2001	527791	73916	146264	126207	36017	53969	67220	21003	3195
2002	558874	84212	148314	131970	40417	54160	75969	23832	
2003	586339	86548	144143	149635	46273	50852	79603	26760	2525
2004	627373	93403	161838	150532	53159	56521	80070	30619	1231
2005	677408	100255	179421	163423	57975	55463	89761	30463	647
2006	704765	105644	187627	168553	59966	55887	95261	31208	619
2007	798309	116473	222011	186534	66002	59992	109835	37155	307
2008	884518	128401	246360	207577	72417	65884	122109	41074	696
2009	933807	135551	259657	219636	76738	69105	128430	44188	502
2010	1007685	149944	280526	236928	81806	72238	138153	48091	
2011	1093675	163173	304989	256777	88781	78298	149627	52030	
2012	1183267	177096	329968	277329	96452	84261	161468	56693	
2013	1279967	192488	356154	299782	104903	90466	174509	61666	
2014	1387236	212650	383739	323770	114031	97258	188942	66845	
2015	1494633	233843	410905	349073	123134	104420	201384	71875	
2016	1624618	257228	451322	371193	131511	110674	225149	77541	
2017	1781603	283932	495299	406079	141284	116657	256523	81828	
2018	1954681	327970	539416	448331	152635	125992	274172	86165	
2019	2128073	370911	588357	480243	159713	136295	296084	96471	
2020	2335343	417601	642623	518046	168298	148843	330134	109798	
2021	2553410	456630	701338	550438	172277	166353	388013	118361	

注：本表按当年价格计算。
Note: The indices in this table are calculated at current prices.

8-8 分地市农林牧渔业总产值指数
INDICES OF GROSS OUTPUT VALUE OF AGRICULTURE, FORESTRY, ANIMAL HUSBANDRY AND FISHERY BY REGION

上年=100 (preceding year=100)

年 份 Year	合 计 Total	拉 萨 Lhasa	日喀则 Xigazê	昌 都 Qamdo	林 芝 Nyingchi	山 南 Lhoka	那 曲 Nagqu	阿 里 Ngari	其 他 Others
2000	101.9	105.7	101.0	106.3	99.8	100.5	97.4	100.7	90.1
2001	105.4	101.0	114.2	98.2	99.7	99.7	111.5	107.9	
2002	103.8	111.3	101.2	103.3	102.9	102.1	104.4	101.9	
2003	103.2	100.4	94.6	111.3	115.5	89.9	100.4	108.2	
2004	104.1	103.6	105.2	101.5	101.3	103.7	106.6	108.9	82.0
2005	105.1	104.5	107.9	105.7	106.2	95.5	109.2	96.9	51.2
2006	100.8	102.0	101.3	99.9	100.2	97.6	102.8	99.2	92.7
2007	107.9	105.7	113.5	106.1	105.6	102.9	110.6	114.2	47.6
2008	106.5	106.0	106.7	107.0	105.5	105.6	106.9	106.3	217.9
2009	102.3	102.3	102.1	102.5	102.7	101.6	101.9	104.2	69.9
2010	103.5	106.2	103.7	103.5	102.3	100.3	103.2	104.4	
2011	103.5	103.8	103.7	103.4	103.5	103.4	103.3	103.2	
2012	103.6	103.9	103.6	103.4	104.0	103.1	103.3	104.3	
2013	104.0	104.5	103.7	103.9	104.5	103.2	103.9	104.5	
2014	104.2	106.3	103.6	103.9	104.5	103.4	104.1	104.2	
2015	104.5	106.7	103.9	104.6	104.7	104.1	103.4	104.3	
2016	105.8	107.0	106.9	103.5	103.9	103.1	108.8	105.0	
2017	105.5	106.2	105.5	105.2	103.3	101.4	109.6	101.5	
2018	105.5	111.1	104.8	106.2	103.9	103.9	102.8	101.3	
2019	107.7	111.9	107.9	106.0	103.5	107.0	106.8	110.7	
2020	108.2	111.0	107.7	106.4	103.9	107.7	109.9	112.2	
2021	105.6	105.6	105.3	102.6	98.9	108.0	113.5	104.1	

注：本表按可比价格计算。
Note: The indices in this table are calculated at comparable prices .

8-9 农林牧渔业分项产值
GROSS OUTPUT VALUE OF AGRICULTURE, FORESTRY, ANIMAL HUSBANDRY AND FISHERY BY BRANCH

指 标	Item	绝对数(万元) Value (10000 yuan)						2021年比2020年增长(%) Growth Rate in 2021 over 2020(%)
		2000	2003	2007	2010	2020	2021	
农林牧渔业总产值	**Gross Output Value**	**512185**	**586339**	**798309**	**1007685**	**2335343**	**2553410**	**5.6**
农业产值	**Farming**	**263649**	**252779**	**359382**	**462910**	**1039931**	**1153101**	**7.1**
谷物及其他作物	Cereal and Other Crops	190664	183092	210819	223833	470353	504476	3.6
#粮食作物	Grain Crops	178246	168417	182447	195058			
#谷物	Cereal	172777	162398	175515	188369	384022	402130	1.1
#小麦	Wheat		38157	43464	43494	46214	51700	8.1
玉米	Corn		2253	3066	5979	9399	9611	-1.2
薯类	Tubers		417	978	973	4524	19396	314.1
油料	Oil-bearing Crops		13810	20988	23624	32481	31717	-5.7
#油菜籽	Rapeseeds		12252	20907	23484	31675	30998	-5.5
林业产值	**Forestry**	**13130**	**53085**	**63078**	**24602**	**36795**	**39704**	**4.2**
林木培育和种植	Tree Cultivating and Planting	2668	6591	8201	10438	26478	28415	3.7
林产品	Forest Products	4898	30909	38368	2177	1289	2118	58.7
村及村以下竹木采伐	Lumbering in Village and Below	5564	9584	8445	11987	9028	9171	-1.9
牧业产值	**Animal Husbandry**	**235282**	**270867**	**349108**	**488524**	**1196891**	**1293208**	**4.4**
#牲畜	Livestock	152357	258429	330978	456985	1131543	1214537	3.7
#牛	Cattle	78157	97436	130343	240656	634036	670188	2.1
猪	Hogs	10614	6606	14212	26416	27917	29291	1.3
羊	Sheep and Goats	63586	65259	84677	110595	194900	191191	-5.2
家禽饲养	Poultry Raising	1161	2749	3858	5403	16469	19121	12.1
捕猎	Hunting	136	634	6	…			
渔业产值	**Fishery**	**124**	**78**	**1073**	**2268**	**1454**	**2889**	**54.4**
农林牧渔服务业产值	**FFAF Services**		**9530**	**25668**	**29381**	**60273**	**64508**	**3.4**

注：本表绝对数按当年价计算，指数按可比价计算。
Note: Data of value in this table are calculated at current prices, while the related indices are calculated at comparable prices.

8-10 农林牧渔业分项产值构成
COMPOSITION OF GROSS OUTPUT VALUE OF AGRICULTURE, FORESTRY, ANIMAL HUSBANDRY AND FISHERY

指 标	Item	构 成 Composition (%)						
		2000	2003	2007	2010	2019	2020	2021
农林牧渔业总产值	**Gross Output Value**	**100.0**	**100.0**	**100.0**	**100.0**	**100.0**	**100.0**	**100.0**
农业产值	**Farming**	**51.5**	**43.1**	**45.0**	**45.9**	**44.6**	**44.5**	**45.2**
谷物及其他作物	Cereal and Other Crops	37.2	31.2	26.4	22.2	19.6	20.1	19.8
#粮食作物	Grain Crops	34.8	28.7	22.9	19.3			
#谷物	Cereal	33.7	27.7	21.9	18.7	16.6	16.4	15.8
#小麦	Wheat		6.5	5.4	4.3	2.0	2.0	2.0
玉米	Corn		0.4	0.4	0.6	0.4	0.4	0.4
薯类	Tubers		0.1	0.1	0.1	0.2	0.2	0.8
油料	Oil-bearing Crops		2.4	2.6	2.3	1.6	1.4	1.2
#油菜籽	Rapeseeds		2.1	2.6	2.3	1.6	1.4	1.2
林业产值	**Forestry**	**2.6**	**9.1**	**7.9**	**2.4**	**1.7**	**1.6**	**1.6**
林木培育和种植	Tree Cultivating and Planting	0.5	1.1	0.8	1.0	1.2	1.1	1.1
林产品	Forest Products	1.0	5.3	4.8	0.2	0.0	0.1	0.1
村及村以下竹木采伐	Lumbering in Village and Below	1.1	1.6	1.1	1.2	0.1	0.4	0.4
牧业产值	**Animal Husbandry**	**45.9**	**46.2**	**43.7**	**48.5**	**50.9**	**51.3**	**50.7**
#牲畜	Livestock	29.7	44.1	41.5	45.3	48.3	48.5	47.6
#牛	Cattle	15.3	16.6	16.3	23.9	28.0	27.1	26.3
猪	Hogs	2.1	1.1	1.8	2.6	1.2	1.2	1.1
羊	Sheep and Goats	12.4	11.1	10.6	11.0	8.8	8.3	7.5
家禽饲养	Poultry Raising	0.2	0.5	0.4	0.5	0.8	0.7	0.7
捕猎	Hunting	…	0.1	…	…			
渔业产值	**Fishery**	**…**	**…**	**0.2**	**0.2**	**0.2**	**0.1**	**0.1**
农林牧渔服务业产值	**FFAF Services**	**…**	**1.6**	**3.2**	**2.9**	**2.6**	**2.6**	**2.5**

注：本表按当年价计算。
Note: The data in this table are calculated at current prices.

8-11　主要农业机械年末拥有量(年底数)
MAJOR AGRICULTURAL MACHINERY AT YEAR-END

指　　标	Item	2021	拉 萨 Lhasa	日喀则 Xigazê	昌 都 Qamdo	林 芝 Nyingchi	山 南 Lhoka	那 曲 Nagqu	阿 里 Ngari
农业机械总动力(千瓦)	**Total Power of Agricultural Machinery (kW)**	**7106015**	**1088108**	**3195687**	**674265**	**540758**	**1243048**	**163501**	**200648**
耕作机械	**Cultivation Machinery**								
农用大中型拖拉机(台)	Large and Medium-sized Tractors (unit)	101367	11154	49470	6982	7254	23376	1659	1472
(千瓦)	(kW)	2915584	416764	1472895	183212	229155	540587	38821	34150
小型拖拉机及手扶拖拉机(台)	Small and Walking Tractors (unit)	182407	28506	71669	20157	14971	33148	5941	8015
(千瓦)	(kW)	3809370	619354	1565727	436675	284543	648544	103662	150865
拖拉机配套农具(部)	Towing Farm Machinery for Tractors (unit)	241680	40347	96031	24685	11713	61410	3310	4184
农用水泵(台)	Pumps (unit)	952	78	91		303	455		25
收获机械	**Harvest Machinery**								
谷物联合收割机(台)	Combine Harvesters (unit)	5301	634	2892	651	249	810	18	47
(千瓦)	(kW)	249031	29784	135861	30583	11698	38052	846	2207
机动脱粒机(台)	Thresher Machines (unit)	58605	6442	30441	10459	1515	8364	521	863

备注：根据《全国农业机械化统计年报》要求，农用排灌动力机械(电动机)不再统计。根据GB7258-2004《机动车运行安全技术条件》与《公安部关于农用运输车道路交通管理的规定》要求，农用运输车不再纳入农业机械总动力统计范围。

Note: According to the *National Statistical Annual Report of Agricultural Mechanization*, agricultural drainage and irrigation power machinery (motor) will no longer be counted. According to GB7258-2004 *Technical Conditions for Motor Vehicle Operation Safety* and *Regulations of the Ministry of Public Security on Road Traffic Management of Agricultural Transport Vehicles*, agricultural transport vehicles are no longer included in the statistical scope of total power of agricultural machinery.

8-12　农业电气化、化学化及水利情况
ELECTRIFICATION, CHEMICALIZATION AND IRRIGATION OF AGRICULTURE

指　　标	Item	2021	拉 萨 Lhasa	日喀则 Xigazê	昌 都 Qamdo	林 芝 Nyingchi	山 南 Lhoka	那 曲 Nagqu	阿 里 Ngari
农村电气化情况	**Electrification in Rural Areas**								
农村小型水电站个数(个)	Number of Small Hydropower Station in Rural Areas (unit)	106	1	12	46	14	19		14
农村用电量(万千瓦时)	Electricity Consumed in Rural Area (10000 kWh)	42713	6548	9912	4781	6625	5065	7276	2505
农业化学化情况	**Chemicalization in Rural Areas**								
化肥施用量(折纯)(吨)	Consumption of Chemical Fertilizer (ton)	43316	8981	18421	7029	2412	6036	60	378
氮肥	Nitrogenous Fertilizer	12318	1194	4787	3273	715	2136	23	191
磷肥	Phosphate Fertilizer	5631	981	3170	114	186	1111	12	57
钾肥	Potash Fertilizer	2535	1150	502	10	109	762		3
复合肥	Compound Fertilizer	22832	5655	9963	3631	1402	2028	25	127
农用塑料薄膜使用量(吨)	Plastic Film for Agricultural Use (ton)	1753	1017	156	42	376	113		48
农药使用量(吨)	Consumption of Pesticide (ton)	485	106	227	7	73	70		2
每公顷播种面积用农药(公斤)	Chemical Pesticide per Hectare (kg)	1.8	2.1	2.4	0.1	3.0	2.0		0.2
农业水利化情况	**Irrigated in Rural Areas**								
农田有效灌溉面积(千公顷)	Effective Irrigated Areas (1000 hectares)	200	37.75	91.14	23.40	15.36	30.79	0.21	1.60
有效灌溉面积占播种面积比重(%)	Effective Irrigated Areas as Proportion of Sown Areas(%)	73.04	74.45	96.94	40.34	63.59	90.51	4.07	19.73
草场灌溉面积(千公顷)	Irrigated Area of Grass (1000 hectares)	1538.43	247.20	367.11	826.00	0.28	97.84		

8-13 主要农作物播种面积

单位：千公顷

年份 Year	地区 Region	总计 Total	粮食作物 Grain Crops	#青稞 Highland Barley	#小麦 Wheat	冬小麦 Winter Wheat
1951		134.15	128.74			
1959		140.23	133.47			
1965		184.68	176.87			
1978		219.83	205.00	106.68	65.65	47.90
1985		209.97	194.03	121.78	38.71	23.15
1990		213.71	191.95	120.17	41.80	27.43
1991		215.72	191.91	121.36	43.31	29.51
1992		214.99	192.29	122.26	43.57	31.12
1993		215.57	192.55	120.32	46.75	35.82
1994		216.46	187.28	116.67	48.12	34.06
1995		220.17	189.14	109.38	52.04	33.75
1996		225.02	191.86	119.90	52.51	35.37
1997		229.15	197.94	123.09	53.91	38.81
1998		229.40	200.41	126.31	55.04	38.86
1999		230.44	200.76	127.10	54.73	39.71
2000		231.04	201.44	131.56	51.91	38.41
2001		230.86	199.12	134.62	46.99	33.70
2002		232.90	195.01	129.60	44.77	28.72
2003		234.35	186.12	125.71	42.38	28.13
2004		231.23	179.79	120.11	40.64	25.03
2005		234.95	177.68	120.27	42.00	27.95
2006		233.02	171.66	116.28	41.49	29.98
2007		232.94	171.78	117.99	40.29	28.66
2008		235.29	170.63	117.85	37.34	28.41
2009		235.07	169.43	117.83	36.77	26.85
2010		240.02	170.15	117.83	37.06	28.04
2011		241.43	170.15	118.42	37.60	27.91
2012		243.95	170.86	118.26	37.73	28.28
2013		248.57	175.87	123.85	37.81	28.04
2014		250.87	176.41	125.19	36.92	27.52
2015		252.84	178.94	129.31	36.34	26.54
2016		264.15	189.95	133.04	42.61	32.13
2017		261.44	186.81	134.02	39.35	25.76
2018		268.93	184.68	139.58	31.73	23.35
2019		270.16	184.73	140.07	31.61	21.05
2020		266.91	182.31	138.79	29.86	20.74
2021		274.20	186.48	140.71	32.49	20.98
拉萨市	Lhasa	50.71	27.73	19.73	7.23	3.76
日喀则市	Xigazê	94.02	65.35	59.60	3.91	0.64
昌都市	Qamdo	58.00	46.43	36.85	5.64	2.69
林芝市	Nyingchi	24.15	17.91	5.84	7.82	6.67
山南市	Lhoka	34.02	24.41	15.52	7.75	7.14
那曲市	Nagqu	5.17	3.05	1.75	0.13	0.09
阿里地区	Ngari	8.11	1.59	1.40	0.01	

注：2016-2017年粮食面积数据根据第三次全国农业普查结果进行了修正。

Note: The data of sown areas of grain crops from 2016 to 2017 has been adjusted in accordance with the 3rd agricultural census.

SOWN AREAS OF MAJOR FARM CROPS

(1000 hectares)

#豆 类 Beans	#薯 类 Tubers	油 料 Oil-bearing Crops	油菜籽 Rapeseeds	花 生 Peanuts	其 他 Others	#蔬 菜 Vegetables	#青饲料 Green Feed
		4.73	4.73		0.68		
		5.03	5.03		1.73		
		5.87	5.87		1.95		
21.43		10.54	10.54		4.29		
25.79	1.72	10.38	9.99	0.39	5.56	3.38	2.01
21.83	1.23	10.74	10.73	0.01	11.02	8.11	2.87
19.58	1.11	11.65	11.63	0.01	12.16	8.28	3.86
18.53	1.21	11.53	11.51	0.02	11.17	6.61	4.11
18.54	3.27	12.13	12.08	0.01	10.89	6.14	4.52
17.31	1.57	16.21	16.20	0.01	12.97	7.80	4.14
16.71	1.28	18.52	18.50	0.02	12.51	7.24	4.77
14.52	0.87	18.33	18.30	0.03	14.83	9.29	4.85
13.92	0.05	17.34	17.33	0.01	13.87	9.01	3.49
12.47	0.11	16.98	16.95	0.02	12.10	7.35	4.44
11.78	0.15	17.12	17.06	0.05	12.56	7.36	4.65
10.53	0.22	16.11	16.08	0.03	13.48	7.47	5.74
10.60	0.28	16.82	16.77	0.03	13.82	8.71	5.11
11.08	0.56	20.39	18.74	0.03	16.23	9.74	6.50
9.93	0.42	21.64	21.61	0.02	26.59	14.11	10.00
9.00	1.87	24.35	24.32	0.03	27.02	15.15	10.50
8.97	0.55	26.11	26.05	0.06	31.15	18.04	12.14
8.05	0.61	24.12	24.05	0.07	37.24	18.99	17.37
7.79	0.62	23.13	23.06	0.07	38.03	19.66	17.59
7.08	0.53	24.73	24.65	0.07	39.93	20.14	18.90
6.66	0.53	24.49	24.42	0.07	41.15	20.44	19.83
6.62	0.54	24.02	23.92	0.10	45.85	21.16	19.21
6.46	0.62	24.02	23.92	0.10	47.26	22.40	23.86
6.31	0.79	24.02	23.89	0.13	49.07	23.72	24.67
5.84	0.82	24.55	24.33	0.21	48.15	23.85	24.14
5.71	1.01	24.48	24.36	0.12	49.98	23.76	25.55
5.06	1.04	23.81	23.69	0.12	50.10	23.11	26.77
5.67	1.02	22.60	22.48	0.12	51.60	23.02	28.58
4.67	0.97	22.07	21.99	0.08	52.57	23.27	27.46
4.55	0.94	22.57	22.46	0.11	61.68	24.00	36.78
4.84	1.27	21.51	21.45	0.06	63.92	25.83	37.57
5.22	1.71	20.17	20.12	0.05	64.43	25.82	37.09
5.16	1.52	19.01	18.96	0.05	68.70	29.36	37.39
0.75		4.02	4.02		18.96	5.83	12.53
1.71		7.27	7.27		21.39	12.11	8.69
0.41	1.24	2.80	2.80		8.77	5.21	3.56
0.26		1.97	1.92	0.05	4.27	2.81	1.24
0.98		2.82	2.82		6.79	2.46	4.20
0.94	0.23	0.05	0.05		2.07	0.72	1.35
0.12	0.04	0.08	0.08		6.45	0.21	5.83

8-14 主要农产品产量

单位：吨

年 份 地 区 Year Region		粮 食 Grain	稻 谷 Rice	小 麦 Wheat	冬小麦 Winter Wheat	青 稞 Highland Barley
1951		153200				
1959		182905				
1965		290725				
1978		513449	2631	192959	153223	245233
1985		530669	2488	118519	72621	333736
1990		608280	3264	164271	115911	369294
1991		644186	2717	183088	133874	392309
1992		657121	3905	196282	150679	393429
1993		672185	3889	212417	170673	386806
1994		664480	4108	223177	181120	379059
1995		719605	4731	249366	187865	380922
1996		777249	4897	261422	193082	448663
1997		791904	5239	283052	212053	446564
1998		849793	4937	290773	210880	498482
1999		922138	5550	312117	237536	547530
2000		962234	5517	307288	245319	597094
2001		982508	6024	284453	220672	628400
2002		983970	5831	278250	208505	635978
2003		966001	5564	272308	211484	619137
2004		959950	5533	257279	192324	612273
2005		933918	5452	255506	171172	613548
2006		923688	5884	265315	209286	592000
2007		938634	5460	264859	206941	610845
2008		950343	5140	257556	193002	618196
2009		905330	5172	245617	194763	595192
2010		912289	5932	242373	197811	602570
2011		937290	5960	249064	191653	621886
2012		948963	5446	245716	184297	637102
2013		961506	5480	240735	187660	656577
2014		979736	4663	237252	185669	680542
2015		1006336	4522	233895	167540	708451
2016		1039892	6027	268765	212799	705531
2017		1045546	5025	219408	155845	760356
2018		1043980	5276	194626	143896	777200
2019		1039323	4331	187283	124638	798464
2020		1028726	5298	176462	122523	795004
2021		1061508	4475	201157	130362	801193
拉萨市	Lhasa	157285		44382	23327	110637
日喀则市	Xigazê	441041		36965	5650	397229
昌都市	Qamdo	195383		21541	11572	159721
林芝市	Nyingchi	84979	4475	34733	30645	24453
山南市	Lhoka	168002		63157	58887	99127
那曲市	Nagqu	9502		363	281	5102
阿里地区	Ngari	5317		16		4926

注：1.2019年开始薯类产量改为按5公斤鲜薯折1公斤粮食计算。
2.2020年开始按照统计制度，青饲料只做播种面积统计，不再统计产量。

OUTPUT OF MAJOR FARM PRODUCTS

(ton)

豆 类 Bean	其 他 Others	油菜籽 Rapeseed	花 生 Peanut	蔬 菜 Vegetable	青饲料 Green Feed
		1750			
		2610			
		5264			
49266	23360	7914			
57296	18630	14455		60244	
52439	19012	17140	11	84545	27898
48090	17982	18457	37	98394	26265
44975	18530	17862	35	51364	24026
49023	20050	26040		51610	46081
44362	13774	29373	34	96773	37356
45962	38624	33689	29	93400	59342
40816	21451	35104	33	123300	36383
33402	23647	33682	30	141478	38429
33758	21843	34009	34	137920	45515
33295	23646	41091	121	170734	49553
29467	22867	39610	46	173727	54820
31813	31818	43469	74	202654	216598
34435	29476	45157	94	234506	84109
33541	35453	49378	100	281979	121088
30780	53937	53944	50	299858	149247
32371	27041	61164	154	429225	152852
31550	28939	54490	108	449309	213352
31882	25588	52125	137	450650	213923
26527	45118	57729	126	551060	271249
24333	42924	60145	161	481408	276243
23503	37911	57986		581208	317757
23467	36913	63276	239	600705	296288
22806	37894	63047	262	655905	316085
21843	36870	63367	404	669918	326912
22107	35173	63433	338	682132	355752
20112	39356	63722	324	696310	379969
19919	39650	61750	383	706886	390627
20000	40756	59107	242	729330	386631
22426	44453	58212	329	725696	411012
17635	31611	56899	215	774932	494571
18645	33318	50661	184	843352	
18545	36137	45632	199	894726	
2190	76	8198		275165	
6482	364	21299		412119	
1064	13058	4700		87173	
464	20855	3472	199	42064	
4403	1315	7849		69484	
3694	343	68		5740	
248	127	46		2981	

Note: 1.Since 2019,the output of tubers are converted into that of grain at the ratio 5：1.

2.From 2020,the green feed just has sown areas,doesn't have output according to the statistical system.

8-15 主要农产品单位面积产量
OUTPUT OF MAJOR FARM PRODUCTS PER HECTARE

单位：公斤/公顷 (kg / hectare)

年 份 Year	粮食作物 Grain Crops	#小 麦 Wheat	#冬小麦 Winter Wheat	#青 稞 Highland Barley	#豆 类 Beans	油菜籽 Rapeseed
1959	1370					519
1965	1644					896
1978	2505	2940	3025	2300	2300	750
1980	2543	3090	3480	2235	2813	953
1985	2738	3060	3135	2738	2220	1448
1990	3170	3930	3365	3074	2403	1598
1991	3357	4227	3365	3233	2456	1587
1992	3417	4499	4842	3218	2427	1551
1993	3491	4544	3888	3215	2642	2147
1994	3548	4638	5318	3255	2564	1814
1995	3804	4793	4804	3483	2751	1821
1996	4051	4779	5459	3928	2811	1919
1997	4017	5250	5463	3628	2399	1944
1998	4240	5283	5427	3946	2705	2006
1999	4593	5703	5982	4095	2827	2408
2000	4777	5920	6387	4539	2798	2456
2001	4934	6053	6546	4667	3000	2592
2002	5045	6215	7260	4907	3106	2409
2003	5195	6451	7516	4926	3377	2285
2004	5339	6330	7684	5098	3420	2220
2005	5256	6083	6124	5101	3609	2348
2006	5381	6395	6981	5091	3917	2266
2007	5464	6574	7221	5177	4092	2260
2008	5570	6897	6793	5245	3745	2432
2009	5343	6679	7254	5051	3653	2824
2010	5361	6540	7054	5114	3553	2424
2011	5509	6624	6866	5252	3634	2645
2012	5554	6512	6517	5387	3614	2639
2013	5467	6367	6692	5301	3740	2581
2014	5554	6426	6748	5436	3872	2604
2015	5624	6437	6312	5479	3975	2690
2016	5475	6307	6622	5303	3510	2746
2017	5597	5576	6051	5673	4286	2688
2018	5653	6133	6164	5568	4930	2595
2019	5626	5924	5920	5700	3647	2653
2020	5643	5909	5908	5728	3572	2517
2021	5692	6191	6213	5694	3593	2407

8-16 农作物播种面积及产量
SOWN AREA AND OUTPUT OF FARM CROPS

指 标	Item	播种面积(千公顷) Sown Area (1000 hectares)					
		2000	2018	2019	2020	2021	2021年比上年增长(%) Growth Rate in 2021 over 2020 (%)
农作物总播种面积	**Total Sown Area**	**231.04**	**268.93**	**270.16**	**266.91**	**273.42**	**2.4**
粮食作物	**Grain Crops**	**201.44**	**184.68**	**184.73**	**182.31**	**186.48**	**2.3**
谷物	Cereal	190.68	179.19	178.63	175.39	179.80	2.5
稻谷	Rice	1.01	0.94	0.77	0.95	0.77	-18.6
小麦	Wheat	51.91	31.73	31.61	29.86	32.49	8.8
#冬小麦	Winter Wheat	38.41	23.35	21.05	20.74	20.98	1.2
玉米	Corn	3.15	5.16	4.66	4.43	4.77	7.7
青稞	Highland Barley	131.56	139.58	140.07	138.79	140.71	1.4
其他谷物	Other Cereal	3.06	1.78	1.51	1.36	1.06	-22.1
豆类	Beans	10.53	4.55	4.84	5.22	5.16	-1.1
#大豆	Soybeans	0.31	0.09	0.05	0.01	0.14	1685.2
豌豆	Peas		4.27	4.18	5.06	4.80	-5.2
薯类(鲜薯)	Tubers	0.23	0.94	1.27	1.71	1.52	-11.0
油 料	**Oil-bearing Crops**	**16.11**	**22.57**	**21.51**	**20.17**	**19.01**	**-5.7**
花生	Peanuts	0.03	0.11	0.06	0.05	0.06	11.0
油菜籽	Rapeseeds	16.08	22.46	21.45	20.13	18.96	-5.8
蔬菜、瓜类	**Vegetables and Melon**	**7.47**	**24.37**	**26.26**	**26.23**	**29.92**	**14.1**
蔬菜	Vegetables	7.47	24.00	25.83	25.82	29.36	13.7
瓜类	Melon	…	0.37	0.43	0.42	0.56	32.8
其他作物	**Other Crops**	**6.01**	**37.31**	**37.66**	**38.20**	**38.01**	**-0.5**
#青饲料	Green Feed	5.74	36.78	37.57	37.09	37.39	0.8

8-16 续表 continued

指　　标	Item	产　　量(吨) Output (ton)					
		2000	2018	2019	2020	2021	2021年比上年增长(%) Growth Rate in 2021over 2020 (%)
粮食作物	**Grain Crops**	**962234**	**1043980**	**1039323**	**1028726**	**1061508**	**3.2**
谷物	Cereal	931829	1015264	1019755	1007358	1038787	3.1
稻谷	Rice	5518	5276	4331	5298	4475	-15.5
小麦	Wheat	307288	194626	187283	176462	201157	14.0
#冬小麦	Winter Wheat	245319	143896	124638	122523	130362	6.4
玉米	Corn	14131	33601	24961	27515	29556	7.4
青稞	Highland Barley	597094	777200	798464	795004	801193	0.8
其他谷物	Other Cereal	7798	4562	4717	3080	2405	-21.9
豆类	Beans	29467	22426	17635	18645	18545	-0.5
#大豆	Soybeans	554	306	88	19	301	1481.0
豌豆	Peas		21522	16128	18280	17624	-3.6
薯类(鲜薯)	Tubers	938	6291	1933	2724	4176	53.3
油　料	**Oil-bearing Crops**	**39610**	**58541**	**57113**	**50845**	**45831**	**-9.9**
花生	Peanuts	46	329	215	184	199	8.2
油菜籽	Rapeseeds	39564	58212	56899	50661	45632	-9.9
蔬菜、瓜类	**Vegetables and Melon**	**176728**	**728902**	**779092**	**848183**	**906135**	**6.8**
蔬菜	Vegetables	176695	725696	774932	843352	894726	6.1
瓜类	Melon	33	3205	4161	4831	11409	136.2
其他作物	**Other Crops**	**57622**	**432506**	**495504**			
#青饲料	Green Feed	54820	411012	494571			

8-17　茶园、果园面积和茶叶、水果产量
AREA OF TEA PLANTATIONS, ORCHARDS AND OUTPUT OF TEA AND FRUITS

指　标	Item	1990	1995	2000	2010	2019	2020	2021
面积　（公顷）	**Area (hectare)**							
茶园	Tea Plantations	149	146	48	224	2388	3589	4333
果园	Orchards	629	1277	1235	1860	5369	4203	5146
#苹果园	Apple Plantations	508	1145	1051	1375	2675	1670	2100
梨园	Pear Plantations	41	58	112	81	274	270	297
产量　（吨）	**Output (ton)**							
茶叶	Tea	66	130	1	8	116	152	67
水果	Fruits	5445	6242	7418	9484	19658	16789	18704
#苹果	Apple	3696	3615	5299	5124	9951	7959	8048
梨	Pear	319	705	803	1228	1419	1429	1328

8-18　分地市造林面积情况(2021年)
AFFORESTED AREAS BY REGION (2021)

单位：公顷　　(hectare)

地　区	Region	当年造林面积 Afforested Areas in Current Year	#用材林 Commercial Forest	#经济林 Economic Forest	育苗面积 Seeding Raising Area	幼林抚育面积 Young Growth Tending Area	成林抚育面积 Forest Tending Area	迹地更新面积 Regeneration Area
全区合计	**Total**	**40723**	**2278**	**2990**	**2097**	**4041**	**11383**	**20**
拉萨市	Lhasa	392		41	159	107		
日喀则市	Xigazê	24765		1128	44			
昌都市	Qamdo	8105	2278	1121	429	3933	9049	20
林芝市	Nyingchi	974		334	12	1	667	
山南市	Lhoka	5306		367	251		1000	
那曲市	Nagqu	667					667	
阿里地区	Ngari	514			1202			

8-19 林业生产情况
OUTPUT OF FOREST PRODUCTS

指　　标	Item	1990	1995	2000	2007	2019	2020	2021
营林情况	**Tree Planting and Forestation**							
当年造林面积(公顷)	Afforested Areas in Current Year (hectare)	5977	12966	14101	22264	24149	34041	40723
用材林	Commercial Forest	193	478	2293	2813	1921	2371	2278
经济林	Economic Forest	15	179	398	1593	3397	2098	2990
防护林	Shelter Forest	440	3306	2721	13132	18758	29247	34478
薪炭林	Firewood Forest	18	2	299	1239		87	
其他林	Other Forest	201	48	80	291	73	238	977
迹地更新面积(公顷)	Regeneration Area (hectare)	469	684	1684	129	623	90	20
零星植树(万株)	Sporadic Tree Planting (10000 units)	28	1893	840	1155	1371	983	923
育苗面积(公顷)	Seeding Raising Area (hectare)	486	92	165	190	1613	7324	2097
幼林抚育作业面积(公顷)	Young Growth Tending Area (hectare)	989	1893	2626	2346	3112	6614	4041
成林抚育面积(公顷)	Forest Tending Area (hectare)	2660	3269	6150	16040	10125	14920	11383
主要林产品产量	**Output of Major Forest Products**							
松茸(吨)	Tricholoma Matsutake (ton)	8	155		756	270	496	188
香菇(吨)	Shiitake Mushroom (ton)				11			4
核桃(吨)	Walnuts (ton)	98	1386	1829	2247	811	1124	2032
花椒(吨)	Chinese Prickly Ash (ton)	1		35	67	36	24	11
农村竹木采伐	**Cut Bamboo and Timber in Rural Areas**							
木材(万立方米)	Timber (10000 m^3)	13.13	14.09	13.39	35.68	17	3	4
竹材(万根)	Bamboo Wood (10000 units)	45.68	118.98	170.31	52.75	105	125	80

8-20 年末牲畜存栏情况
NUMBER OF LIVESTOCK (YEAR-END)

单位：万头(只、匹) (10000 heads)

年 份 Year	地 区 Region	牲畜总头数 Number of Livestock	大牲畜 Large Animal	#牛 Cattle and Buffaloes	羊 Sheep and Goats	#绵羊 Sheep	猪 Hogs
1951		955	242	221	710	463	3
1959		956	243	222	707	474	6
1965		1701	459	427	1229	799	13
1978		2349	509	474	1815	1236	25
1980		2351	502	465	1825		24
1985		2179	539	499	1627	1086	13
1990		2251	554	506	1681	1113	16
1991		2317	575	526	1724	1146	18
1992		2395	598	547	1779	1188	19
1993		2320	588	537	1713	1145	20
1994		2297	582	531	1695	1126	20
1995		2379	590	539	1767	1168	22
1996		2276	560	511	1693	1109	23
1997		2310	574	524	1715	1126	21
1998		2252	559	509	1671	1096	21
1999		2290	579	528	1689	1104	22
2000		2266	579	526	1664	1074	23
2001		2360	607	553	1729	1111	24
2002		2439	633	577	1782	1139	24
2003		2451	647	591	1779	1134	25
2004		2509	668	613	1816	1151	26
2005		2415	686	632	1698	1072	30
2006		2438	703	651	1703	1066	32
2007		2407	674	622	1707	1060	26
2008		2405	696	645	1678	1032	31
2009		2324	705	653	1584	968	35
2010		2321	706	654	1579	977	36
2011		2185	690	645	1459	900	36
2012		2056	668	625	1352	841	36
2013		1948	640	599	1272	795	36
2014		1861	634	594	1190	749	38
2015		1833	637	599	1156	736	40
2016		1803.48	630.98	594.33	1130.36	742.40	42.14
2017		1775.84	628.30	592.62	1105.25	717.63	42.29
2018		1726.46	640.46	606.73	1046.07	679.80	39.93
2019		1702.81	654.68	621.89	1016.98	685.10	31.15
2020		1657.53	656.01	624.02	951.38	659.24	50.15
2021		1692.52	688.15	657.06	942.32	672.34	62.05
拉萨市	Lhasa	122.16	92.40	91.21	27.62	19.13	2.14
日喀则市	Xigazê	449.58	102.55	98.57	346.34	268.96	0.70
昌都市	Qamdo	230.87	172.91	154.90	42.98	26.80	14.99
林芝市	Nyingchi	80.96	39.21	36.93	1.61	0.45	40.13
山南市	Lhoka	127.41	50.90	49.70	72.48	61.98	4.03
那曲市	Nagqu	491.10	207.53	204.19	283.50	214.22	0.07
阿里地区	Ngari	190.45	22.65	21.57	167.80	80.81	

注：2016-2017年牲畜存栏数据根据第三次全国农业普查结果进行了修正。

Note: The data of number of livestock from 2016 to 2017 has been adjusted in accordance with the 3rd agricultural census.

8-21 牛、猪、羊出栏情况
SLAUGHTERED OF CATTLE AND BUFFALOES, HOGS, SHEEP AND GOATS

单位：万头(只) (10000 heads)

年份 地区 Year Region	牛 Cattle and Buffaloes 出栏数 Number of Slaughtered	牛 出栏率(%) Crop Rate (%)	猪 Hogs 出栏数 Number of Slaughtered	猪 出栏率(%) Crop Rate (%)	羊 Sheep and Goats 出栏数 Number of Slaughtered	羊 出栏率(%) Crop Rate (%)
1978	22.87	4.8	4.96	22.8	213.72	12.3
1985	34.30	7.0	5.65	45.2	283.32	17.4
1990	43.74	7.6	7.10	43.4	317.49	18.6
1991	43.32	7.8	8.81	53.9	333.74	19.9
1992	47.16	8.2	9.02	50.6	357.04	20.7
1993	53.73	9.0	9.66	52.0	352.94	19.9
1994	58.08	9.9	9.86	49.9	365.13	21.5
1995	68.17	11.7	9.46	52.7	388.66	22.9
1996	62.49	11.6	12.23	55.6	328.82	18.6
1997	66.59	13.0	13.24	57.6	403.28	23.8
1998	69.63	12.1	12.64	60.2	411.33	24.0
1999	77.49	15.2	12.95	60.9	439.16	26.3
2000	80.13	15.2	13.64	62.0	437.52	25.9
2001	85.31	16.2	12.73	55.3	467.74	28.1
2002	89.47	16.2	14.38	59.9	530.38	30.7
2003	96.28	16.3	13.93	55.7	516.19	29.0
2004	105.10	17.1	15.26	61.0	475.92	26.8
2005	106.07	16.8	18.84	62.8	483.07	28.4
2006	107.96	16.6	18.31	57.2	508.52	29.9
2007	116.59	17.9	15.58	48.6	526.90	30.9
2008	123.35	18.9	15.60	60.0	520.08	30.5
2009	126.58	19.6	19.67	63.5	529.84	31.6
2010	136.89	21.0	20.45	58.7	525.11	33.1
2011	147.89	22.6	19.85	55.3	547.81	34.7
2012	162.02	25.1	19.32	53.8	540.59	37.1
2013	160.08	25.6	17.86	49.4	484.03	35.8
2014	149.52	25.0	17.26	48.5	408.63	32.1
2015	159.94	26.9	17.42	45.4	406.62	34.2
2016	157.28	26.3	17.81	44.1	380.59	32.9
2017	163.32	27.5	19.06	45.2	397.19	35.1
2018	145.40	24.5	16.50	39.0	342.11	31.5
2019	137.52	22.7	12.61	31.3	332.76	31.8
2020	139.05	22.4	14.21	44.5	314.66	30.9
2021	138.96	22.2	16.57	33.1	298.28	31.4
拉萨市 Lhasa	19.65	22.7	0.37	27.1	10.96	38.3
日喀则市 Xigazê	15.93	17.4	0.21	28.3	105.25	31.3
昌都市 Qamdo	41.51	27.7	3.86	33.6	8.61	20.4
林芝市 Nyingchi	3.87	10.3	9.45	28.9	0.33	16.2
山南市 Lhoka	14.48	30.6	2.67	70.5	25.77	35.3
那曲市 Nagqu	41.09	21.3	0.01	13.8	98.81	33.7
阿里地区 Ngari	2.43	12.1			48.54	27.6

8-22　畜产品产量
OUTPUT OF LIVESTOCK PRODUCTS

年　份 Year	地　区 Region	猪牛羊肉 (万吨) Output of Pork, Beef and Mutton (10000 tons)	猪　肉 Pork	牛　肉 Beef	羊　肉 Mutton	奶　类 (万吨) Milk (10000 tons)	#牛　奶 Cow Milk
1978		4.71	0.19	2.09	2.43	9.34	6.01
1985		7.07	0.28	3.38	3.41	10.28	8.79
1990		8.78	0.50	4.35	3.93	15.75	12.55
1991		9.10	0.47	4.42	4.21	17.71	14.03
1992		9.74	0.51	4.85	4.38	18.60	14.82
1993		10.25	0.53	5.31	4.41	16.56	13.20
1994		10.39	0.47	5.60	4.33	16.16	13.08
1995		11.21	0.56	6.13	4.52	17.61	14.10
1996		11.54	0.66	6.24	4.64	16.62	13.51
1997		12.15	0.69	6.67	4.79	18.60	14.90
1998		12.91	0.67	7.33	4.91	19.56	15.58
1999		14.69	0.73	8.29	5.67	20.88	16.72
2000		14.93	0.79	8.48	5.66	20.40	16.20
2001		16.01	0.83	8.94	6.23	23.05	18.14
2002		17.21	0.92	9.40	6.89	24.30	19.00
2003		18.98	0.86	10.76	7.36	25.13	19.62
2004		20.82	1.04	12.19	7.59	26.20	20.29
2005		21.46	1.22	12.76	7.47	26.98	21.21
2006		22.70	1.19	13.46	8.05	27.61	21.57
2007		23.48	1.08	14.20	8.20	28.94	22.98
2008		24.46	1.11	15.07	8.28	29.46	23.32
2009		25.52	1.25	16.31	7.96	29.43	23.69
2010		26.31	1.26	16.91	8.14	30.25	24.15
2011		27.67	1.17	17.89	8.61	31.35	25.34
2012		28.95	1.13	19.76	8.06	31.69	25.64
2013		29.21	1.01	20.71	7.49	32.52	26.51
2014		28.62	1.04	20.69	6.89	34.06	28.73
2015		29.28	1.07	21.63	6.59	35.44	30.47
2016		29.09	1.07	21.64	6.38	38.36	33.39
2017		30.03	1.14	22.54	6.35	42.03	37.06
2018		27.80	1.07	20.87	5.86	40.87	36.52
2019		27.75	0.83	21.15	5.77	46.66	42.39
2020		27.79	0.89	21.17	5.73	49.17	44.89
2021		26.95	1.34	20.51	5.10	53.72	48.85
拉萨市	Lhasa	3.30	0.04	3.04	0.22	13.12	12.97
日喀则市	Xigazê	3.44	0.01	1.89	1.54	11.53	10.15
昌都市	Qamdo	7.48	0.37	6.86	0.24	10.44	10.03
林芝市	Nyingchi	1.21	0.66	0.55	0.01	2.26	2.26
山南市	Lhoka	2.47	0.26	1.85	0.36	6.70	6.54
那曲市	Nagqu	7.97	…	5.99	1.98	8.66	6.53
阿里地区	Ngari	1.08		0.33	0.75	1.00	0.38

注：2016-2017年畜产品产量数据根据第三次全国农业普查结果进行了修正。

Note: The data of output of livestock products from 2016 to 2017 has been adjusted in accordance with the 3rd agricultural census.

OUTPUT OF LIVESTOCK PRODUCTS

第九篇

工　业

CHAPTER 9

INDUSTRY

简 要 说 明

一、本篇主要包括工业总产值、工业主要产品产量、规模以上工业企业主要经济指标、规模以下工业企业主要经济指标等。

二、本篇资料由自治区统计局工业交通统计处提供。

三、资料整理：米娜　操萍　杨建林

Brief Introduction

Ⅰ.This chapter mainly covers the gross output value of industry, the output of main industrial products, the main economic indicators of industrial enterprises above designated size, the main economic indicators of industrial enterprises below designated size, etc.

Ⅱ.All the data are provided by the Industrial and Transportation Statistics Division of Tibet Autonomous Region Statistics Bureau.

Ⅲ.Data collection：Mi Na　Cao Ping　Yang Jianlin

9-1 工业总产值
GROSS OUTPUT VALUE OF INDUSTRY

单位：万元 (10000 yuan)

年 份 Year	合 计 Total	按登记注册类型分 Grouped by Ownership			按轻重工业分 Grouped by Light and Heavy Industry		按企业规模分 Grouped by Size of Enterprises	
		国有经济 State-owned	集体经济 Collective-owned	其他经济 Others	轻工业 Light Industry	重工业 Heavy Industry	大中型企业 Large and Medium-sized	小微型企业 Small and Micro-sized
1956	140	140				140		140
1959	4344	4243	101		164	4180		4344
1965	2349	1797	522		892	1457		2349
1978	14934	11438	3496		5691	9243		14934
1980	14894	13818	1076		4600	10294	477	14417
1986	20200	13085	2022	5093	7734	12466	1343	18857
1987	21608	15353	2255	4000	9500	12108	2173	19435
1988	26496	19615	2881	4000	11088	15408	1628	24868
1989	33300	24119	3406	5775	12900	20400	1578	31722
1990	37200	25395	4230	7575	14518	22682	2102	35098
1991	44214	28709	3805	11700	20307	23907	1815	42399
1992	49696	31502	4871	13323	23053	26643	3559	46137
1993	59873	39637	5475	14761	23531	36342	4263	55610
1994	76200	48895	6139	21166	35964	40236	3997	72203
1995	90816	65679	13909	11228	28479	62337	12774	78042
1996	103617	69561	20642	13414	28137	75480	11507	92110
1997	117586	78033	17648	21905	40981	76605	21905	40981
1998	144313	94543	22381	27389	47554	96759	13842	130471
1999	166010	94686	14090	57234	65626	100384	11804	154206
2000	183036	94970	44529	43537	68814	114222	26749	156287
2001	199769	85086	44612	70071	79495	120274	50337	149432
2002	216337	96244	44899	75194	87977	128360	51343	164994
2003	239635	105503	40209	93923	89753	149882	98005	141630
2004	284243	116453	43073	124717	119924	164319	104399	179844
2005	336462	133805	44358	158299	136300	200162	111569	224893
2006	401641	135733	53667	212241	158267	243374	123194	278447
2007	504375	166871	28471	309033	187171	317204	203869	300506
2008	597153	184919	27994	384240	227571	369582	183802	413351
2009	657970	191361	20251	446358	271729	386241	254967	403003
2010	756144	225250	18063	512831	276447	479697	325047	431097
2011	950805	298104	25378	627323	369933	580872	417738	533067
2012	1059120	369199	30444	659477	406740	652380	454272	604848
2013	1258348	397547	30403	830398	481087	777260	573533	684815
2014	1516709	526160	31481	959068	664133	852576	628491	888218
2015	1791452	667985	15242	1108225	799598	991854	680004	1111448
2016	2101544	797146	15945	1288453	850245	1251299	804374	1297170
2017	2459934	1114865	8386	1336683	846715	1613219	1007668	1452266
2018	2895654	1264948	11716	1618989	807780	2087874	1244561	1651093
2019	3067395	1362705	33275	1671415	763231	2304164	1305002	1762393
2020	3440869	1551790	50051	1839028	807264	2633605	1529691	1911178
2021	4179509	2141361	31775	2006372	893419	3286090	2063588	2115921

注：2018年数据根据第四次全国经济普查结果调整(以下相关表同)。

Note: The data of 2018 has been adjusted in accordance with the 4th economic census.The same applies to the relevant tables following.

9-2 工业总产值指数
INDICES OF GROSS OUTPUT VALUE OF INDUSTRY

(上年=100) (preceding year=100)

年 份 Year	合 计 Total	按登记注册类型分 Grouped by Ownership			按轻重工业分 Grouped by Light and Heavy Industry		按企业规模分 Grouped by Size of Enterprises	
		国有经济 State-owned	集体经济 Collective-owned	其他经济 Other	轻工业 Light Industry	重工业 Heavy Industry	大中型企业 Large and Medium-sized	小微型企业 Small and Micro-sized
1957	252.7	252.7				252.7		252.7
1959	96.5	95.8	138.3		137.0	95.4		96.5
1965	119.2	102.6	251.3		251.2	90.2		119.2
1978	113.5	113.5	113.5		107.1	117.8		113.5
1980	91.9	111.7	27.4		95.1	90.4	87.0	92.1
1986	92.7	89.2	117.7	92.9	68.3	120.4	98.1	92.4
1987	113.7	119.7	113.7	98.7	129.5	103.5	111.9	113.7
1988	110.3	99.4	118.0	139.3	119.4	103.0	111.6	110.2
1989	109.5	108.7	108.2	112.0	109.1	109.9	112.8	109.3
1990	106.3	101.2	117.3	135.8	110.4	102.6	92.1	107.2
1991	107.2	97.9	99.0	160.0	135.0	89.7	84.7	108.7
1992	108.2	105.0	110.5	113.8	112.6	103.9	169.5	105.0
1993	108.5	109.5	97.4	110.6	102.1	115.1	135.2	106.3
1994	113.1	104.0	116.9	129.0	111.8	114.2	86.0	116.0
1995	114.7	132.9	202.0	51.0	108.5	117.8	300.7	99.2
1996	110.4	113.3	104.9	103.7	97.1	117.8	91.2	120.7
1997	112.2	102.1	116.2	175.2	133.0	123.2	29.8	129.3
1998	113.5	106.7	124.6	123.7	111.4	114.8	125.7	105.3
1999	108.7	111.2	104.0	103.8	121.2	101.7	100.8	109.2
2000	108.1	103.7	115.2	109.4	114.0	107.5	103.2	105.4
2001	108.0	98.4	96.8	137.2	108.1	106.3	110.7	102.9
2002	108.0	107.5	103.3	112.0	113.1	103.2	113.5	107.2
2003	109.6	113.4	92.2	118.6	106.8	111.9	112.1	108.6
2004	114.6	111.0	118.7	126.9	116.4	113.1	104.5	118.4
2005	116.5	104.7	109.7	114.7	120.4	113.0	112.7	117.5
2006	117.0	110.5	115.4	129.2	100.9	135.6	111.5	118.3
2007	117.4	113.6	90.7	141.9	110.4	122.2	101.8	120.2
2008	112.1	117.6	93.2	111.0	115.9	109.9	85.4	130.3
2009	112.9	104.9	89.3	118.8	120.5	108.7	112.2	113.5
2010	113.2	118.2	108.0	108.6	98.8	122.1	101.4	120.9
2011	120.6	126.9	134.7	118.4	128.3	116.1	149.4	104.3
2012	111.7	124.2	120.3	105.4	110.3	112.6	109.1	113.8
2013	115.7	107.6	106.5	126.2	112.0	118.1	126.5	113.4
2014	120.8	132.7	103.9	115.8	138.5	110.0	109.9	130.1
2015	118.6	127.7	47.0	114.9	121.0	116.8	108.4	125.8
2016	103.7	105.5	92.5	102.8	94.0	111.5	104.6	103.2
2017	103.1	123.2	46.3	91.4	87.7	113.6	110.4	98.6
2018	117.7	132.0	139.7	116.5	84.1	127.2	112.9	120.9
2019	106.0	104.0	163.0	105.8	125.8	98.2	114.8	100.3
2020	112.2	114.0	150.7	110.1	105.8	114.4	117.3	108.5
2021	121.1	137.4	64.0	109.0	110.5	124.4	134.4	110.6

注：本表按可比价格计算。
Note: Data in this table are calculated at comparable prices.

9-3 工业总产值指数
INDICES OF GROSS OUTPUT VALUE OF INDUSTRY

(1956年=100) (year of 1956=100)

年 份 Year	合 计 Total	按登记注册类型分 Grouped by Ownership			按轻重工业分 Grouped by Light and Heavy Industry		按企业规模分 Grouped by Size of Enterprises	
		国有经济 State-owned	集体经济 Collective-owned	其他经济 Others	轻工业 Light Industry	重工业 Heavy Industry	大中型企业 Large and Medium-sized	小微型企业 Small and Micro-sized
1957	252.7	252.7				252.7		252.7
1959	3095.7	3501.0	213.2		137.0	3060.4		3095.7
1965	1673.9	1485.2	1148.9		746.1	1065.6		1673.9
1978	9459.1	8356.1	6490.7		3977.8	6243.4		9459.1
1980	9710.0	10425.9	1986.5		3468.9	2998.6	87.0	9408.8
1986	9368.2	6886.6	3197.8	109.9	4044.6	6084.1	148.0	8849.6
1987	10651.6	8243.3	3635.9	108.5	5237.8	6297.0	165.7	10062.0
1988	11748.7	8193.8	4290.4	151.1	6253.9	6485.9	185.0	11088.3
1989	12864.8	8906.7	4642.2	169.1	6823.0	7128.0	208.7	12119.5
1990	13675.3	9013.6	5445.3	198.4	7532.6	7313.3	192.3	12992.1
1991	14659.9	8824.3	5390.8	198.3	10169.0	6560.0	206.6	14122.4
1992	15862.0	9265.5	5956.8	225.8	11450.3	6815.8	350.3	14828.5
1993	17210.3	10145.7	5801.9	249.7	11690.8	7845.0	473.6	15762.7
1994	19464.8	10551.5	6782.4	322.1	13070.3	8959.0	407.3	18284.7
1995	22534.9	14022.9	13700.4	164.3	14181.3	10553.7	1224.8	18436.0
1996	24878.0	15887.9	14371.7	170.4	13770.0	12432.3	1117.0	22252.3
1997	27913.7	16221.5	16699.9	298.5	18314.1	15316.6	332.9	28772.2
1998	31682.0	17308.3	20808.1	369.2	20401.9	17583.5	418.5	30297.1
1999	34438.3	19246.8	21640.4	383.2	24727.1	17882.4	421.8	33084.4
2000	37227.8	19958.9	24929.7	419.2	28188.9	19223.6	435.3	34871.0
2001	40206.0	19639.6	24131.9	575.1	30472.2	20434.7	481.9	35882.3
2002	43422.5	21112.6	24928.3	644.1	34464.1	21088.6	546.9	38465.8
2003	47591.1	23941.7	22983.9	763.9	36807.7	23598.1	613.1	41773.9
2004	54539.4	26575.3	27281.9	969.4	42844.2	26689.5	640.7	49460.3
2005	63538.4	27824.3	29928.2	1111.9	51584.4	30159.1	722.1	58115.9
2006	74339.9	30745.9	34537.1	1582.7	52048.7	40895.7	805.1	68751.1
2007	87275.0	34927.3	31325.1	2245.9	57461.8	49974.5	819.6	82638.8
2008	97835.3	41074.5	29195.0	2492.9	66598.2	54921.9	699.9	107678.4
2009	110456.1	43087.2	26071.1	2961.6	80250.8	59700.1	785.3	122215.0
2010	125036.3	50929.1	28156.8	3216.3	79287.8	72893.8	796.3	147757.9
2011	150793.8	64629.0	37927.2	3808.9	101726.2	84629.7	1189.7	154111.5
2012	168436.7	80269.2	45626.4	4014.6	112204.0	95293.0	1298.0	175378.9
2013	194881.3	86369.7	48592.1	5066.4	125668.5	112541.0	1642.0	198879.7
2014	235416.6	114612.6	50487.2	5866.9	174050.9	123795.1	1804.6	258742.5
2015	279204.1	146360.3	23729.0	6741.1	210531.9	144567.9	1956.5	325549.8
2016	289595.9	154430.1	21948.2	6929.6	197937.2	161258.6	2046.3	335940.7
2017	298663.1	190291.9	10170.3	6333.9	173670.1	183171.9	2258.5	331372.2
2018	351526.4	251185.3	14207.9	7378.9	146056.6	232994.7	2549.8	400628.9
2019	372618.0	261232.7	23158.9	7806.9	183739.2	228800.8	2927.2	401830.8
2020	418077.4	297805.3	34900.4	8595.4	194396.1	261748.1	3433.6	435986.4
2021	506498.3	409278.3	22344.9	9366.0	214836.3	325638.8	4614.3	482002.9

注：本表按可比价格计算。
Note: Data in this table are calculated at comparable prices.

9-4 全部工业企业分行业工业总产值
GROSS OUTPUT VALUE OF ALL INDUSTRIAL ENTERPRISES BY SECTOR

单位：万元 (10000 yuan)

分 类	Item	2010	2019	2020	2021
总 计	**Total**	**704849**	**2892235**	**3299940**	**4035524**
按登记注册类型分	**Grouped by Ownership**				
国有企业	State-owned Enterprises	225250	139491	153931	206681
集体企业	Collective-owned Enterprises	18063	33275	50051	31775
股份合作企业	Cooperative Enterprises	3881	1923	68	62
有限责任公司(企业)	Limited Liability Companies		1181965	1385187	1482030
股份有限公司(股份制企业)	Share Holding Enterprises	333501	818680	756838	1232487
私营企业	Private Enterprises		339315	417892	416357
外商及港澳台商投资企业	Foreign Funded Enterprises and Enterprises with Funds from Hong Kong, Macao and Taiwan	54891	356450	492160	615655
其他经济企业	Other Enterprises	69263	21136	43813	50478
按国民经济行业分	**Grouped by Sectors**				
煤炭开采和洗选业	Mining and Washing of Coal		14	167	430
黑色金属矿采选业	Mining and Processing of Ferrous Metal Ores	39589	13645	32032	44952
有色金属矿采选业	Mining and Processing of Non-ferrous Metal Ores	103550	614266	766270	1522008
非金属矿采选业	Mining and Processing of Non-metal Ores	13796	39839	45340	38410
其他采矿业	Mining of Other Ores		2353	408	
农副食品加工业	Processing of Food from Agricultural Products	25954	45060	69414	44028
食品制造业	Manufacture of Foods	11291	34538	41490	87792
酒、饮料和精制茶制造业	Manufacture of Liquor, Beverages and Refined Tea	106958	196228	211812	188398
烟草制品业	Manufacture of Tobacco		1873		12981
纺织业	Manufacture of Textile	8549	11112	9739	7621
纺织服装、服饰业	Manufacture of Textile, Wearing Apparel and Accessories	880	8570	12775	13681
皮革、毛皮、羽毛及其制品和制鞋业	Manufacture of Leather, Fur, Feather and Related Products and Footwear	1176	2815	2521	2966
木材加工和木、竹、藤、棕、草制品业	Processing of Timber, Manufacture of Wood, Bamboo, Rattan, Palm and Straw Products	10822	5701	5539	8899
家具制造业	Manufacture of Furniture	721	6658	13909	11636
造纸及纸制品业	Papermaking and Paper Products	8651	4578	4746	3049
印刷和记录媒介复制业	Printing and Reproduction of Recording Media	8188	18035	17098	21784
文教、工美、体育和娱乐用品制造业	Manufacture of Articles for Culture, Education, Arts and Crafts, Sport and Entertainment Activities	5873	17660	19321	24051
石油、煤炭及其他燃料加工业	Processing of Petroleum, Coking and Other Fuel				587
化学原料及化学制品制造业	Manufacture of Raw Chemical Materials and Chemical Products	9317	89157	79389	95644
医药制造业	Manufacture of Medicines	65027	179806	196236	267616
橡胶和塑料制品业	Manufacture of Rubber and Plastics Products	632	20269	31681	28082
非金属矿物制品业	Manufacture of Non-metallic Mineral Products	147662	978980	1030405	838455
黑色金属矿冶炼及压延加工业	Smelting and Pressing of Ferrous Metals		41	2318	1389
有色金属矿冶炼及压延加工业	Smelting and Pressing of Non-ferrous Metals		299	410	2193
金属制品业	Metal Products	343	7054	16317	43463
通用设备制造业	Manufacture of General Purpose Machinery		391	8144	14415
专用设备制造业	Manufacture of Special Purposes Machinery	42	2576	3213	8515
汽车制造业	Manufacture of Automobiles	10791			
电气机械及器材制造业	Manufacture of Electrical Machinery and Apparatus	1481	2821	4646	26794
计算机、通信和其他电子设备制造业	Manufacture of Computers, Communication and Other Electronic Equipment				12553
其他制造业	Other Manufacture		4397	17227	4084
废弃资源综合利用业	Utilization of Waste Resources		30	151	4204
金属制品、机械和设备修理业	Repair of Metal Products and Mechanical Equipment			1371	1499
电力、热力生产和供应业	Production and Supply of Electric Power and Heat Power	110616	533152	596329	588803
燃气生产和供应业	Production and Supply of Gas		15742	18389	19449
水的生产和供应业	Production and Supply of Water	12940	34574	41134	45095

9-5　规模以上工业企业单位数
NUMBER OF INDUSTRIAL ENTERPRISES ABOVE DESIGNATED SIZE

单位：个　　(unit)

分　　类	Item	2005	2010	2015	2019	2020	2021
总　计	**Total**	**197**	**97**	**104**	**148**	**167**	**186**
按登记注册类型分	**Grouped by Ownership**						
国有经济	State-owned	157	33	34	49	67	83
集体经济	Collective-Owned	7	6	1	1	2	2
其他经济	Others	33	58	69	98	98	101
按轻重工业分	**Grouped by Light and Heavy Industry**						
轻工业	Light Industry	69	47	51	59	58	61
重工业	Heavy Industry	128	50	53	89	109	125
按企业规模分	**Grouped by Size of Enterprises**						
大型企业	Large Enterprises		1	2	2	2	3
中型企业	Medium-sized Enterprises	11	13	16	11	10	8
小型企业	Small Enterprises	186	83	72	104	124	137
微型企业	Micro-sized Enterprises			14	31	31	38
按国民经济行业分	**Grouped by Sectors**						
煤炭开采和洗选业	Mining and Washing of Coal	1					
黑色金属矿采选业	Mining and Processing of Ferrous Metal Ores	3	6	2	2	3	3
有色金属矿采选业	Mining and Processing of Non-ferrous Metal Ores	12	16	12	13	13	14
非金属矿采选业	Mining and Processing of Non-metal Ores	3	1	1	4	5	4
开采辅助活动	Support Activities for Mining						
其他采矿业	Mining of Other Ores						
农副食品加工业	Processing of Food from Agricultural Products	14	9	10	13	13	13
食品制造业	Manufacture of Foods	5	3	3	3	4	4
酒、饮料和精制茶制造业	Manufacture of Liquor, Beverages and Refined Tea	7	7	15	14	16	15
烟草制品业	Manufacture of Tobacco						
纺织业	Manufacture of Textile	3	2	2	2	1	1
纺织服装、服饰业	Manufacture of Textile, Wearing Apparel and Accessories	1	1	1	1	1	2

注：1.规模以上工业企业统计范围2006年及以前为全部国有及年主营业务收入在500万元以上非国有工业企业，2007-2010年为年主营业务收入在500万元以上工业企业，2011年及以后为年主营业务收入2000万元以上工业企业(以下相关表同)。
2.从2014年起，国有经济包含纯国有和国有控股企业(以下相关表同)。

Note: 1.Industrial enterprises above designated size are all state-owned enterprises and non-state-owned industrial enterprises with annual revenue from principal business over 5 million yuan in and before 2006, and are industrial enterprises with annual revenue from principal business over 5 million yuan from 2007 to 2010, and are industrial enterprises with annual revenue from principal business over 20 million yuan since 2011. The same applies to the relevant tables following.
2.Since 2014, state-owned includes the state-owned and state-holding enterprises. The same applies to the relevant tables following.

9-5 续表 continued

单位：个 (unit)

分类	Item	2005	2010	2015	2019	2020	2021
皮革、毛皮、羽毛及其制品和制鞋业	Manufacture of Leather, Fur, Feather and Related Products and Footwear	2	1				
木材加工和木、竹、藤、棕、草制品业	Processing of Timber, Manufacture of Wood, Bamboo, Rattan, Palm and Straw Products	5	2	1			
家具制造业	Manufacture of Furniture	2					
造纸及纸制品业	Manufacture of Paper and Paper Products		1	2	4	2	2
印刷和记录媒介复制业	Printing and Reproduction of Recording Media	10	5	3	1	1	2
文教、工美、体育和娱乐用品制造业	Manufacture of Articles for Culture, Education, Arts and Crafts, Sport and Entertainment Activities			3	4	3	1
石油、煤炭及其他燃料加工业	Processing of Petroleum, Coking and Other Fuel						
化学原料及化学制品制造业	Manufacture of Raw Chemical Materials and Chemical Products	5	3	5	8	9	7
医药制造业	Manufacture of Medicines	12	11	8	10	10	14
化学纤维制造业	Manufacture of Chemical Fibres						
橡胶和塑料制品业	Manufacture of Rubber and Plastics Products			1	3	4	3
非金属矿物制品业	Manufacture of Non-metallic Mineral Products	16	15	19	33	47	54
黑色金属矿冶炼及压延加工业	Smelting and Pressing of Ferrous Metals			1			
有色金属矿冶炼及压延加工业	Smelting and Pressing of Non-ferrous Metals						
金属制品业	Manufacture of Metal Products				1		2
通用设备制造业	Manufacture of General Purpose Machinery	1					
专用设备制造业	Manufacture of Special Purpose Machinery			1	1	1	1
汽车制造业	Manufacture of Automobiles						
铁路、船舶、航空航天和其他运输设备制造业	Manufacture of Railway, Ship, Aerospace and Other Transport Equipmen	10	2				
电气机械及器材制造业	Manufacture of Electrical Machinery and Apparatus		1	3	2	2	6
计算机、通信和其他电子设备制造业	Manufacture of Computers, Communication and Other Electronic Equipment						2
其他制造业	Other Manufacture	4	1				
废弃资源综合利用业	Utilization of Waste Resources						
金属制品、机械和设备修理业	Repair Service of Metal Products, Machinery and Equipment						
电力、热力生产和供应业	Production and Supply of Electric Power and Heat Power	73	6	10	25	27	31
燃气生产和供应业	Production and Supply of Gas				1	1	1
水的生产和供应业	Production and Supply of Water	8	4	1	3	4	4

9-6 规模以上工业企业主要经济指标
MAIN ECONOMIC INDICATORS OF INDUSTRIAL ENTERPRISES ABOVE DESIGNATED SIZE

单位：万元 (10000 yuan)

指 标	Item	2000	2007	2010	2014	2019	2020	2021
企业单位数(个)	Number of Industrial Enterprises (unit)	219	100	97	97	148	167	186
#亏损企业	Number of Loss-Making Enterprises	45	14	24	27	45	43	50
工业总产值(当年价)	Gross Output Value of Industry (at current price)	152376	413637	622246	1154723	2503304	2869441	3595580
工业增加值(当年价)	Added Value of Industry (at current price)	86419	234621	292500	488749	995109	1137197	1479323
流动资产合计	Total Current Assets	223916	573217	907575	1771808	4460438	4532910	5004991
固定资产原价	Original Value of Fixed Assets	562109	1204026	1898472	3805237	11315894	13898376	17467603
固定资产净额	Net Value of Fixed Assets				2773810	8618476	10474881	12973495
资产总计	Total Assets	752352	1721826	3152355	6685218	17262911	20440045	22533409
流动负债合计	Current Liabilities	137495	290843	583755	1479215	4710719	5637850	6194629
所有者权益合计	Total Owners' Equities	566057	1328031	2232227	4010101	8259700	9796923	10703501
实收资本	Paid-in Capital	437438	554520	898243	1395656	2038751	2751929	3117049
营业收入	Business Revenue				1212026	2960422	3316618	4157284
#主营业务收入	Revenue from Principal Business	144227	367308	597092	1171413	2887919	3234428	4105485
营业成本	Business Cost				921117	2376883	2579490	3016886
税金及附加	Tax and Other Charges				16968	40210	38738	81032
销售费用	Selling Expenses				88422	99774	160416	139515
管理费用	Administrative Expenses				103452	278924	244679	325714
研发费用	R&D Expenses						38854	45992
财务费用	Financial Expenses				19109	95685	100959	139482
#利息收入	Interest Revenue				10445	14541	16355	19038
利息费用	Interest Expenses				29130	99993	105756	141259
营业利润	Business Profits	14012	65895	29001	62243	62613	189816	502253
投资收益	Profit from Investment				1985	-6509	4900	52041
其他收益	Other Profits				49316	15537	34587	35049
营业外收入	Non-business Revenue				70733	26338	27028	18893
营业外支出	Non-business Expenditure				7388	19565	25107	20124
利润总额	Total Profits	26848	71465	108200	125588	69387	191737	501022
#亏损企业亏损总额	Total Loss of Loss-Making Enterprises	2773	14300	31301	123502	321650	351564	467722
所得税费用	Income Tax Expenses	1504	5649	14642	34744	26680	43634	85887
利税总额	Total Pre-tax Profits				219623	157437	290017	710007
应交税金及附加	Tax and Other Charges Payable				129684	114729	141915	294871
本年应交增值税	Value-added Tax Payable This Year	11216	43772	50084	77067	47840	59543	127953
本年应付职工薪酬	Wages Payable This Year	27462	52277	85435	188262	369714	380967	516165
全部从业人员年平均人数(人)	Annual Average Employees (person)	22934	20170	19144	19829	22669	23682	27057

注：1.2016年及以前“其他收益”数据为“政府补助”，“税金及附加”数据为“营业税金及附加”。
2.2014年及以前“所得税费用”数据为“应交所得税”。
3.2020年规模以上工业企业主要经济指标中新增了“研发费用”，“固定资产净值”改为“固定资产净额”，“利息支出”改为“利息费用”。

Note:1.In 2016 and before, other profit refers to government grants, tax and other charges refers to operating tax and other charges.
2.In 2014 and before, income tax expense refers to income tax payable.
3.The new indicator is R&D Expenses in the main economic indicator in 2020.

9-7 规模以上工业企业分类型主要经济指标(2021年)

单位：万元

指标	Item	企业单位数(个) Number of Enterprises (unit)	#亏损企业 Number of Loss-Making Enterprises
总计	**Total**	**186**	**50**
按登记注册类型分	**By Ownership**		
国有企业	State-owned Enterprises	14	4
集体企业	Collective-owned Enterprises	2	1
股份合作企业	Cooperative Enterprises		
有限责任公司	Limited Liability Companies	83	24
股份制企业	Share Holding Enterprises	20	3
私营企业	Private Enterprises	61	18
外商及港澳台商投资企业	Foreign Funded Enterprises and Enterprises with Funds from Hong Kong, Macao and Taiwan	6	
按轻重工业分	**By Light Industry and Heavy Industry**		
轻工业	Light Industry	61	11
重工业	Heavy Industry	125	39
按企业规模分	**By Size of Enterprises**		
大型企业	Large Enterprises	3	1
中型企业	Medium-sized Enterprises	8	1
小型企业	Small Enterprises	137	36
微型企业	Micro-sized Enterprises	38	12
总计中:	**Of the Total:**		
国有控股企业	State-holding Enterprises	69	20

MAIN ECONOMIC INDICATORS OF INDUSTRIAL ENTERPRISES ABOVE DESIGNATED SIZE BY GROUP (2021)

(10000 yuan)

工业总产值(当年价) Gross Output Value of Industry (at current price)	资 产 总 计 Total Assets	流动资产合 计 Total Current Assets	固定资产原 价 Original Value of Fixed Assets	固定资产净 额 Net Value of Fixed Assets
3595580	**22533409**	**5004991**	**17467603**	**12973495**
188058	1704276	136810	1835865	1400298
25754	58621	12685	21743	19328
1261872	14082461	2650291	12128108	9033804
1219753	4218998	1374063	2064775	1578706
284642	999180	466297	382783	214613
615501	1469873	364846	1034329	726746
573194	2522598	1237448	608931	371864
3022386	20010811	3767543	16858672	12601631
944123	10338226	1173792	9789844	7090724
1119466	3550699	984322	2210166	1758345
1392651	7810688	2564009	4876450	3714141
139340	833797	282868	591143	410285
1934680	15245266	2897203	14565411	10920664

9-7 续表1

单位：万元

指 标	Item	流动负债合 计 Current Liabilities
总 计	**Total**	**6194629**
按登记注册类型分	**Grouped by Ownership**	
国有企业	State-owned Enterprises	1614698
集体企业	Collective-owned Enterprises	35867
股份合作企业	Cooperative Enterprises	
有限责任公司	Limited Liability Companies	2976895
股份制企业	Share Holding Enterprises	733085
私营企业	Private Enterprises	516630
外商及港澳台商投资企业	Foreign Funded Enterprises and Enterprises with Funds from Hong Kong, Macao and Taiwan	317454
按轻重工业分	**By Light Industry and Heavy Industry**	
轻工业	Light Industry	1047478
重工业	Heavy Industry	5147151
按企业规模分	**By Size of Enterprises**	
大型企业	Large Enterprises	1518112
中型企业	Medium-sized Enterprises	617475
小型企业	Small Enterprises	3595550
微型企业	Micro-sized Enterprises	463493
总计中:	**Of the Total:**	
国有控股企业	State-holding Enterprises	3657599

continued

(10000 yuan)

所有者权益合计 Total Owners' Equities	实收资本 Paid-in Capital	营业收入 Business Revenue	主营业务收入 Revenue from Principal Business	营业成本 Business Cost
10703501	**3117049**	**4157284**	**4105485**	**3016886**
-92886	170559	204040	203706	153026
11713	16088	20297	20227	19468
7397084	1644957	1638646	1614284	1687131
2429639	816910	1335862	1325062	593941
251584	235920	315657	301542	225255
706367	232617	642782	640663	338066
1237375	381924	608604	578584	336440
9466126	2735125	3548680	3526901	2680446
6191991	945417	1263756	1263398	1269433
1861828	694667	1213757	1205988	580310
2494231	1308644	1552855	1509510	1080743
155451	168321	126916	126588	86400
8032150	1782936	2297258	2284936	1892494

9-7 续表2

单位：万元

指　　　标	Item	税金及附加 Tax and Other Charges	销　售 费　用 Selling Expenses
总　计	**Total**	**81032**	**139515**
按登记注册类型分	**Grouped by Ownership**		
国有企业	State-owned Enterprises	494	5795
集体企业	Collective-owned Enterprises	201	627
股份合作企业	Cooperative Enterprises		
有限责任公司	Limited Liability Companies	14915	37627
股份制企业	Share Holding Enterprises	41041	59498
私营企业	Private Enterprises	1711	24102
外商及港澳台商投资企业	Foreign Funded Enterprises and Enterprises with Funds from Hong Kong, Macao and Taiwan	22671	11867
按轻重工业分	**By Light Industry and Heavy Industry**		
轻工业	Light Industry	5156	66819
重工业	Heavy Industry	75876	72697
按企业规模分	**By Size of Enterprises**		
大型企业	Large Enterprises	27312	2621
中型企业	Medium-sized Enterprises	36978	54256
小型企业	Small Enterprises	16285	79425
微型企业	Micro-sized Enterprises	457	3213
总计中：	**Of the Total:**		
国有控股企业	State-holding Enterprises	42425	63629

continued

(10000 yuan)

管 理 费 用 Administrative Expenses	研 发 费 用 R&D Expenses	财 务 费 用 Financial Expenses	#利 息 收 入 Interest Revenue	#利 息 费 用 Interest Expenses	营 业 利 润 Business Profits
325714	**45992**	**139482**	**19038**	**141259**	**502253**
16021	656	20113	256	20543	13817
2713		1194	2	240	-3905
161809	6410	58306	9358	64852	-301748
82860	18655	30975	7115	33840	568774
35621	2125	13226	201	4186	15147
26690	18145	15669	2106	17597	210166
50164	12417	11008	1829	10944	196203
275550	33575	128475	17209	130315	306049
94849	22224	35017	10200	46271	-165023
67156	14294	30162	5363	31036	467591
149545	9244	55957	2904	53179	195886
14165	231	18346	571	10773	3799
193544	16387	84710	14944	99314	33490

9-7 续表3

单位：万元

指　　标	Item	投资收益 Profits from Investment	其他收益 Other Profits
总　　计	**Total**	**52041**	**35049**
按登记注册类型分	**Grouped by Ownership**		
国有企业	State-owned Enterprises		6337
集体企业	Collective-owned Enterprises		0
股份合作企业	Cooperative Enterprises		
有限责任公司	Limited Liability Companies	2779	19062
股份制企业	Share Holding Enterprises	47437	7494
私营企业	Private Enterprises	1292	877
外商及港澳台商投资企业	Foreign Funded Enterprises and Enterprises with Funds from Hong Kong, Macao and Taiwan	534	1278
按轻重工业分	**By Light Industry and Heavy Industry**		
轻工业	Light Industry	42211	14082
重工业	Heavy Industry	9831	20967
按企业规模分	**By Size of Enterprises**		
大型企业	Large Enterprises	2708	11068
中型企业	Medium-sized Enterprises	38517	6530
小型企业	Small Enterprises	10554	17434
微型企业	Micro-sized Enterprises	263	16
总计中:	**Of the Total:**		
国有控股企业	State-holding Enterprises	5610	26340

continued

(10000 yuan)

营业外收 入 Non-business Revenue	营业外支 出 Non-business Expenditure	利 润 总 额 Total Profits	所得税费 用 Income Tax Expenses	亏损企业亏损总额 Total Loss of Loss-making Enterprises
18893	**20124**	**501022**	**85887**	**467722**
2121	838	15101	920	7772
27	16	-3894	6	4193
7149	13062	-307661	11914	428266
2682	2781	568676	50622	2372
4498	3085	16561	3880	25120
2416	342	212240	18545	
8130	1563	202771	17843	6684
10763	18561	298252	68044	461039
2547	9130	-171606	19504	391432
1719	1009	468300	44048	12493
13929	9829	199986	21167	44292
697	155	4342	1168	19506
6666	11208	28948	40004	428280

9-7 续表4

单位：万元

指　　标	Item	利税总额 Total Pre-tax Profits
总　计	**Total**	**710007**
按登记注册类型分	**Grouped by Ownership**	
国有企业	State-owned Enterprises	20409
集体企业	Collective-owned Enterprises	-2564
股份合作企业	Cooperative Enterprises	
有限责任公司	Limited Liability Companies	-282021
股份制企业	Share Holding Enterprises	678275
私营企业	Private Enterprises	26021
外商及港澳台商投资企业	Foreign Funded Enterprises and Enterprises with Funds from Hong Kong, Macao and Taiwan	269887
按轻重工业分	**By Light Industry and Heavy Industry**	
轻工业	Light Industry	239760
重工业	Heavy Industry	470247
按企业规模分	**By Size of Enterprises**	
大型企业	Large Enterprises	-125730
中型企业	Medium-sized Enterprises	561741
小型企业	Small Enterprises	269469
微型企业	Micro-sized Enterprises	4527
总计中:	**Of the Total:**	
国有控股企业	State-holding Enterprises	155831

continued

(10000 yuan)

应交税金及附加 Tax and Other Charges Payable	本年应付职工薪酬 Wages Payable This Year	应交增值税 Value-added Tax Payable This Year	从业人员平均人数(人) Annual Average Employees (person)
294871	**516165**	**127953**	**27057**
6229	28128	4815	1286
1336	4048	1129	286
37554	312496	10725	15791
160221	91057	68558	4502
13341	28901	7750	3084
76191	51534	34976	2108
54832	69802	31833	5542
240040	446363	96120	21515
65380	247479	18564	11240
137489	87396	56463	3749
90650	174430	53198	11615
1352	6860	-273	453
166887	348667	84459	16331

9-7 续表5

指　标	Item	营业收入利润率(%) Profit Rate of Revenue (%)	资产负债率(%) Asset-liability Ratio (%)
总　计	**Total**	**12.1**	**51.8**
按登记注册类型分	**Grouped by Ownership**		
国有企业	State-owned Enterprises	7.4	105.5
集体企业	Collective-owned Enterprises	-19.2	80.0
股份合作企业	Cooperative Enterprises		
有限责任公司	Limited Liability Companies	-18.8	47.5
股份制企业	Share Holding Enterprises	42.6	42.4
私营企业	Private Enterprises	5.3	59.9
外商及港澳台商投资企业	Foreign Funded Enterprises and Enterprises with Funds from Hong Kong, Macao and Taiwan	33.0	51.9
按轻重工业分	**By Light Industry and Heavy Industry**		
轻工业	Light Industry	33.3	50.9
重工业	Heavy Industry	8.4	52.0
按企业规模分	**By Size of Enterprises**		
大型企业	Large Enterprises	-13.6	40.1
中型企业	Medium-sized Enterprises	38.6	47.6
小型企业	Small Enterprises	12.9	68.1
微型企业	Micro-sized Enterprises	3.4	63.5
总计中:	**Of the Total:**		
国有控股企业	State-holding Enterprises	1.3	47.3

continued

总资产贡献率(%) Ratio of Total Assets to Industrial Output Value (%)	人均营业收入(万元/人) Per Capital Revenue (10000 yuan/person)	流动资产周转率(次/年) Turnover Ratio of Circulating Assets (time/year)	每百元资产实现的营业收入(元) Revenue from Brought by per Hundred yuan Assets(yuan)	产成品存货周转天数(天) Turnover Days of Finished Goods (day)	应收账款平均回收期(天) Average Payback Period of Accounts Receivable(day)	成本费用利润率(%) Profits Rate of Cost (%)
3.7	**154.7**	**0.8**	**18.5**	**17.8**	**79.5**	**13.7**
2.4	159.3	1.5	12.0	10.7	72.6	7.7
-4.0	71.0	1.6	34.6	72.1	50.7	-16.2
-1.6	104.4	0.6	11.6	15.2	103.0	-15.8
16.7	305.1	1.0	31.7	13.2	46.4	72.4
3.0	101.0	0.7	31.6	69.9	198.2	5.5
19.4	304.8	1.8	43.7	3.7	32.9	51.7
9.9	108.5	0.5	24.1	59.0	78.9	42.5
2.9	166.9	0.9	17.7	12.6	79.6	9.4
-0.9	114.9	1.1	12.2	0.7	3.4	-12.1
16.5	335.9	1.2	34.2	21.1	20.1	62.8
4.1	133.0	0.6	19.9	35.8	152.7	14.6
1.8	214.4	0.5	15.2	20.8	509.6	3.6
1.6	142.9	0.8	15.1	12.4	74.8	1.3

9-8 规模以上工业企业分行业主要经济指标(2021年)

单位：万元

指　　标	Item	企　业 单位数 (个) Number of Enterprises (unit)
总　计	**Total**	**186**
按国民经济行业分	**Grouped by Sector**	
黑色金属矿采选业	Mining and Processing of Ferrous Metal Ores	3
有色金属矿采选业	Mining and Processing of Non-ferrous Metal Ores	14
非金属矿采选业	Mining and Processing of Non-metal Ores	4
农副食品加工业	Processing of Food from Agricultural Products	13
食品制造业	Manufacture of Foods	4
酒、饮料和精制茶制造业	Manufacture of Liquor, Beverages and Refined Tea	15
纺织业	Manufacture of Textile	1
纺织服装、服饰业	Manufacture of Textile, Wearing Apparel and Accessories	2
造纸及纸制品业	Manufacture of Paper and Paper Products	2
印刷和记录媒介复制业	Printing and Reproduction of Recording Media	2
文教、工美、体育和娱乐用品制造业	Manufacture of Articles for Culture, Education, Arts and Crafts, Sport and Entertainment Activities	1
化学原料及化学制品制造业	Manufacture of Raw Chemical Materials and Chemical Products	7
医药制造业	Manufacture of Medicines	14
橡胶和塑料制品业	Manufacture of Rubber and Plastics Products	3
非金属矿物制品业	Manufacture of Non-metallic Mineral Products	54
金属制品业	Mineral Products	2
专用设备制造业	Manufacture of Special Purposes Machinery	1
电气机械及器材制造业	Manufacture of Electrical Machinery and Apparatus	6
计算机通信和其他电子设备制造业	Manufacture of Computers, Communication and Other Electronic Equipment	2
电力、热力生产和供应业	Production and Supply of Electricity and Thermal Power	31
燃气生产和供应业	Production and Supply of Gas	1
水的生产和供应业	Production and Supply of Water	4

MAIN ECONOMIC INDICATORS OF INDUSTRIAL ENTERPRISES ABOVE DESIGNATED SIZE BY SECTOR (2021)

(10000 yuan)

#亏损企业 Number of Loss-Making Enterprises	工业总产值(当年价) Gross Output Value of Industry (at Current Price)	资产总计 Total Assets	流动资产合计 Total Current Assets	固定资产原价 Original Value of Fixed Assets	固定资产净额 Net Value of Fixed Assets
50	**3595580**	**22533409**	**5004991**	**17467603**	**12973495**
1	44952	318832	103864	57950	11785
4	1496323	5661278	884094	3290282	2585639
2	16557	70166	41077	14940	11806
3	43942	123201	70263	47783	39623
1	34328	121325	61316	44888	32995
4	178948	936563	417597	317229	167836
	2095	8991	5439	4686	3537
	3185	3720	1734	2631	1883
1	2989	13265	8704	4370	2003
	8682	14781	7686	15018	5176
	3625	17351	8724	3452	1487
2	77190	176084	77788	85055	62413
1	255302	1006597	461844	115028	73950
	25977	212440	169074	12958	9836
18	766144	2172151	995040	1259116	946675
	6258	16072	14477	1784	1631
	3560	13224	4423	9362	7939
	22403	90719	27411	60511	52549
1	9307	14933	8352	9041	5401
11	537967	11071790	1264294	12050122	8919922
	18647	295143	291095	1307	371
1	37200	174784	80694	60091	29038

9-8 续表1

单位：万元

指　　标	Item	流动负债合　计 Current Liabilities
总　计	**Total**	**6194629**
按国民经济行业分	**Grouped by Sector**	
黑色金属矿采选业	Mining and Processing of Ferrous Metal Ores	54884
有色金属矿采选业	Mining and Processing of Non-ferrous Metal Ores	1366945
非金属矿采选业	Mining and Processing of Non-metal Ores	30825
农副食品加工业	Processing of Food from Agricultural Products	49590
食品制造业	Manufacture of Foods	32721
酒、饮料和精制茶制造业	Manufacture of Liquor, Beverages and Refined Tea	509727
纺织业	Manufacture of Textile	1157
纺织服装、服饰业	Manufacture of Textile, Wearing Apparel and Accessories	1542
造纸及纸制品业	Manufacture of Paper and Paper Products	6253
印刷和记录媒介复制业	Printing and Reproduction of Recording Media	4386
文教、工美、体育和娱乐用品制造业	Manufacture of Articles for Culture, Education, Arts and Crafts, Sport and Entertainment Activities	6000
化学原料及化学制品制造业	Manufacture of Raw Chemical Materials and Chemical Products	64559
医药制造业	Manufacture of Medicines	207957
橡胶和塑料制品业	Manufacture of Rubber and Plastics Products	183863
非金属矿物制品业	Manufacture of Non-metallic Mineral Products	828311
金属制品业	Mineral Products	13871
专用设备制造业	Manufacture of Special Purposes Machinery	1538
电气机械及器材制造业	Manufacture of Electrical Machinery and Apparatus	40956
计算机通信和其他电子设备制造业	Manufacture of Computers, Communication and Other Electronic Equipment	976
电力、热力生产和供应业	Production and Supply of Electricity and Thermal Power	2757505
燃气生产和供应业	Production and Supply of Gas	23250
水的生产和供应业	Production and Supply of Water	7813

continued

(10000 yuan)

所有者权益合计 Total Owners' Equities	实收资本 Paid-in Capital	营业收入 Business Revenue	主营业务收入 Revenue from Principal Business	营业成本 Business Cost
10703501	**3117049**	**4157284**	**4105485**	**3016886**
256296	77082	53050	51291	25962
1895279	1142618	1573922	1565423	755693
27509	6789	16238	16238	11819
64620	28601	50347	49697	40825
67157	37156	32807	32807	26155
358182	125239	206346	202364	136673
2517	1050	2101	2101	1743
1948	1235	2823	2823	2195
3841	3833	3619	3619	2829
7664	4084	8974	8816	7552
11351	2000	3140	3140	2146
79430	41473	94499	93920	70843
684483	152255	233716	229005	61984
15529	3593	46211	25940	41065
1045827	513680	848881	841275	652937
2200	1600	8590	8570	7314
11687	10500	6637	6637	4396
37203	36456	24884	24430	17245
13957	27000	9169	9169	7840
6020415	849470	874261	872800	1100838
7605	5000	25571	25410	22003
88802	46335	31496	30008	16830

9-8 续表2

单位：万元

指　　标	Item	税金及附加 Tax and Other Charges
总　　计	**Total**	**81032**
按国民经济行业分	**Grouped by Sector**	
黑色金属矿采选业	Mining and Processing of Ferrous Metal Ores	2342
有色金属矿采选业	Mining and Processing of Non-ferrous Metal Ores	65631
非金属矿采选业	Mining and Processing of Non-metal Ores	523
农副食品加工业	Processing of Food from Agricultural Products	117
食品制造业	Manufacture of Foods	92
酒、饮料和精制茶制造业	Manufacture of Liquor, Beverages and Refined Tea	1606
纺织业	Manufacture of Textile	1
纺织服装、服饰业	Manufacture of Textile,Wearing Apparel and Accessories	66
造纸及纸制品业	Manufacture of Paper and Paper Products	2
印刷业和记录媒介的复制业	Printing and Reproduction of Recording Media	27
文教、工美、体育和娱乐用品制造业	Manufacture of Articles for Culture, Education, Arts and Crafts, Sport and Entertainment Activities	1
化学原料及化学制品制造业	Manufacture of Raw Chemical Materials and Chemical Products	281
医药制造业	Manufacture of Medicines	3022
橡胶和塑料制品业	Manufacture of Rubber and Plastics Products	197
非金属矿物制品业	Manufacture of Non-metallic Mineral Products	4847
金属制品业	Mineral Products	27
专用设备制造业	Manufacture of Special Purposes Machinery	4
电气机械及器材制造业	Manufacture of Electrical Machinery and Apparatus	43
计算机通信和其他电子设备制造业	Manufacture of Computers, Communication and Other Electronic Equipment	7
电力、热力生产和供应业	Production and Supply of Electricity and Thermal Power	2114
燃气生产和供应业	Production and Supply of Gas	35
水的生产和供应业	Production and Supply of Water	49

continued

(10000 yuan)

销售费用 Selling Expenses	管理费用 Administrative Expenses	研发费用 R&D Expenses	财务费用 Financial Expenses	#利息收入 Interest Revenue	#利息费用 Interest Expenses	营业利润 Business Profits
139515	**325714**	**45992**	**139482**	**19038**	**141259**	**502253**
3942	10824	156	-691	909	276	9885
4956	76826	17946	53146	6415	47995	598867
28	3003		124	-2		723
2033	3094	206	520	32	340	3623
3854	4509	114	1301	139	996	692
25827	15284	1419	3406	43	2858	22338
189	231	118	69	0	69	-251
55	56					451
288	582	72	211	0	38	-364
	1923		-3	7	3	28
136	402		127	3	125	327
5598	8266	1498	527	160	687	7310
33256	20685	10430	4211	1614	5885	165013
427	1304		998	-8	463	2219
54615	65706	7594	13842	275	12631	43349
339	676	40	0			195
307	775		0	0		1134
368	2767	141	737	23	713	3494
121	1229	219	-33	35		-209
754	98743	6039	59556	9385	66440	-363845
1240	2563		-136	-144		508
1181	6266		1570	153	1741	6765

9-8 续表3

单位：万元

指 标	Item	投资收益 Profits from Investment
总 计	**Total**	**52041**
按国民经济行业分	**Grouped by Sectors**	
黑色金属矿采选业	Mining and Processing of Ferrous Metal Ores	2357
有色金属矿采选业	Mining and Processing of Non-ferrous Metal Ores	3662
非金属矿采选业	Mining and Processing of Non-metal Ores	
农副食品加工业	Processing of Food from Agricultural Products	
食品制造业	Manufacture of Foods	
酒、饮料和精制茶制造业	Manufacture of Liquor, Beverages and Refined Tea	-491
纺织业	Manufacture of Textile	
纺织服装、服饰业	Manufacture of Textile, Wearing Apparel and Accessories	
造纸及纸制品业	Manufacture of Paper and Paper Products	
印刷和记录媒介复制业	Printing and Reproduction of Recording Media	
文教、工美、体育和娱乐用品制造业	Manufacture of Articles for Culture, Education, Arts and Crafts, Sport and Entertainment Activities	
化学原料及化学制品制造业	Manufacture of Raw Chemical Materials and Chemical Products	-43
医药制造业	Manufacture of Medicines	42701
橡胶和塑料制品业	Manufacture of Rubber and Plastics Products	
非金属矿物制品业	Manufacture of Non-metallic Mineral Products	1590
金属制品业	Mineral Products	
专用设备制造业	Manufacture of Special Purposes Machinery	
电气机械及器材制造业	Manufacture of Electrical Machinery and Apparatus	
计算机通信和其他电子设备制造业	Manufacture of Computers, Communication and Other Electronic Equipment	
电力、热力生产和供应业	Production and Supply of Electricity and Thermal Power	816
燃气生产和供应业	Production and Supply of Gas	642
水的生产和供应业	Production and Supply of Water	808

continued

(10000 yuan)

其 他 收 益 Other Profits	营业外 收 入 Non-business Revenue	营业外 支 出 Non-business Expenditure	利 润 总 额 Total Profits	所得税 费 用 Income Tax Expenses	亏损企业 亏损总额 Total Loss of Loss-making Enterprises
35049	**18893**	**20124**	**501022**	**85887**	**467722**
123	98	527	9456	438	1447
650	2683	6689	594861	57660	23663
	435	59	1098	18	953
72	969	110	4482	303	205
3911	736	101	1327	228	1082
1416	3600	193	25745	2759	4176
	697	72	374		
			451	6	
	239	8	-132		356
810	470	143	355	56	
		0	327		
112	290	349	7251	1511	503
7867	508	822	164699	14113	794
	705	0	2924	274	
227	3168	2061	44456	6496	24291
		77	118	9	
6	11		1145	101	
	652	31	4115	220	
	14	0	-195		287
19266	1783	8343	-370404	1125	409599
	224	19	713		
590	1612	521	7856	569	366

9-8 续表4

单位：万元

指 标	Item	利税总额 Total Pre-tax Profits
总 计	**Total**	**710007**
按国民经济行业分	**Grouped by Sectors**	
黑色金属矿采选业	Mining and Processing of Ferrous Metal Ores	13174
有色金属矿采选业	Mining and Processing of Non-ferrous Metal Ores	703668
非金属矿采选业	Mining and Processing of Non-metal Ores	2725
农副食品加工业	Processing of Food from Agricultural Products	5308
食品制造业	Manufacture of Foods	2165
酒、饮料和精制茶制造业	Manufacture of Liquor, Beverages and Refined Tea	34170
纺织业	Manufacture of Textile	320
纺织服装、服饰业	Manufacture of Textile, Wearing Apparel and Accessories	523
造纸及纸制品业	Manufacture of Paper and Paper Products	-74
印刷和记录媒介的复制业	Printing and Reproduction of Recording Media	575
文教、工美、体育和娱乐用品制造业	Manufacture of Articles for Culture, Education, Arts and Crafts, Sport and Entertainment Activities	338
化学原料及化学制品制造业	Manufacture of Raw Chemical Materials and Chemical Products	11138
医药制造业	Manufacture of Medicines	190670
橡胶和塑料制品业	Manufacture of Rubber and Plastics Products	3913
非金属矿物制品业	Manufacture of Non-metallic Mineral Products	75930
金属制品业	Mineral Products	350
专用设备制造业	Manufacture of Special Purposes Machinery	593
电气机械及器材制造业	Manufacture of Electrical Machinery and Apparatus	4602
计算机通信和其他电子设备制造业	Manufacture of Computers, Communication and Other Electronic Equipment	-555
电力、热力生产和供应业	Production and Supply of Electricity and Thermal Power	-349140
燃气生产和供应业	Production and Supply of Gas	1131
水的生产和供应业	Production and Supply of Water	8484

continued

(10000 yuan)

应交税金 及 附 加 Tax and Other Charges Payable	本年应付 职工薪酬 Wages Payable This Year	应 交 增 值 税 Value-added Tax Payable This Year	从业人员 平均人数 (人) Annual Average Employees (person)
294871	**516165**	**127953**	**27057**
4157	10657	1377	612
166468	111524	43177	5297
1645	1985	1103	128
1128	4235	708	493
1065	3375	746	392
11184	21845	6819	1635
-54	262	-55	47
78	1036	6	116
59	630	57	93
275	3141	193	256
12	315	10	92
5398	11035	3605	853
40085	31006	22949	2029
1264	1779	792	148
37971	79304	26628	4326
241	861	205	105
-452	662	-556	58
706	2125	443	182
-360	871	-367	94
22389	218289	19150	9285
417	2588	383	201
1197	8641	579	615

9-8 续表5

指　　标	Item	营业收入利润率(%) Profit Rate of Revenue (%)	资产负债率(%) Asset-liability Ratio (%)
总　计	**Total**	**12.1**	**51.8**
按国民经济行业分	**Grouped by Sectors**		
黑色金属矿采选业	Mining and Processing of Ferrous Metal Ores	17.8	19.6
有色金属矿采选业	Mining and Processing of Non-ferrous Metal Ores	37.8	63.9
非金属矿采选业	Mining and Processing of Non-metal Ores	6.8	60.8
农副食品加工业	Processing of Food from Agricultural Products	8.9	46.7
食品制造业	Manufacture of Foods	4.1	44.7
酒、饮料和精制茶制造业	Manufacture of Liquor, Beverages and Refined Tea	12.5	61.8
纺织业	Manufacture of Textile	17.8	72.0
纺织服装、服饰业	Manufacture of Textile, Wearing Apparel and Accessories	16.0	47.6
造纸及纸制品业	Manufacture of Paper and Paper Products	-3.7	71.0
印刷和记录媒介的复制业	Printing and Reproduction of Recording Media	4.0	48.2
文教、工美、体育和娱乐用品制造业	Manufacture of Articles for Culture, Education, Arts and Crafts, Sport and Entertainment Activities	10.4	34.6
化学原料及化学制品制造业	Manufacture of Raw Chemical Materials and Chemical Products	7.7	54.9
医药制造业	Manufacture of Medicines	70.5	32.0
橡胶和塑料制品业	Manufacture of Rubber and Plastics Products	6.3	92.7
非金属矿物制品业	Manufacture of Non-metallic Mineral Products	5.2	51.9
金属制品业	Mineral Products	1.4	86.3
专用设备制造业	Manufacture of Special Purposes Machinery	17.3	11.6
电气机械及器材制造业	Manufacture of Electrical Machinery and Apparatus	16.5	59.0
计算机通信和其他电子设备制造业	Manufacture of Computers, Communication and Other Electronic Equipment	-2.1	6.5
电力、热力生产和供应业	Production and Supply of Electricity and Thermal Power	-42.4	45.6
燃气生产和供应业	Production and Supply of Gas	2.8	97.4
水的生产和供应业	Production and Supply of Water	24.9	49.2

continued

总资产贡献率(%) Ratio of Total Assets to Industrial Output Value (%)	人均营业收入(万元/人) Per Capital Revenue (10000 yuan/person)	流动资产周转率(次/年) Turnover Ratio of Circulating Assets (time/year)	每百元资产实现的营业收入(元) Revenue from Brought by per Hundred yuan Assets (yuan)	产成品存货周转天数(天) Turnover Days of Finished Goods (day)	应收账款平均回收期(天) Average Payback Period of Accounts Receivable(day)	成本费用利润率(%) Profits Rate of Cost (%)
3.7	**154.7**	**0.8**	**18.5**	**17.8**	**79.5**	**13.7**
3.9	86.8	0.5	16.6	31.6	1.3	23.5
13.2	295.9	1.8	27.8	7.7	20.9	65.5
3.9	82.4	0.4	23.1	3.1	464.4	7.3
4.6	94.8	0.7	40.9	129.0	90.4	9.6
2.5	84.8	0.5	27.0	66.7	179.4	3.7
4.0	125.8	0.5	22.0	37.2	44.4	14.1
4.3	44.7	0.4	23.4	94.4	92.3	15.9
14.1	34.0	1.6	75.9	6.3	122.7	19.6
-0.3	39.3	0.4	27.3	88.5	167.7	-3.3
3.9	34.8	1.2	60.7	78.0	27.4	3.8
2.7	34.1	0.4	18.1	396.9	70.4	11.6
6.6	111.3	1.2	53.7	35.4	68.3	8.4
19.4	111.6	0.5	23.2	70.2	93.5	126.1
2.1	312.2	0.3	21.8	10.7	15.0	6.7
4.1	201.4	0.9	39.1	37.2	152.2	5.6
2.2	81.8	0.6	53.5		542.9	1.4
4.5	125.2	1.5	50.2	104.2	50.6	20.9
5.8	137.5	0.9	27.4	34.9	96.0	19.4
-4.0	103.0	1.1	61.4	27.3	0.0	-2.1
-2.6	96.5	0.7	7.9	0.0	114.3	-29.3
0.4	127.2	0.1	8.7		-24.4	2.8
5.8	50.5	0.4	18.0		124.0	30.4

9-9 规模以上工业企业分地市主要经济指标(2021年)

单位：万元

指 标	Item	合 计 Total	拉 萨 Lhasa
企业单位数(个)	Number of Industrial Enterprises (unit)	186	105
#亏损企业	Number of Loss-Making Enterprises	50	26
工业总产值(当年价)	Gross Output Value of Industry (at current price)	3595580	2064262
流动资产合计	Current Assets	5004991	3500000
固定资产原价	Original Value of Fixed Assets	17467603	11687873
固定资产净额	Net Value of Fixed Assets	12973495	8359927
资产总计	Total Assets	22533409	15277339
流动负债合计	Current Liabilities	6194629	3241329
所有者权益合计	Total Owners' Equities	10703501	8445221
实收资本	Paid-in Capital	3117049	1809051
营业收入	Business Revenue	4157284	2614792
#主营业务收入	Revenue from Principal Business	4105485	2577978
营业成本	Business Cost	3016886	2182510
税金及附加	Tax and Other Charges	81032	38950
销售费用	Selling Expenses	139515	94515
管理费用	Administrative Expenses	325714	208659
研发费用	R&D Expenses	45992	38049
财务费用	Financial Expenses	139482	66619
#利息收入	Interest Revenue	19038	10964
利息费用	Interest Expenses	141259	71039
营业利润	Business Profits	502253	30580
投资收益	Profit from Investment	52041	9511
其他收益	Other Profits	35049	20868
营业外收入	Non-business Revenue	18893	16249
营业外支出	Non-business Expenditure	20124	15931
利润总额	Total Profits	501022	30898
#亏损企业亏损总额	Total Loss of Loss-Making Enterprises	467722	409509
所得税费用	Income Tax Expense	85887	38541
利税总额	Total Pre-tax Profits	710007	134705
应交税金及附加	Tax and Other Charges Payable	294871	142348
本年应交增值税	Value-added Tax Payable This Year	127953	64858
本年应付职工薪酬	Wages Payable This Year	516165	376930
全部从业人员年平均人数(人)	Annual Average Employees (person)	27057	20013

MAIN ECONOMIC INDICATORS OF INDUSTRIAL ENTERPRISES ABOVE DESIGNATED SIZE BY REGION (2021)

(10000 yuan)

日喀则 Xigazê	昌 都 Qamdo	林 芝 Nyingchi	山 南 Lhoka	那 曲 Nagqu	阿 里 Ngari
27	11	15	19	7	2
7	5	3	5	3	1
160453	757298	170026	314065	122794	6682
389932	428305	291547	288471	104213	2525
492773	2162131	367602	2527236	228509	1481
288900	1773583	304385	2074343	171283	1074
868957	2495794	853465	2724107	310150	3599
398294	477111	150454	1657903	243193	26346
288831	856667	426990	642654	65887	-22748
193940	601886	161627	290852	59295	398
195911	754425	164637	339196	68585	19739
193482	745349	163341	337186	68411	19739
132456	319414	93716	218062	49847	20882
2718	31963	1559	3953	1856	34
8764	10221	12524	12836	655	
22215	27795	9350	49641	7364	691
426	1601	5104	812		
12297	31812	5504	19961	3291	-2
882	4374	2121	247	449	0
4754	34171	7311	20221	3762	1
16486	332998	83802	35294	4960	-1866
1358	1331	37179	3370	-708	
255	2186	10167	1572		
733	920	580	370	41	
1701	62	158	743	935	594
15517	333856	84224	34921	4067	-2460
19580	21195	81	11233	3486	2639
5317	31303	7165	2858	702	1
27451	394264	96522	50037	9372	-2345
17251	91712	19463	17975	6008	115
9216	28446	10740	11164	3450	81
22557	44424	16411	48651	6604	588
1584	2092	893	1947	468	60

9-10 工业主要产品产量

年 份 Year	铬矿石 (吨) Chromium Ore (ton)	发电量 (万千瓦时) Electricity (10000 kWh)	#水 电 Hydropower	水 泥 (吨) Cement (ton)	啤 酒 (吨) Beer (ton)	包装饮用水 (吨) Packaged Drinking Water (ton)
1956		3	3			
1959		88	88			
1965		2782	2782	10600		
1978	12500	13398	13398	62000		
1980	50300	17459	17459	52200		
1986	42118	26266	18193	29822		
1987	64193	25665	20295	44516		
1988	72091	26860	19414	94869		
1989	87047	27492	21969	119815		
1990	93120	31582	24798	132345		
1991	75513	34491	24991	136637	1635	
1992	84175	35602	26095	140911	2659	
1993	71277	39288	37998	130893	1858	
1994	74000	44584	28252	150188	2029	
1995	109882	48343	30361	219952	1211	
1996	111979	51511	38119	231100	4527	
1997	122138	57766	45133	322300	16571	
1998	213719	62162	49644	370000	13440	
1999	183661	63323	52204	390378	24080	
2000	196628	66075	55350	493200	25017	2167
2001	159446	69690	58958	495900	27525	3894
2002	124222	79650	68796	590800	29105	5225
2003	155796	101600	92083	889100	32942	3716
2004	142251	116469	104628	959800	38860	3961
2005	116679	133389	120970	1372800	48917	3983
2006	121758	151514	137901	1666659	63280	8114
2007	128637	169072	156164	1596600	83500	15588
2008	101690	184537	168707	1684952	90429	41255
2009	124461	220275	192960	1898671	113039	71719
2010	201000	241593	189631	2191200	133300	85173
2011	120500	271357	206730	2349100	181700	96475
2012	123544	262150	189878	2866712	175279	97860
2013	132900	291400	197100	2960000	172900	95720
2014	91052	322255	255082	3422480	158483	152727
2015	91731	447693	395023	4679049	158075	425632
2016	67941	512000	457000	6232910	165507	588676
2017	60608	585714	486485	6464722	180021	731959
2018	65871	666354	572764	9130327	133800	617419
2019	78391	836892	684923	10809499	132836	563750
2020	137589	870940	702429	10850378	125597	504530
2021	216025	1127674	932172	9915942	124706	546340

OUTPUT OF MAIN INDUSTRIAL PRODUCTS

中成药 (吨) Traditional Chinese Medicine (ton)	面　粉 (吨) Flour (ton)	食用植物油 (吨) Edible Vegetable Oil (ton)	毛　线 (吨) Knitting Wool (ton)	地　毯 (平方米) Carpet (sq.m)	服　装 (件) Garments (unit)
	10				
	3252	856			
71	17486	1908	410	6762	
101	14407	1841	371	6182	
45	14801	3637	69	1908	24900
44	5279	1962	186	9034	37221
48	6501	1465	211	37861	45140
47	10014	1638	167	13889	38078
55	9319	1917	72	16799	25576
61	9048	1593	27	30659	42450
76	11128	2150	25	15709	67324
48	14663	4496	34	69489	41410
47	10423	2447	26	80000	40000
222	8337	1562	89	21841	100900
271	3319	747	39	16001	126518
85	10699	1330	55	17516	351700
652		1278	84	18807	128898
538	8661	1502	38	22660	50728
591	9210	1020	30	22880	441900
697	34700	342	28	20426	63600
995	18600	352	17	20933	36400
889	5500	192	7	25984	17900
1090	7900	1126	10	34042	15500
1210	8300	1121	2	37118	20900
1296	2422	1231	38	31373	1600
1176	2689	1156	39	35286	17300
1465	3092	1482	9	60135	19230
1366	2923	1354		33878	10800
1249	12977	1202	6	31563	12056
1589	14441	1236	6	22786	12695
1657	13893	1344	5	32096	13689
2102	22273	1526	6	40242	13986
1987	25689	1786	7	52553	14923
2459	30650	2503	8	62303	15632
2162	17589	5942	7	36267	11616
2520	10094	936	2	29740	53377
2512	1568	845		21197	104677
2992	130	2113		34121	779777
3702	117	2072		27308	169943
3646	859	403	8	45222	271633

9-11 分地区规模以下工业企业主要经济指标(2021年)

单位：万元

指 标	Item	合 计 Total	拉 萨 Lhasa
企业单位数(个)	Number of Industrial Enterprises(unit)	3666	1018
资产总计	Total Assets	3916266	557413
负债合计	Total Liabilities	2146234	402112
工业总产值(当年价)	Gross Output Value of Industry (at current price)	583929	204932
营业收入	Business Revenue	399289	140256
营业成本	Business Cost	309069	113229
利润总额	Total Profits	36666	6269
应付职工薪酬	Wages Payable This Year	82806	30432
平均用工人数(人)	Annual Average Employees (person)	23392	5260

MAIN ECONOMIC INDICATOR OF INDUSTRIAL ENTERPRISE BELOW DESIGNATED SIZE BY REGION (2021)

(10000 yuan)

昌　都 Qamdo	山　南 Lhoka	日喀则 Xigazê	那　曲 Nagqu	阿　里 Ngari	林　芝 Nyingchi
442	477	1311	69	81	268
1523781	937865	354368	220686	73587	248565
1190089	132597	114887	156480	45012	105057
62305	72057	117935	26091	21539	79071
38644	58341	81423	12964	9094	58565
30417	41227	56532	12074	6720	48870
3877	9009	18083	-6164	-201	5793
12858	9630	15877	2023	2157	9829
1890	3400	9998	825	593	1426

9-12 规模以下工业企业分行业主要经济指标(2021年)

单位：万元

指 标	Item	企 业 单位数 (个) Number of Enterprises (unit)	平均用工 人 员 (人) Annual Average Employees (person)
总计	**Total**	**3666**	**23392**
按国民经济行业分	**Grouped by Sectors**		
煤炭开采和洗选业	Mining and Washing of Coal	2	3
黑色金属矿采选业	Mining and Processing of Ferrous Metal Ores	6	
有色金属矿采选业	Mining and Processing of Non-ferrous Metal Ores	15	199
非金属矿采选业	Mining and Processing of Non-metal Ores	189	1244
开采专业及辅助性活动	Mining Professional and Auxiliary Activities	4	
其他采矿业	Mining of Other Ores	17	104
农副食品加工业	Processing of Food from Agricultural Products	612	3238
食品制造业	Manufacture of Foods	130	731
酒、饮料和精制茶饮料制造业	Manufacture of Liquor, Beverages and Refined Tea	64	611
纺织业	Manufacture of Textile	189	1363
纺织服装、服饰业	Manufacture of Textile, Wearing Apparel and Accessories	284	1821
皮革、毛皮、羽毛及其制品和制鞋业	Manufacture of Leather, Fur, Feather and Related Products and Footwear	53	486
木材加工和木、竹、藤、棕、草制品业	Processing of Timber, Manufacture of Wood, Bamboo, Rattan, Palm and Straw Products	74	466
家具制造业	Manufacture of Furniture	398	1666
造纸及纸制品业	Manufacture of Paper and Paper Products	10	32
印刷和记录媒介的复制	Printing and Reproduction of Recording Media	21	702
文教、工美、体育和娱乐用品制造业	Manufacture of Articles for Culture, Education, Arts and Crafts, Sport and Entertainment Activities	360	2427
石油、煤炭及其他燃料加工业	Processing of Petroleum, Coal and Other Fuels	4	5
化学原料及化学制品制造业	Manufacture of Raw Chemical Materials and Chemical Products	159	975
医药制造业	Manufacture of Medicines	29	293
化学纤维制造业	Manufacture of Chemical Fibres	1	
橡胶和塑料制品业	Manufacture of Rubber and Plastics Products	26	86
非金属矿物制品业	Manufacture of Non-metallic Mineral Products	457	2095
黑色金属矿冶炼及压延加工业	Smelting and Pressing of Ferrous Metals	10	21
有色金属矿冶炼及压延加工业	Smelting and Pressing of Non-ferrous Metals	21	23
金属制品业	Manufacture of Metal Products	122	2542
通用设备制造业	Manufacture of General Purpose Machinery	20	114
专用设备制造业	Manufacture of Special Purpose Machinery	41	268
铁路、船舶、航空航天和其他运输设备制造业	Manufacture of Railway, Ship, Aerospace and Other Transport Equipments	1	
电气机械及器材制造业	Manufacture of Electrical Machinery and Apparatus	11	26
计算机、通信和其他电子设备制造业	Manufacture of Computers, Communication and Other Electronic Equipment	11	33
仪器仪表制造业	Manufacture of Measuring Instruments and Machinery	1	
其他制造业	Other Manufacture	39	263
废弃资源综合利用业	Utilization of Waste Resources	22	42
金属制品、机械和设备修理业	Repair Service of Metal Products, Machinery and Equipment	66	141
电力、热力生产和供应业	Production and Supply of Electric Power and Heat Power	155	746
燃气生产和供应业	Production and Supply of Gas	8	25
水的生产和供应业	Production and Supply of Water	34	601

MAIN ECONOMIC INDICATORS OF INDUSTRIAL ENTERPRISES BELOW DESIGNATED SIZE BY SECTOR (2021)

(10000 yuan)

工业总产值(当年价) Gross Industrial Output Value (at current price)	营业收入 Business Income of The Main Products	利润总额 Totals Profit	负债合计 Total Liabilities	应付职工薪酬 Wages Payable	营业成本 Cost of The Core Business	资产总计 Total Assets
439944	**399289**	**36666**	**2146234**	**82806**	**309069**	**3916266**
430	390	77		74	165	370
		47	5199			17782
25684	23311	943	74228	1892	17682	78942
21853	19834	5940	29896	3592	13461	72590
87	79	-1421	87123	602	101	50682
53465	48524	6852	72478	7118	36248	166300
9450	8577	-1419	52436	2512	8079	59208
12981	11781	-681	61789	4256	10328	99861
5526	5015	1531	4334	1392	2265	24978
10496	9526	2543	2601	2632	5295	29924
2966	2692	257	3764	949	1807	25219
8899	8076	1186	5838	1335	6246	20442
11636	10561	2281	5026	3927	5878	33222
60	54	13	15	24	19	100
13102	11891	623	6759	10097	15813	38549
20426	18538	4294	27333	5449	10802	80657
587	532	277	7738	8	192	8412
18454	16749	2136	38424	2899	11210	67903
12314	11176	56	11788	1648	6884	47982
			5			5
2105	1910	-311	2767	417	2125	3735
72311	65629	8083	75725	8301	51203	148974
1389	1260	111	2530	127	1140	2743
2193	1990	45	675	43	1361	604
37205	33767	1704	13772	4248	29679	27722
14415	13083	1850	35512	884	10220	46451
4955	4497	-300	6387	1584	2769	15302
4391	3985	607	4638	165	2810	5387
3246	2946	1761	25528	20	1140	26838
4084	3707	537	3594	629	2321	6531
4204	3816	141	497	299	3376	3785
1499	1360	271	168	362	689	2723
50837	46139	-5088	1461143	12162	41556	2665076
802	728	127	187	75	536	1385
7895	7166	1593	16340	3086	5669	35881

第十篇

建 筑 业

CHAPTER 10

CONSTRUCTION

简 要 说 明

一、本篇主要包括区内建筑业企业生产情况、建筑业企业财务状况、建筑业企业房屋建筑完成情况。

二、本篇资料由自治区统计局固定资产投资统计处提供。

三、资料整理：朱恩波　米玛潘多

Brief Introduction

Ⅰ.This chapter mainly covers the conditions of construction enterprises, the financial indicators of construction enterprises, the completion of buildings constructed by construction enterprises.

Ⅱ.All the data are provided by the Investment and Construction Statistics Division of Tibet Autonomous Region Statistics Bureau.

Ⅲ.Data collection：Zhu Enbo　Mima Pando

10-1 建筑业企业生产情况
CONDITIONS OF CONSTRUCTION ENTERPRISES

指　　标	Item	2019	2020	2021
建筑业合同情况　（万元）	**Contracts　(10000 yuan)**			
合同总额	Value of Contracts	4930832	6522167	5526721
上年结转合同额	Value from Contracts Signed in Last Year	2413827	3167854	3090269
本年新签合同额	Value from New Contracts Signed in This Year	2517005	3354313	2436452
承包工程完成情况　（万元）	**Contracted Projects　(10000 yuan)**			
直接从建设单位承揽工程完成的产值	Completed Output Value of Projects Contracted Directly from Investors	2197642	2927559	2663134
自行完成施工产值	Own-completed Output Value	2152126	2874848	2623768
分包出去工程的产值	Output Value of Out-sourced Projects	45516	52711	39366
从建设单位以外承揽工程完成的产值	Completed Output Value of Projects Contracted from Non-investors	50941	72565	83535
建筑业总产值　（万元）	**Total Output Value of Construction　(10000 yuan)**	**2203066**	**2947413**	**2707303**
#装修装饰产值	Output Value of Architectural Decoration	31185	98061	25027
#在外省完成的产值	Output Value from Other Provinces	75002	82393	126342
建筑工程产值	Output Value of Construction	2066679	2794079	2605925
安装工程产值	Output Value of Installation	88659	78100	50844
其他产值	Others	47728	75233	50534
竣工产值　（万元）	**Output Value of Buildings Completed　(10000 yuan)**	**980250**	**1028714**	**907514**
房屋施工面积　（平方米）	**Floor Space of Buildings under Construction　(sq.m)**	**3481705**	**4771706**	**4255282**
#本年新开工面积	Started This Year	1755034	2472905	1324453
年末自有施工机械设备	**Machinery and Equipment Owned at Year-end**			
净值　（万元）	Net Value　(10000 yuan)	32574	60434	45048
总台数　（台）	Total Number　(unit)	25637	4890	3710
总功率　（千瓦）	Total Power　(kW)	215107	200749	166624
主要建筑材料消耗量	**Building Materials**			
钢材　（吨）	Rolled Steel　(ton)	377470	366991	774903
木材　（立方米）	Timber　(cu.m)	250628	342746	537577
水泥　（吨）	Cement　(ton)	932320	1108876	1481127
平板玻璃　（重量箱）	Plate Glass　(weight case)	11539	11045	16130
（平方米）	(sq.m)	232653	284952	302559
铝材　（吨）	Rolled Aluminum　(ton)	22103	25705	21072
企业总产值　（万元）	**Total Output Value　(10000 yuan)**	**2342599**	**3163100**	**3586907**

10-2 建筑业企业财务状况
FINANCIAL INDICATORS OF CONSTRUCTION ENTERPRISES

单位：万元 (10000 yuan)

指 标	Item	2019	2020	2021
年初存货	**Inventory in the Beginning of the Year**	**377063**	**502642**	**431255**
期末资产负债	**Assets-Liability**			
流动资产合计	Total Circulating Funds	4426954	6377734	6468020
#应收工程款	Project Progressive Payment	1699965	1657588	1157980
存 货	Inventories	367103	604441	490099
固定资产减值准备	Fixed Assets Depreciation Reserves	16429	16623	4058
固定资产原价	Original Value of Fixed Assets	417337	396544	397345
累计折旧	Total Depreciation	153731	131947	136448
#本年折旧	Depreciation This Year	21439	24374	25626
在建工程	Under Construction	86761	98870	100878
资产总计	Total Assets	5823176	7917354	7965722
流动负债合计	Liquid Liabilities	2756734	4309904	4315633
其中：应付账款	Accounts Payable	813794	1326899	1434203
非流动负债合计	Non-current Liabilities	650505	857290	1017195
负债合计	Total Liabilities	3570343	5305315	5469876
所有者权益合计	Total Owners' Equities	2252832	2612039	2495845
#实收资本	Paid-in Capital	878438	1049297	1132847
个人资本	Personal Capital	144572	137332	137191
损益及分配	**Profits and Losses, Distribution**			
营业收入	Business Revenue	3944871	3762088	3306536
#主营业务收入	Revenue from Principal Business	3789518	3692873	3122741
营业成本	Business Cost	3446638	3423092	3045086
#主营业务成本	Cost of Principal Business	3294073	3291781	2822309
营业税金及附加	Business Taxes and Other Charges	32725	24537	15931
#主营业务税金及附加	Taxes and Other Charges on Principal Business	29849	23166	14752
其他业务利润	Profits from Other Businesses	1682	828	647
销售费用	Selling Expenses	8438	8431	7278
管理费用	Administrative Expenses	124087	141553	142429
财务费用	Financial Expenses	20849	22465	24856
#利息收入	Interest Revenue	9040	24677	25414
利息支出	Interest Expenses	22792	39907	30784
资产减值损失	Assets Devaluation	6923	3876	44506
公允价值变动收益	Profit from Fair Value Changes	7	2	
投资收益	Investment Income	37700	27396	35400
营业利润	Operating Profit	324327	197924	89648
营业外收入	Non-business Income	8663	5561	5630
营业外支出	Non-business Expenditure	18887	4957	6934
利润总额	Total Profits	314576	187248	88357
应交所得税	Income Tax Payable	34619	30256	12373
人工成本及增值税	**Labor Cost and VAT**			
应付职工薪酬	Wages Payable	293167	286366	278703
应交增值税	VAT Payable	76168	93765	67430
其他资料	**Others**			
建筑业企业在境外完成的营业收入	Business Revenue Overseas	3714	4598	

10-3　建筑业企业房屋建筑完成情况
COMPLETION OF BUILDINGS CONSTRUCTED BY CONSTRUCTION ENTERPRISES

指　　标	Item	2019	2020	2021
房屋竣工面积(平方米)	**Floor Space of Buildings Completed (sq.m)**	**2427009**	**2050767**	**1963926**
住宅房屋	Residential Buildings	1758213	1555806	1199319
商业及服务用房屋	Houses for Business and Services	130805	76416	295289
商厦房屋(批发和零售用房)	Wholesale and Retail Trades	31128	6300	12096
宾馆用房屋(住宿用房)	Hotels	32898	17130	15353
餐饮用房屋(餐饮用房)	Catering Services	356	1549	3168
商务会展用房屋	Business	300	799	5972
其他商业及服务用房屋(居民服务业用房)	Others	66123	50638	258700
办公用房屋	Office Buildings	176890	88142	183395
科研、教育、医疗用房屋	Houses for Scientific Research, Education and Public Health	168525	96301	98207
科学研究用房屋	Scientific Research	13546	10666	11333
教育用房屋	Education	117348	62867	67005
医疗用房屋(卫生医疗用房)	Public Health	37631	22768	19869
文化、体育、娱乐用房屋	Houses for Culture, Sports and Entertainment	19099	8921	12359
厂房及建筑物	Factory Building	19749	51152	42817
仓库	Storage Buildings	47700	3740	58182
其他未列明的房屋建筑物	Others	106028	170289	74358
竣工房屋价值(万元)	**Value of Buildings Completed (10000 yuan)**	**551077**	**509120**	**429512**
住宅房屋	Residential Buildings	389379	388169	278048
商业及服务用房屋	Houses for Business and Services	38080	22796	46686
商厦房屋(批发和零售用房)	Wholesale and Retail Trades	9930	2166	2867
宾馆用房屋(住宿用房)	Hotels	8125	6764	4816
餐饮用房屋(餐饮用房)	Catering Services	102	428	655
商务会展用房屋	Business	90	505	1808
其他商业及服务用房屋(居民服务业用房)	Others	19833	12933	36540
办公用房屋	Office Buildings	38936	19920	34217
科研、教育、医疗用房屋	Houses for Scientific Research, Education and Public Health	31649	27120	21182
科学研究用房屋	Scientific Research	2689	1280	1360
教育用房屋	Education	23831	21529	11867
医疗用房屋(卫生医疗用房)	Public Health	5129	4310	7956
文化、体育、娱乐用房屋	Houses for Culture, Sports and Entertainment	3590	1298	942
厂房及建筑物	Factory Building	3469	9736	12356
仓库	Storage Buildings	14549	968	15178
其他未列明的房屋建筑物	Others	31425	39113	20903

10-4 分地市建筑业企业生产情况(2021年)

指 标		Item		总 计 Total
企业个数	（个）	Number of Enterprises	(unit)	410
建筑业总产值	（万元）	Gross Output Value of Construction	(10000 yuan)	2707303
建筑工程		Construction		2605925
安装工程		Installation		50844
其他		Others		50534
竣工产值	（万元）	Value of Building Completed	(10000 yuan)	907514
房屋施工面积	（万平方米）	Floor Space of Building under Construction	(10000 sq.m)	425.53
房屋竣工面积	（万平方米）	Floor Space of Building Completed	(10000 sq.m)	196.39
#住宅面积		Floor Space of Residential Buildings		119.93
自有施工机械设备年末总台数	（台）	Number of Machinery and Equipment Owned	(unit)	3710
自有施工机械设备总功率	（千瓦）	Total Power of Machinery and Equipment Owned	(kW)	166624
自有施工机械设备净值	（万元）	Net Value of Machinery and Equipment Owned	(10000 yuan)	45048
全部职工平均人数	（人）	Staff and Workers of Annual Average	(person)	46179

CONDITIONS OF CONSTRUCTION ENTERPRISES BY REGION (2021)

拉萨市 Lhasa	日喀则市 Xigazê	昌都市 Qamdo	林芝市 Nyingchi	山南市 Lhoka	那曲市 Nagqu	阿里地区 Ngari
119	50	85	37	88	7	24
2008874	107308	106482	87944	282319	44183	70193
1943365	100666	97915	84015	275612	42683	61670
31938	6016	6004	1350	2174	440	2922
33571	627	2563	2579	4534	1060	5601
458715	56716	78899	69640	198485	5238	46596
243.17	80.06	23.58	9.18	53.94	1.81	13.77
84.76	6.29	13.74	33.73	49.7	1.72	7.03
62.81	3.08	7.93	2.63	40.79	0.37	2.85
450	2492	274	319	64	4	122
19099	123161	4420	7147	8307	36	5204
11579	24531	3474	3149	951	12	1385
26010	3745	5344	2281	6241	1558	2113

第十一篇

运输和邮电业

CHAPTER 11

TRANSPORT, POSTAL AND TELECOMMUNICATION SERVICES

简 要 说 明

一、本篇主要包括铁路营业和公路里程情况、旅客和货物运输量、邮政和电信业情况等。

二、本篇资料由自治区统计局服务业统计处根据公路、民航、铁路、邮政、通信等行业主管部门资料整理编辑。

三、资料整理：王普珍

Brief Introduction

Ⅰ.This chapter mainly includes the conditions of railways in operation and highways, the passenger traffic and freight traffic, the conditions of post and telecommunication services, etc.

Ⅱ.The data are sorted and compiled by the Services Statistics Division of Tibet Autonomous Region Statistics Bureau on the basis of the information provided by authorities and related institutions within the region of highways, civil aviation, railways, post and telecommunications.

Ⅲ.Data collection：Wang Phurdron

11-1　运输线路长度
LENGTH OF TRANSPORT ROUTES

单位：公里　　　　(km)

年　份 Year	铁路营业里　程 Length of Railways in Operation	公路里程 Total Length of Highways	等级公路 Expressway and Class I to Ⅳ Highways	#高　速 Express Way	#一　级 First Class	#二　级 Second Class	等外公路 Highways Below Class Ⅳ
1978		15852					
1980		21511					
1985		21660					
1990		21842					
1995		22391					
1996		22391	10461			566	11930
1997		22455	10525			568	11930
1998		22455	10525			568	11930
1999		22475	10582			568	11893
2000		22503	10647			568	11856
2001		35537	7196			620	28341
2002		39760	8357			611	31403
2003		41302	9109			611	32193
2004		42203	10131			626	32072
2005		43716	10904			806	32812
2006	531	44813	15907			953	28906
2007	531	48611	19510			953	29101
2008	531	51314	22728			953	28586
2009	531	53845	26063			953	27782
2010	531	60810	36229			956	24581
2011	531	63108	38911			958	24197
2012	531	65198	44327		38	905	20871
2013	531	70591	48679		38	1033	21912
2014	786	75470	54444	38		1033	21026
2015	786	78348	58416	38		1033	19932
2016	786	82096	71356	38	266	1036	10740
2017	786	89343	77911	38	578	1038	11432
2018	786	97784	85472	38	578	1055	12312
2019	786	103951	91762	38	582	1055	12189
2020	786	118831	99272	106	512	1655	19561
2021	1187.76	120726	101007	407	586.5	1684	19312

11-2 客运量和货运量
PASSENGER TRAFFIC AND FREIGHT TRAFFIC

年 份 Year	客运量总计 (万人次) Total (10000 person-times)	铁 路 Railway	公 路 Highway	民 航 Civil Aviation	货运量总计 (万吨) Total (10000 tons)	铁 路 Railway	公 路 Highway	民 航 Civil Aviation	管 道 Petroleum and Gas Pipelines
1978	6.00		6.00						
1980	7.50		7.50		49.00		49.00		
1985	43.48		35.48	8.00	53.51		45.50	0.01	8.00
1990	202.65		192.84	9.81	162.74		153.55	0.16	9.03
1991	131.59		121.56	10.03	131.37		121.70	0.16	9.51
1992	180.28		169.28	11.00	144.85		137.14	0.15	7.56
1993	218.70		207.42	11.28	153.62		144.68	0.14	8.80
1994	231.88		218.97	12.91	160.95		151.85	0.17	8.93
1995	237.21		222.97	14.24	178.12		168.02	0.17	9.93
1996	259.74		243.75	15.99	198.43		187.37	0.22	10.84
1997	266.07		250.00	16.07	200.21		192.00	0.21	8.00
1998	270.01		251.91	18.10	198.59		193.00	0.20	5.39
1999	297.88		255.00	42.88	184.69		174.41	0.28	10.00
2000	310.08		257.00	53.08	209.30		196.00	1.30	12.00
2001	319.32		259.00	60.32	212.00		200.70	1.30	10.00
2002	332.65		262.00	70.65	219.20		207.70	1.50	10.00
2003	325.17		255.21	69.96	279.44		266.00	1.44	12.00
2004	338.69		255.95	82.74	287.52		273.98	1.54	12.00
2005	479.47		385.00	94.47	369.61		356.00	1.61	12.00
2006	605.60	37.89	444.80	122.91	360.58	2.10	346.00	1.08	11.40
2007	680.00	88.85	460.00	131.15	384.82	12.41	360.00	1.18	11.23
2008	2208.55	62.20	2064.45	81.90	749.63	25.60	711.00	1.03	12.00
2009	2566.26	74.00	2360.46	131.80	959.26	22.80	920.00	1.36	15.10
2010	2696.10	88.20	2453.86	154.04	996.37	29.90	952.00	1.47	13.00
2011	1392.15	95.86	1113.15	183.14	1043.74	48.63	979.00	1.21	14.90
2012	1451.22	92.03	1137.49	221.70	1144.02	84.63	1042.00	1.65	15.74
2013	1730.11	128.42	1325.80	275.89	1866.07	70.92	1778.00	2.24	14.91
2014	1884.26	161.12	1408.00	315.14	1927.24	38.41	1871.00	2.46	15.37
2015	2073.70	220.64	1490.00	363.06	2025.86	41.89	1973.00	2.86	8.11
2016	1578.19	265.29	889.00	423.90	1973.88	55.31	1906.00	3.06	9.51
2017	1709.72	320.22	998.69	390.81	2216.58	52.87	2147.00	2.39	14.32
2018	1874.79	352.28	1047.19	475.32	2448.62	69.81	2362.70	3.26	12.85
2019	1893.23	345.19	1019.58	528.46	4039.74	55.19	3969.00	3.77	11.78
2020	1215.96	248.61	576.39	390.96	4106.51	51.99	4038.97	2.75	12.80
2021	1371.81	327.20	612.30	432.31	4588.11	80.35	4502.03	2.16	3.57

注：1.2017年公路客货量统计口径发生变化，相应调整了往年数据。
2.根据交通运输部门专项调查，2019年公路货运量统计口径有所调整，数据与上年不可比。

Note:1. The relative data of highways in the chapter are calculated according to the new standard, and historical data have been adjusted accordingly.
2. According to the special investigation hold by the department of transportation, the highway freight traffic in 2019 has changed, so it's not comparable with previous year.

11-3　旅客周转量和货物周转量
PASSENGER-KILOMETERS AND FREIGHT TON-KILOMETERS

年　份 Year	旅客周转量 总　计 (亿人公里) Total (100 million passenger-km)	铁　路 Railway	公　路 Highway	民　航 Civil Aviation	货物周转量 总　计 (亿吨公里) Total (100 million ton-km)	铁　路 Railway	公　路 Highway	民　航 Civil Aviation	管　道 Petroleum and Gas Pipelines
1978	0.50		0.50		3.83		3.83		
1980	0.46		0.46		4.09		4.09		
1985	0.68		0.68		5.22		5.22		
1990	2.62		2.62		8.39		7.51		0.88
1991	2.25		2.25		7.29		6.35		0.94
1992	2.59		2.59		7.22		6.48		0.74
1993	2.58		2.58		7.31		6.36		0.95
1994	2.71		2.71		7.37		6.41		0.96
1995	2.88		2.88		8.34		7.30		1.04
1996	3.06		3.06		8.55		7.74		0.81
1997	2.99		2.99		8.58		7.45		1.13
1998	3.01		3.01		8.31		7.55		0.76
1999	3.03		3.03		8.96		7.92		1.04
2000	3.21		3.21		9.16		8.09		1.07
2001	5.27		5.27		18.20		17.17		1.03
2002	5.70		5.70		23.25		22.25		1.00
2003	5.51		5.51		28.26		27.11		1.15
2004	14.78		14.78		41.86		40.71		1.15
2005	18.42		18.42		37.76		36.61		1.15
2006	22.04	3.44	18.60		40.16	1.68	37.48		1.00
2007	26.96	8.01	18.95		33.90	4.11	28.79		1.00
2008	30.38	6.24	24.14		33.25	6.70	25.40		1.15
2009	29.98	8.25	21.73		38.03	9.93	26.56		1.54
2010	32.21	9.44	22.77		40.39	11.97	27.10		1.32
2011	34.87	10.38	22.50	1.99	41.55	12.92	27.10	0.01	1.52
2012	41.33	10.25	23.20	7.88	47.83	18.30	27.87	0.04	1.62
2013	58.53	11.40	31.03	16.10	109.03	21.45	86.00	0.08	1.50
2014	65.65	12.34	32.78	20.53	110.63	22.94	86.00	0.09	1.60
2015	67.70	14.09	24.20	29.41	119.16	22.01	96.10	0.15	0.90
2016	81.16	16.04	23.74	41.38	123.91	28.36	94.50	0.25	0.80
2017	105.93	18.10	26.66	61.17	136.71	29.19	105.82	0.40	1.30
2018	125.10	18.86	27.97	78.28	151.79	33.22	116.84	0.55	1.18
2019	130.61	18.08	27.23	85.30	156.15	39.91	114.47	0.65	1.12
2020	85.28	12.34	14.61	58.33	158.18	39.80	116.73	0.43	1.22
2021	95.32	15.38	14.77	65.16	150.87	31.23	118.91	0.34	0.38

注：根据交通运输部门专项调查，2019年公路货物周转量统计口径有所调整，数据与上年不可比。
Note: According to the special investigation hold by the department of transportation, the highway freight ton-kilometers in 2019 has changed, so it's not comparable with previous year.

11-4 邮政业网点及邮递线路(年底数)
POSTAL SERVICES AND DELIVERY ROUTES AT YEAR-END

年 份 Year	邮政局所 (个) Number of Post Offices (unit)	邮路总长度 (公里) Length of Postal Routes (km)	农村投递路线 (公里) Rural Delivery Routes (km)	邮政主要设备汽车 (辆) Postal Trucks (unit)
1958	12	2816		15
1959	51	4839		19
1965	90	12378	10498	48
1978	112	95338	82480	183
1980	117	15865	57487	200
1986	124	17000	60252	198
1987	118	14837	59937	193
1988	117	14882	60996	168
1989	118	14676	56725	166
1990	119	14678	56725	177
1991	120	14391	55769	113
1992	123	15395	54999	175
1993	125	15175	55186	155
1994	133	17320	55367	146
1995	138	17648	55367	155
1996	139	16407	55260	173
1997	134	16435	55260	174
1998	134	16332	58368	189
1999	138	16720	42016	210
2000	142	16646	42677	286
2001	133	16357	42677	341
2002	129	16576	42677	363
2003	128	18544	42677	406
2004	126	18615	44185	415
2005	126	15357	116710	464
2006	126	15347	116975	464
2007	193	17161	117736	501
2008	193	17654	117746	537
2009	194	19246	117635	554
2010	196	16752	117612	473
2011	203	16726	117432	492
2012	207	15513	97409	491
2013	207	15552	105926	531
2014	281	19018	104314	552
2015	738	19611	103768	585
2016	758	20998	104031	670
2017	762	28088	102462	651
2018	752	58364	86384	660
2019	752	49900	74984	657
2020	754	58529	85862	814
2021	754	45376	89404	801

11-5　邮政和电信业务量
BUSINESS VOLUME OF POSTAL AND TELECOMMUNICATION SERVICES

年　份 Year	邮政业务总量 (亿元) Business Volume of Postal Services (100 million yuan)	电信业务总量 (亿元) Business Volume of Telecommunication Services (100 million yuan)	函　件 (万件) Numbers of Letters (10000 pcs)	包　裹 (万件) Package (10000 pcs)	快　递 (万件) Pieces of Express Services (10000 pcs)	快递业务收入 (亿元) Revenue from Express Service (100 million yuan)
1995	0.17	0.41	1653	16		
2000	0.32	3.52	1349	31		
2001	0.73	2.82	926	31		
2002	0.82	6.64	932	35		
2003	0.93	8.89	637	35		
2004	1.00	12.46	473	36		
2005	1.05	15.44	343	36		
2006	1.13	20.38	350	32	41.8	0.20
2007	1.33	29.56	301	37	46.8	0.23
2008	1.48	40.25	284	30	166.3	0.70
2009	1.69	50.43	536	35	180.0	0.83
2010	1.87	14.22	291	36	195.3	0.88
2011	1.65	23.86	237	41	284.3	1.18
2012	1.85	33.01	287	41	320.1	1.30
2013	2.09	39.65	368	43	378.8	1.48
2014	2.40	45.43	391	42	484.3	1.74
2015	2.59	53.80	216	22	578.2	1.68
2016	3.12	32.95	322	9	734.4	2.07
2017	3.44	46.10	203	19	567.5	2.05
2018	4.21	111.97	79	30	725.8	2.42
2019	4.79	299.83	79	38	874.3	2.89
2020	4.99	428.80	51	31	1139.0	3.53
2021	5.16	60.65	46	21	1485.2	4.90

注：1.邮电业务总量1980年以前按1970年不变价格计算，1981年至1990年按1980年不变价格计算，1991年至2000年按1990年不变价格计算，2001年至2010年按2000年不变价格计算，2011年至2015年按2010年不变价格计算，2016年起按2015年不变价格计算。

2.2017年邮电业务总量和包裹统计口径发生变化，相应调整了往年数据。

3.电信业务总量2021年起按2020年不变价格计算。

Note: 1.The business volume of postal and telecommunication services before 1980 was calculated at 1970 constant prices, and was calculated at 1980 constant prices from 1981 to 1990, and was calculated at 1990 constant prices from 1991 to 2000, and was calculated at 2000 constant prices from 2001 to 2010, and was calculated at 2010 from 2011 to 2015, and was calculated at 2015 since 2016.

2.The relative data of the business volume of postal and telecommunication services and package in 2017 in the chapter are calculated according to the new standard, and historical data have been adjusted accordingly.

3.The business volume of telecommunication services are calculated at the constant price in 2020 from 2021.

11-5 续表 continued

年 份 Year	移动电话用户 (万户) Number of Mobile Telephone Subscribers (10000 subscribers)	#3G移动电话用户 3G Mobile Phone Subscribers	#4G移动电话用户 4G Mobile Phone Subscribers	固定电话用户 (万户) Number of Fixed Telephone Subscribers (10000 subscribers)	城市电话用户 Urban Fixed Telephone Subscribers	农村电话用户 Rural Fixed Telephone Subscribers
1995	0.1			2.7	2.6	…
2000	5.7			10.1	10.8	0.1
2001	11.3			15.0	14.5	0.5
2002	21.1			19.7	18.8	1.0
2003	33.1			27.4	26.1	1.3
2004	39.7			37.7	35.2	2.5
2005	46.9			52.0	49.0	3.0
2006	60.6	2.8		67.8	64.9	2.9
2007	73.7	2.9		67.3	64.7	2.7
2008	87.0	3.6		70.7	68.0	2.7
2009	124.0	1.6		53.9	51.2	2.7
2010	157.6	7.7		43.9	41.9	2.0
2011	196.4	19.3		40.5	39.0	1.6
2012	235.5	41.7		40.5	39.1	1.4
2013	265.6	96.4		40.4	39.3	1.1
2014	291.8	114.9		35.9	35.2	0.6
2015	268.7	130.3	0.9	34.9	34.7	0.2
2016	284.4	162.7	11.4	38.9	38.8	0.1
2017	290.3	165.7	41.7	47.3	47.2	0.1
2018	312.3	43.2	232.3	60.2		
2019	321.4	22.5	265.3	71.7		
2020	321.9	7.6	268.9	75.7		
2021	333.4	4.9	217.9	80.3		

11-6　电信主要通信能力(年底数)
MAIN COMMUNICATION CAPACITY OF TELECOMMUNICATIONS AT YEAR-END

年　份 Year	固定长途电话交换机容量(路端) Capacity of Long-distance Telephone Exchanges (circuit)	局　用交换机容量(万门) Capacity of Office Telephone Exchanges (10000 lines)	移动电话交换机容量(万户) Capacity of Mobile Telephone Exchanges (10000 subscribers)	移动电话基站(万个) Base Stations of Mobile Telephones (10000 units)	光缆线路长度(公里) Length of Optical Cable Lines (km)	#长途光缆线路长度 Length of Long Distance Optical Cable Lines
1995	3678	4.8	0.4			
1996	5224	5.9	0.4		423	423
1997	4076	9.1	2.7		934	934
1998	7800	14.9	9.0		1406	1406
1999	20000	15.9	11.5		2533	2533
2000	28320	17.0	13.3		5318	5318
2001	52800	24.4	22.7		8006	6790
2002	41000	27.2	29.1		9675	6873
2003	51000	30.1	44.3		11024	6542
2004	51064	33.0	51.3		16536	7340
2005	54454	32.5	61.3		18251	9576
2006	54454	33.8	74.4	0.1	21028	18757
2007	58804	40.1	104.6	0.1	23186	19663
2008	58804	40.9	120.9	0.2	22542	17718
2009	57304	42.0	184.0	0.4	26633	20419
2010	34540	128.1	199.0	0.5	37504	22488
2011	34540	127.0	230.0	0.6	51334	24804
2012	34540	133.6	342.0	0.7	63145	30070
2013	16620	133.7	393.0	0.9	81115	30360
2014	14310	128.8	393.0	1.1	101580	38297
2015	12870	11.5	448.0	1.7	120440	33073
2016	12870	10.5	2423.0	2.2	135365	35713
2017		10.8	2820.0	3.1	162078	36584
2018			2820.0	3.8	194143	35418
2019				5.0	201862	40623
2020				5.0	201862	40623
2021				6.0	271374	46358

11-7 电信通信服务水平(年底数)
TELECOMMUNICATION SERVICES AVAILABLE AT YEAR-END

年 份 Year	电话普及率(包括移动电话)(部/百人) Popularization Rate of Telephone (Include Mobile Telephone) (set/100 persons)	固定电话普及率(部/百人) Popularization Rate of Fixed Line Telephone (set/100 persons)	移动电话普及率(部/百人) Popularization Rate of Mobile Telephone (set/100 persons)	开通互联网宽带业务的行政村比重(%) Percentage of Administrative Village with Access to the Internet by Broadband (%)	固定宽带家庭普及率(%) Popularization Rate of Fixed Household Broadband (%)	移动宽带用户普及率(%) Popularization Rate of Mobile Broadband Subscribers (%)
1978	0.2	0.2				
1980	0.3	0.3				
1985	0.4	0.4				
1990	0.7	0.7				
1995	1.5	1.5				
2000	6.8	4.6	2.2			
2005	36.1	19.0	17.1			
2006	46.4	24.5	21.9			
2007	50.2	24.0	26.2			
2008	55.5	24.9	30.6			
2009	62.0	18.8	43.2			
2010	69.5	15.1	54.4	10.0		
2011	78.7	13.5	65.2	26.9		
2012	91.1	13.4	77.7	23.1		
2013	98.0	12.9	85.1	30.0		
2014	103.2	11.3	91.9	72.0		
2015	93.7	10.8	82.9	80.0		
2016	97.7	11.8	85.9	83.2		
2017	100.1	14.0	86.1	85.0		
2018	108.3	17.5	90.8	98.0		
2019	112.1	20.5	91.7	98.0	81.2	82.1
2020	114.3	20.8	93.5	99.0	85.3	83.7
2021	113.4	22.0	91.4	99.0	92.3	79.3

第十二篇

国内贸易

CHAPTER 12

DOMESTIC TRADE

简 要 说 明

一、本篇主要包括社会消费品零售总额、限额以上批发零售业和住宿餐饮业法人企业主要财务状况、亿元以上商品交易市场情况等。

二、本篇资料由自治区统计局贸易外经统计处提供。

三、资料整理：拉巴卓玛

Brief Introduction

Ⅰ.This chapter mainly covers the total retail sales of consumer goods, the financial indicators of wholesale and retail, hotel and catering enterprises above designated size, the commodity exchange markets of transaction value over 100 million yuan, etc.

Ⅱ.All the data are provided by the Trade and External Economic Relations Statistics Division of Tibet Autonomous Region Statistics Bureau.

Ⅲ.Data collection：Laba Droma

12-1　社会消费品零售总额
TOTAL RETAIL SALES OF CONSUMER GOODS

单位：万元 (10000 yuan)

年　份 Year	社会消费品零售总额 Total Retail Sales of Consumer Goods	按地区分 By Region	
		城　镇 Urban	乡　村 Rural
1978	24479	13139	11340
1981	33151	19660	13491
1982	37051	19862	17189
1983	39386	21151	18235
1984	92422	49630	42792
1985	94983	51650	43333
1986	91009	57951	33058
1987	98571	59141	39430
1988	106239	61812	44427
1989	128783	84802	43981
1990	128700	87141	41559
1991	138532	107167	31365
1992	152265	114199	38066
1993	182788	146230	36558
1994	210170	168414	41756
1995	247982	192254	55728
1996	269003	210593	58410
1997	334297	274894	59404
1998	361490	307220	54271
1999	394389	341017	53372
2000	448706	388888	59818
2001	516828	455128	61700
2002	566207	492349	73857
2003	622640	545638	77002
2004	687745	600775	86970
2005	802420	700671	101749
2006	993331	879080	114251
2007	1251244	1120630	130614
2008	1454656	1298936	155720
2009	1788892	1579757	209136
2010	2179444	1619688	559756
2011	2704179	2210412	493767
2012	3183939	2648119	535820
2013	3714757	3118485	596273
2014	4227499	3514272	713227
2015	4770686	3928227	842459
2016	5390532	4501885	888646
2017	6188437	5179693	1008743
2018	7117624	5971249	1146374
2019	7733966	6441389	1292577
2020	7457784	6149158	1308626
2021	8103386	6682462	1420924

注：1.本表1993-2019年数据按照四经普数据进行同口径调整。
　　2.2011年以前按地区分数据的口径分别为市(县)和县以下两类。

Note: 1.Data from1993 to 2019 have been adjusted according to the 4th economic census.
　　2.Data grouped by region include city (county) and under county level before 2011.

12-2 按行业分的社会消费品零售总额
TOTAL RETAIL SALES OF CONSUMER GOODS BY SECTOR

年 份 Year	合 计 (万元) Total (10000 yuan)	批发和零售业 Wholesale and Retail Trades	住宿和餐饮业 Hotel and Catering Services	其他行业 Others
1978	24477	22679	169	1631
1981	33151	28723	221	4207
1982	37051	33728	532	2791
1983	39386	37426	187	1773
1984	92422	76086	2662	13674
1985	94983	79556	3553	11874
1986	91009	70628	3640	16741
1987	98571	79510	4020	15041
1988	106239	86370	4961	14908
1989	128783	109325	5027	14431
1990	128700	110935	4657	13108
1991	138532	103539	9277	25716
1992	152265	123382	6240	22643
1993	182788	137245	11279	34265
1994	210170	170751	15937	23483
1995	247982	173967	38391	35624
1996	269003	180595	45771	42638
1997	334297	271951	37557	24790
1998	361490	276736	54789	29965
1999	394389	307952	55608	30830
2000	448706	337361	69501	41843
2001	516828	389149	78321	49359
2002	566207	437195	100213	28798
2003	622640	497473	87247	37920
2004	687745	543922	104695	39127
2005	802420	649784	135857	16779
2006	993331	792922	163084	37325
2007	1251244	989412	209996	51837
2008	1454656	1178714	219817	56125
2009	1788892	1483138	261990	43765
2010	2179444	1852664	326780	
2011	2704179	2275312	428867	
2012	3183939	2654262	529677	
2013	3714757	3108131	606626	
2014	4227499	3567523	659976	
2015	4770686	3942020	828666	
2016	5390532	4494282	896250	
2017	6188437	5149081	1039356	
2018	7117624	5926191	1191432	
2019	7733966	6996565	737401	
2020	7457784	6772016	685769	
2021	8103386	7286125	817261	

12-3　分地市社会消费品零售总额
TOTAL RETAIL SALES OF CONSUMER GOODS BY REGION

单位：万元 (10000 yuan)

年　份 Year	地　区 Region	社会消费品零售总额 Total Retail Sales of Consumer Goods	城　镇 Urban	乡　村 Rural
2016		5390532	4501885	888646
2017		6188437	5179693	1008743
2018		7117624	5971249	1146374
2019		7733966	6441389	1292577
2020		7457784	6149158	1308626
2021		8103386	6682462	1420924
拉萨市	Lhasa	3993469	3494939	498529
日喀则市	Xigazê	1529760	1125354	404406
昌都市	Qamdo	794673	637561	157113
林芝市	Nyingchi	562367	393733	168635
山南市	Lhoka	728776	602575	126202
那曲市	Nagqu	317128	284172	32956
阿里地区	Ngari	177212	144129	33083

12-4　分地市、分行业社会消费品零售总额(2021年)
TOTAL RETAIL SALES OF CONSUMER GOODS BY REGION AND SECTOR (2021)

地　区	Region	合　计 (万元) Total (10000 yuan)	批发和零售业 Wholesale and Retail Trades	住宿和餐饮业 Hotel and Catering Services
拉萨市	Lhasa	3993469	3649605	343863
日喀则市	Xigazê	1529760	1363895	165865
昌都市	Qamdo	794673	692578	102096
林芝市	Nyingchi	562367	463113	99255
山南市	Lhoka	728776	679741	49036
那曲市	Nagqu	317128	302268	14860
阿里地区	Ngari	177212	134925	42287

12-5 分地市限额以上批发业法人企业主要指标(2021年)

单位：万元

地 区	Region	法人企业(个) Number of Corporation Enterprises (unit)	年末从业人数(人) Engaged Persons at Year-end (person)	商 品 购进额 Total Purchases Value	商 品 销售额 Total Sales Value	期末商品 库 存 额 Stock (Year-end)	资产总计 Total Assets
拉萨市	Lhasa	67	7374	5960156.5	7348436.6	329753.1	2753751.3
日喀则市	Xigazê	3	223	78664.5	110545.7	16294.8	39388.6
昌都市	Qamdo	3	178	94884.1	137720.1	22239.8	63195.6
林芝市	Nyingchi	8	203	96310.3	118358.2	9680.0	128815.5
山南市	Lhoka	5	338	58023.2	181141.3	19982.4	63907.0
那曲市	Nagqu	2	97	32963.2	40417.8	4598.7	13512.8
阿里地区	Ngari	2	49	23183.3	31069.0	3349.0	5084.2

12-6 分地市限额以上零售业法人企业主要指标(2021年)

单位：万元

地 区	Region	法人企业(个) Number of Corporation Enterprises (unit)	年末从业人数(人) Engaged Persons at Year-end (person)	商 品 购进额 Total Purchases Value	商 品 销售额 Total Sales Value	期末商品 库 存 额 Stock (Year-end)	资产总计 Total Assets
拉萨市	Lhasa	106	4635	900747.4	1455162.7	104502.7	871564.2
日喀则市	Xigazê	29	1240	294668.8	372509.2	25257.8	129145.7
昌都市	Qamdo	22	544	114917.0	174872.9	8133.2	80042.3
林芝市	Nyingchi	27	585	151410.8	160164.7	10135.2	63228.7
山南市	Lhoka	16	253	27689.5	31735.7	2209.9	17649.4
那曲市	Nagqu	3	225	94369.6	99076.5	3960.0	28291.8
阿里地区	Ngari	6	140	54508.5	54585.7	2162.2	16442.8

MAIN INDICATORS OF ENTERPRISES ABOVE DESIGNATED SIZE OF WHOLESALE TRADE BY REGION (2021)

(10000 yuan)

#流动资产合计 Total Current Assets	#固定资产净额 Net Fixed Assets	负债合计 Total Liabilities	所有者权益合计 Total Owners' Equities	营业收入 Business Revenue	营业成本 Business Cost	税金及附加 Taxes and Other Charges	营业利润 Business Profits
2466320.4	63231.6	1423197.8	1330060.9	6362653.6	5238515.5	82593.4	239490.4
26081.1	6823.0	12928.4	26460.2	100062.4	78694.5	10856.3	2826.4
54357.1	4723.9	18515.1	44680.5	124879.9	81915.0	8636.8	19918.2
109516.1	5539.1	38925.7	29676.6	124493.5	93245.5	7058.3	-331.3
41345.5	15607.9	75535.4	-11628.4	162615.4	140894.6	6921.6	2190.8
7174.9	5246.6	12123.4	1389.4	35951.9	28363.5	4765.1	363.7
3349.0	1622.7	5670.0	-585.8	27497.7	21032.6	3669.4	-162.5

MAIN INDICATORS OF ENTERPRISES ABOVE DESIGNATED SIZE OF RETAIL TRADE BY REGION (2021)

(10000 yuan)

#流动资产合计 Total Current Assets	#固定资产净额 Net Fixed Assets	负债合计 Total Liabilities	所有者权益合计 Total Owners' Equities	营业收入 Business Revenue	营业成本 Business Cost	税金及附加 Taxes and Other Charges	营业利润 Business Profits
590121.8	82766.3	685586.7	318902.8	1265215.8	1148124.5	2199.1	20809.1
90412.5	28704.1	83428.0	45717.7	338042.5	307529.3	714.8	3323.7
32539.3	18603.4	96333.7	-16296.0	162845.8	146409.8	205.1	-650.8
31472.7	22713.4	77189.0	13505.1	145925.4	136172.7	228.5	-1298.2
8858.4	2168.4	8767.6	8881.8	33075.6	27116.5	42.6	4176.0
5738.1	16242.4	20748.4	7543.4	98955.9	92399.3	953.5	-1693.7
5643.0	9112.0	32424.8	-15982.0	54270.9	51211.0	149.9	-972.4

12-7 限额以上批发和零售业法人企业基本情况(2021年)
BASIC STATISTICS OF CORPORATION ENTERPRISES ABOVE DESIGNATED SIZE OF WHOLESALE AND RETAIL TRADES BY STATUS OF REGISTRATION (2021)

指　标	Item	法人企业数(个) Number of Corporation Enterprises (unit)	年末从业人员数(人) Engaged Persons at Year-end (person)
总　计	**Total**	**299**	**16084**
批发业合计	**Wholesale Trade**	**90**	**8462**
内资企业	Domestic Funded Enterprises	87	7054
国有企业	State-owned Enterprises	14	1344
有限责任公司	Limited Liability Corporations	35	2954
私营企业	Private Enterprises	38	2756
港、澳、台商投资企业	Enterprises with Funds from Hong Kong, Macao and Taiwan	3	1408
零售业合计	**Retail Trade**	**209**	**7622**
内资企业	Domestic Funded Enterprises	207	7554
国有企业	State-owned Enterprises	14	504
有限责任公司	Limited Liability Corporations	77	2897
股份有限公司	Share-holding Corporations Ltd.	7	937
私营企业	Private Enterprises	108	3201
港、澳、台商投资企业	Enterprises with Funds from Hong Kong, Macao and Taiwan		
外商投资企业	Foreign Funded Enterprises	2	68

12-8　按登记注册类型分限额以上批发和零售业法人企业商品购、销、存总额(2021年)

TOTAL PURCHASES, SALES AND STOCK OF CORPORATION ENTERPRISES ABOVE DESIGNATED SIZE OF WHOLESALE AND RETAIL TRADES BY STATUS OF REGISTRATION (2021)

单位：万元　　(10000 yuan)

指　　标	Item	商品购进额 Total Purchases Value	商品销售额 Total Sales Value	批　发 Wholesale Value	零　售 Retail Value	期末商品库存额 Stock (year-end)
总　计	**Total**	**7982496.7**	**10315796.1**	**7891132.5**	**2424460.4**	**562258.8**
批发业合计	**Wholesale Trade**	**6344185.1**	**7967688.7**	**7636353.5**	**331335.2**	**405897.8**
内资企业	Domestic Funded Enterprises	6181892.2	7598928.2	7282200.2	316728.0	393858.7
国有企业	State-owned Enterprises	700575.4	1381619.7	1086582.4	295037.3	156286.6
有限责任公司	Limited Liability Corporations	692879.1	1126026.9	1115949.9	10077.0	113002.0
股份有限公司	Share-holding Corporations Limited					
私营企业	Private Enterprises	4788437.7	5091281.6	5079667.9	11613.7	124570.1
港、澳、台商投资企业	Enterprises with Funds from Hong Kong, Macao and Taiwan	162292.9	368760.5	354153.3	14607.2	12039.1
零售业合计	**Retail Trade**	**1638311.6**	**2348107.4**	**254779.0**	**2093125.2**	**156361.0**
内资企业	Domestic Funded Enterprises	1604194.5	2308457.1	254779.0	2053474.9	152327.7
国有企业	State-owned Enterprises	89038.3	108716.2	5002.7	103713.5	10573.5
有限责任公司	Limited Liability Corporations	566428.3	966286.0	172922.3	793363.7	58472.1
股份有限公司	Share-holding Corporations Ltd.	501681.4	551762.4	45795.2	505967.2	13686.5
私营企业	Private Enterprises	445617.2	680051.3	31058.8	648789.3	69552.9
港、澳、台商投资企业	Enterprises with Funds from Hong Kong, Macao and Taiwan					
外商投资企业	Foreign Funded Enterprises	34117.1	39650.3		39650.3	4033.3

12-9 按行业分限额以上批发和零售业法人企业商品购、销、存总额(2021年)

TOTAL PURCHASES, SALES AND STOCK OF CORPORATION ENTERPRISES ABOVE DESIGNATED SIZE OF WHOLESALE AND RETAIL TRADES BY SECTOR (2021)

单位：万元 (10000 yuan)

指标	Item	商品购进额 Total Purchases Value	商品销售额 Total Sales Value	批发 Wholesale Value	零售 Retail Value	期末商品库存额 Stock (year-end)
总计	**Total**	**7982496.7**	**10315796.1**	**7891132.5**	**2424460.4**	**562258.8**
批发业合计	**Wholesale Trade**	**6344185.1**	**7967688.7**	**7636353.5**	**331335.2**	**405897.8**
食品、饮料及烟草制品批发	Wholesale of Food, Beverages and Tobaccos	745560.2	1217328.0	1012816.7	204511.3	183148.7
纺织、服装及家庭用品批发	Wholesale of Textiles,Wearing Apparel and Household Articles	102171.1	172958.7	158881.3	14077.4	16670.7
医药及医疗器材批发	Wholesale of Medicines and Medical Appliances	665518.5	1544279.1	1540104.6	4174.5	46276.4
矿产品、建材及化工产品批发	Wholesale of Mineral Products, Building Materials and Chemical Products	511034.0	674926.4	577506.5	97419.9	80588.3
机械设备、五金产品及电子产品批发	Wholesale of Machinery, Hardware and Electronic Equipment	4311342.0	4344037.0	4339094.0	4943.0	76943.8
贸易经纪与代理	Trade Brokerage and Agency					
其他批发业	Others	8559.3	14159.5	7950.4	6209.1	2269.9
零售业合计	**Retail Trade**	**1638311.6**	**2348107.4**	**254779.0**	**2093125.2**	**156361.0**
综合零售	Integrated Retail	187531.2	242833.9	6.4	242827.5	23089.6
食品、饮料及烟草制品专门零售	Special Retail of Food, Beverages and Tobaccos	41552.3	162805.5	15067.6	147737.9	5760.6
纺织、服装及日用品专门零售	Special Retail of Textiles, Garments and Daily Consumer Articles	4057.4	5306.3		5306.3	1.2
文化、体育用品及器材专门零售	Special Retail of Culture, Sports Appliances and Equipment	13342.6	13369.0	3100.6	10268.4	4262.6
医药及医疗器材专门零售	Special Retail of Medicines and Medical Appliances	12803.4	16936.0		16936.0	1680.1
汽车、摩托车、零配件和燃料及其他动力销售	Sales of Automobiles, Motorcycles, Spare Parts and Fuel and Other Power	1265509.6	1777881.2	226368.7	1551512.5	106779.1
家用电器及电子产品专门零售	Special Retail of Household Electric Appliances and Electronic Products	55981.0	60593.3		60593.3	8410.1
五金、家具及室内装饰材料专门零售	Special Retail of Hardware, Furniture and Interior Decoration Material	15550.3	16597.1	5769.2	10624.7	370.8
货摊、无店铺及其他零售业	Stall, Non-shop and Other Retails	41983.8	51785.1	4466.5	47318.6	6006.9

12-10 按登记注册类型分限额以上批发和零售业法人企业资产及负债(2021年)

ASSETS AND LIABILITIES OF ENTERPRISES ABOVE DESIGNATED SIZE OF WHOLESALE AND RETAIL TRADES BY STATUS OF REGISTRATION (2021)

单位：万元 (10000 yuan)

指标	Item	资产总计 Total Assets	#流动资产合计 Total Current Assets	#固定资产净额 Net Fixed Assets	负债合计 Total Liabilities	所有者权益合计 Total Owners' Equity
总计	**Total**	**4274019.9**	**3472929.9**	**283104.8**	**2591374.0**	**1782326.2**
批发业合计	**Wholesale Trade**	**3067655.0**	**2708144.1**	**102794.8**	**1586895.8**	**1420053.4**
内资企业	Domestic Funded Enterprises	2794304.4	2525916.6	98355.4	1517533.3	1216065.3
国有企业	State-owned Enterprises	568768.5	468090.3	61114.8	164763.9	404004.6
有限责任公司	Limited Liability Companies	1217776.7	1110794.3	19455.4	830123.7	327439.8
股份有限公司	Share-holding Corporations Limited					
私营企业	Private Enterprises	1007759.2	947032.0	17785.2	522645.7	484620.9
港、澳、台商投资企业	Enterprises with Funds from Hong Kong, Macao and Taiwan	273350.6	182227.5	4439.4	69362.5	203988.1
零售业合计	**Retail Trade**	**1206364.9**	**764785.8**	**180310.0**	**1004478.2**	**362272.8**
内资企业	Domestic Funded Enterprises	1198572.0	758890.9	179335.8	1000977.4	357980.7
国有企业	State-owned Enterprises	93251.7	74668.2	6053.3	68297.3	24954.4
有限责任公司	Limited Liability Corporations	576480.8	363377.5	73213.3	500436.6	213067.1
股份有限公司	Share-holding Corporations Ltd.	113790.9	17369.7	70841.1	153709.7	-12453.4
私营企业	Private Enterprises	414309.1	302772.0	29192.1	277866.7	132340.2
港、澳、台商投资企业	Enterprises with Funds from Hong Kong, Macao and Taiwan					
外商投资企业	Foreign Funded Enterprises	7792.9	5894.9	974.2	3500.8	4292.1

12-11　按行业分限额以上批发和零售业法人企业资产及负债(2021年)
ASSETS AND LIABILITIES OF ENTERPRISES ABOVE DESIGNATED SIZE OF WHOLESALE AND RETAIL TRADES BY SECTOR (2021)

单位：万元　　(10000 yuan)

指标	Item	资产总计 Total Assets	#流动资产合计 Total Current Assets	#固定资产净额 Net Fixed Assets	负债合计 Total Liabilities	所有者权益合计 Total Owners' Equity
总　计	**Total**	**4274019.9**	**3472929.9**	**283104.8**	**2591374.0**	**1782326.2**
批发业合计	**Wholesale Trade**	**3067655.0**	**2708144.1**	**102794.8**	**1586895.8**	**1420053.4**
食品、饮料及烟草制品批发	Wholesale of Food, Beverages and Tobaccos	551493.8	447209.5	58734.7	104188.7	447305.1
纺织、服装及家庭用品批发	Wholesale of Textiles,Wearing Apparel and Household Articles	313254.7	255041.4	5.1	65246.3	247515.8
医药及医疗器材批发	Wholesale of Medicines and Medical Appliances	1144985.1	1036600.0	7374.3	699033.3	385738.6
矿产品、建材及化工产品批发	Wholesale of Mineral Products, Building Materials and Chemical Products	710288.5	649783.9	22961.5	556305.3	153983.2
机械设备、五金产品及电子产品批发	Wholesale of Machinery, Hardware and Electronic Equipment	335006.2	308831.2	12412.0	157970.0	177036.2
贸易经纪与代理	Trade Brokerage and Agency					
其他批发业	Others	12626.7	10678.1	1307.2	4152.2	8474.5
零售业合计	**Retail Trade**	**1206364.9**	**764785.8**	**180310.0**	**1004478.2**	**362272.8**
综合零售	Integrated Retail	161641.3	139873.3	1984.5	140790.7	19923.6
食品、饮料及烟草制品专门零售	Special Retail of Food, Beverages and Tobaccos	182910.9	89698.3	9812.1	83234.4	99676.5
纺织、服装及日用品专门零售	Special Retail of Textiles, Garments and Daily Consumer Articles	182.0	73.6		132.0	50.0
文化、体育用品及器材专门零售	Special Retail of Culture, Sports Appliances and Equipments	10408.8	7092.6	1356.5	4371.8	6037.0
医药及医疗器材专门零售	Special Retail of Medicines and Medical Appliances	14302.2	7154.0	2983.7	7108.0	7194.2
汽车、摩托车、零配件和燃料及其他动力销售	Sales of Automobiles, Motorcycles, Spare Parts and Fuel and Other Power	772967.0	467467.4	159297.9	733401.8	204053.5
家用电器及电子产品专门零售	Special Retail of Household Electric Appliances and Electronic Products	35249.1	28159.6	2598.0	17717.2	16241.6
五金、家具及室内装饰材料专门零售	Special Retail of Hardware, Furniture and Interior Decoration Material	4062.1	3773.8	4.3	891.4	1285.8
货摊、无店铺及其他零售业	Stall, Non-shop and Other Retails	24641.5	21493.2	2273.0	16830.9	7810.6

12-12 按登记注册类型分限额以上批发和零售业法人企业主要财务指标(2021年)

MAIN FINANCIAL INDICATORS OF CORPORATION ENTERPRISES ABOVE DESIGNATED SIZE OF WHOLESALE AND RETAIL TRADES BY STATUS OF REGISTRATION (2021)

单位：万元　　(10000 yuan)

指　标	Item	营业收入 Business Revenue	营业成本 Business Cost	税金及附加 Taxes and Other Charges	营业利润 Business Profits
总　计	**Total**	**9036486.3**	**7591624.3**	**128994.4**	**287989.4**
批发业合计	**Wholesale Trade**	**6938154.4**	**5682661.2**	**124500.9**	**264295.7**
内资企业	Domestic Funded Enterprises	6599026.0	5516840.5	121906.8	214790.3
国有企业	State-owned Enterprises	1059264.0	739701.7	101156.4	58518.0
有限责任公司	Limited Liability Corporations	1017300.7	600854.9	13673.5	48312.5
私营企业	Private Enterprises	4522461.3	4176283.9	7076.9	107959.8
港、澳、台商投资企业	Enterprises with Funds from Hong Kong, Macao and Taiwan	339128.4	165820.7	2594.1	49505.4
零售业合计	**Retail Trade**	**2098331.9**	**1908963.1**	**4493.5**	**23693.7**
内资企业	Domestic Funded Enterprises	2058366.9	1873615.9	4408.4	21595.9
国有企业	State-owned Enterprises	103327.6	90033.9	265.9	4317.0
有限责任公司	Limited Liability Corporations	898140.8	827120.7	1459.6	11043.2
股份有限公司	Share-holding Corporations Ltd.	508918.3	482209.8	1579.6	-6600.1
私营企业	Private Enterprises	546527.8	472952.8	1077.1	12803.8
港、澳、台商投资企业	Enterprises with Funds from Hong Kong, Macao and Taiwan				
外商投资企业	Foreign Funded Enterprises	39965.0	35347.2	85.1	2097.8

12-13 按行业分限额以上批发和零售业法人单位主要财务指标(2021年)

MAIN FINANCIAL INDICATORS OF CORPORATION ENTERPRISES ABOVE DESIGNATED SIZE OF WHOLESALE AND RETAIL TRADES BY SECTOR (2021)

单位：万元 (10000 yuan)

指　标	Item	营业收入 Business Revenue	营业成本 Business Cost	税金及附加 Taxes and Other Charges	营业利润 Business Profits
总　计	**Total**	**9036486.3**	**7591624.3**	**128994.4**	**287989.4**
批发业合计	**Wholesale Trade**	**6938154.4**	**5682661.2**	**124500.9**	**264295.7**
食品、饮料及烟草制品批发	Wholesale of Food, Beverages and Tobaccos	920128.0	678676.7	108003.2	55928.8
纺织、服装及家庭用品批发	Wholesale of Textiles,Wearing Apparel and Household Articles	168107.6	108565.3	801.0	38619.0
医药及医疗器材批发	Wholesale of Medicines and Medical Appliances	1363703.8	583678.7	11114.2	57729.3
矿产品、建材及化工产品批发	Wholesale of Mineral Products, Building Materials and Chemical Products	618034.3	535517.4	1497.1	55931.0
机械设备、五金产品及电子产品批发	Wholesale of Machinery, Hardware and Electronic Equipment	3849855.9	3762795.4	2961.1	53505.1
贸易经纪与代理	Trade Brokerage and Agency				
其他批发业	Others	18324.8	13427.7	124.3	2582.5
零售业合计	**Retail Trade**	**2098331.9**	**1908963.1**	**4493.5**	**23693.7**
综合零售	Integrated Retail	237570.9	192075.9	570.1	9939.2
食品、饮料及烟草制品专门零售	Special Retail of Food, Beverages and Tobaccos	55254.8	47266.7	193.5	1564.9
纺织、服装及日用品专门零售	Special Retail of Textiles, Garments and Daily Consumer Articles	4928.0	4009.9	11.5	602.6
文化、体育用品及器材专门零售	Special Retail of Culture, Sports Appliances and Equipment	13427.6	11640.3	36.2	295.7
医药及医疗器材专门零售	Special Retail of Medicines and Medical Appliances	16017.0	11095.3	90.7	1938.2
汽车、摩托车、零配件和燃料及其他动力销售	Sales of Automobiles, Motorcycles, Spare Parts and Fuel and Other Power	1650379.2	1532948.3	3372.2	8932.8
家用电器及电子产品专门零售	Special Retail of Household Electric Appliances and Electronic Products	57197.4	51641.8	82.7	2.0
五金、家具及室内装饰材料专门零售	Special Retail of Hardware, Furniture and Interior Decoration Material	15141.8	14824.7	4.9	117.3
货摊、无店铺及其他零售业	Stall, Non-shop and Other Retails	48415.2	43460.2	131.7	301.0

12-14　限额以上批发和零售业商品分类销售额(2021年)
SALE VALUES OF ENTERPRISES ABOVE DESIGNATED SIZE OF WHOLESALE AND RETAIL TRADES BY CATEGORY OF COMMODITIES (2021)

单位：万元　　(10000 yuan)

指　　标	Item	销售合计 Total Sales	批　发 Wholesale	零　售 Retail
粮油、食品类	Grain and Oil, Food	315681.2	39526.9	276154.3
#粮油类	Grain and Oil	112451.3	17839.1	94612.2
肉禽蛋类	Meat and Poultry	99348.7	19218.4	80130.3
饮料类	Beverages	69320.9	37305.2	32015.7
烟酒类	Tobacco and Liquor	952767.1	940054.9	12712.2
服装、鞋帽、针纺织品类	Clothing, Shoes, Hats and Textiles	126737.4	100101.5	26635.9
服装类	Clothing	119992.9	100096.4	19896.5
鞋帽类	Shoes and Hats	3655.2	5.1	3650.1
针纺织品类	Knitwear and Textiles	3089.3		3089.3
化妆品类	Cosmetics	10965.7		10965.7
金银珠宝类	Gold, Silver and Jewelry	694.3		694.3
日用品类	Articles for Daily Use	26489.2		26489.2
五金、电料类	Hardware and Electrical Materials	5515.9	345.3	5170.6
体育、娱乐用品类	Sports and Recreation Articles	1636.8		1636.8
书报杂志类	Newspapers and Magazines	12878.9	3100.7	9778.2
电子出版物及音像制品类	E-journal and Video Products	34.5		34.5
家用电器和音像器材类	Household Appliances and Video Equipment	16221.7	1420.8	14800.9
中西药品类	Traditional Chinese and Western Medicine	1346368.1	1327336.6	19031.5
#西药类	Western Medicine	698672.0	688899.2	9772.8
中草药及中成药类	Traditional Chinese Medicine	574029.4	572879.7	1149.7
文化办公用品类	Culture and Official Goods	19628.1	26.5	19601.6
家具类	Furniture	634.3		634.3
通讯器材类	Communication Appliances	4213774.9	4174598.5	39176.4
木材及制品类	Wood and Wooden Products	5248.6	5248.6	
石油及制品类	Petroleum and Related Products	1190119.1	196225.9	993893.2
化工材料及制品类	Raw Chemical Materials and Related Products	12667.8	12667.8	
化肥类	Fertilizer	12667.8	12667.8	
金属材料类	Metal Materials	209623.2	209623.2	
建筑及装潢材料类	Building and Decoration Materials	361563.1	340182.6	21380.5
机电产品及设备类	Mechanical and Electrical Products	30315.7	28038.4	2277.3
#农机类	Agricultural Machinery	22996.9	22996.9	
汽车类	Automobile	627898.7	51724.9	576173.8
种子饲料类	Seed and Feedstuff	88.5	88.5	
棉麻类	Cotton, Hemp	920.4		920.4
其他类	Others	119416.5	87408.9	32007.6

12-15 亿元以上商品交易市场摊位分类情况(2021年)
CLASSIFICATION OF COMMODITY EXCHANGE MARKETS OF TRANSACTION VALUE OVER 100 MILLION YUAN (2021)

类别	Classification	摊位数(个) Number of Booths (unit)	成交额(亿元) Turnover (100 million yuan)	批发市场 Wholesale	零售市场 Retail
总计	**Total**	**2436**	**29.42**	**24.19**	**5.24**
粮油、食品类	Grain and Oil, Food	2341	28.46	23.69	4.77
#粮油类	Grain and Oil	162	1.74	1.71	0.03
肉禽蛋类	Meat, Poultry and Eggs	379	5.57	3.92	1.65
水产品类	Aquatic Products	105	1.87	0.31	1.56
蔬菜类	Vegetables	1487	12.21	10.75	1.46
干鲜果品类	Dried and Fresh Melons and Fruits	190	7.07	7.00	0.06
饮料类	Beverages	11	0.37	0.32	0.05
烟酒类	Tobacco and Liquor	22	0.20	0.18	0.02
服装、鞋帽、针纺织品类	Clothing, Shoes, Hats and Textiles	5	0.01		0.01
#服装类	Clothing	2	0.01		0.01
鞋帽类	Shoes and Hats	2			
化妆品类	Cosmetics	2	0.01		0.01
日用品类	Articles for Daily Use				
五金、电料类	Hardware & Electrical Materials	28	0.29		0.29
体育、娱乐用品类	Sports & Recreational Articles				
中西药品类	Traditional Chinese and Western Medicine	4	0.02		0.02
#西药类	Western Medicine	2	0.01		0.01
中草药及中成药类	Traditional Chinese Medicine	2	0.01		0.01
其他类	Others	23	0.05		0.05

12-16 限额以上住宿和餐饮业法人企业基本情况(2021年)
BASIC STATISTICS OF CORPORATION ENTERPRISES ABOVE DESIGNATED SIZE IN HOTELS AND CATERING SERVICES BY STATUS OF REGISTRATION AND SECTOR (2021)

指　　标	Item	法人企业数(个) Number of Corporation Enterprises (unit)	年末从业人员数(人) Engaged Persons at Year-end (person)
总　计	**Total**	**118**	**5786**
住宿业	**Hotels**	**100**	**5016**
按登记注册类型分组	**By Status of Registration**		
内资企业	Domestic Funded Enterprises	97	4499
国有企业	State-owned Enterprises	12	1101
集体企业	Collective-owned Enterprises	1	45
有限责任公司	Limited Liability Corporations	39	1899
股份有限公司	Share-holding Corporations Ltd.	2	36
私营企业	Private Enterprises	43	1418
其他企业	Others		
港、澳、台商投资企业	Enterprises with Funds from Hong Kong, Macao and Taiwan	1	223
外商投资企业	Enterprises with Foreign Investment	2	294
按行业分组	**By Sector**		
旅游饭店	Tourist Hotel	79	4137
一般旅馆	Fonda	16	596
其他住宿业	Others	5	283
餐饮业	**Catering Services**	**18**	**770**
按登记注册类型分组	**By Status of Registration**		
内资企业	Domestic Funded Enterprises	18	770
有限责任公司	Limited Liability Corporations	7	436
股份有限公司	Share-holding Corporations Ltd.	1	19
私营企业	Private Enterprises	10	315
按行业分组	**By Sector**		
正餐服务	Restaurant	16	614
快餐服务	Fast Food	1	156
饮料及冷饮服务	Beverage and Cold Drink Service		

12-17 限额以上住宿和餐饮业法人企业经营情况(2021年) SIZE IN HOTELS BASIC STATISTICS OF ENTERPRISES ABOVE DESIGNATED SIZE OF HOTELS AND CATERING SERVICES BY STATUS OF REGISTRATION AND SECTOR (2021)

单位：万元 (10000 yuan)

指标	Item	营业额 Business Revenue	客房收入 From Hotel Rooms	餐费收入 From Meals	商品销售额收入 From Commodities	其他收入 Others
总计	**Total**	**129311.4**	**72112.8**	**39888.3**	**2183.1**	**15127.2**
住宿业	**Hotels**	**104411.5**	**71461.0**	**22224.3**	**424.1**	**10302.1**
按登记注册类型分组	**By Status of Registration**					
内资企业	Domestic Funded Enterprises	87938.2	60272.3	17846.2	241.4	9578.3
国有企业	State-owned Enterprises	15991.6	8654.1	3825.7	37.1	3474.7
集体企业	Collective-owned Enterprises	996.1	492.7			503.4
有限责任公司	Limited Liability Companies	41680.9	28733.9	8643.9	130.1	4173.0
股份有限公司	Share-holding Corporations Ltd.	228.1	180.1	45.5	2.5	
私营企业	Private Enterprises	29041.5	22211.5	5331.1	71.7	1427.2
其他企业	Others					
港、澳、台商投资企业	Enterprises with Funds from Hong Kong, Macao and Taiwan	7176.5	5193.1	1656.4		327.0
外商投资企业	Enterprises with Foreign Investment	9296.8	5995.6	2721.7	182.7	396.8
按行业分组	**By Sector**					
旅游饭店	Tourist Hotel	87480.5	57805.4	19578.0	261.2	9835.9
一般旅馆	Fonda	11047.8	8835.9	1595.8	153.1	463.0
其他住宿业	Others	5883.2	4819.7	1050.5	9.8	3.2
餐饮业	**Catering Services**	**24899.9**	**651.8**	**17664.0**	**1759.0**	**4825.1**
按登记注册类型分组	**By Status of Registration**					
内资企业	Domestic Funded Enterprises	24899.9	651.8	17664.0	1759.0	4825.1
有限责任公司	Limited Liability Corporations	19973.9		13399.8	1749	4825.1
股份有限公司	Share-holding Corporations Ltd.	594.3		594.3		
私营企业	Private Enterprises	4331.7	651.8	3669.9	10.0	
按行业分组	**By Sector**					
正餐服务	Restaurant	14338.2	651.8	11965.0	1701.4	20.0
快餐服务	Fast Food	10561.7		5699.0	57.6	4805.1
饮料及冷饮服务	Beverage and Cold Drink Service					

12-18　限额以上住宿和餐饮业法人企业资产及负债(2021年)
ASSETS AND LIABILITIES OF CORPORATION ENTERPRISES ABOVE DESIGNATED SIZE OF HOTELS AND CATERING SERVICES BY STATUS OF REGISTRATION AND SECTOR (2021)

单位：万元　(10000 yuan)

指　　标	Item	资产总计 Total Assets	#流动资产合计 Total Current Assets	#固定资产净额 Net Fixed Assets	负债合计 Total Liabilities	所有者权益合计 Total Owners' Equity
总　计	**Total**	**709039.8**	**154350.6**	**285007.6**	**216487.2**	**492552.6**
住宿业	**Hotels**	**647108.1**	**131933.4**	**272983.2**	**192661.8**	**454446.3**
按登记注册类型分组	**By Status of Registration**					
内资企业	Domestic Funded Enterprises	592068.2	122576.1	227311.7	187036.7	405031.5
国有企业	State-owned Enterprises	263018.2	27180.9	58829.7	34624.3	228393.9
集体企业	Collective-owned Enterprises	4224.0	505.0	1193.2	1581.8	2642.2
有限责任公司	Limited Liability Companies	201579.7	63135.8	108146.5	72675.4	128904.3
股份有限公司	Share-holding Corporations Ltd.	1098.5	257.1	380.6	1071.7	26.8
私营企业	Private Enterprises	122147.8	31497.3	58761.7	77083.5	45064.3
其他企业	Others					
港、澳、台商投资企业	Enterprises with Funds from Hong Kong, Macao and Taiwan	2277.2	2268.6		2589.5	-312.3
外商投资企业	Enterprises with Foreign Investment	52762.7	7088.7	45671.5	3035.6	49727.1
按行业分组	**By Sector**					
旅游饭店	Tourist Hotel	574866.1	109701.9	235163.0	142860.8	432005.3
一般旅馆	Fonda	40503.5	16262.1	17896.9	24959.3	15544.2
其他住宿业	Others	31738.5	5969.4	19923.3	24841.7	6896.8
餐饮业	**Catering Services**	**61931.7**	**22417.2**	**12024.4**	**23825.4**	**38106.3**
按登记注册类型分组	**By Status of Registration**					
内资企业	Domestic Funded Enterprises	61931.7	22417.2	12024.4	23825.4	38106.3
有限责任公司	Limited Liability Corporations	28949.1	15834.0	1470.5	8576.5	20372.6
股份有限公司	Share-holding Corporations Ltd.	481.7	442.9		163.1	318.6
私营企业	Private Enterprises	32500.9	6140.3	10553.9	15085.8	17415.1
按行业分组	**By Sector**					
正餐服务	Restaurant	48874.4	13226.7	11647.8	21845.2	27029.2
快餐服务	Fast Food	13057.3	9190.5	376.6	1980.2	11077.1
饮料及冷饮服务	Beverage and Cold Drink Service					

12-19 限额以上住宿和餐饮业法人企业主要财务指标(2021年) MAIN FINANCIAL INDICATORS OF ENTERPRISES ABOVE DESIGNATED SIZE OF HOTELS AND CATERING SERVICES BY STATUS OF REGISTRATION AND SECTOR (2021)

单位：万元 (10000 yuan)

指标	Item	营业收入 Business Revenue	营业成本 Business Cost	税金及附加 Taxes and Other Charges	营业利润 Business Profits
总计	**Total**	**126006.6**	**55989.1**	**528.1**	**-3450.9**
住宿业	**Hotels**	**102107.3**	**42874.6**	**431.8**	**-8493.8**
按登记注册类型分组	**By Status of Registration**				
内资企业	Domestic Funded Enterprises	86150.4	35747.6	418.0	-7743.4
国有企业	State-owned Enterprises	15696.7	6509.9	49.8	-5890.2
集体企业	Collective-owned Enterprises	996.2	474.1	8.9	194.4
有限责任公司	Limited Liability Companies	40728	15144.4	213.2	-946.4
股份有限公司	Share-holding Corporations Ltd.	202.1	42.5	1.3	-107.3
私营企业	Private Enterprises	28527.4	13576.7	144.8	-993.9
其他企业	Others				
港、澳、台商投资企业	Enterprises with Funds from Hong Kong, Macao and Taiwan	7176.5	2927.0		2079.7
外商投资企业	Enterprises with Foreign Investment	8780.4	4200.0	13.8	-2830.1
按行业分组	**By Sector**				
旅游饭店	Tourist Hotel	85534.9	35460.4	359.6	-8022.3
一般旅馆	Fonda	10861.7	5132.6	60.5	504.5
其他住宿业	Others	5710.7	2281.6	11.7	-976.0
餐饮业	**Catering Services**	**23899.3**	**13114.5**	**96.3**	**5042.9**
按登记注册类型分组	**By Status of Registration**				
内资企业	Domestic Funded Enterprises	23899.3	13114.5	96.3	5042.9
有限责任公司	Limited Liability Corporations	18978.7	9799.7	88.3	5675.3
股份有限公司	Share-holding Corporations Ltd.	594.3	503.1	0.3	-44.9
私营企业	Private Enterprises	4326.3	2811.7	7.7	-587.5
按行业分组	**By Sector**				
正餐服务	Restaurant	13617.1	8760.8	54.6	35.8
快餐服务	Fast Food	10282.2	4353.7	41.7	5007.1
饮料及冷饮服务	Beverage and Cold Drink Service				

第十三篇

对外贸易和旅游

CHAPTER 13

FOREIGN TRADE AND TOURISM

简 要 说 明

一、本篇主要包括进出口贸易总额、旅游业人数及收入情况。

二、本篇进出口资料来源于拉萨海关，旅游业资料来源于自治区旅游发展厅。

三、本篇资料由自治区统计局贸易外经统计处整理提供。

四、资料整理：拉巴卓玛

Brief Introduction

Ⅰ.This chapter mainly covers the total value of imports & exports, the number of tourists and earnings.

Ⅱ.The data of imports & exports are from the Lhasa Customs, the data of tourism are from the Tourism and Development Department of Tibet Autonomous Region.

Ⅲ.All the data are sorted and provided by the Trade and External Economic Relations Statistics Division of Tibet Autonomous Region Statistics Bureau.

Ⅳ.Data collection：Laba Droma

13-1 进出口贸易总额
TOTAL VALUE OF IMPORTS AND EXPORTS

年 份 Year	人民币(万元) RMB (10000 yuan)			美元(万美元) USD (10000 USD)		
	进出口总额 Total Imports and Exports	出口总额 Total Exports	进口总额 Total Imports	进出口总额 Total Imports and Exports	出口总额 Total Exports	进口总额 Total Imports
1953	1387	236	1151	402	68	334
1959	672	352	320	195	102	93
1965	693	110	583	243	39	204
1978	2869	272	2597	1664	158	1506
1981	3179	441	2738	1907	265	1642
1982	2049	757	1292	1107	409	698
1983	3202	941	2261	1633	480	1153
1984	3257	860	2397	1466	387	1079
1985	5422	1494	3928	1844	508	1336
1986	4119	2914	1205	1195	845	350
1987	9160	4501	4659	2473	1215	1258
1988	8219	5949	2270	2219	1606	613
1989	14481	7342	7139	3910	1982	1928
1990	14267	6581	7686	3022	1394	1628
1991	18460	8581	9879	3470	1613	1857
1992	34891	10466	24425	6434	1930	4504
1993	89305	13076	76229	10265	1503	8762
1994	266887	41857	225030	31288	4907	26381
1995	53726	24942	28784	7052	3494	3558
1996	84764	36768	47996	10471	4542	5929
1997	97954	41473	56481	11833	5010	6823
1998	93576	60911	32665	11304	7358	3946
1999	146140	75655	70485	16622	8605	8017
2000	113352	98597	14755	13029	11333	1696
2001	78416	68178	10238	9482	8244	1238
2002	107775	67070	40705	13032	8110	4922
2003	133271	100613	32658	16115	12166	3949
2004	184876	107584	77292	22355	13009	9346
2005	166366	133909	32457	20539	16532	4007
2006	256152	173332	82820	32840	22222	10618
2007	287422	238408	49014	39348	32638	6710
2008	531798	491348	40450	76543	70721	5822
2009	274507	256296	18211	40202	37535	2667
2010	565890	521942	43948	83594	77102	6492
2011	856047	745460	110587	135861	118310	17551
2012	2167236	2123587	43649	342397	335501	6896
2013	2055765	2024588	31177	331939	326905	5034
2014	1384815	1290039	94776	225494	210086	15408
2015	565535	362364	203171	90799	58179	32620
2016	516742	312369	204373	77796	47027	30768
2017	591919	298473	293446	87668	44206	43462
2018	475188	285698	189490	71809	43174	28635
2019	487558	374534	113024	70676	54292	16384
2020	213286	129364	83922	30922	18755	12167
2021	401616	225196	176420	62276	34896	27380

注：1998年以前为外贸部门统计数，1999-2014年为海关统计数，2015年开始按照人民币对美元年平均汇率换算。

Note: In 1998 and before, data were obtained from Ministry of Foreign Trade, and were from Customs statistics from 1999 to 2014. Since 2015, data are converted according to the year average annual exchange rate of RMB against US dollar.

13-2 边境小额进出口贸易总额
TOTAL VALUE OF IMPORTS AND EXPORTS FOR FRONTIER TRADE

年 份 Year	人民币(万元) RMB (10000 yuan)			美元(万美元) USD (10000 USD)		
	进出口总额 Total Value of Imports and Exports for Frontier Trade	出口总额 Total Exports	进口总额 Total Imports	进出口总额 Total Value of Imports and Exports for Frontier Trade	出口总额 Total Exports	进口总额 Total Imports
1953	1387	236	1151	402	68	334
1959	672	352	320	195	102	93
1965	429	110	319	150	39	111
1978	601	272	329	349	158	191
1981	840	406	434	504	244	260
1982	994	446	548	537	241	296
1983	1328	631	697	664	316	348
1984	1136	562	574	511	253	258
1985	1647	819	828	559	278	281
1986	2876	1920	956	834	557	277
1987	2679	2087	592	723	563	160
1988	821	605	216	221	163	58
1989	5205	3168	2037	1405	855	550
1990	4026	2475	1551	902	524	378
1991	3625	2995	630	682	564	118
1992	5829	5352	477	1075	987	88
1993	7760	6072	1688	892	698	194
1994	10500	3557	6943	1231	417	814
1995	4806	4059	747	579	489	90
1996	9715	7448	2267	1200	920	280
1997	2989	2724	265	361	329	32
1998	6664	4892	1772	805	591	214
1999	69356	62014	7342	7972	7128	844
2000	94430	88644	5786	10854	10189	665
2001	67078	62951	4127	8111	7612	499
2002	50786	46792	3994	6141	5658	483
2003	64150	59883	4267	7757	7241	516
2004	74860	70816	4044	9052	8563	489
2005	98982	93806	5176	12220	11581	639
2006	137420	133832	3588	17618	17158	460
2007	181827	179584	2243	24892	24585	307
2008	166391	164487	1904	23949	23675	274
2009	169872	167468	2404	24878	24526	352
2010	338847	336884	1963	50055	49765	290
2011	586192	582329	3863	93033	92420	613
2012	1067474	1061721	5754	168648	167739	909
2013	1191504	1185354	6150	192389	191396	993
2014	1217439	1206826	10613	198190	196462	1728
2015	302351	299042	3309	48544	48013	531
2016	298644	296058	2586	44961	44572	389
2017	233807	231661	2145	34629	34311	318
2018	241206	238486	2720	36450	36039	411
2019	293321	290057	3264	42520	42046	473
2020	96678	96518	159	14016	13993	23
2021	172227	172227		26684	26684	

13-3　旅游人数及旅游收入
NUMBER OF TOURISTS AND EARNINGS

年　份 Year	接待旅游者人数(人次) Number of Overseas and Domestic Visitors (person-time)	入境游客 Number of Overseas Visitor Arrivals	#外国人 Foreigners	国内游客 Number of Domestic Visitors	旅游收入(万元) Tourism Earnings (10000 yuan)	国内旅游收入(万元) Earnings from Domestic Tourism (10000 yuan)	国际旅游(外汇)收入(万美元) Foreign Exchange Earnings from International Tourism (10000 USD)
1982	18201	1580	1578	16621	186		130
1983	37564	1723	1596	35841	263		150
1984	60183	1579	1508	58604	257		100
1985	71980	15402	15041	56578	399		120
1986	87968	31000	29553	56968	2970		620
1987	127554	108750	42889	18804	5600		800
1988	103255	56293	21835	46962	6229		700
1989	29833	8287	3341	21546	3726		222
1990	23954	6654	9842	17300	684		145
1991	117169	38286	14768	78883	5069		770
1992	161164	50963	49823	110201	7257		997
1993	184262	54409	53192	129853	9348		675
1994	198928	65980	62233	132948	15321		1045
1995	206598	67814	65428	138784	21375	6340	1130
1996	325468	75003	72580	250465	23258	7835	2955
1997	366610	81800	73412	284810	25974	10338	3172
1998	386643	96444	87039	290199	26491	10998	3302
1999	448547	108224	98966	340323	57000	22234	3630
2000	608335	149441	134539	458894	67462	25834	5226
2001	686116	127148	116440	558968	75053	37053	4638
2002	867320	142279	129617	725041	98777	55899	5166
2003	928639	51120	45685	877519	103723	88028	1891
2004	1223098	95816	88797	1127282	153195	122817	3660
2005	1800623	121308	111018	1679315	193524	157536	4443
2006	2512103	154818	136159	2357285	277072	228929	6094
2007	4029438	365370	338744	3664068	485160	383152	13529
2008	2246447	67997	62934	2178450	225865	204237	3112
2009	5610630	174910	162458	5435720	559870	506088	7873
2010	6851390	228321	214136	6623069	714401	644001	10359
2011	8697605	270785	249026	8426820	970568	886341	12963
2012	10583869	194933	174631	10388936	1264788	1198017	10570
2013	12910568	223198	187153	12687370	1651813	1572633	12786
2014	15531413	244401	199965	15287012	2039989	1949992	14469
2015	20175305	292610	142592	19882695	2819203	2710610	17666
2016	23159418	321902	211172	22837516	3307512	3188022	19439
2017	25614300	343500	268800	25270800	3793700	3662500	19751
2018	33687256	476187	241630	33211069	4901421	4737396	24709
2019	40121522	541900	369133	39579622	5592801	5404389	27907
2020	35050100	3371	693	35046729	3664179	3662139	302
2021	41534369	9155	2646	41525214	4419000	4415320	545

第十四篇

金融业

CHAPTER 14

FINANCIAL INTERMEDIATION

简 要 说 明

一、本篇主要包括金融机构信贷收支情况、保险业运行情况。

二、本篇金融机构信贷资料来源于中国人民银行拉萨中心支行，保险业资料来源于西藏银保监局。

三、本篇资料由自治区统计局综合统计处整理提供。

四、资料整理：张泽林

Brief Introduction

Ⅰ.This chapter mainly covers the statistics on credit funds balance of financial institutions and insurance.

Ⅱ.The data on credit funds are from the Lhasa Central Sub-branch of the People's Bank of China, the data on insurance are from the Tibet Banking and Insurance Regulatory Bureau.

Ⅲ.The data are sorted and provided by the Comprehensive Statistics Division of Tibet Autonomous Region Statistics Bureau.

Ⅳ.Data collection：Zhang Zelin

14-1　金融机构本外币信贷收支
SOURCES AND USES OF CREDIT FUNDS OF FINANCIAL INSTITUTIONS (IN RMB AND FOREIGN CURRENCY)

单位：万元　　　　(10000 yuan)

年　份 Year	存款合计 Total Deposits	其中：人民币 RMB	#财政存款 Fiscal Deposits	#住户存款 Deposits of Households	贷款合计 Total Loans	其中：人民币 RMB
1959	10182	10182		975	1379	1379
1965	23029	23029	9572	2514	9092	9092
1978	70608	70608	26349	3340	16091	16091
1981	101153	101153	37500	6282	20709	20709
1982	108201	108201	34158	7611	22580	22580
1983	134543	134543	56092	9791	31542	31542
1984	104475	104475	24725	12622	59135	59135
1985	133799	133799	37260	15974	73413	73413
1986	143599	143599	33482	19978	66909	66909
1987	175649	175649	47448	23134	55915	55915
1988	196274	196274	42464	28360	108054	108054
1989	215016	215016	52762	33563	124308	124308
1990	212611	212611	32722	39961	172156	172156
1991	262275	262275	48162	58260	171817	171817
1992	290493	290493	30106	69880	208413	208413
1993	326750	326750	23824	90464	330067	330067
1994	525744	525744	59706	130731	403420	403420
1995	716307	716307	171699	193747	522528	522528
1996	854659	854659	122534	267651	593957	593957
1997	977201	977201	51638	304515	758123	758123
1998	1101308	1101308	67252	334481	788391	788391
1999	1318361	1318361	121042	368169	745852	745852
2000	1449755	1449755	74919	404807	806248	806248
2001	2140249	2129002	96742	501778	973339	966246
2002	2842946	2829653	62803	703825	1217851	1211279
2003	3222298	3208709	47630	918982	1450417	1444358
2004	3632912	3617220	97697	1074935	1684489	1678969
2005	4563018	4551139	158668	1230959	1793387	1788521
2006	5457402	5445494	454718	1398071	2041363	2037107
2007	6433551	6424371	468457	1595615	2238329	2234699
2008	8290189	8278506	734226	1848908	2193150	2189754
2009	10283990	10272388	1052153	2263699	2483469	2480072
2010	12967321	12955418	1361434	2671317	3018235	3014941
2011	16624953	16612392	1698574	3188288	4090533	4087517
2012	20542470	20505784	1640168	4039065	6640456	6637578
2013	25009393	24990839	991134	4960316	10769585	10766900
2014	30891854	30823846	1873078	5592769	16194584	16187241
2015	36712240	36638524	2320853	6536348	21244882	21203290
2016	43796584	43715488	2759576	7858866	30486400	30457728
2017	49590629	49525078	3941465	8797161	40436420	40414416
2018	49346152	49284032	6510529	9252391	45557426	45554997
2019	49795004	49739052	8605227	9601851	46954591	46952235
2020	54234768	54180925	12544884	10808027	49570862	49568868
2021	55964466	55918518	15190933	11513099	51353168	51351336

14-2 金融机构各项存款(2021年)
TOTAL DEPOSITS OF FINANCIAL INSTITUTIONS (2021)

单位：万元 (10000 yuan)

指 标	Item	本外币合 计 Total	人民币 RMB
各项存款	**Total Deposits**	**55964466**	**55918518**
#住户存款	Deposits of Households	11519863	11513099
活期存款	Demand Deposits	8074440	8069147
定期及其他存款	Time & Other Deposits	3445423	3443952
非金融企业存款	Deposits of Non-financial Enterprises	11709133	11670888
活期存款	Demand Deposits	7874468	7869377
定期及其他存款	Time & Other Deposits	3834665	3801511
广义政府存款	Deposits of Government		
财政性存款	Fiscal Deposits	15190933	15190933
机关团体存款	Deposits of Government Departments & Organizations	16258256	16257973
非银行业金融机构存款	Deposits of Non-banking Financial Institutions	1277010	1276640

14-3 金融机构各项贷款(2021年)
TOTAL LOANS OF FINANCIAL INSTITUTIONS (2021)

单位：万元 (10000 yuan)

指 标	Item	本外币合 计 Total	人民币 RMB
各项贷款	**Total Loans**	**51353168**	**51351336**
住户贷款	Loans to Households	9424182	9424126
短期贷款	Short-term Loans	2285926	2285874
消费贷款	Consumption Loans	1371039	1370986
经营贷款	Operating Loans	914887	914887
中长期贷款	Medium & Long-term Loans	7138255	7138252
消费贷款	Consumption Loans	4354265	4354261
经营贷款	Operating Loans	2783991	2783991
非金融企业及机关团体贷款	Loans to Non-financial Enterprises and Government Departments & Organizations	41928949	41927173
短期贷款	Short-term Loans	3855157	3855157
中长期贷款	Medium & Long-term Loans	32490979	32489203

14-4 保险业务经济技术指标
ECONOMIC AND TECHNICAL INDICATORS OF INSURANCE COMPANIES

指 标	Item	1999	2000	2007	2010	2017
保险金额(万元)	**Amount Insured (10000 yuan)**	**708697**	**687201**	**7710098**	**15351919**	**385048057**
财产险	Property Insurance	708697	687201	2147224	8772787	99629667
企业财产险	Enterprise Property Insurance	134742	102170	201033	1134711	7471066
家庭财产险	Family Property Insurance	17731	47293	81213	24193	590138
机动车辆险	Motor Vehicle Insurance	484534	462684	1558985	2549445	17326068
工程险	Engineering Insurance		4050	161173	808382	7105813
责任险	Liability Insurance	65682	61354	1703790	4165740	8901897
信用险	Credit Insurance					28
保证险	Guarantee Insurance		340	15	2239	7501
船舶险	Ship Insurance					1224
货物运输险	Freight Transport Insurance	6008	9310	44958	40026	71462
特殊风险险	Special Risks Insurance				34160	133958
农业险	Agriculture Insurance			33129	13610	58007609
其他险	Other Insurance				281	12903
人身险	Personal Insurance			3925802	6579132	285418390
寿 险	Life Insurance				7167	986636
健康险	Health Insurance				1637485	173605249
意外伤害险	Accident Insurance			3925802	5114480	110826505
保费收入(万元)	**Premiums Income (10000 yuan)**	**5619**	**7011**	**26781**	**50585**	**280137**
财产险	Property Insurance	5619	7011	25039	41123	168541
企业财产险	Enterprise Property Insurance	555	488	658	2009	8777
家庭财产险	Family Property Insurance	136	187	231	46	3782
机动车辆险	Motor Vehicle Insurance	4281	5432	20972	31398	96481
工程险	Engineering Insurance		6	756	3311	14328
责任险	Liability Insurance	596	796	2217	3428	9705
信用险	Credit Insurance					
保证险	Guarantee Insurance		7		34	27
船舶险	Ship Insurance					7
货物运输险	Freight Transport Insurance	51	87	39	72	83
特殊风险险	Special Risks Insurance			11	8	141
农业险	Agriculture Insurance			155	817	35022
其他险	Other Insurance		8			188
人身险	Personal Insurance			1742	9462	111596
寿 险	Life Insurance				4295	46447
健康险	Health Insurance				2083	32072
意外伤害险	Accident Insurance			1742	3084	33077

14-4 续表1 continued

指　　标	Item	2018	2019	2020	2021
保险金额(万元)	**Amount Insured (10000 yuan)**	**323563556**	**445503243**	**607370683**	**578851704**
财产险	Property Insurance	149491011	146720397	173069690	205880938
企业财产险	Enterprise Property Insurance	7194967	10350473	10446474	14775879
家庭财产险	Family Property Insurance	1051378	2101337	1804875	2000985
机动车辆险	Motor Vehicle Insurance	22489646	26911820	35379572	55725972
工程险	Engineering Insurance	11269512	6007068	5290171	3855767
责任险	Liability Insurance	24389336	12178548	18781344	21942829
信用险	Credit Insurance	1328		89	91
保证险	Guarantee Insurance	41970	300830	368449	470811
船舶险	Ship Insurance	2264	6734	4777	
货物运输险	Freight Transport Insurance	46832	187454	877234	2360771
特殊风险险	Special Risks Insurance	144301	257812	273080	235267
农业险	Agriculture Insurance	82849465	88379332	89399540	96352689
其他险	Other Insurance	10012	38989	10444084	8159877
人身险	Personal Insurance	174072545	298782846	434300993	372970767
寿　险	Life Insurance	1016453	1782200	1633806	1096710
健康险	Health Insurance	52064599	101358391	272970658	208231256
意外伤害险	Accident Insurance	120991492	195642255	159696529	163642801
保费收入(万元)	**Premiums Income (10000 yuan)**	**334509**	**366541**	**398133**	**399845**
财产险	Property Insurance	221558	247559	272490	274431
企业财产险	Enterprise Property Insurance	8409	12046	11389	14492
家庭财产险	Family Property Insurance	6980	7578	6837	6195
机动车辆险	Motor Vehicle Insurance	112160	127606	132526	122268
工程险	Engineering Insurance	22690	10036	10723	8248
责任险	Liability Insurance	13806	14212	19993	22010
信用险	Credit Insurance	13			0
保证险	Guarantee Insurance	865	3862	4914	6057
船舶险	Ship Insurance	5	18	9	
货物运输险	Freight Transport Insurance	71	119	362	796
特殊风险险	Special Risks Insurance	108	133	183	133
农业险	Agriculture Insurance	56373	71520	85349	93515
其他险	Other Insurance	78	428	206	716
人身险	Personal Insurance	112950	118982	125643	125414
寿　险	Life Insurance	43814	48189	52372	53989
健康险	Health Insurance	34395	39824	44229	38242
意外伤害险	Accident Insurance	34741	30969	29043	33183

14-4 续表2 continued

指　　标	Item	1999	2000	2007	2010	2017
已决赔案件数(件)	**Number of Indemnity (unit)**	**3315**	**4250**	**14926**	**19082**	**160365**
财产险	Property Insurance	3315	4250	14690	16378	153013
企业财产险	Enterprise Property Insurance	97	90	276	791	424
家庭财产险	Family Property Insurance	548	567	385	97	586
机动车辆险	Motor Vehicle Insurance	2517	3467	13867	13496	67813
工程险	Engineering Insurance			23	1010	367
责任险	Liability Insurance	153	120	130	786	1028
信用险	Credit Insurance					
保证险	Guarantee Insurance					981
船舶险	Ship Insurance					
货物运输险	Freight Transport Insurance		6	5	42	11
特殊风险险	Special Risks Insurance					55
农业险	Agriculture Insurance			4	155	4815
其他险	Other Insurance				1	76933
人身险	Personal Insurance			236	2704	7352
寿　险	Life Insurance				222	
健康险	Health Insurance				1060	4459
意外伤害险	Accident Insurance			236	1422	2893
已决赔款金额(万元)	**Indemnity Expenditure (10000 yuan)**	**2334**	**2534**	**14873**	**19082**	**111715**
财产险	Property Insurance	503	2534	9233	16378	86652
企业财产险	Enterprise Property Insurance	245	185	668	791	967
家庭财产险	Family Property Insurance	25	31	115	97	1646
机动车辆险	Motor Vehicle Insurance	1831	2166	7728	13496	36664
工程险	Engineering Insurance			233	1010	7094
责任险	Liability Insurance	233	139	339	786	5381
信用险	Credit Insurance					
保证险	Guarantee Insurance					12
船舶险	Ship Insurance					
货物运输险	Freight Transport Insurance		13	28	42	28
特殊风险险	Special Risks Insurance					2
农业险	Agriculture Insurance			122	155	33069
其他险	Other Insurance				1	1789
人身险	Personal Insurance			5640	2704	25063
寿　险	Life Insurance				222	
健康险	Health Insurance				1060	9205
意外伤害险	Accident Insurance			5640	1422	15858

14-4 续表3 continued

指 标	Item	2018	2019	2020	2021
已决赔案件数(件)	**Number of Indemnity (unit)**	**198498**	**199343**	**344122**	**639453**
财产险	Property Insurance	147825	161261	330952	584074
企业财产险	Enterprise Property Insurance	763	702	839	914
家庭财产险	Family Property Insurance	1956	4019	2559	779
机动车辆险	Motor Vehicle Insurance	79536	84246	82952	96760
工程险	Engineering Insurance	514	798	558	445
责任险	Liability Insurance	753	21907	94603	12126
信用险	Credit Insurance	1		3	5
保证险	Guarantee Insurance	1629	8012	8182	2054
船舶险	Ship Insurance			6	
货物运输险	Freight Transport Insurance	15	14	3767	22434
特殊风险险	Special Risks Insurance	55	12	13	7
农业险	Agriculture Insurance	6094	9462	128061	325333
其他险	Other Insurance	56509	32089	9409	123217
人身险	Personal Insurance	50673	38082	13170	55379
寿 险	Life Insurance				
健康险	Health Insurance	46364	33294	9244	52235
意外伤害险	Accident Insurance	4309	4788	3926	3144
已决赔款金额(万元)	**Indemnity Expenditure (10000 yuan)**	**161996**	**210773**	**241730**	**273395**
财产险	Property Insurance	117541	158231	204988	233811
企业财产险	Enterprise Property Insurance	3305	4176	6023	5404
家庭财产险	Family Property Insurance	1377	3121	1281	579
机动车辆险	Motor Vehicle Insurance	47720	54465	55821	60151
工程险	Engineering Insurance	12853	34647	13421	14342
责任险	Liability Insurance	3959	5759	7625	9360
信用险	Credit Insurance				1
保证险	Guarantee Insurance	41	219	172	128
船舶险	Ship Insurance			23	
货物运输险	Freight Transport Insurance	23	42	209	592
特殊风险险	Special Risks Insurance	10	22	78	68
农业险	Agriculture Insurance	48138	55649	85460	142935
其他险	Other Insurance	113	131	27	251
人身险	Personal Insurance	44455	52542	36742	39584
寿 险	Life Insurance				
健康险	Health Insurance	24827	28253	17443	23473
意外伤害险	Accident Insurance	19628	24289	19299	16112

第十五篇

教育、科技和文化

CHAPTER 15

EDUCATION, SCIENCE & TECHNOLOGY AND CULTURE

简 要 说 明

一、本篇主要包括教育事业基本情况、自治区科协系统科技事业情况、文化和出版事业情况、广播电视情况等。

二、本篇教育资料来源于自治区教育厅、科技资料来源于自治区科技厅、文化资料来源于自治区文化厅、出版资料来源于自治区党委宣传部、广播电视资料来源于自治区广播电视局。

三、本篇资料由自治区统计局社会和科技统计处整理编辑。

四、资料整理：张双建

Brief Introduction

Ⅰ.This chapter mainly covers the basic statistics on education, on scientific and technological activities of Tibet science and technology associations, on culture and publishing, on radio and television stations, etc.

Ⅱ.The data on education are from the Education Department of Tibet Autonomous Region, the data on science and technology are from the Science and Technology Department of Tibet Autonomous Region, the data on culture are from the Culture Department of Tibet Autonomous Region, the data on publishing are from the Publicity Department of Tibet Autonomous Region Party Committee, the data on Radio and Television are from the Radio and Television Bureau of Tibet Autonomous Region.

Ⅲ.The data are sorted and compiled by the Social, Scientific and Technological Statistics Division of Tibet Autonomous Region Statistics Bureau.

Ⅳ.Data collection：Zhang Shuangjian

15-1 教育事业基本情况
BASIC STATISTICS ON EDUCATION

指 标	Item	2000	2007	2010	2018	2019	2020	2021
学校数(所)	**Number of Schools (unit)**							
普通高等学校	Regular Higher Education Institutions	4	6	6	7	7	7	7
中等学校	Secondary Schools	110	124	128	144	148	155	156
#职业学校	Vocational Schools	12	7	6	11	11	12	13
普通中学	Regular Secondary Schools	98	117	122	133	136	143	143
小 学	Primary Schools	842	884	872	809	821	827	832
幼儿园	Kindergartens		61	119	1477	2014	2199	2337
特殊教育学校	Special Education Schools		1	2	5	6	7	7
专任教师(人)	**Number of Full-time Teachers (person)**							
普通高等学校	Regular Higher Education Institutions	813	1755	2195	2629	2610	2712	2738
中等学校	Secondary Schools	5048	10540	12635	18247	19551	21346	21372
#职业学校	Vocational Schools	742	507	591	1754	1869	2544	2526
普通中学	Regular Secondary Schools	4306	10033	12044	16493	17682	18802	18846
小 学	Primary Schools	13181	17813	18901	22415	23164	24135	25381
幼儿园	Kindergartens		514	1042	5659	6377	7886	8832
特殊学校	Special Education Schools		28	52	246	286	297	297
招生数(人)	**Number of Entrants (person)**							
普通高等学校	Regular Higher Education Institutions	2320	8046	9213	15654	16555	18595	16834
中等学校	Secondary Schools	28619	73668	69737	68988	82456	89433	90401
#职业学校	Vocational Schools	2957	6654	7319	9690	10537	14776	14585
普通中学	Regular Secondary Schools	25662	67014	62418	68988	71919	74657	75816
小 学	Primary Schools	57969	51890	50747	59777	61760	63087	65029
幼儿园	Kindergartens			12747	69434	76750	69058	66064
特殊教育学校	Special Education Schools		78	42	127	172	111	100
在校学生(人)	**Number of Enrolments (person)**							
普通高等学校	Regular Higher Education Institutions	5475	26767	31109	37833	38681	41694	45559
中等学校	Secondary Schools	61817	199168	202333	213924	230710	250062	254021
#职业学校	Vocational Schools	6585	18958	22613	22817	25402	32120	33196
普通中学	Regular Secondary Schools	55232	180210	179720	191107	205308	217942	220825
小 学	Primary Schools	313807	320589	299408	326334	340952	352875	365581
幼儿园	Kindergartens	4491	11110	23414	123333	141660	150934	156438
特殊教育学校	Special Education Schools		268	257	912	1021	1051	1057
毕业生数(人)	**Number of Graduates (person)**							
普通高等学校	Regular Higher Education Institutions	764	4346	8266	15567	14958	14998	14065
中等学校	Secondary Schools	14019	53992	65582	66121	66951	70631	81191
#职业学校	Vocational Schools	1895	2197	7312	5228	6601	6272	9970
普通中学	Regular Secondary Schools	12124	51795	58270	60893	60350	64359	71221
小 学	Primary Schools	37039	52238	50642	48489	50998	51570	52790
幼儿园	Kindergartens			5384	53382	56082	58060	60461
特殊教育学校	Special Education Schools		6	6	29	122	116	149
生师比(人)	**Student-teacher Ratio (person)**							
普通高等学校	Regular Higher Education Institutions	6.73	15.25	14.17	14.39	14.82	15.37	16.64
中等学校	Secondary Schools	12.24	18.9	16.01	11.72	11.80	11.71	11.89
#职业学校	Vocational Schools	8.87	37.39	38.26	13.01	13.59	12.63	13.14
普通中学	Regular Secondary Schools	12.83	17.96	14.92	11.60	11.61	11.59	11.72
小 学	Primary Schools	23.81	18.00	15.84	14.54	14.72	14.62	14.40
幼儿园	Kindergartens	22.91	21.61	22.47	21.80	22.21	19.14	17.71
特殊教育学校	Special Education Schools		9.57	4.94	3.70	3.57	3.54	3.56

注：2017年起，专业学校改为职业学校，每一位教师负担学生数改为生师比(以下相关表同)。

Note: Since 2017, specialized schools has changed to vocational schools, number of students per teacher changed to student-teacher ratio. The same applies to the related tables following.

15-2 各级各类学校数
NUMBER OF SCHOOLS BY TYPE AND LEVEL

单位：所 (unit)

年 份 Year	高等学校 Regular Higher Education Institutions	中等学校 Secondary Schools	职业学校 Vocational Schools	普通中学 Regular Secondary Schools	小 学 Primary Schools	幼儿园 Kinder-gartens	特殊教育学校 Special Education Schools
1956					10		
1959		3	1	2	462		
1965	1	5	1	4	1822		
1978	4	88	28	60	6819		
1980	4	98	24	74	6266	256	
1986	3	78	14	64	2388		
1987	3	81	14	67	2437	26	
1988	3	82	15	67	2453	36	
1989	3	83	15	68	2398	40	
1990	3	78	15	63	2474	37	
1991	3	76	15	61	2652	31	
1992	3	76	14	62	2831	36	
1993	4	84	15	69	3090	32	
1994	4	93	16	77	3477	26	
1995	4	102	16	86	3943	29	
1996	4	104	16	88	790	46	
1997	4	106	16	90	806	36	
1998	4	106	16	90	814	31	
1999	4	113	16	97	820	36	
2000	4	110	12	98	842	21	
2001	4	111	11	100	895	20	1
2002	3	114	11	103	899	32	2
2003	4	115	10	105	892	41	2
2004	4	120	10	110	886	41	2
2005	4	128	10	118	890	42	1
2006	6	128	10	118	880	46	1
2007	6	124	7	117	884	61	1
2008	6	126	7	119	885	83	1
2009	6	124	6	118	884	88	1
2010	6	128	6	122	872	119	2
2011	6	129	6	123	860	198	2
2012	6	128	6	122	857	480	3
2013	6	130	6	124	841	613	5
2014	6	134	9	125	829	722	5
2015	6	136	9	127	826	882	5
2016	7	139	10	129	805	1028	5
2017	7	143	11	132	806	1239	5
2018	7	144	11	133	809	1477	5
2019	7	148	11	136	821	2014	6
2020	7	155	12	143	827	2199	7
2021	7	156	13	143	832	2337	7

注：1996年及以前小学学校数包括教学点(以下相关表同)。

Note: In 1996 and before, the total number of primary schools included teaching classes. The same applies to the related tables following.

15-3 各级各类学校教职工数
NUMBER OF EDUCATIONAL PERSONNEL OF SCHOOLS BY TYPE AND LEVEL

单位：人 (person)

年 份 Year	高等学校 Regular Higher Education Institutions	中等学校 Secondary Schools	职业学校 Vocational Schools	普通中学 Regular Secondary Schools	小 学 Primary Schools	幼儿园 Kinder-gartens	特殊教育学校 Special Education Schools
1959			396				
1965	703	232	110	122	2475		
1978	1399	2578	978	1600	12169		
1980	1689	2970	1174	1796	13964	254	
1986	1675	3611	1078	2533	9115	107	
1987	2883	4023	1215	2808	8685	212	
1988	1757	4312	1269	3043	9186	317	
1989	1791	4323	1258	3065	9072	291	
1990	1737	4382	1202	3180	9573	224	
1991	1763	4416	1237	3179	9399	288	
1992	1773	4525	1315	3210	9659	300	
1993	1744	4502	1340	3162	10528	289	
1994	1771	5041	1441	3600	12390	300	
1995	1818	5129	1463	3666	14090	347	
1996	1720	5444	1462	3982	14712	416	
1997	1737	5624	1398	4226	14750	360	
1998	1762	5789	1320	4469	14659	343	
1999	1736	6125	1264	4861	14418	397	
2000	1673	6431	1255	5176	13936	322	
2001	1836	7129	1254	5875	12926	283	14
2002	1829	7722	1222	6500	13631	537	75
2003	1794	8442	1108	7334	13767	628	39
2004	1913	9402	1155	8247	14378	616	22
2005	2033	10220	1214	9006	14967	672	23
2006	2669	10230	753	9477	16446	644	26
2007	2888	11586	725	10861	18450	822	33
2008	2990	12270	745	11525	18715	1131	36
2009	3082	13046	797	12249	19293	1281	38
2010	3312	13504	731	12773	19289	1576	62
2011	3460	14114	740	13374	19200	1769	64
2012	3485	14133	746	13387	18966	2221	110
2013	3623	14388	763	13625	18998	2822	161
2014	3640	15771	1125	14646	20287	3383	173
2015	3643	16466	1253	15213	20933	4098	190
2016	3663	17267	1403	15864	21004	4725	224
2017	3707	17694	1631	16063	20315	5359	237
2018	3788	18862	1869	16993	22517	6817	267
2019	3813	20427	1905	18522	23138	7619	307
2020	3981	22013	2668	19345	24334	9159	325
2021	4052	22291	2645	19646	25392	10140	325

15-4 各级各类学校专任教师数
NUMBER OF FULL-TIME TEACHERS OF SCHOOLS BY TYPE AND LEVEL

单位：人 (person)

年 份 Year	高等学校 Regular Higher Education Institutions	中等学校 Secondary Schools	职业学校 Vocational Schools	普通中学 Regular Secondary Schools	小 学 Primary Schools	幼儿园 Kinder-gartens	特殊教育学校 Special Education Schools
1978	438	1452	391	1061			
1981	571	1619	456	1163	10164		
1982	534	1634	440	1194	8322		
1983	518	1464	280	1184	8381		
1984	567	1760	354	1406	8118		
1985	571	1875	382	1493	7931	99	
1986	659	2182	458	1724	7742		
1987	1071	2570	574	1996	7368	212	
1988	723	2894	626	2268	8045	317	
1989	756	2936	619	2317	7939	291	
1990	719	2941	618	2323	8506	224	
1991	741	2975	631	2344	8408	288	
1992	727	3031	654	2377	8647	300	
1993	761	3027	685	2342	9587	289	
1994	777	3435	744	2691	11514	300	
1995	782	3580	746	2834	13349	347	
1996	833	3936	794	3142	13916	416	
1997	849	4132	784	3348	13938	360	
1998	834	4381	765	3616	13908	343	
1999	765	4785	740	4045	13726	397	
2000	813	5048	742	4306	13181	196	
2001	867	5781	802	4979	11995	171	9
2002	885	6359	782	5577	12792	298	63
2003	972	7162	701	6461	13026	341	23
2004	1081	8145	774	7371	13610	345	18
2005	1187	8996	835	8161	14267	378	19
2006	1673	9161	484	8677	15961	373	21
2007	1755	10540	507	10033	17813	514	28
2008	1877	11293	541	10752	18087	757	31
2009	1969	12099	601	11498	18686	850	33
2010	2195	12635	591	12044	18901	1042	52
2011	2288	13279	595	12684	18912	1121	55
2012	2369	13272	632	12640	18853	1593	92
2013	2472	13738	652	13086	18679	2091	136
2014	2601	15097	993	14104	20071	2627	146
2015	2619	15745	1142	14603	20680	3183	169
2016	2467	16623	1295	15328	20802	3723	201
2017	2484	17035	1520	15515	20143	4254	214
2018	2629	18247	1754	16493	22415	5659	246
2019	2610	19551	1869	17682	23164	6377	286
2020	2712	21346	2544	18802	24135	7886	297
2021	2738	21372	2526	18846	25381	8832	297

15-5 各级各类学校在校学生数
NUMBER OF ENROLMENTS OF FORMAL EDUCATION BY TYPE AND LEVEL

单位：人 (person)

年 份 Year	高等学校 Regular Higher Education Institutions	中等学校 Secondary Schools	职业学校 Vocational Schools	普通中学 Regular Secondary Schools	小 学 Primary Schools	幼儿园 Kinder-gartens	特殊教育学校 Special Education Schools
1959		1732	1390	342	16300		
1965	2251	1514	455	1059	66781		
1978	2081	22319	4640	17679	262611		
1981	1522	19244	2327	16917	186882	3491	
1982	1214	18340	1573	16767	141587	1020	
1983	1326	19561	1403	18158	124612	731	
1984	1370	20713	1826	18887	125469	850	
1985	1577	22671	2249	20422	119939	1092	
1986	1850	25011	3062	21949	121156	1243	
1987	1801	27112	3231	23881	137069	1678	
1988	1736	26904	3465	23439	144809	2648	
1989	1973	27186	3960	23226	138875	2635	
1990	2025	25478	4175	21303	157402	2257	
1991	1961	26187	4385	21802	168062	2668	
1992	2239	27964	4713	23251	191768	2974	
1993	2813	30641	4948	25693	211872	2365	
1994	3280	33915	5190	28725	232976	2517	
1995	3878	38286	5575	32711	258651	4087	
1996	3412	40340	5383	34957	284350	5141	
1997	3200	44143	5730	38413	300453	5083	
1998	3447	45417	5579	39838	310220	4583	
1999	4021	49879	5672	44207	310437	5274	
2000	5475	61817	6585	55232	313807	4491	
2001	6793	78529	6819	71710	311993	3819	113
2002	8438	96906	6437	90469	319569	7098	187
2003	10409	120854	6718	114136	322060	7876	205
2004	14731	144437	8549	135888	326952	8204	254
2005	18979	161075	7027	154048	327497	9596	208
2006	23327	180334	14775	165559	329532	9149	172
2007	26767	199168	18958	180210	320589	11110	268
2008	29409	205516	21003	184513	311832	14667	217
2009	30264	202927	21357	181570	305235	16068	200
2010	31109	202333	22613	179720	299408	23414	257
2011	32374	200814	19767	181047	294725	41751	246
2012	33452	196382	18291	178091	292016	61495	420
2013	33562	196700	17491	179209	294799	73405	539
2014	34902	196683	16719	179964	295142	81123	656
2015	34203	191277	15796	175481	292290	87951	695
2016	35034	195337	18157	177180	302892	96777	792
2017	37447	202629	19300	183329	315122	106346	877
2018	37833	213924	22817	191107	326334	123333	912
2019	38681	230710	25402	205308	340952	141660	1021
2020	41694	250062	32120	217942	352875	150934	1051
2021	45559	254021	33196	220825	365581	156438	1057

15-6 各级各类学校招生数
NUMBER OF ENTRANTS OF FORMAL EDUCATION BY TYPE AND LEVEL

单位：人 (person)

年 份 Year	高等学校 Regular Higher Education Institutions	中等学校 Secondary Schools	职业学校 Vocational Schools	普通中学 Regular Secondary Schools	小 学 Primary Schools	幼儿园 Kinder-gartens	特殊教育学校 Special Education Schools
1959		76		76			
1965	910	880	455	425			
1978	711	8722	1896	6826			
1981	284	6682	310	6372	38106		
1982	245	6712	422	6290	25572		
1983	266	7379	542	6837	30736		
1984	471	8181	904	7277	43746		
1985	530	7555	615	6940	25282		
1986	579	8169	1031	7138	30333		
1987	404	9158	913	8245	32057		
1988	568	8301	1060	7241	37657		
1989	670	8760	1150	7610	34608		
1990	645	7687	1171	6516	38338		
1991	552	8981	1117	7864	41748		
1992	683	10655	1303	9352	52739		
1993	1193	11215	1306	9909	52740		
1994	1095	12262	1531	10731	63488		
1995	1175	13946	1707	12239	59963		
1996	909	14818	1517	13301	73218		
1997	717	16317	1552	14765	59611		
1998	1385	16784	1300	15484	60385		
1999	1681	19831	1664	18167	58939		
2000	2320	28619	2957	25662	57969		
2001	2420	35912	2089	33823	58973		58
2002	3414	40080	2107	37973	60824		17
2003	4279	49138	2203	46935	58913		31
2004	6009	56938	4223	52715	59126		38
2005	7589	59684	2856	56828	54665		23
2006	8359	60573	2336	58237	52864		14
2007	8046	73668	6654	67014	51890		78
2008	8526	70173	5219	64954	50937		18
2009	9020	74964	11038	63926	53682		11
2010	9213	69737	7319	62418	50747	12747	42
2011	9519	66655	5368	61287	49536	28006	27
2012	10132	68854	7901	60953	51552	41793	150
2013	9404	66627	6471	60156	51567	46229	164
2014	9579	68182	7087	61095	50885	47367	115
2015	10377	66288	5568	60720	51723	51387	98
2016	10269	68168	7434	60734	56175	58296	119
2017	15982	70189	7642	62547	58283	62534	146
2018	15654	68988	9690	68988	59777	69434	127
2019	16555	82456	10537	71919	61760	76750	172
2020	18595	89433	14776	74657	63087	69058	111
2021	16834	90401	14585	75816	65029	66064	100

15-7 各级各类学校毕业生数
NUMBER OF GRADUATES OF FORMAL EDUCATION BY TYPE AND LEVEL

单位：人 (person)

年 份 Year	高等学校 Regular Higher Education Institutions	中等学校 Secondary Schools	职业学校 Vocational Schools	普通中学 Regular Secondary Schools	小 学 Primary Schools	幼儿园 Kinder-gartens	特殊教育学校 Special Education Schools
1959		2287	2287				
1965	1063	206		206			
1978	783	5338	1388	3950			
1981	205	5725	1422	4303	12199		
1982	539	5679	1209	4470	11088		
1983	106	4866	257	4609	13585		
1984	411	4682	435	4247	11500		
1985	305	4680	133	4547	11381		
1986	315	5716	452	5264	11724		
1987	424	6867	667	6200	13167		
1988	683	6914	833	6081	7467		
1989	394	7253	581	6672	7483		
1990	587	6773	900	5873	9314		
1991	543	6670	895	5775	8607		
1992	593	7949	1006	6943	12403		
1993	564	6644	1080	5564	11443		
1994	621	7600	1291	6309	12594		
1995	525	8351	1196	7155	14412		
1996	1242	10104	1353	8751	15974		
1997	857	11148	1366	9782	19378		
1998	1151	13015	1693	11322	24611		
1999	1066	13519	1427	12092	30725		
2000	764	14019	1895	12124	37039		
2001	1050	14701	1517	13184	42044		2
2002	1686	18023	2311	15712	43929		
2003	1745	23263	1973	21290	45695		11
2004	2108	33570	2544	31026	45182		10
2005	3172	40010	2930	37080	47960		2
2006	3846	47975	2280	45695	48655		
2007	4346	53992	2197	51795	52238		6
2008	5840	58358	2436	55922	52721		8
2009	8454	59316	3603	55713	50850		4
2010	8266	65582	7312	58270	50642	5384	6
2011	8159	66160	8625	57535	48319	8381	8
2012	8580	69214	9350	59864	47537	19694	23
2013	9139	64875	6412	58463	46118	31386	30
2014	9399	64463	6408	58055	46306	36939	15
2015	9536	64331	6139	58192	48446	39760	14
2016	9201	61365	4162	57203	45296	44804	10
2017	16102	61976	5599	56377	45601	49888	36
2018	15567	66121	5228	60893	48489	53382	29
2019	14958	66951	6601	60350	50998	56082	122
2020	14998	70631	6272	64359	51570	58060	116
2021	14065	81191	9970	71221	52790	60461	129

15-8 普通本科分学科学生数(2021年)
NUMBER OF UNDERGRADUATES STUDENTS BY FIELD (2021)

单位：人 (person)

项 目	Item	毕业生数 Graduates	招生数 Entrants	在校学生数 Enrollment
合 计	**Total**	**5847**	**7493**	**28521**
哲 学	Philosophy	25	31	79
经济学	Economics	217	315	1191
法 学	Law	460	549	1936
教育学	Education	435	455	1641
文 学	Literature	898	1000	3807
历史学	History	90	154	419
理 学	Science	515	595	2324
工 学	Engineering	1013	1544	5647
农 学	Agriculture	488	824	2937
医 学	Medicine	795	1011	4523
管理学	Management	813	878	3540
艺术学	Art	98	137	477

15-9 中等职业学校分科学生数(2021年)
NUMBER OF STUDENTS BY FIELD IN SECONDARY VOCATIONAL SCHOOLS (2021)

单位：人 (person)

项 目	Item	毕业生数 Graduates	招生数 Entrants	在校学生数 Enrolment
合 计	**Total**	**9970**	**14585**	**33196**
农林牧渔大类	Agriculture, Forestry, Animal Husbandry and Fishery	1140	2074	4279
资源环境与安全大类	Resources Environment and Safety	111	128	329
能源动力与材料大类	Energy Power and Material	119	233	661
土木建筑大类	Civil Engineering	270	845	1907
水利大类	Water Conservancy	64		
装备制造大类	Equipment Manufacturing	148	335	712
生物与化工大类	Biology and Chemical Industry			
轻工纺织大类	Light Industry and Textile	168	361	607
食品药品与粮食大类	Food, Medicine and Grain	162	221	582
交通运输大类	Transportation	583	1136	2214
电子与信息大类	Electronics and Information	1247	1041	2431
医药卫生大类	Medicine and Health	1499	2114	5022
财经商贸大类	Finance & Economics, Commerce	694	1056	2263
旅游大类	Tourism	865	1428	3812
文化艺术大类	Culture and Arts	588	1563	2970
新闻传播大类	Journalism and Communication			36
教育与体育大类	Education and Physical Education	1971	1390	3836
公安与司法大类	Public Security and Justice	27	80	284
公共管理与服务大类	Public Administration and Services	314	580	1251

15-10　高职专科分大类学生数(2021年)
NUMBER OF STUDENTS BY MAJOR CATEGORIES IN HIGHER VOCATIONAL COLLEGES(2021)

单位：人　(person)

项　目	Item	毕业生数 Graduates	招生数 Entrants	在校学生数 Enrollment
合　计	**Total**	**3207**	**3570**	**12783**
农林牧渔大类	Agriculture, Forestry, Animal Husbandry and Fishery	612	608	2168
资源环境与安全大类	Resources Environment and Safety			
能源动力与材料大类	Energy Power and Material	143	153	577
土木建筑大类	Civil Engineering	216	240	743
水利大类	Water Conservancy	40		
装备制造大类	Equipment Manufacturing			
生物与化工大类	Biology and Chemical Industry			
轻工纺织大类	Light Industry and Textile			
食品药品与粮食大类	Food, Medicine and Grain			
交通运输大类	Transportation	54	114	402
电子信息大类	Electronics and Information	197	133	886
医药卫生大类	Medicine and Health	39	39	252
财经商贸大类	Finance & Economics, Commerce	183	269	1039
旅游大类	Tourism	149	222	674
文化艺术大类	Culture and Arts	64	161	341
新闻传播大类	Journalism and Communication			40
教育与体育大类	Education and Physical Education	1246	1555	5302
公安与司法大类	Public Security and Justice	264	76	359
公共管理与服务大类	Public Administration and Services			

15-11 各级各类学校生师比

单位：人

年 份 Year	高等学校 Regular Higher Education Institutions		中等职业学校 Specialized Secondary Schools		普通中学 Regular Secondary Schools	
	专任教师数 Number of of Full-time Teachers	生师比 Student-Teacher Ratio	专任教师数 Number of of Full-time Teachers	生师比 Student-Teacher Ratio	专任教师数 Number of of Full-time Teachers	生师比 Student-Teacher Ratio
1978	438	4.75	391	11.87	1061	16.66
1985	571	2.76	382	5.89	1493	13.68
1986	659	2.81	458	6.69	1724	12.73
1987	1071	1.68	574	5.63	1996	11.96
1988	723	2.40	626	5.54	2268	10.33
1989	756	2.61	619	6.40	2317	10.02
1990	719	2.82	618	6.76	2323	9.17
1991	741	2.65	631	6.95	2344	9.30
1992	727	3.08	654	7.21	2377	9.78
1993	761	3.70	685	7.22	2342	10.97
1994	777	4.22	744	6.98	2691	10.67
1995	782	4.96	746	7.47	2834	11.54
1996	833	4.10	794	6.78	3142	11.13
1997	849	3.76	784	7.31	3348	11.47
1998	834	4.13	765	7.29	3616	11.02
1999	765	5.26	740	7.66	4045	10.93
2000	813	6.73	742	8.87	4306	12.83
2001	867	7.84	802	8.50	4979	14.40
2002	885	9.53	782	8.23	5577	16.22
2003	972	10.71	701	9.58	6461	17.67
2004	1081	13.63	774	11.05	7371	18.44
2005	1187	15.99	835	8.42	8161	18.88
2006	1673	13.94	484	30.53	8677	19.08
2007	1755	15.25	507	37.39	10033	17.96
2008	1877	15.67	541	38.82	10752	17.16
2009	1969	15.37	601	35.54	11498	15.79
2010	2195	14.17	591	38.26	12044	14.92
2011	2288	14.15	595	33.23	12684	14.28
2012	2369	14.12	632	28.94	12640	14.09
2013	2472	13.58	652	26.82	13086	13.68
2014	2601	13.42	993	16.84	14104	12.76
2015	2619	13.06	1142	13.83	14603	12.02
2016	2467	14.20	1295	14.02	15328	11.56
2017	2484	15.08	1520	12.7	15515	11.82
2018	2629	14.92	1754	13.01	16493	11.60
2019	2610	14.82	1869	13.59	17682	11.61
2020	2712	15.37	2544	12.63	18802	11.59
2021	2738	16.64	2526	13.14	18846	11.72

STUDENT-TEACHER RATIO OF SCHOOLS BY TYPE AND LEVEL

(person)

小 学 Primary Schools		幼儿园 Kindergartens		特殊教育 Special Education Schools	
专任教师数 Number of of Full-time Teachers	生师比 Student- Teacher Ratio	专任教师数 Number of of Full-time Teachers	生师比 Student- Teacher Ratio	专任教师数 Number of of Full-time Teachers	生师比 Student- Teacher Ratio
7931	15.12	99	11.03		
7742	15.65				
7368	18.60	212	7.92		
8045	18.00	317	8.35		
7939	17.49	291	9.05		
8506	16.44	224	10.08		
8408	19.99	288	9.26		
8647	22.18	300	9.91		
9587	22.10	289	8.18		
11514	20.23	300	8.39		
13349	19.38	347	11.78		
13916	20.43	416	12.36		
13938	21.56	360	14.12		
13908	22.31	343	13.36		
13726	22.62	397	13.28		
13181	23.81	196	22.91		
11995	26.01	171	22.33	9	12.56
12792	24.98	298	23.82	63	2.97
13026	24.72	341	23.10	23	8.91
13610	24.02	345	23.78	18	14.11
14267	22.95	378	25.39	19	10.95
15961	20.65	373	24.53	21	8.19
17813	18.00	514	21.61	28	9.57
18087	17.24	757	19.38	31	7.00
18686	16.34	850	18.90	33	6.06
18901	15.84	1042	22.47	52	4.94
18912	15.59	1121	37.24	55	4.47
18853	15.49	1593	38.60	92	4.57
18679	15.78	2091	35.11	136	3.96
20071	14.70	2627	30.88	146	4.49
20680	14.13	3183	27.63	169	4.11
20802	14.56	3723	25.99	201	3.94
20143	15.64	4254	25.00	214	4.10
22415	14.54	5659	21.80	246	3.70
23164	14.72	6377	22.21	286	3.57
24135	14.62	7886	19.14	297	3.54
25381	14.40	8832	17.71	297	3.56

15-12 初中、小学毕业生升学率和小学学龄儿童入学率
PROMOTION RATE OF GRADUATES FROM JUNIOR SECONDARY PRIMARY SCHOOLS TO HIGHER LEVEL SCHOOLS, ENROLMENT RATIO OF SCHOOL-AGE CHILDREN IN PRIMARY SCHOOLS

单位：%　　(%)

年份 Year	初中毕业生升学率 Promotion Rate from Junior Secondary Schools to Senior Secondary Schools	小学毕业生升学率 Promotion Rate from Primary Schools to Junior Secondary Schools	小学学龄儿童入学率 Enrolment Ratio of School-aged Children in Primary Schools
1982	38.1	41.1	78.0
1983	39.2	49.7	42.1
1984	36.0	44.0	46.4
1985	49.4	44.9	46.0
1986	44.4	47.9	50.0
1987	48.8	53.2	48.4
1988	41.3	39.6	55.7
1989	40.7	73.6	53.1
1990	36.2	62.1	67.4
1991	32.9	67.7	45.6
1992	32.4	62.7	52.4
1993	30.2	74.0	58.9
1994	29.9	87.3	66.6
1995	43.2	67.7	70.4
1996	35.6	66.7	73.5
1997	52.8	61.7	78.2
1998	47.1	62.9	81.3
1999	66.6	45.2	81.7
2000	82.5	55.0	85.8
2001	73.3	67.0	87.2
2002	77.3	71.1	88.3
2003	72.1	82.9	91.8
2004	61.7	92.3	94.7
2005	50.5	91.7	95.9
2006	42.5	92.0	96.5
2007	58.0	97.1	98.2
2008	48.8	93.8	98.5
2009	55.2	98.4	98.8
2010	46.3	93.5	99.2
2011	48.6	92.2	99.4
2012	51.6	91.4	99.4
2013	54.1	92.0	99.6
2014	60.0	92.2	99.6
2015	61.9	84.9	99.7
2016	71.6	91.0	99.2
2017	73.7	92.0	99.5
2018	77.3	95.5	99.5
2019	92.1	99.9	99.7
2020	95.1	99.9	99.9
2021			99.9

注：2016年起，小学学龄儿童入学率为净入学率。

Note: Since 2016, enrolment ratio of school-age children in primary schools refers to net enrolment ratio.

15-13 高等学校分科专任教师数(2021年)
NUMBER OF FULL-TIME TEACHERS BY FIELD IN HIGHER EDUCATIONAL INSTITUTIONS (2021)

单位：人 (person)

	项 目	Item	合 计 Total	正高级 Senior	副高级 Sub-senior	中 级 Middle	初 级 Junior	未定职级 No Rank
普通高校	**合 计**	**Total**	**1983**	**324**	**632**	**843**	**134**	**50**
	哲 学	Philosophy	62	22	16	24		
	经济学	Economics	59	15	16	25	1	2
	法 学	Law	253	30	61	120	30	12
	教育学	Education	137	15	48	63	10	1
	文 学	Literature	356	62	96	182	10	6
	历史学	History	38	12	12	12	2	
	理 学	Science	235	46	91	85	6	7
	工 学	Engineering	282	40	94	120	23	5
	农 学	Agriculture	126	24	45	42	12	3
	医 学	Medicine	200	33	64	79	23	1
	管理学	Management	157	17	67	59	6	8
	艺术学	Art	78	8	22	32	11	5
职业高校	**合 计**	**Total**	**755**	**31**	**160**	**223**	**153**	**188**
	农林牧渔大类	Agriculture, Forestry, Animal Husbandry and Fishery	65	5	14	15	11	20
	资源环境与安全大类	Resources Environment and Safety	8		3	4	1	
	能源动力与材料大类	Energy Power and Material	20	3	5	6	4	2
	土木建筑大类	Civil Engineering	21		3	3	7	8
	水利大类	Water Conservancy	6		2	1	2	1
	装备制造大类	Equipment Manufacturing						
	生物与化工大类	Biology and Chemical Industry	3	1	1	1		
	轻工纺织大类	Light Industry and Textile						
	食品药品与粮食大类	Food, Medicine and Grain						
	交通运输大类	Transportation	11			3	3	5
	电子与信息大类	Electronics and Information	45	1	7	11	10	16
	医药卫生大类	Medicine and Health	3				3	
	财经商贸大类	Finance & Economics, Commerce	16	4	3	5	2	2
	旅游大类	Tourism						
	文化艺术大类	Culture and Arts	25		1	6	9	9
	新闻传播大类	Journalism and Communication	4		1	3		
	教育与体育大类	Education and Physical Education	390	14	86	124	67	99
	公安与司法大类	Public Security and Justice	81	2	19	24	24	12
	公共管理与服务大类	Public Administration and Services	57	1	15	17	10	14

15-14 高等学校专任教师、聘请校外教师学历情况(2021年) EDUCATIONAL BACKGROUND OF FULL-TIME TEACHERS AND ENGAGED TEACHERS OUTSIDE SCHOOL IN HIGHER EDUCATIONAL INSTITUTIONS (2021)

单位：人 (person)

项 目	Item	合 计 Total	博士研究生 Doctor Degree	硕士研究生 Master Degree	大学本科 University Degree	大学专科及以下 Junior College and Below
专任教师	**Full-time Teachers**	**2738**	**434**	**1381**	**908**	**15**
正高级	Senior	355	151	127	75	2
副高级	Sub-senior	792	173	424	190	5
中 级	Middle	1066	108	658	297	3
初 级	Junior	287		90	192	5
未定职级	No Rank	238	2	82	154	
聘请校外教师	**Engaged Teachers Outside School**	**96**	**33**	**27**	**34**	**2**
正高级	Senior	21	10	5	5	1
副高级	Sub-senior	36	18	9	8	1
中 级	Middle	33	5	13	15	
初 级	Junior	6			6	
未定职级	No Rank					

15-15　各级各类学校女学生和女专任教师数
NUMBER OF FEMALE STUDENTS AND FULL-TIME TEACHERS BY TYPE AND LEVEL

单位：人 (person)

项　　目	Item	2000	2007	2010	2018	2019	2020	2021
女学生数	**Number of Female Students**							
高等学校	Higher Education Institutions	2049	13293	16156	19718	20139	21333	23064
中等职业学校	Secondary Vocational Schools	3433	9529	10432	10101	11233	13703	13805
普通中学	Regular Secondary Schools	25946	85371	87803	96867	104734	110439	112568
小　学	Primary Schools	144674	152968	144820	160135	167355	173170	179727
幼儿园	Kindergartens		5218	11029	60102	69035	73710	76349
特殊教育学校	Special Education Schools		121	128	418	415	441	429
女学生占学生总数的百分比(%)	**Percentage of Female Students to Total Students (%)**							
高等学校	Higher Education Institutions	37.4	49.7	51.9	52.1	52.1	51.2	50.6
中等职业学校	Secondary Vocational Schools	52.1	50.2	46.1	44.3	44.2	42.7	41.6
普通中学	Regular Secondary Schools	47.0	41.3	48.9	50.7	51.0	50.7	51.0
小　学	Primary Schools	46.1	47.8	48.4	49.1	49.1	49.1	49.2
幼儿园	Kindergartens		46.97	47.1	48.7	48.7	48.8	48.8
特殊教育学校	Special Education Schools		45.15	49.81	45.8	40.6	42.0	40.6
女专任教师数	**Number of Female Full-time Teachers**							
高等学校	Higher Education Institutions	290	783	1046	1377	1358	1389	1424
中等职业学校	Secondary Vocational Schools	299	189	219	843	858	1345	1343
普通中学	Regular Secondary Schools	1514	4162	5502	8653	9399	10137	10180
小　学	Primary Schools	5618	8744	9556	12677	13190	13775	14598
幼儿园	Kindergartens		476	962	4953	5872	6743	7501
特殊教育学校	Special Education Schools		17	30	156	185	199	197
女专任教师数占专任教师总数的百分比(%)	**Percentage of Female Full-time Teachers to Total Teachers (%)**							
高等学校	Higher Education Institutions	35.7	44.6	47.7	52.4	52.0	51.2	52.0
中等职业学校	Secondary Vocational Schools	40.3	37.3	37.1	48.1	45.9	52.9	53.2
普通中学	Regular Secondary Schools	35.2	41.5	45.7	52.5	53.2	53.9	54.0
小　学	Primary Schools	42.6	49.1	50.6	56.6	56.9	57.1	57.5
幼儿园	Kindergartens		92.61	92.32	87.5	92.1	85.5	84.9
特殊教育学校	Special Education Schools		60.71	57.69	63.4	64.7	67.0	66.3

15-16 分地市普通中学基本情况(2021年) BASIC STATISTICS ON REGULAR SECONDARY SCHOOLS BY REGION (2021)

单位：人 (person)

地 区	Region	学校(所) Schools (unit)	招生数 Entrants	在校学生 Enrolment	专任教师 Full-time Teachers
拉萨市	Lhasa	23	12945	38855	3466
日喀则市	Xigazê	32	17897	51055	4348
昌都市	Qamdo	23	15446	46306	3706
林芝市	Nyingchi	11	5009	13780	1212
山南市	Lhoka	19	6306	18501	1894
那曲市	Nagqu	22	13593	38320	3012
阿里地区	Ngari	9	2542	7530	688
区直属	Directly under the District	4	2078	6478	520

15-17 分地市普通小学基本情况(2021年) BASIC STATISTICS ON REGULAR PRIMARY SCHOOLS BY REGION (2021)

单位：人 (person)

地 区	Region	学校(所) Schools (unit)	招生数 Entrants	在校学生 Enrolment	专任教师 Full-time Teachers
拉萨市	Lhasa	74	12482	67600	4272
日喀则市	Xigazê	228	15343	83630	5493
昌都市	Qamdo	204	13876	81766	5779
林芝市	Nyingchi	61	3743	21523	1985
山南市	Lhoka	91	4499	26042	2424
那曲市	Nagqu	141	12751	71429	4444
阿里地区	Ngari	32	2017	11735	884
区直属	Directly under the District	1	318	1856	100

15-18　各类专业技术人员数
SCIENTIFIC AND TECHNICAL PERSONNEL

单位：人　　(person)

指　　标	Item	1985	1990	1995	2000	2010	2018	2019	2020	2021
合　计	**Total**	**23537**	**26751**	**30353**	**36587**	**52686**	**92381**	**97865**	**105455**	**111297**
工程技术人员	Engineering Technical Personnel	1735	2367	2963	4093	2221	3628	3951	5373	5875
农业技术人员	Agricultural Technicians	1838	1578	1726	1852	2750	8252	8405	8571	8463
科学研究人员	Scientific Researchers	324	360	417	352	428	644	670	671	730
卫生技术人员	Medical Technical Personnel	6019	6530	7353	7304	8687	12641	13490	14736	16699
教学人员	Educators	7699	8869	12089	17323	35453	50677	53532	57671	60225
会计人员	Accountants	3447	2671	1735	1956	229	454	497	788	811
统计专业人员	Statisticians	773	533	283	162	14	79	96	106	124
新闻、出版人员	Press and Publishers	361	492	534	689	1037	2359	2505	2581	2369
翻译人员	Translators	79	310	332	391	202	284	361	448	405
体育人员	Sports Coaches	50	48	57	42	171	42	41	44	110
经济人员	Economic Personnel	370	1755	1028	870	61	280	275	322	364
图书、档案、文博人员	Book and Archives Personnel	118	364	440	509	268	3538	3973	4353	2741
工艺美术人员	Arts and Crafts Personnel	8	16	26	2	10	11	10	10	21
艺术人员	Art Personnel	716	800	831	471	1029	880	831	795	882
律师、公证人员	Lawyers		58	51	66	13	22	24	30	58
其他人员	Others			488	505	113	8309	8920	8728	11211
播音人员	Announcers						281	284	228	209

15-19　自治区科协系统科技活动情况
BASIC STATISTICS ON SCIENTIFIC AND TECHNOLOGICAL ACTIVITIES OF TIBET SCIENCE AND TECHNOLOGY ASSOCIATIONS

项　　目		Item		2000	2007	2010	2019	2020	2021
学术活动		**Academic Activities**							
参加活动次数	（次）	Number of Academic Meeting	(time)	41	28	42	45	45	40
参加人数	（人）	Number of Participants	(person)	4419	1270	2600	2980	2980	3100
交流论文数	（篇）	Number of Papers Presented	(piece)	579	281	340	560	560	400
科普活动		**Activities for Popular Science**							
讲座次数	（次）	Number of Lectures	(time)	19	12	150	32	23	103
参加人数	（人）	Number of Participants	(person)	5028	4700	170000	4950	67000	28962
展览次数	（次）	Number of Exhibitions	(time)	6	5	160	68	114	472
参观人数	（人）	Number of Participants	(person)	30000	28000	165000	97000	33000	246200
参加科技咨询的科技人员数	（人）	Number of S&T Personnel Participation in Consultation	(person)	150	300	3100		70	1577
出　版		**Publications**							
科技期刊总数	（种）	Number of Academic Journals	(kind)	9	5	7	7	7	2
学术论著发行量	（册）	Number of Copies Distributed for Academic Treatise	(copy)	21000		6000	8500	8500	2300
论文集种数	（种）	Number of Collections Articles	(kind)	1	3	2	1	1	1
发行量	（册）	Number of Copies Distributed	(copy)	1000	1000	1500	1000	1000	1000
科技报纸种数	（种）	Number of S&T Newspapers	(kind)	2	2	2	2	2	2
发行份数	（万份）	Number of Copies Distributed	(10000 copies)	50	22	287	203	203	203

15-20 文化艺术、文物和出版发行事业机构和人员情况 NUMBER OF INSTITUTIONS AND PERSONNEL IN CULTURE AND ART, CULTURAL RELICS, NEWS AND PUBLISHING UNDERTAKINGS

机构类别	Category of Institutions	机构数(个) Number of Institutions (unit)				从业人员(人) Number of Persons Engaged (person)			
		2000	2010	2020	2021	2000	2010	2020	2021
文化艺术事业	**Culture and Art**	**143**	**377**	**960**	**961**	**1683**	**1763**	**8658**	**8169**
艺术事业	Art	46	50	99	99	1255	1335	2514	2650
剧团、文工团	Troupe and Cultural Troupes	10	10	10	10	816	858	723	783
乌兰牧骑、文宣队	Ulanmuchi and Performance Troupes	16	19	75	75	234	436	1785	1861
艺术表演场所	Art Centers	20	21	14	14	205	41	6	6
图书馆事业	Libraries	1	4	81	82	43	64	198	199
群众文化事业	Mass Culture	94	321	779	779	333	311	5930	5380
群众艺术馆	Mass Art Centers	7	8	8	8	183	154	194	117
文化馆	Culture Centers	52	74	74	74	118	100	347	280
文化站	Culture Stations	35	239	697	697	32	57	5389	4983
其他文化事业	Other Culture	2	2	1	1	52	53	16	20
文物事业	**Cultural Relics**	**18**	**79**	**101**	**101**	**286**	**346**	**425**	**421**
出版发行事业	**Publishing and Distribution**	**71**	**90**	**129**	**129**	**376**	**458**	**290**	**1362**

15-21　图书、期刊出版情况
NUMBER OF BOOKS, MAGAZINES PUBLISHED

年份 Year	图书 Books Published 合计(万册) Total (10000 copies)	汉文 Chinese	藏文 Tibetan	英文 English	期刊 Magazines Published 合计 Total 种数(种) Number of Publications (kind)	合计 Total 印数(千册) Printed Copies (1000 copies)	汉文 Chinese 种数(种) Number of Publications (kind)	汉文 Chinese 印数(千册) Printed Copies (1000 copies)	藏文 Tibetan 种数(种) Number of Publications (kind)	藏文 Tibetan 印数(千册) Printed Copies (1000 copies)
1965	50	10	40							
1978	306	61	245		4	74	4	74		
1985	310	96	214		14	417	8	298	6	119
1986	293	124	169							
1987	378	153	225		12	218	6	107	6	111
1988	301	118	184		17	277	9	181	7	96
1989	372	125	247		15	217	7	137	8	80
1990	435	225	210		16	205	7	96	8	106
1991	363	114	249		18	299	8	109	9	187
1992	368	119	249		26	355	14	220	11	133
1993	416	108	308		26	297	15	171	11	126
1994	308	122	186		23	293	12	181	11	112
1995	402	94	308		23	286	12	182	11	104
1996	450				21	252				
1997	349	87	262		20	290	10	177	10	113
1998	456	88	369		20	329	10	172	10	157
1999	436	103	333		23	462	12	302	11	160
2000	524	151	373		32	580	17	347	15	233
2001	461	219	235		33	874	19	518	14	356
2002	874	400	474		34	720	14	263	20	457
2003	781	367	414		34	716	20	517	14	199
2004	795	374	421		34	750	20	531	14	219
2005	854	369	485		34	767	20	587	14	180
2006	927	381	546		34	830	20	635	14	195
2007	1206	725	481		34	3903	20	3614	14	289
2008	1286	788	498		34	2808	20	2478	14	330
2009	1339	899	441		34	1327	20	1009	14	318
2010	1446	977	469		34	1605	20	1174	14	431
2011	1790	957	833		35	1678	21	1293	14	385
2012	1354	757	512	85	35	1859	21	1467	14	392
2013	1200	564	536	100	35	1855	21	1423	14	432
2014	1302	640	509	153	35	2301	21	1908	14	393
2015	1258	638	499	121	35	2381	21	1928	14	453
2016	1490				37	2332	21	1931	16	401
2017	1483				39	2480	23	1985	16	495
2018	1315				39	2442	23	1930	16	511
2019	1783	1318	465		39	2613	23	2094	16	524
2020	1534	1021	409	104	39	2317	23	1856	16	462
2021	1775	1235	534	5	40	2482	23	1962	17	520

15-22 报纸出版情况
NUMBER OF NEWSPAPERS PUBLISHED

年份 Year	合计 Total			汉文报 Chinese			藏文报 Tibetan		
	种数(种) Number of Publication (kind)	总印张(千印张) Total Printed Sheets (1000 sheets)	总印数(万份) Total Printed Copies (10000 copies)	种数(种) Number of Publication (kind)	总印张(千印张) Total Printed Sheets (1000 sheets)	总印数(万份) Total Printed Copies (10000 copies)	种数(种) Number of Publication (kind)	总印张(千印张) Total Printed Sheets (1000 sheets)	总印数(万份) Total Printed Copies (10000 copies)
1959		1560			800			760	
1965		3258			2008			1250	
1978		26669			10112			16557	
1985	13	16529		6	9035		7	7494	
1986									
1987	10	15121		5	8103		5	7018	
1988	11	15046		5	8177		6	6869	
1989	12	14782		6	8973		6	5809	
1990	11	13441		5	7493		6	5948	
1991	13	15535		6	8851		7	6684	
1992	14	16454		7	9325		7	7129	
1993	15	15377		8	9072		7	6305	
1994	15	27004		8	15451		7	11553	
1995	15	27207		8	15593		7	11614	
1996	10	28690							
1997	12	26739		7	20261		5	7578	
1998	14	27360		8	20134		6	7226	
1999	16	35573		9	26482		7	9091	
2000	16	28712		9	21987		7	6725	
2001	16	34370	2248	10	24470	1629	6	9900	619
2002	19	51330	2937	11	43953	2048	8	7377	889
2003	19	45130	2806	11	37722	1912	8	7408	894
2004	19	53520	3298	11	44737	2474	8	8783	824
2005	23	53511	2631	13	45632	1810	10	7879	821
2006	23	56000	3440	13	47754	2207	10	8246	1233
2007	23	76642	3788	13	65507	2488	10	11135	1300
2008	23	88662	5694	13	67372	4399	10	21290	1295
2009	23	122774	5927	13	98978	4346	10	23796	1581
2010	23	140237	6694	13	109232	4420	10	31005	2274
2011	23	175967	6441	13	144056	4531	10	31911	1910
2012	23	196881	7470	13	146945	4742	10	49936	2728
2013	23	206508	7624	13	155443	4848	10	51065	2777
2014	23	198276	7650	13	146543	4808	10	51733	2841
2015	25	201548	7803	14	148508	4883	11	53040	2919
2016	25	205006	7972	14	150162	4957	11	54544	3015
2017	27	242370	11556	15	154989	5361	12	87382	6195
2018	27	216376	10876	12	133904	5304	15	82472	5572
2019	27	151441	11018	15	88737	7960	12	62704	3058
2020	27	110253	9987	15	61336	4521	12	48917	5466
2021	24	98498	6659	13	52862	3657	11	45635	3001

15-23 广播、电视基本情况
BASIC STATISTICS ON RADIO AND TELEVISION STATIONS

项 目		Item		1995	2000	2010	2019	2020	2021
广播电台	**（座）**	**Radio Stations**	**(unit)**	**2**	**2**	**1**	**1**		
节目套数	（套）	Number of Programs	(set)	4	3	4	5		
中、短波转播发射台	（座）	Transmission and Relaying Stations of MW & SW Broadcast	(unit)	35	36	42	27	27	27
中、短波转播发射功率	（千瓦）	Power of MW & SW Transmitters	(kW)	1041	1402	179.0	249.0	249.0	249.0
广播综合人口覆盖率	（%）	Population Coverage Rate of Radio Programs	(%)	55.00	77.73	90.28	98.07	99.07	99.24
电视台	**（座）**	**Television Stations**	**(unit)**	**2**	**2**	**5**	**1**		
节目套数	（套）	Number of Programs	(set)	3	3	10	4		
电视转播发射台	（座）	TV Transmission and Relaying Stations	(unit)	333	647	2060			
#50W以上电视转播发射台	（座）	With Power above 50W	(unit)	80	80	80	78		
电视转播发射功率	（千瓦）	Power of TV Transmitters	(kW)	19.8	21.6	104.0			
电视综合人口覆盖率	（%）	Population Coverage Rate of TV Programs	(%)	55.00	76.13	91.41	98.61	99.23	99.39
广播电视台	**（座）**	**Broadcast-Television Stations**	**(unit)**			**3**	**75**	**76**	**76**
广播节目套数	（套）	Number of Radio Programs	(set)			6	25	30	30
电视节目套数	（套）	Number of TV Programs	(set)				78	82	82
县级以上有线电视转播发射台	**（座）**	**Cable-TV Transmission and Relaying Stations above the County Level**	**(unit)**	**76**	**72**	**76**	**76**		
100W以上调频转播发射台	**（座）**	**Transmission and Relaying Stations of Frequency Modulation Broadcast with Power above 100W**	**(unit)**	**1**	**1**	**76**	**78**	**78**	**78**
卫星地球站	**（座）**	**Satellite Communication Earth Station**	**(unit)**		**1**	**1**	**1**	**1**	**1**

15-24 广播电视节目播出时间
LENGTH OF RADIO AND TELEVISION PROGRAMS BROADCASTED

单位：小时:分 (hour:minute)

项 目	Item	2019	2020	2021
广播节目	**Radio Programs**			
播出公共节目时间	Length of Public Radio Programs Broadcasted	152593:42	158904:20	158974:46
#转播中央台节目时间	Length of Rebroadcast Chinese Central Radio Programs	25424:00	25952:18	28135:40
转播省级台节目时间	Length of Rebroadcast Provincial Radio Programs	48840:06	49002:11	51360:20
制作广播节目时间	Length of Radio Programs Produced	38895:36	39408:51	38213:44
购买交换节目时间	Length of Buy Exchange Programs	30649:00	36440:00	32993:02
电视节目	**Television Programs**			
播出公共节目时间	Length of Public TV Programs Broadcasted	359122:21	381866:43	393993:02
#转播中央台节目时间	Length of Rebroadcast CCTV Programs	39434:58	40265:23	48923:31
转播省级台节目时间	Length of Rebroadcast Provincial Television Programs	47130:42	47219:50	51003:13
制作电视节目时间	Length of TV Programs Produced	35005:27	34646:22	49034:53
购买交换节目时间	Length of Buy Exchange Programs	174326:20	183115:25	154909:23

第十六篇

体育、卫生和其他

CHAPTER 16

SPORTS, PUBLIC HEALTH AND OTHERS

简 要 说 明

一、本篇主要包括体育事业情况、医疗卫生事业情况、交通事故情况等。

二、本篇体育资料来源于自治区体育局、卫生资料来源于自治区卫健委、交通事故资料来源于自治区应急管理厅。

三、本篇资料由自治区统计局社会和科技统计处整理编辑。

四、资料整理：张双建

Brief Introduction

Ⅰ.This chapter mainly covers the basic statistics on sports, on public health, on traffic accidents, etc.

Ⅱ.The data on sports are from the Sport Bureau of Tibet Autonomous Region, the data on public health are from the Health Commission of Tibet Autonomous Region, the data on traffic accidents are from the Emergency Department of Tibet Autonomous Region.

Ⅲ.The data are sorted and compiled by the Social, Scientific and Technological Statistics Division of Tibet Autonomous Region Statistics Bureau.

Ⅳ.Data collection：Zhang Shuangjian

16-1　体育系统职工人数
NUMBER OF STAFF AND WORKERS IN PHYSICAL EDUCATION SYSTEM

单位：人　　(person)

分　类	Category	1995	2000	2007	2010	2019	2020	2021
合　计	**Total**	**707**	**640**	**672**	**607**	**417**	**430**	**279**
专职教练员	Full-time Coaches	40	22	47	42	39	42	49
专职文化教师	Full-time Teachers	53	3	18	23	30	30	38
医务人员	Medical Personnel	17	11	12	13	14	16	2
行政管理干部	Administrative Personnel	140	120	135	186	187	196	138
工　人	Workers	457	325	327	145	18	24	43
其　他	Others		137	133	198	129	122	9

16-2　政府援建体育场地
PHYSICAL EDUCATION FIELD AIDED BY GOVERNMENT

年　份 Year	场地设施数量(个/条) Number of Physical Field Establishment (unit)						投入(万元) Investment (10000 yuan)				场地面积 Field Area
	小计 Total	健身路径 Fitness Route	足球场地 Football Field	篮球场 Basketball Court	乒乓球场地 Table Tennis Court	羽毛球场地 Badminton Court	小计 Total	财政拨款 Financial Appro-priation	体彩公益金 Sports Lottery Public Welfare Funds	其他 Others	
2010	1065	600		155	310		2229	1829	400		234100
2017	520	520					1298		1298		41600
2018	1670	570		550 (篮球架)	550		1609		1609		247500
2019							26144		26144		1795488
2020							35760	10452	25308.2		274262
2021		3145	846	2899	469	107		71588.08	21541.47		6550215

16-3 等级运动员(2021年)
NUMBER OF ATHLETES IN GRADES BY TYPE OF SPORTS (2021)

单位：人 (person)

运动项目	Item	等级运动员 Number of Athletes in Grades	国际运动健将 International Master of Sports	运动健将 Master of Sports	一级运动员 First Grade Sportsman	其他 Others
合计	**Total**			**2**	**8**	**1**
田径	Track and Field				4	1
射箭	Archery			1	2	
国际式摔跤	International Wrestling				1	
攀岩	Rock Climbing					
足球	Football					
登山	Mountaineering					
马术	Horsemanship				1	
射击	Shooting					
拳击	Boxing			1		
柔道	Judo					
跆拳道	Taekwondo					

16-4　体育彩票销量、公益金及税收情况
SITUATIONS OF SALES, PUBLIC WELFARE FUNDS AND TAXES OF SPORTS LOTTERY

单位：万元　　(10000 yuan)

年　份 Year	销量合计 Total Sales	竞猜型 Guessing	乐透型 Lotto	即开型 Instant	公益金 Public Welfare Funds	上缴税款 Taxes
2007	2410	323	2087		801	37
2008	15588	298	3110	12180	3590	185
2009	19911	396	2875	16640	4433	336
2010	13959	745	3545	9669	4765	166
2015	52255	2817	34537	14901	13876	316
2016	70956	2659	53756	14541	19535	728
2017	88832	1945	72691	14195	24668	772
2018	101996	10612	80264	11120	27815	296
2019	97551	7901	72751	16898	27301	2488
2020	128746	6231	98836	23679	36153.44	1307.14
2021	87053.3	20924	29407	36721.71	21541.47	857.82

16-5 医疗卫生事业发展情况

指标	Item	1980	1985	1990	1995	2000
全区机构数(个)	**Number of Health Care Institutions (unit)**	**832**	**958**	**1110**	**1198**	**1237**
医院、卫生院	Hospitals and Health Centers	528	525	742	882	810
#医院	Hospitals	92	96	83	104	105
疗养院	Sanatoriums				1	1
诊所、卫生所、医务室	Outpatient Department, Clinics and Dispensary	247	374	548	195	303
疾病预防控制中心	Center for Disease Control and Prevention	31	75	80	83	81
妇幼保健院(所、站)	Women and Children Care Agencies		4	13	24	32
采供血机构	Blood Collecting and Supplying Organizations					
卫生监督所(中心)	Health Inspection Institution (center)					
社区卫生服务中心(站)	Community Health Service Centers					
其他机构	Other Institutions	20	20	15	4	7
全区床位数(张)	**Number of Beds (unit)**	**4328**	**4580**	**5381**	**6176**	**6348**
医院、卫生院	Hospitals and Health Centers	4261	4412	5015	5895	6156
#医院	Hospitals	3719	3679	3361	4331	4426
疗养院	Sanatoriums			150	150	120
诊所、卫生所、医务室	Outpatient Department, Clinics and Dispensary	67	160	207	78	
妇幼保健所(所、站)	Women and Children Care Agencies		8	9	43	72
社区卫生服务中心(站)	Community Health Service Centers					
其他机构	Other Institutions				10	
全区卫生人员数(人)	**Medical Personnel (person)**	**8382**	**8461**	**9513**	**10747**	**11027**
卫生技术人员	Medical Technical Personnel	6663	6837	7498	8467	8948
#执业(助理)医师	Licensed (Assistant) Doctors	3564	3628	4514	4851	5262
注册护士	Registered Nurses	1104	1351	1883	1657	1816
其他技术人员	Other Technical Personnel	100	16	185	272	211
管理人员	Administrative Personnel	644	584	584	758	676
工勤技能人员	Logistics Technical Workers	975	1024	1246	1250	1192

注：2001年及以前执业(助理)医师和注册护士数分别为医生和护士(师)数。
Note: In 2001 and before, licensed (assistant) doctors and registered nurses referred to doctors and nurses.

BASIC STATISTICS ON PUBLIC HEALTH

2010	2011	2012	2013	2014	2015	2016	2017	2018	2019	2020	2021
1352	**1380**	**1403**	**1413**	**1451**	**1463**	**1476**	**1507**	**1548**	**1642**	**1661**	**1650**
773	783	777	783	790	819	824	830	835	834	851	854
101	103	104	106	112	139	144	152	157	156	172	179
1	1	1	1	1	1	1	1	1	1		
430	444	473	480	489	489	497	519	549	643	652	646
81	82	82	82	82	82	82	82	82	82	82	82
55	57	57	54	54	55	55	54	57	57	43	36
1	1	1	1	2	4	4	5	6	7	7	7
2	2	2	2	2	3	3	3	3	3	2	2
8	9	9	9	9	9	9	12	14	14	14	14
1	1	1	1	1	1	1	1	1	1	1	1
8838	**9642**	**10134**	**11036**	**12024**	**14013**	**14882**	**16138**	**16787**	**17073**	**18942**	**19650**
8439	9192	9666	10461	11384	13283	14108	15423	16257	16405	18394	18874
5444	6314	6653	7292	8079	9954	10766	11854	12604	12751	14691	14808
40	40	40	40	40	40	40	40	38	38		
											158
342	377	415	471	531	626	674	585	374	495	384	468
17	33	13	64	69	64	60	90	114	135	138	114
12269	**12995**	**13896**	**14335**	**15531**	**17647**	**18882**	**20721**	**24018**	**26150**	**28335**	**31644**
9983	10664	11313	11716	12946	14335	15259	16503	19035	20662	22629	25392
4371	4105	4818	5204	5624	6213	6799	7559	8283	9052	9369	10448
1986	2073	2278	2400	2753	3195	3945	4442	5562	5953	6821	7763
481	601	867	878	724	936	923	1149	1678	2081	1814	2321
610	568	596	668	711	895	911	1200	1304	1339	1471	1003
1195	1162	1120	1073	1150	1481	1789	1869	2001	2068	2421	2923

16-6 医疗卫生机构数
NUMBER OF HEALTH CARE INSTITUTIONS

单位：个 (unit)

年 份 Year	合 计 Total	医院、卫生院 Hospitals and Health Centers	#医 院 Hospitals	诊所、卫生所、医务室 Outpatient Department, Clinics and Dispensary	疾病预防控制中心 Center for Disease Control and Prevention
1958	43	8	8	35	
1959	62	11	11	51	
1965	193	86	83	106	1
1978	855	519	92	297	14
1985	958	525	96	330	75
1986	770	450	389	213	72
1987	868	544	85	188	81
1988	883	564	83	211	80
1989	1008	638	83	263	80
1990	1110	742	83	255	80
1991	1197	787	83	287	80
1992	1223	831	85	269	82
1993	1068	614	80	345	78
1994	1152	838	88	196	81
1995	1198	882	104	195	83
1996	1300	882	106	231	83
1997	1324	895	108	303	84
1998	1307	876	108	303	84
1999	1254	824	107	303	83
2000	1237	810	105	303	81
2001	1284	808	105	355	81
2002	1346	771	98	361	82
2003	1305	769	97	397	81
2004	1326	764	97	422	79
2005	1378	763	97	474	81
2006	1349	763	97	446	81
2007	1339	765	97	419	79
2008	1326	764	99	412	81
2009	1329	763	100	417	81
2010	1352	773	101	430	81
2011	1380	783	103	444	82
2012	1403	777	104	473	82
2013	1413	783	106	480	82
2014	1451	790	112	489	82
2015	1463	819	139	489	82
2016	1476	824	144	497	82
2017	1507	830	152	519	82
2018	1548	835	157	549	82
2019	1642	834	156	643	82
2020	1661	851	172	652	82
2021	1650	854	179	646	82

16-7　医疗卫生机构床位数和卫生技术人员数
NUMBER OF BEDS AND MEDICAL TECHNICAL PERSONNEL IN HEALTH CARE INSTITUTIONS

单位：人　(person)

年　份 Year	床位数（张） Beds (unit)	医院、卫生院 Hospitals and Health Centers	#医　院 Hospitals	卫生技术人员数 Medical Technical Personnel	每千人拥有床位数（张） Beds per 1000 Persons (unit)	每千人卫生技术人员数 Medical Technical Personnel per 1000 Persons
1958	174	174	174	502	0.14	0.42
1959	480	480	480	791	0.39	0.64
1965	1631	1570	1570	2424	1.14	1.77
1978	4421	4198	3488	5780	2.35	3.23
1985	4580	4412	3679	6837	2.20	3.43
1986	4983	4720	2881	7001	2.30	3.46
1987	5222	4986	3414	7003	2.40	3.37
1988	5197	4876	3233	7097	2.30	3.34
1989	5355	4999	3325	8064	2.30	3.73
1990	5381	5015	3361	7498	2.30	3.39
1991	5397	5077	3337	7749	2.30	3.44
1992	5857	5555	3569	8030	2.50	3.51
1993	5042	4515	3036	7540	2.00	3.25
1994	5602	5333	3087	8176	2.29	3.46
1995	6176	5895	4331	8467	2.62	3.53
1996	6136	5979	4546	8006	2.56	3.29
1997	6246	6049	4498	7999	2.57	3.23
1998	6512	6305	4572	8785	2.65	3.49
1999	6440	6255	4462	8892	2.60	3.48
2000	6348	6156	4426	8948	2.52	3.44
2001	6372	6153	4385	8820	2.51	3.35
2002	6087	5694	4297	7913	2.38	2.97
2003	6216	5859	4261	8287	2.40	3.07
2004	6413	5928	4238	8569	2.34	3.13
2005	6767	6412	4426	8914	2.44	3.22
2006	7496	7091	4513	8895	2.67	3.17
2007	7127	6832	4462	8535	2.51	3.02
2008	8765	8344	5585	9435	3.05	3.29
2009	8553	8193	5368	10047	2.95	3.47
2010	8838	8439	5444	9983	3.02	3.44
2011	9642	9192	6314	10664	3.17	3.52
2012	10134	9666	6653	11313	3.29	3.67
2013	11036	10461	7292	11716	3.54	3.75
2014	12024	11384	8079	12946	3.79	4.08
2015	14013	13283	9954	14335	4.33	4.42
2016	14882	14108	10766	15259	4.50	4.63
2017	16138	15423	11854	16503	4.79	4.89
2018	16787	16257	12604	19035	4.88	5.54
2019	17073	16405	12751	20662	4.87	5.89
2020	18942	18394	14691	22629	5.19	6.20
2021	19650	18874	14808	25392	5.37	6.94

16-8 全区医疗卫生机构、床位和人员情况(2021年)

指 标	Item	机构数 (个) Number of Institutions (unit)	实有床位数 (张) Number of Beds (unit)	在岗职工人员数 (人) Number of Employed Persons (person)
总 计	**Total**	**1650**	**19650**	**31644**
医 院	Hospitals	179	14808	20903
综合医院	General Hospitals	114	10699	16196
中西医结合医院	Hospitals of Integrated Traditional Chinese with Western Medicine	1	50	36
民族医院	Nationalities Hospitals	52	3127	3459
专科医院	Specialized hospitals	11	842	1167
疗养院	Sanatoriums			
社区卫生服务中心(站)	Community Health Service Centers	14	114	331
卫生院	Health Centers	675	4066	6326
乡镇卫生院	Township Health Centers	675	4066	6326
#中心卫生院	Center Hospitals	201	1192	1974
诊所、卫生所、医务室	Outpatient Department, Clinics and Dispensary	646	158	1658
采供血机构	Blood Collecting and Supplying Organizations	7		95
妇幼保健院(所、站)	Women and Children Care Agencies	36	468	703
疾病预防控制中心	Center for Disease Control and Prevention	82		1520
卫生监督所(中心)	Health Inspection Institution (center)	2		19
医学在职培训机构	Medical on-the-job Training Institutions	1		8

NUMBER OF HEALTH CARE INSTITUTIONS, BEDS AND EMPLOYED PERSONS BY TYPE OF INSTITUTIONS (2021)

卫生技术人员 Medical Technical Personnel	执业(助理)医师 Licensed (Assistant) Doctors	执业医师 Licensed Doctors	注册护士 Registered Nurses	药剂师(士) Pharmacist	技师(士) Technician	检验师 Laboratory Personnel	其他 Others	其他技术人员 Other Technical Personnel	管理人员 Administrative Personnel	工勤技能人员 Logistics Technical Workers
25392	**10448**	**8229**	**7763**	**1192**	**1390**	**758**	**4531**	**2321**	**1003**	**2923**
15851	6066	5008	5751	871	1013	528	2150	1672	877	2503
12481	4487	3671	4863	646	864	451	1621	1155	694	1866
20	9	6	9	1	1	1		3	3	10
2513	1336	1114	538	190	85	44	364	412	90	444
808	214	200	336	33	61	31	164	92	86	181
268	153	119	72	12	20	11	11	11	2	50
5744	2269	1544	1175	249	149	57	1902	403	45	134
5744	2269	1544	1175	249	149	57	1902	403	45	134
1821	733	512	358	82	66	25	582	108	18	27
	997	870	474	13	12	6	29	50	22	56
81	15	9	22		38	30	6	3	7	4
533	187	134	161	27	38	27	120	73	19	78
1301	720	511	82	19	119	99	312	107	29	83
19										
3	2	2					1		1	4

16-9 分地市医疗卫生机构、床位和人员情况(2021年)

地 区	Region	机构数 (个) Number of Institutions (unit)	实有床位数 (张) Number of Beds (unit)	在岗职工人员数 (人) Number of Employed Persons (person)	卫生技术人员 Medical Technical Personnel	执业(助理)医师 Licensed (Assistant) Doctors	执业医师 Licensed Doctors
总 计	**Total**	**1650**	**19650**	**31644**	**25392**	**10448**	**8229**
拉萨市	Lhasa	286	4520	9953	7562	3250	2944
日喀则市	Xigazê	349	4130	5278	4474	1898	1375
昌都市	Qamdo	306	4101	5450	4248	1493	1015
林芝市	Nyingchi	195	1745	2802	2330	975	773
山南市	Lhoka	205	1674	3375	2752	1272	978
那曲市	Nagqu	230	2620	3493	2981	1160	842
阿里地区	Ngari	79	860	1293	1045	400	302

NUMBER OF HEALTH CARE INSTITUTION, BEDS AND EMPLOYED PERSONS BY REGION (2021)

注册护士 Registered Nurses	药剂师(士) Pharmacist	技师(士) Technician	检验师 Laboratory Personnel	其　他 Others	其他技术人　员 Other Technical Personnel	管理人员 Administrative Personnel	工勤技能人　员 Logistics Technical Workers
7763	**1192**	**1390**	**758**	**4531**	**2321**	**1003**	**2923**
2811	305	483	273	711	470	510	1408
1152	231	222	109	950	373	101	328
1174	128	189	94	1252	564	118	520
779	130	149	75	295	208	95	169
718	133	144	82	471	383	50	190
807	208	151	88	639	167	84	261
322	57	52	37	213	156	45	47

16-10 交通事故情况(2021年)
BASIC STATISTICS ON TRAFFIC ACCIDENTS (2021)

地 区	Region	发生数(起) Number of Traffic Accidents (case)	死亡人数(人) Number of Deaths (person)	受伤人数(人) Number of Injuries (person)	直接财产损失(万元) Direct Property Losses (10000 yuan)
总 计	**Total**	**495**	**138**	**543**	**914.63**
拉萨市	Lhasa	180	73	183	153.21
日喀则市	Xigazê	11	8	14	9.38
昌都市	Qamdo	65	14	73	51.49
林芝市	Nyingchi	84	10	83	24.15
山南市	Lhoka	52	14	62	89.85
那曲市	Nagqu	72	3	93	78.48
阿里地区	Ngari	3	7	4	495.00
青藏公路唐北段	The Northern Section of Qinghai-Tibet Highway	28	9	31	13.07

第十七篇

各县（市、区）主要统计指标

CHAPTER 17

MAIN ECONOMIC INDICATORS

BY COUNTIES (CITIES AND REGIONS)

简 要 说 明

一、本篇主要包括全区各县（区）农林牧渔业产值、农作物播种面积、农产品产量、牲畜存栏头数和肉类产量、奶类和羊毛产量以及工业总产值等。

二、本篇农业资料由自治区统计局农村经济统计处和国家统计局西藏调查总队农村调查处、农业调查处提供；工业资料由自治区统计局工业交通统计处提供。

三、资料整理：格桑贡嘎　扎西次松　李跃龙　段永标　杨建林　普琼次仁　杨素娟

Brief Introduction

Ⅰ.This chapter mainly covers agricultural and industrial indicators by counties, like the gross output value of agriculture, forestry, animal husbandry and fishery, the sown areas and output of major products, the area of cultivated land, the number of livestock, the output of meat, the output of milk, sheep and goat wool products and the gross output value of industry, etc.

Ⅱ.The data on agriculture are provided by the Rural Economic Statistics Division of Tibet Autonomous Region Statistics Bureau and the Rural (Agriculture) Survey Office of the Tibet Survey Team of the National Bureau of Statistics. The data on industry are provided by the Industrial and Transportation Statistics Division of Tibet Autonomous Region.

Ⅲ.Data collection：Gyalsang Gunga　Tashi Tsesung　Li Yuelong　Duan Yongbiao　Yang Jianlin　Phuchung Tsering　Yang Sujuan

17-1　乡村从业人员(2021年)
EMPLOYEES IN RURAL AREAS (2021)

单位：人 (person)

地　区	Region	乡村从业人员 Number of Employees in Rural Areas	农林牧渔业 Agriculture, Forestry, Animal Husbandry and Fishery	工　业 Industry	建筑业 Construction	其他非农从业人员 Other Non-agricultural Employees
拉萨市	**Lhasa**					
城关区	Chengguanqu	6483	1219	190	323	4751
堆龙德庆区	Doilungdêqên	25760	7393	715	1056	11778
达孜区	Dagzê	12346	8129	453	1191	2573
林周县	Lhünzhub	36142	24578	746	3272	7546
当雄县	Damxung	22978	11808	411	881	9878
尼木县	Nyêmo	15430	8112	524	3102	3692
曲水县	Qüxü	21034	11511	1265	3008	5250
墨竹工卡县	Maizhokunggar	24578	11056	1046	2267	10209
柳梧新区	Relau New Area		1783	130	317	2588
日喀则市	**Xigazê**					
桑珠孜区	Samzhubzê	46127	25431	2597	10906	7193
南木林县	Namling	48480	27662	2732	9281	8805
江孜县	Gyangzê	32519	20397	1811	7619	2692
定日县	Tingri	34029	22579	417	6412	4621
萨迦县	Sa'gya	28142	19460	2054	2435	4193
拉孜县	Lhazê	30794	13485	2313	1798	13198
昂仁县	Ngamring	29501	24231	218	1536	3516
谢通门县	Xaitongmoin	27739	16683	1179	4741	5136
白朗县	Bainang	25658	13691	2450	4601	4916
仁布县	Rinbung	17400	9544	562	5226	2068
康马县	Kangmar	10958	7240	722	1503	1493
定结县	Dinggyê	11695	8585	205	1069	1836
仲巴县	Zhongba	12749	10472	13	173	2091
亚东县	Yadong	5376	3867	400	277	832
吉隆县	Gyirong	7126	6013	104	186	823
聂拉木县	Nyalam	10795	9170	179	718	728
萨嘎县	Saga	9262	5829	2	1308	2123
岗巴县	Kamba	6202	4790	38	817	557

17-1 续表1 continued

单位：人　　(person)

地　区	Region	乡村从业人　员 Number of Employees in Rural Areas	农林牧渔业 Agriculture, Forestry, Animal Husbandry and Fishery	工　业 Industry	建筑业 Construction	其他非农从业人员 Other Non-agricultural Employees
昌都市	**Qamdo**					
卡若区	Karub	47900	41457	378	1242	4823
江达县	Jomda	75366	42167	2067	2428	28704
贡觉县	Konjo	20639	15410		3871	1358
类乌齐县	Riwoqê	22754	17625	1286	115	3728
丁青县	Dêngqên	48368	45713	229	851	1575
察雅县	Chagyab	30328	22977	396	1665	5290
八宿县	Baxoi	22404	12945	458	3364	5637
左贡县	Zogang	29784	19967	235	2282	7300
芒康县	Markam	38232	21019	1374	3890	11949
洛隆县	Lhorong	25909	19524	130	1598	4657
边坝县	Banbar	19528	8963	132	954	9479
林芝市	**Nyingchi**					
巴宜区	Bayip	10299	7900	50	300	2000
工布江达县	Gongbo' gyamda	14569	12741	8	44	1776
米林县	Mainling	9376	7799	34	164	1579
墨脱县	Mêdog	6031	4686	294	297	754
波密县	Bomê	13589	10396	76	987	2130
察隅县	Zayü	12956	10500	200	600	1600
朗　县	Nang	8038	6573	84	365	1016
山南市	**Lhoka**					
乃东区	Nêdong	19855	7702	768	5303	6082
扎囊县	Chanang	20957	9173	1314	6059	4411
贡嘎县	Konggar	25218	12460	1429	5787	5542
桑日县	Sangri	8591	4460	199	1652	2280
琼结县	Qonggyai	7325	2275	139	3480	1431
曲松县	Qusum	6586	2438	399	2028	1721

17-1 续表2 continued

单位：人　(person)

地　区	Region	乡村从业人员 Number of Employees in Rural Areas	农林牧渔业 Agriculture, Forestry, Animal Husbandry and Fishery	工　业 Industry	建筑业 Construction	其他非农从业人员 Other Non-agricultural Employees
措美县	Comai	5197	1362	197	2711	927
洛扎县	Lhozhag	8894	3454	140	3834	1466
加查县	Gyaca	10031	5146	635	1507	2743
隆子县	Lhünzê	17820	9971	306	5155	2388
错那县	Cona	6277	3307	53	1487	1430
浪卡子县	Nagarzê	19329	11551	673	4193	2912
那曲市	**Nagqu**					
色尼区	Seni	46363	24117	917	2336	18993
嘉黎县	Lhari	17994	10876	520	1793	4805
比如县	Biru	33676	26116	135	417	7008
聂荣县	Nyainrong	17027	13735	65	297	2930
安多县	Amdo	20438	11888	600	2900	5050
申扎县	Xainza	12629	8537	601	757	2734
索　县	Sog	21974	16159			5815
班戈县	Bangoin	21542	19510			2032
巴青县	Baqên	27307	15507	50	1389	10361
尼玛县	Nyima	17619	11549	63	1698	4309
双湖县	Shaunghu	7450	5759		1341	350
阿里地区	**Ngari**					
普兰县	Burang	4429	3115	10	420	884
札达县	Zanda	2818	1697	4	3	1114
噶尔县	Gar	4122	2964	499	94	565
日土县	Rutog	5461	4210	174		1077
革吉县	Gê'gyai	9116	7402	53	225	1436
改则县	Gêrzê	12014	9640		1062	1312
措勤县	Coqên	7181	4476	225	942	1538

17-2 农林牧渔业、工业总产值(2021年)
GROSS OUTPUT VALUE OF AGRICULTURE, FORESTRY, ANIMAL HUSBANDRY, FISHERY AND INDUSTRY (2021)

单位：万元　　(10000 yuan)

地　区	Region	农林牧渔业产值 Gross Out Value of Agriculture, Forestry, Animal, Husbandry and Fishery	农　业 Farming	林　业 Forestry	牧　业 Animal Husbandry	渔　业 Fishery	农林牧渔服务业 FFAF Services	工　业 总产值 Gross Output Value of Industry
拉萨市	**Lhasa**							
城关区	Chengguanqu	30014	13886	21	16108			423570
堆龙德庆区	Doilungdêqên	48017	20423	1564	25855		175	312145
达孜区	Dagzê	56904	37167	598	19139			69259
林周县	Lhünzhub	61886	27780	527	33172		408	49957
当雄县	Damxung	87470	3420		81507		2543	41863
尼木县	Nyêmo	42495	16331	463	25413		288	9438
曲水县	Qüxü	56934	40424	906	14642		961	63538
墨竹工卡县	Maizhokunggar	64765	26718	672	37375			683246
柳梧新区	Rleau New Area	8146	2896		5250			
藏青工业园	Tibet and Qinghai Industrial Park							74422
拉萨经济技术开发区	Lhasa Economic and Technological Development Zone							477675
达孜工业园区	Dagzê Industrial Park							13346
西藏文化旅游创意园区	Tibetan Culture and Tourism Creative Park							340
日喀则市	**Xigazê**							
桑珠孜区	Samzhubzê	104768	82372	1434	12059		8904	104696
南木林县	Namling	78391	51302	1189	25200		700	6898
江孜县	Gyangzê	72815	41111	953	29100		1652	17873
定日县	Tingri	43342	23641	505	11174		8022	2893
萨迦县	Sa'gya	40057	24319	1348	13839		551	55802
拉孜县	Lhazê	55333	41184	982	12170		997	13881
昂仁县	Ngamring	45777	14093	30	31120		534	1344
谢通门县	Xaitongmoin	39118	22155	1701	12811		2450	4168
白朗县	Bainang	59964	49901	712	8665		686	22160
仁布县	Rinbung	19472	10787	158	7078		1449	8031
康马县	Kangmar	20595	8583	845	10834		334	2512
定结县	Dinggyê	16046	8114	527	6880		524	316
仲巴县	Zhongba	30477	32		29770		675	431
亚东县	Yadong	17945	6704	258	9822	565	595	836
吉隆县	Gyirong	15016	6629	116	7954		317	1298
聂拉木县	Nyalam	19187	9566		8892		729	5044
萨嘎县	Saga	15693	1293		14320		80	15
岗巴县	Kamba	6777	1880		4825		73	1971

17-2 续表1 continued

单位：万元　　　　(10000 yuan)

地　区	Region	农林牧渔业产值 Gross Out Value of Agriculture, Forestry, Animal, Husbandry and Fishery	农　业 Farming	林　业 Forestry	牧　业 Animal Husbandry	渔　业 Fishery	农林牧渔服务业 FFAF Services	工　业总产值 Gross Output Value of Industry
昌都市	**Qamdo**							
卡若区	Karub	66631	28269	69	37595	18	680	75769
江达县	Jomda	66916	23114	658	41488	2	1654	633493
贡觉县	Konjo	34506	11696	140	21850	1	819	1080
类乌齐县	Riwoqê	48560	22026	2710	23106	6	712	25695
丁青县	Dêngqên	74984	47145	536	24812		2491	2153
察雅县	Chagyab	40078	16090	261	23292	5	430	3884
八宿县	Baxoi	31815	12317	166	18664	4	663	46829
左贡县	Zogang	40109	16407	506	21772	6	1417	757
芒康县	Markam	63274	22805	9666	28738	4	2062	8454
洛隆县	Lhorong	43105	18910	1125	22486	3	582	1357
边坝县	Banbar	40460	14985	310	24623	2	541	403
林芝市	**Nyingchi**							
巴宜区	Bayip	27370	12631	79	14362		298	180447
工布江达县	Gongbo' gyamda	34642	15059	567	18275	19	722	15784
米林县	Mainling	24080	11215	427	10092		2347	4053
墨脱县	Mêdog	5927	4194	29	1450	3	250	11509
波密县	Bomê	32089	19742	806	10631	66	844	7707
察隅县	Zayü	23335	13447	963	8206	1	719	11935
朗　县	Nang	21320	8968	371	11424		557	3120
米林农场	Mainling Farm	1592	331		1262			
易贡茶场	YiGong Farm	860	237		593		30	
察隅农场	Zayü Farm	1062	239		792		31	
山南市	**Lhoka**							
乃东区	Nêdong	30840	13545	244	15654		1397	71885
扎囊县	Chanang	17715	8734	629	7769		583	12823
贡嘎县	Konggar	19992	10040	484	9167		302	21413
桑日县	Sangri	10415	5162	47	4835		370	118203
琼结县	Qonggyai	8379	5421	35	2663		260	13223
曲松县	Qusum	9613	3020	40	6338		214	24129

17-2 续表2 continued

单位：万元 (10000 yuan)

地区	Region	农林牧渔业产值 Gross Out Value of Agriculture, Forestry, Animal, Husbandry and Fishery	农业 Farming	林业 Forestry	牧业 Animal Husbandry	渔业 Fishery	农林牧渔服务业 FFAF Services	工业总产值 Gross Output Value of Industry
措美县	Comai	6169	1589	11	4320		249	4180
洛扎县	Lhozhag	8725	4098	13	4190		425	4239
加查县	Gyaca	18655	12399	382	5684		190	95284
隆子县	Lhünzê	17438	6936	841	9524		137	4478
错那县	Cona	6365	2294	102	3676		293	3735
浪卡子县	Nagarzê	12048	1685	18	9775		570	4757
那曲市	**Nagqu**							
色尼区	Seni	57787	15853		41754		180	20118
嘉黎县	Lhari	39479	20761	18	18557		143	111108
比如县	Biru	78417	61342		16960		115	3050
聂荣县	Nyainrong	23723	7490		16154		79	1394
安多县	Amdo	22596	472		22104		20	152
申扎县	Xainza	22255	38		21530		687	46
索　县	Sog	34962	24801		8689		1472	64
班戈县	Bangoin	26150	1		25231		917	21
巴青县	Baqên	43547	28568		14214		765	49
尼玛县	Nyima	25844	167		25308		368	1076
双湖县	Shaunghu	13254	6		11384	1620	243	
阿里地区	**Ngari**							
普兰县	Burang	11866	1883	1262	8302		420	124
札达县	Zanda	7103	1152	81	5744		126	624
噶尔县	Gar	8785	814	60	7711		200	11146
日土县	Rutog	14360	1443	138	12553		226	2749
革吉县	Gê'gyai	27499	484	57	26109		850	215
改则县	Gêrzê	34047	183	345	32719		800	503
措勤县	Coqên	14701	184	0	14105		412	1342

17-3　农林牧渔业产值
GROSS OUTPUT VALUE OF AGRICULTURE, FORESTRY, ANIMAL HUSBANDRY AND FISHERY

单位：万元　(10000 yuan)

地　区	Region	农林牧渔业产值 Gross Output Value		指　数 (上年=100) Index (preceding year=100)
		2020	2021	
拉萨市	**Lhasa**			
城关区	Chengguanqu	24523	30014	118.2
堆龙德庆区	Doilungdêqên	42393	48017	109.4
达孜区	Dagzê	46896	56904	117.2
林周县	Lhünzhub	61155	61886	97.7
当雄县	Damxung	83242	87470	101.5
尼木县	Nyêmo	35900	42495	114.3
曲水县	Qüxü	51394	56934	107.0
墨竹工卡县	Maizhokunggar	63282	64765	98.9
柳梧新区	Relau New Area	8818	8146	89.2
日喀则市	**Xigazê**			
桑珠孜区	Samzhubzê	96580	104768	104.8
南木林县	Namling	71105	78391	106.5
江孜县	Gyangzê	67674	72815	103.9
定日县	Tingri	39955	43342	104.8
萨迦县	Sa'gya	36112	40057	107.1
拉孜县	Lhazê	50642	55333	105.5
昂仁县	Ngamring	41654	45777	106.2
谢通门县	Xaitongmoin	35501	39118	106.4
白朗县	Bainang	54775	59964	105.7
仁布县	Rinbung	17712	19472	106.2
康马县	Kangmar	18740	20595	106.2
定结县	Dinggyê	15062	16046	102.9
仲巴县	Zhongba	28292	30477	104.1
亚东县	Yadong	16533	17945	104.8
吉隆县	Gyirong	13635	15016	106.4
聂拉木县	Nyalam	17834	19187	103.9
萨嘎县	Saga	14588	15693	103.9
岗巴县	Kamba	6227	6777	105.1

17-3 续表1 continued

单位：万元 (10000 yuan)

地 区	Region	农林牧渔业产值 Gross Output Value		指 数 (上年=100) Index (preceding year=100)
		2020	2021	
昌都市	**Qamdo**			
卡若区	Karub	62582	66631	102.8
江达县	Jomda	63076	66916	102.5
贡觉县	Konjo	31172	34506	106.9
类乌齐县	Riwoqê	45549	48560	103.0
丁青县	Dêngqên	70889	74984	102.2
察雅县	Chagyab	37855	40078	102.3
八宿县	Baxoi	30051	31815	102.3
左贡县	Zogang	37787	40109	102.5
芒康县	Markam	59756	63274	102.3
洛隆县	Lhorong	40486	43105	102.8
边坝县	Banbar	38841	40460	100.6
林芝市	**Nyingchi**			
巴宜区	Bayip	27229	27370	97.1
工布江达县	Gongbo' gyamda	32492	34642	103.0
米林县	Mainling	23159	24080	100.4
墨脱县	Mêdog	5670	5927	101
波密县	Bomê	31310	32089	99.0
察隅县	Zayü	23140	23335	97.4
朗 县	Nang	20312	21320	101.4
米林农场	Mainling Farm	1580	1592	97.4
易贡茶场	Yigong Farm	2348	860	35.4
察隅农场	Zayü Farm	1057	1062	97.0
山南市	**Lhoka**			
乃东区	Nêdong	27253	30840	109.3
扎囊县	Chanang	15865	17715	107.9
贡嘎县	Konggar	17651	19992	109.4
桑日县	Sangri	9415	10415	106.8
琼结县	Qonggyai	7206	8379	112.3
曲松县	Qusum	8297	9613	111.9

17-3 续表2 continued

单位：万元 (10000 yuan)

地 区	Region	农林牧渔业产值 Gross Output Value		指 数 (上年=100) Index (preceding year=100)
		2020	2021	
措美县	Comai	5528	6169	107.8
洛扎县	Lhozhag	8415	8725	100.2
加查县	Gyaca	17083	18655	105.5
隆子县	Lhünzê	15516	17438	108.6
错那县	Cona	5493	6365	111.9
浪卡子县	Nagarzê	11122	12048	104.6
那曲市	**Nagqu**			
色尼区	Seni	48638	57787	114.8
嘉黎县	Lhari	33302	39479	114.5
比如县	Biru	65917	78417	114.9
聂荣县	Nyainrong	19601	23723	116.9
安多县	Amdo	19487	22596	112.0
申扎县	Xainza	19481	22255	110.3
索 县	Sog	29708	34962	113.7
班戈县	Bangoin	23347	26150	108.2
巴青县	Baqên	35167	43547	119.6
尼玛县	Nyima	23238	25844	107.4
双湖县	Shaunghu	12249	13254	104.5
阿里地区	**Ngari**			
普兰县	Burang	8976	11866	127.7
札达县	Zanda	6623	7103	103.6
噶尔县	Gar	8326	8785	101.9
日土县	Rutog	13934	14360	99.5
革吉县	Gê'gyai	24721	27499	107.4
改则县	Gêrzê	32864	34047	100.1
措勤县	Coqên	14356	14701	98.9

17-4 主要农作物播种面积(2021年)
SOWN AREAS OF MAJOR FARM CROPS (2021)

单位：公顷 (hectare)

地　区	Region	粮食作物 Grain Crops	#小　麦 Wheat	#青　稞 Highland Barley	油　料 Oil-bearing Crops
拉萨市	**Lhasa**				
城关区	Chengguanqu	42.2	23.0	17.1	12.7
堆龙德庆区	Doilungdêqên	2819.5	268.6	2203.5	442.7
达孜区	Dagzê	3831.1	1968.1	1861.2	224.3
林周县	Lhünzhub	10134.6	3017.1	7117.5	645.2
当雄县	Damxung				
尼木县	Nyêmo	2296.1	119.9	1981.9	346.5
曲水县	Qüxü	3739.6	1439.6	2300.0	392.2
墨竹工卡县	Maizhokunggar	4868.4	395.7	4251.7	1952.9
日喀则市	**Xigazê**				
桑珠孜区	Samzhubzê	8891.2	1747.9	7102.5	1607.9
南木林县	Namling	4970.8	113.2	4665.5	600.0
江孜县	Gyangzê	8358.0	379.4	7779.5	752.7
定日县	Tingri	5554.8	133.4	5101.5	360.0
萨迦县	Sa'gya	5514.5	66.7	5447.9	258.8
拉孜县	Lhazê	6509.7	183.9	6199.8	1230.2
昂仁县	Ngamring	4469.5	13.3	4322.1	265.1
谢通门县	Xaitongmoin	3046.7	580.0	2386.7	246.7
白朗县	Bainang	6286.7	400.0	5886.7	602.0
仁布县	Rinbung	3400.0	160.0	3066.7	254.1
康马县	Kangmar	2520.0	53.3	2266.7	266.7
定结县	Dinggyê	1896.6	31.3	1641.9	353.9
仲巴县	Zhongba				
亚东县	Yadong	298.8		291.1	14.4
吉隆县	Gyirong	774.9	48.6	614.5	260.0
聂拉木县	Nyalam	1640.0		1620.0	60.1
萨嘎县	Saga	420.0		406.7	7.3
岗巴县	Kamba	801.3		801.3	133.8

17-4 续表1 continued

单位：公顷 (hectare)

地区	Region	粮食作物 Grain Crops	#小麦 Wheat	#青稞 Highland Barley	油料 Oil-bearing Crops
昌都市	**Qamdo**				
卡若区	Karub	4181.0	574.0	3413.0	17.0
江达县	Jomda	4420.1	506.7	3666.7	223.3
贡觉县	Konjo	3725.3	320.0	3333.3	208.0
类乌齐县	Riwoqê	2500.9		2500.9	
丁青县	Dêngqên	6652.5	331.0	6304.2	670.0
察雅县	Chagyab	2897.4	372.4	2432.7	281.6
八宿县	Baxoi	2925.7	460.1	1994.1	133.9
左贡县	Zogang	4212.1	1026.1	2124.1	23.4
芒康县	Markam	6514.9	879.7	4425.0	193.7
洛隆县	Lhorong	5449.0	939.9	4260.0	633.3
边坝县	Banbar	2952.0	233.3	2398.4	420.7
林芝市	**Nyingchi**				
巴宜区	Bayip	2659.0	1359.0	671.0	329.1
工布江达县	Gongbo' gyamda	2592.0	1203.0	1333.0	590.0
米林县	Mainling	2398.9	1687.7	517.5	275.8
墨脱县	Mêdog	1129.9		4.1	2.6
波密县	Bomê	4929.6	2486.7	2168.7	489.0
察隅县	Zayü	3338.5	662.9	754.8	70.2
朗　县	Nang	861.4	421.3	395.5	218.5
山南市	**Lhoka**				
乃东区	Nêdong	3060.5	1677.2	1304.0	460.9
扎囊县	Chanang	4013.3	2230.3	1747.7	360.4
贡嘎县	Konggar	4835.4	1422.6	3343.8	360.7
桑日县	Sangri	1163.5	306.7	853.3	123.3
琼结县	Qonggyai	1219.3	293.3	919.3	120.0
曲松县	Qusum	1171.8	128.7	947.2	133.3

17-4 续表2 continued

单位：公顷 (hectare)

地 区	Region	粮食作物 Grain Crops	#小 麦 Wheat	#青 稞 Highland Barley	油 料 Oil-bearing Crops
措美县	Comai	647.7	45.1	589.2	79.4
洛扎县	Lhozhag	1481.5	487.8	699.1	223.6
加查县	Gyaca	1328.4	693.3	546.0	101.1
隆子县	Lhünzê	2686.4	310.6	1984.9	311.8
错那县	Cona	1127.2	105.0	959.6	173.6
浪卡子县	Nagarzê	1677.9	48.7	1628.9	371.1
那曲市	**Nagqu**				
色尼区	Seni				
嘉黎县	Lhari	207.1	88.1	109.4	3.1
比如县	Biru	1436.3	7.7	433.0	9.1
聂荣县	Nyainrong				
安多县	Amdo				
申扎县	Xainza				
索 县	Sog	1331.8	30.5	1142.8	20.0
班戈县	Bangoin				
巴青县	Baqên				
尼玛县	Nyima	76.9		67.8	14.9
双湖县	Shaunghu				
阿里地区	**Ngari**				
普兰县	Burang	516.3		481.8	60.5
札达县	Zanda	392.2	8.0	291.2	5.3
噶尔县	Gar	263.4		252.2	0.4
日土县	Rutog	414.7		376.7	10.0
革吉县	Gê'gyai				
改则县	Gêrzê				
措勤县	Coqên				

17-5　主要农产品产量(2021年)
OUTPUT OF MAJOR FARM PRODUCTS (2021)

单位：吨　　(ton)

地　区	Region	粮　食 Grain	#小　麦 Wheat	#青　稞 Highland Barley	油菜籽 Oil-bearing Crops
拉萨市	**Lhasa**				
城关区	Chengguanqu	173.4	90.0	70.1	24.2
堆龙德庆区	Doilungdêqên	14295.7	2741.5	10548.2	1017.8
达孜区	Dagzê	22887.5	11906.7	10974.8	454.9
林周县	Lhünzhub	58128.2	17416.0	40712.2	1172.6
当雄县	Damxung				
尼木县	Nyêmo	13079.0	604.0	11855.1	894.7
曲水县	Qüxü	21908.6	8758.8	13149.8	734.1
墨竹工卡县	Maizhokunggar	26812.5	2865.2	23327.0	3899.7
日喀则市	**Xigazê**				
桑珠孜区	Samzhubzê	85000.0	21781.0	62924.0	4478.6
南木林县	Namling	29110.6	793.5	27490.6	1810.1
江孜县	Gyangzê	63472.3	4065.1	58167.1	2839.0
定日县	Tingri	34505.4	876.0	32503.8	1451.1
萨迦县	Sa'gya	35160.6	406.4	34754.2	753.7
拉孜县	Lhazê	44298.2	598.7	43307.1	3151.0
昂仁县	Ngamring	23000.1	57.5	22538.3	686.2
谢通门县	Xaitongmoin	17679.1	3372.7	14050.5	600.0
白朗县	Bainang	54288.1	3672.4	50615.7	2004.5
仁布县	Rinbung	16654.1	757.6	15406.2	669.9
康马县	Kangmar	12873.5	226.1	12016.6	722.6
定结县	Dinggyê	8300.2	164.6	7345.6	663.9
仲巴县	Zhongba				
亚东县	Yadong	806.2		791.3	19.4
吉隆县	Gyirong	3976.5	193.8	3465.3	1066.9
聂拉木县	Nyalam	8277.4		8232.7	139.8
萨嘎县	Saga	1424.5		1405.7	14.6
岗巴县	Kamba	2214.2		2214.2	227.9

注：薯类产量按5公斤鲜薯折1公斤粮食计算。
Note: The output of tubers are converted into that of grain at the ratio 5：1.

17-5 续表1 continued

单位：吨 (ton)

地 区	Region	粮 食 Grain	#小 麦 Wheat	#青 稞 Highland Barley	油菜籽 Oil-bearing Crops
昌都市	**Qamdo**				
卡若区	Karub	18197.2	2577.4	15308.8	11.3
江达县	Jomda	17357.0	2052.0	14465.0	316.5
贡觉县	Konjo	14766.4	1166.4	13366.0	313.0
类乌齐县	Riwoqê	9379.0		9379.0	
丁青县	Dêngqên	28518.0	1080.0	27400.0	1165.0
察雅县	Chagyab	11933.6	1060.6	10780.5	338.9
八宿县	Baxoi	11551.3	2074.9	8594.4	262.0
左贡县	Zogang	14989.3	4287.7	7009.7	91.9
芒康县	Markam	30527.7	3263.5	20799.4	332.0
洛隆县	Lhorong	25646.3	3346.0	22046.3	1070.6
边坝县	Banbar	12517.1	632.3	10571.6	798.8
林芝市	**Nyingchi**				
巴宜区	Bayip	17191.8	7602.4	3352.5	426.0
工布江达县	Gongbo' gyamda	9462.1	4496.5	4838.8	996.0
米林县	Mainling	8694.3	5844.3	1794.2	377.7
墨脱县	Mêdog	4627.6		12.9	2.4
波密县	Bomê	23519.1	12580.6	9884.8	1146.8
察隅县	Zayü	17325.6	2110.2	2646.6	21.4
朗 县	Nang	4158.6	2098.7	1923.1	501.9
山南市	**Lhoka**				
乃东区	Nêdong	24536.2	15733.6	8568.2	1266.8
扎囊县	Chanang	26989.6	16078.0	10833.1	1099.7
贡嘎县	Konggar	35517.9	11516.8	23834.4	1046.4
桑日县	Sangri	9576.0	3217.3	6348.9	426.9
琼结县	Qonggyai	11368.2	2937.2	8394.0	444.1
曲松县	Qusum	8147.0	843.2	6787.2	445.0

17-5 续表2 continued

单位：吨　(ton)

地　区	Region	粮　食 Grain	#小　麦 Wheat	#青　稞 Highland Barley	油菜籽 Oil-bearing Crops
措美县	Comai	3248.8	300.2	2919.0	139.3
洛扎县	Lhozhag	10410.2	4334.2	4233.7	763.1
加查县	Gyaca	7653.1	4437.3	2370.8	167.4
隆子县	Lhünzê	19820.7	2979.0	15117.5	975.4
错那县	Cona	5499.7	586.3	4680.4	368.4
浪卡子县	Nagarzê	5234.1	194.2	5039.5	706.9
那曲市	**Nagqu**				
色尼区	Seni				
嘉黎县	Lhari	512.7	280.9	218.6	4.6
比如县	Biru	4803.5	13.1	1168.7	22
聂荣县	Nyainrong				
安多县	Amdo				
申扎县	Xainza				
索　县	Sog	3997.2	68.7	3550.4	38.7
班戈县	Bangoin				
巴青县	Baqên				
尼玛县	Nyima	188.1		164.0	2.5
双湖县	Shaunghu				
阿里地区	**Ngari**				
普兰县	Burang	2700.8		2577.6	34.0
札达县	Zanda	985.8	16.5	847.4	4.7
噶尔县	Gar	505.7		500.5	0.3
日土县	Rutog	1124.6		1000.1	6.8
革吉县	Gê'gyai				
改则县	Gêrzê				
措勤县	Coqên				

17-6　年末牲畜存栏头数和肉类产量(2021年)
NUMBER OF LIVESTOCK AND OUTPUT OF MEAT AT YEAR-END (2021)

地　区	Region	年末牲畜存栏头数(万头只) Number of Animals (Year-end) (10000 heads)	大牲畜 Large Animals	#牛 Cattle and Buffaloes	羊 Sheep and Goats	猪 Hogs	猪牛羊肉(吨) Output of Pork, Beef and Mutton (ton)	猪　肉 Pork	牛　肉 Beef	羊　肉 Mutton
拉萨市	**Lhasa**									
城关区	Chengguanqu	1.78	1.77	1.77	0.02		1097.7		1097.7	
堆龙德庆区	Doilungdêqên	8.37	7.27	7.18	0.58	0.52	2291.8	85.3	2107.0	99.6
达孜区	Dagzê	7.55	6.95	6.91	0.35	0.25	4656.0	47.0	4525.3	83.7
林周县	Lhünzhub	22.41	19.06	18.81	2.93	0.43	3491.2	76.6	3352.0	62.7
当雄县	Damxung	45.89	31.04	30.63	14.85		13026.9		11628.0	1398.9
尼木县	Nyêmo	13.09	5.70	5.67	7.21	0.18	3210.2	55.4	2630.1	524.7
曲水县	Qüxü	6.13	4.39	4.30	1.08	0.66	2019.9	69.1	1877.0	73.8
墨竹工卡县	Maizhokunggar	16.95	16.23	15.94	0.61	0.11	3244.2	18.5	3220.5	5.2
日喀则市	**Xigazê**									
桑珠孜区	Samzhubzê	31.55	6.47	6.18	24.74	0.34	1794.8	79.9	955.2	759.7
南木林县	Namling	34.06	13.86	13.74	20.15	0.05	1655.2	11.5	1169.4	474.3
江孜县	Gyangzê	30.25	7.45	6.95	22.77	0.02	1954.8	6.5	1057.2	891.1
定日县	Tingri	24.25	5.98	5.49	18.28		1098.0		600.8	497.3
萨迦县	Sa'gya	35.69	3.73	3.45	31.87	0.09	2464.5	6.9	1036.3	1421.3
拉孜县	Lhazê	21.58	5.07	4.91	16.51	0.00	1506.7		828.7	678.0
昂仁县	Ngamring	42.30	12.50	12.21	29.80		6772.9		4292.4	2480.5
谢通门县	Xaitongmoin	26.43	9.03	8.90	17.38	0.02	4453.5	4.7	2909.0	1539.7
白朗县	Bainang	26.63	6.00	5.77	20.60	0.03	1273.3	2.3	721.4	549.6
仁布县	Rinbung	14.35	4.10	3.98	10.21	0.04	967.3	6.6	654.6	306.1
康马县	Kangmar	17.13	2.36	2.24	14.77		2901.0		1265.1	1635.9
定结县	Dinggyê	22.88	2.32	2.14	20.54	0.01	479.2	6.2	204.1	268.9
仲巴县	Zhongba	57.15	9.14	8.57	48.01		4115.5		1584.3	2531.2
亚东县	Yadong	7.35	3.02	2.97	4.32	0.01	367.9	1.5	219.5	146.8
吉隆县	Gyirong	11.08	3.09	2.99	7.91	0.08	483.7	5.7	268.7	209.3
聂拉木县	Nyalam	16.82	2.17	2.06	14.65		1158.0		565.5	592.5
萨嘎县	Saga	14.54	5.26	5.13	9.28		738.1		476.3	261.8
岗巴县	Kamba	15.52	0.98	0.87	14.54		246.8		52.9	193.8

17-6 续表1 continued

地　区	Region	年末牲畜存栏头数（万头只）Number of Animals (Year-end) (10000 heads)	大牲畜 Large Animals	#牛 Cattle and Buffaloes	羊 Sheep and Goats	猪 Hogs	猪牛羊肉（吨）Output of Pork, Beef and Mutton (ton)	猪　肉 Pork	牛　肉 Beef	羊　肉 Mutton
昌都市	**Qamdo**									
卡若区	Karub	22.76	20.14	16.75	1.27	1.36	6883.0	858.0	5954.0	71.0
江达县	Jomda	41.51	28.89	20.89	12.09	0.52	8430.6	297.0	7394.6	739.0
贡觉县	Konjo	16.85	10.38	9.57	6.48		3486.4		3413.0	73.4
类乌齐县	Riwoqê	17.10	16.58	16.32	0.50	0.02	8513.0	8.0	8425.0	80.0
丁青县	Dêngqên	20.38	18.20	17.62	2.10	0.08	9398.0	21.0	8964.0	413.0
察雅县	Chagyab	18.58	13.67	12.68	4.90	0.01	9328.3	45.2	9000.2	283.0
八宿县	Baxoi	11.78	9.73	8.79	1.05	1.00	4292.1	41.8	4116.8	133.5
左贡县	Zogang	16.62	9.76	9.01	2.24	4.62	4209.8	642.1	3406.6	161.0
芒康县	Markam	36.72	19.85	18.62	10.70	6.17	11206.6	1312.7	9533.8	360.1
洛隆县	Lhorong	15.05	13.06	12.37	1.08	0.92	3709.0	441.8	3203.6	63.7
边坝县	Banbar	13.52	12.65	12.27	0.58	0.29	5321.9	59.6	5224.8	37.5
林芝市	**Nyingchi**									
巴宜区	Bayip	14.05	5.03	4.81	0.15	8.87	3872.6	2772.6	1098.7	1.3
工布江达县	Gongbo' gyamda	17.66	9.44	9.14	0.18	8.05	1754.4	85.4	1669.0	
米林县	Mainling	14.00	7.11	6.50	0.11	6.79	886.5	266.6	616.9	3.1
墨脱县	Mêdog	0.90	0.45	0.38		0.45	172.2	60.1	112.2	
波密县	Bomê	13.46	5.92	5.52	0.01	7.53	1230.3	845.7	384.3	0.4
察隅县	Zayü	10.39	4.51	4.08	0.67	5.21	3475.9	2507.8	928.5	39.6
朗　县	Nang	10.50	6.76	6.50	0.49	3.24	750.0	75.0	660.0	15.0
山南市	**Lhoka**									
乃东区	Nêdong	10.49	4.57	4.52	3.35	2.57	4734.0	2123.4	2427.0	183.5
扎囊县	Chanang	8.32	3.35	3.25	4.71	0.27	1469.5	110.0	1090.9	268.6
贡嘎县	Konggar	13.91	4.44	4.36	9.29	0.18	2178.3	48.1	1652.9	477.3
桑日县	Sangri	8.31	6.42	6.37	1.76	0.13	2642.6	61.4	2504.9	76.4
琼结县	Qonggyai	4.37	1.23	1.21	3.02	0.13	901.4	97.1	635.0	169.3
曲松县	Qusum	7.96	2.90	2.80	4.99	0.07	2120.5	34.3	1838.7	247.5

17-6 续表2 continued

地　区	Region	年末牲畜存栏头数(万头只) Number of Animals (Year-end) (10000 heads)	大牲畜 Large Animals	#牛 Cattle and Buffaloes	羊 Sheep and Goats	猪 Hogs	猪牛羊肉(吨) Output of Pork, Beef and Mutton (ton)	猪　肉 Pork	牛　肉 Beef	羊　肉 Mutton
措美县	Comai	12.63	2.55	2.53	10.08		2232.2	0.5	1568.7	663.0
洛扎县	Lhozhag	6.09	2.94	2.84	3.08	0.08	1156.0	14.7	1002.3	139.0
加查县	Gyaca	5.86	5.59	5.41	0.21	0.06	1633.0	15.9	1610.3	6.8
隆子县	Lhünzê	15.76	6.68	6.46	8.55	0.53	1817.0	47.8	1449.1	320.0
错那县	Cona	6.20	2.38	2.31	3.80	0.01	1623.1	5.2	1352.3	265.6
浪卡子县	Nagarzê	27.51	7.85	7.64	19.65	0.01	2157.3	1.0	1352.8	803.5
那曲市	**Nagqu**									
色尼区	Seni	64.44	45.79	45.28	18.64		12998.8		11473.5	1525.3
嘉黎县	Lhari	18.52	18.34	18.19	0.10	0.07	9044.7	0.8	9033.5	10.4
比如县	Biru	21.65	20.98	20.89	0.67		2273.6		2239.6	33.9
聂荣县	Nyainrong	25.87	23.98	23.83	1.90		5852.1		5622.1	229.9
安多县	Amdo	62.00	27.67	27.05	34.33		19107.1		15091.9	4015.2
申扎县	Xainza	59.72	9.23	8.97	50.48		4637.3		2557.3	2080.0
索　县	Sog	11.54	11.30	11.17	0.24		2356.9		2348.3	8.7
班戈县	Bangoin	77.16	16.67	16.20	60.48		5902.4		2878.4	3024.0
巴青县	Baqên	22.03	21.71	21.49	0.32		4510.7		4476.9	33.8
尼玛县	Nyima	87.94	9.06	8.62	78.89		9582.0		3893.0	5689.0
双湖县	Shaunghu	40.23	2.79	2.49	37.44		3439.6		332.8	3106.8
阿里地区	**Ngari**									
普兰县	Burang	9.10	1.63	1.45	7.47		716.5		450.2	266.3
札达县	Zanda	6.99	2.86	2.66	4.13		573.8		326.7	247.1
噶尔县	Gar	12.77	1.88	1.75	10.88		893.7		358.0	535.7
日土县	Rutog	26.20	1.04	0.90	25.16		1316.5		192.6	1123.9
革吉县	Gê'gyai	44.42	1.90	1.76	42.51		2524.3		421.9	2102.3
改则县	Gêrzê	55.50	8.84	8.71	46.67		2387.2		719.7	1667.5
措勤县	Coqên	35.47	4.50	4.34	30.97		2358.4		796.8	1561.7

17-7　奶类、羊毛产量(2021年)
OUTPUT OF MILK, SHEEP AND GOAT WOOL PRODUCTS (2021)

地　区	Region	奶　类 (吨) Milk (ton)	#牛　奶 Cow Milk	羊　毛 (吨) Sheep and Goat Wool (ton)	#绵羊毛 Sheep Wool
拉萨市	**Lhasa**				
城关区	Chengguanqu	22578.0	22578.0		
堆龙德庆区	Doilungdêqên	6098.5	6098.5	18.2	17.4
达孜区	Dagzê	19521.9	19521.9	1.5	0.5
林周县	Lhünzhub	21364.9	21364.9	22.8	16.7
当雄县	Damxung	16934.3	16385.3	62.8	55.3
尼木县	Nyêmo	12499.6	11573.5	21.1	13.4
曲水县	Qüxü	18294.3	18294.3	4.2	3.5
墨竹工卡县	Maizhokunggar	13883.6	13869.2	1.1	0.9
日喀则市	**Xigazê**				
桑珠孜区	Samzhubzê	19509.0	17857.7	267.1	258.4
南木林县	Namling	4577.9	4508.5	134.4	115.4
江孜县	Gyangzê	18403.5	18150.0	149.9	134.7
定日县	Tingri	5111.4	4176.7	65.3	64.0
萨迦县	Sa'gya	12181.8	11704.7	183.7	146.3
拉孜县	Lhazê	2331.3	1730.3	42.3	28.9
昂仁县	Ngamring	10147.0	8200.2	180.0	141.9
谢通门县	Xaitongmoin	5265.5	4552.7	77.1	62.3
白朗县	Bainang	14644.6	14334.1	82.4	64.0
仁布县	Rinbung	2776.5	2683.5	45.4	31.7
康马县	Kangmar	8810.9	7179.2	91.6	85.6
定结县	Dinggyê	960.8	330.7	69.0	54.8
仲巴县	Zhongba	3367.1	1246.3	423.7	340.1
亚东县	Yadong	1015.3	624.9	31.9	27.6
吉隆县	Gyirong	1865.1	1360.9	97.3	77.6
聂拉木县	Nyalam	1221.8	811.3	150.3	103.9
萨嘎县	Saga	1978.1	1621.7	80.8	71.7
岗巴县	Kamba	1179.5	384.2	79.5	78.6

17-7 续表1 continued

地 区	Region	奶 类 (吨) Milk (ton)	#牛 奶 Cow Milk	羊 毛 (吨) Sheep and Goat Wool (ton)	#绵羊毛 Sheep Wool
昌都市	**Qamdo**				
卡若区	Karub	6967.0	6937.0		
江达县	Jomda	12873.0	12279.3	45.2	23.8
贡觉县	Konjo	5896.9	4751.0	300.3	298.0
类乌齐县	Riwoqê	14234.0	14090.0	2.0	2.0
丁青县	Dêngqên	12033.0	11737.0	51.0	40.0
察雅县	Chagyab	10435.5	9609.0	20.3	8.8
八宿县	Baxoi	8011.2	7903.5	24.9	22.4
左贡县	Zogang	2378.4	2341.9	4.6	0.7
芒康县	Markam	15436.4	15067.7	65.4	47.2
洛隆县	Lhorong	6251.4	5713.3	12.2	6.6
边坝县	Banbar	9851.8	9837.4		
林芝市	**Nyingchi**				
巴宜区	Bayip	5501.9	5501.8		
工布江达县	Gongbo' gyamda	6551.3	6551.3	2.0	2.0
米林县	Mainling	3375.8	3375.8		
墨脱县	Mêdog	65.9	65.9		
波密县	Bomê	4319.5	4319.5		
察隅县	Zayü	492.7	492.7		
朗 县	Nang	2310.0	2310.0	5.0	
山南市	**Lhoka**				
乃东区	Nêdong	6766.9	6766.9	33.5	27.3
扎囊县	Chanang	5430.3	4597.5	135.8	130.4
贡嘎县	Konggar	4404.9	4396.9	130.7	125.6
桑日县	Sangri	5403.0	5403.0	19.1	5.8
琼结县	Qonggyai	1255.0	1255.0	20.8	19.2
曲松县	Qusum	5808.6	5808.6	48.0	37.5

17-7 续表2 continued

地　区	Region	奶　类 (吨) Milk (ton)	#牛　奶 Cow Milk	羊　毛 (吨) Sheep and Goat Wool (ton)	#绵羊毛 Sheep Wool
措美县	Comai	5279.9	4928.5	145.3	134.9
洛扎县	Lhozhag	3671.7	3671.7	35.7	27.9
加查县	Gyaca	4412.5	4412.5	8.4	8.4
隆子县	Lhünzê	11934.2	11934.2	59.9	48.8
错那县	Cona	5065.0	4641.1	43.0	41.8
浪卡子县	Nagarzê	7542.8	7540.9	174.9	169.2
那曲市	**Nagqu**				
色尼区	Seni	13315.0	12798.0	154.0	147.0
嘉黎县	Lhari	8749.0	8748.7	3.7	1.4
比如县	Biru	6381.8	6362.7	5.8	5.3
聂荣县	Nyainrong	4790.8	4768.5	32.5	31.9
安多县	Amdo	27289.8	18103.4	406.1	379.1
申扎县	Xainza	2289.3	1702.3	318.8	289.0
索　县	Sog	3760.7	3740.1	6.4	4.8
班戈县	Bangoin	6388.6	3169.4	1490.0	1417.0
巴青县	Baqên	3947.2	3929.4	2.9	2.8
尼玛县	Nyima	6546.7	1513.4	652.4	506.4
双湖县	Shaunghu	3182.2	461.3	691.0	349.4
阿里地区	**Ngari**				
普兰县	Burang	757.8	421.6	28.0	20.9
札达县	Zanda	458.6	399.5	24.3	20.4
噶尔县	Gar	932.5	568.5	54.9	43.4
日土县	Rutog	383.6	162.4	211.6	153.0
革吉县	Gê'gyai	1958.8	160.7	283.5	200.1
改则县	Gêrzê	4216.3	1872.1	331.6	236.2
措勤县	Coqên	1340.0	218.5	183.7	132.6

第十八篇

全国各省（区、市）统计资料

CHAPTER 18

STATISTICAL DATA OF PROVINCE, AUTONOMOUS REGION AND MUNICIPALITY

简 要 说 明

一、本篇主要包括全国各省（区、市）社会经济主要指标。

二、本篇资料来源于国家统计局编辑的《中国统计年鉴 2022》。

三、本篇资料由自治区统计局综合统计处整理提供。

四、资料整理：张泽林

Brief Introduction

Ⅰ.This chapter covers the main social and economic indicators of province, autonomous region and municipality in the whole country.

Ⅱ.The data are from the *China Statistics Yearbook 2022* compiled by National Bureau of Statistics.

Ⅲ.The data are sorted and provided by the Comprehensive Statistics Division of Tibet Autonomous Region Statistics Bureau.

Ⅳ.Data collection：Zhang Zelin

18-1　各省(区、市)生产总值(2021年)
GROSS DOMESTIC PRODUCT BY REGION (2021)

单位：亿元　(100 million yuan)

地　区　Region	地区生产总　值 Gross Domestic Product	第一产业 Primary Industry	第二产业 Secondary Industry	第三产业 Tertiary Industry	地区生产总值指数(上年=100) Indices of Gross Domestic Product (preceding year=100)
全　国 National	**1143669.72**	**83085.52**	**450904.47**	**609679.73**	**108.1**
北　京 Beijing	40269.60	111.30	7268.60	32889.60	108.5
天　津 Tianjin	15695.00	225.40	5854.30	9615.40	106.6
河　北 Hebei	40391.30	4030.30	16364.20	19996.70	106.5
山　西 Shanxi	22590.20	1286.90	11213.10	10090.20	109.1
内蒙古 Inner Mongolia	20514.20	2225.20	9374.20	8914.80	106.3
辽　宁 Liaoning	27584.10	2461.80	10875.20	14247.10	105.8
吉　林 Jilin	13235.50	1553.80	4768.30	6913.40	106.6
黑龙江 Heilongjiang	14879.20	3463.00	3975.30	7440.90	106.1
上　海 Shanghai	43214.90	100.00	11449.30	31665.60	108.1
江　苏 Jiangsu	116364.20	4722.40	51775.40	59866.40	108.6
浙　江 Zhejiang	73515.80	2209.10	31188.60	40118.10	108.5
安　徽 Anhui	42959.20	3360.60	17613.20	21985.40	108.3
福　建 Fujian	48810.40	2897.70	22866.30	23046.30	108.0
江　西 Jiangxi	29619.70	2334.30	13183.20	14102.20	108.8
山　东 Shandong	83095.90	6029.00	33187.20	43879.70	108.3
河　南 Henan	58887.40	5620.80	24331.60	28934.90	106.3
湖　北 Hubei	50012.90	4661.70	18952.90	26398.40	112.9
湖　南 Hunan	46063.10	4322.90	18126.10	23614.10	107.7
广　东 Guangdong	124369.70	5003.70	50219.20	69146.80	108.0
广　西 Guangxi	24740.90	4015.50	8187.90	12537.50	107.5
海　南 Hainan	6475.20	1254.40	1238.80	3982.00	111.2
重　庆 Chongqing	27894.00	1922.00	11184.90	14787.10	108.3
四　川 Sichuan	53850.80	5661.90	19901.40	28287.60	108.2
贵　州 Guizhou	19586.40	2730.90	6984.70	9870.80	108.1
云　南 Yunnan	27146.80	3870.20	9589.40	13687.20	107.3
西　藏 Tibet	**2080.17**	**164.12**	**757.28**	**1158.77**	**106.7**
陕　西 Shaanxi	29801.00	2409.40	13802.50	13589.10	106.5
甘　肃 Gansu	10243.30	1364.70	3466.60	5412.00	106.9
青　海 Qinghai	3346.60	352.70	1332.60	1661.40	105.7
宁　夏 Ningxia	4522.30	364.50	2021.60	2136.30	106.7
新　疆 Xinjiang	15983.60	2356.10	5967.40	7660.20	107.0

注：本表数据来源于《中国统计摘要2022》，为初步核算数据(以下相关表同)。

Note: Data in this table come from *China Statistical Abstract 2022*, some data are preliminary statistics. The same applies to the relevant tables following.

18-2 各省(区、市)生产总值构成(2021年)
COMPOSITION OF GROSS DOMESTIC PRODUCT BY REGION(2021)

单位：% (%)

地 区 Region	地区生产总值 Gross Domestic Product	第一产业 Primary Industry	第二产业 Secondary Industry	第三产业 Tertiary Industry
全 国 National	**100.0**	**7.7**	**37.8**	**54.5**
北 京 Beijing	100.0	0.3	18.0	81.7
天 津 Tianjin	100.0	1.4	37.3	61.3
河 北 Hebei	100.0	10.0	40.5	49.5
山 西 Shanxi	100.0	5.7	49.6	44.7
内蒙古 Inner Mongolia	100.0	10.8	45.7	43.5
辽 宁 Liaoning	100.0	8.9	39.4	51.6
吉 林 Jilin	100.0	11.7	36.0	52.2
黑龙江 Heilongjiang	100.0	23.3	26.7	50.0
上 海 Shanghai	100.0	0.2	26.5	73.3
江 苏 Jiangsu	100.0	4.1	44.5	51.4
浙 江 Zhejiang	100.0	3.0	42.4	54.6
安 徽 Anhui	100.0	7.8	41.0	51.2
福 建 Fujian	100.0	5.9	46.8	47.2
江 西 Jiangxi	100.0	7.9	44.5	47.6
山 东 Shandong	100.0	7.3	39.9	52.8
河 南 Henan	100.0	9.5	41.3	49.1
湖 北 Hubei	100.0	9.3	37.9	52.8
湖 南 Hunan	100.0	9.4	39.4	51.3
广 东 Guangdong	100.0	4.0	40.4	55.6
广 西 Guangxi	100.0	16.2	33.1	50.7
海 南 Hainan	100.0	19.4	19.1	61.5
重 庆 Chongqing	100.0	6.9	40.1	53.0
四 川 Sichuan	100.0	10.5	37.0	52.5
贵 州 Guizhou	100.0	13.9	35.7	50.4
云 南 Yunnan	100.0	14.3	35.3	50.4
西 藏 Tibet	**100.0**	**7.9**	**36.4**	**55.7**
陕 西 Shaanxi	100.0	8.1	46.3	45.6
甘 肃 Gansu	100.0	13.3	33.8	52.8
青 海 Qinghai	100.0	10.5	39.8	49.6
宁 夏 Ningxia	100.0	8.1	44.7	47.2
新 疆 Xinjiang	100.0	14.7	37.3	47.9

18-3　各省(区、市)总人口
TOTAL POPULATION BY REGION

单位：万人　　　　(10000 persons)

地区	Region	2000	2010	2020	2021
全国	**National**	**126583**	**133972**	**141212**	**141260**
北京	Beijing	1382	1961	2189	2189
天津	Tianjin	1001	1294	1387	1373
河北	Hebei	6744	7185	7464	7448
山西	Shanxi	3297	3571	3490	3480
内蒙古	Inner Mongolia	2376	2471	2403	2400
辽宁	Liaoning	4238	4375	4255	4229
吉林	Jilin	2728	2746	2399	2375
黑龙江	Heilongjiang	3689	3831	3171	3125
上海	Shanghai	1674	2302	2488	2489
江苏	Jiangsu	7438	7866	8477	8505
浙江	Zhejiang	4677	5443	6468	6540
安徽	Anhui	5986	5950	6105	6113
福建	Fujian	3471	3689	4161	4187
江西	Jiangxi	4140	4457	4519	4517
山东	Shandong	9079	9579	10165	10170
河南	Henan	9256	9402	9941	9883
湖北	Hubei	6028	5724	5745	5830
湖南	Hunan	6440	6568	6645	6622
广东	Guangdong	8642	10430	12624	12684
广西	Guangxi	4489	4603	5019	5037
海南	Hainan	787	867	1012	1020
重庆	Chongqing	3090	2885	3209	3212
四川	Sichuan	8329	8042	8371	8372
贵州	Guizhou	3525	3475	3858	3852
云南	Yunnan	4288	4597	4722	4690
西藏	**Tibet**	**260**	**300**	**366**	**366**
陕西	Shaanxi	3605	3733	3955	3954
甘肃	Gansu	2562	2558	2501	2490
青海	Qinghai	518	563	593	594
宁夏	Ningxia	562	630	721	725
新疆	Xinjiang	1925	2181	2590	2589

注：全国数据包括中国人民解放军现役军人数，但不包括香港、澳门特别行政区和台湾省数据；分省数据中未包括中国人民解放军现役军人数。

Note: The national data include the number of active servicemen of the People's Liberation Army, but exclude the data of Hong Kong, Macao Special Administrative Region and Taiwan Province; The provincial data do not include the number of active servicemen of the Chinese People's Liberation Army.

18-4 各省(区、市)固定资产投资增长率(2021年) INVESTMENT IN FIXED ASSETS GROWTH RATE BY REGION (2021)

地　区 Region	固定资产投资(不含农户) Investment in Fixed Assets (Excluding Rural Households)	房地产开发投资额 Investment of Real Estate Development	商品房销售面积 Floor Space of Commercial Buildings Sold
	增长率(%) Growth Rate %	亿元 100 million yuan	万平方米 10000 sq.m
全　国 National Total	**4.9**	**147602.1**	**179433**
北　京 Beijing	4.9	4139.0	1107
天　津 Tianjin	4.8	2770.0	1435
河　北 Hebei	3.0	5023.9	6133
山　西 Shanxi	8.7	1945.2	3204
内蒙古 Inner Mongolia	9.8	1234.1	1859
辽　宁 Liaoning	2.6	2900.7	3434
吉　林 Jilin	11.0	1540.9	1836
黑龙江 Heilongjiang	6.4	936.0	1348
上　海 Shanghai	8.0	5035.2	1880
江　苏 Jiangsu	5.8	13477.4	16552
浙　江 Zhejiang	10.8	12389.1	9991
安　徽 Anhui	9.4	7263.2	10461
福　建 Fujian	6.0	6195.6	6976
江　西 Jiangxi	10.8	2528.8	7676
山　东 Shandong	6.0	9819.7	14273
河　南 Henan	4.5	7874.3	13277
湖　北 Hubei	20.4	6121.9	7941
湖　南 Hunan	8.0	5427.8	9189
广　东 Guangdong	6.3	17465.8	14011
广　西 Guangxi	7.6	3733.9	6178
海　南 Hainan	10.2	1379.6	889
重　庆 Chongqing	6.1	4355.0	6198
四　川 Sichuan	5.9	7831.9	13693
贵　州 Guizhou	-3.1	3383.1	5586
云　南 Yunnan	4.0	4309.9	3881
西　藏 Tibet	**-14.2**	**142.0**	**141**
陕　西 Shaanxi	-3.0	4441.0	4260
甘　肃 Gansu	11.1	1525.9	2224
青　海 Qinghai	-2.9	442.5	386
宁　夏 Ningxia	2.2	466.9	1014
新　疆 Xinjiang	15.0	1501.4	2399

注：固定资产投资(不含农户)统计口径指计划总投资500万元及以上固定资产投资项目投资和所有房地产开发投资。

Note: Fixed assets investment (excluding rural households) statistical caliber refers to the total investment of 5 million yuan and above, fixed assets investment, project investment and all real estate development investment.

18-5　各省(区、市)主要农产品和畜产品产量(2021年)
OUTPUT OF MAJOR FARM PRODUCTS AND LIVESTOCK PRODUCTS BY REGION (2021)

单位：万吨　　(10000 tons)

地　区　Region	粮　食 Grain	牛　肉 Beef	猪　肉 Pork	羊　肉 Mutton
全　国 National	**68284.7**	**697.5**	**5295.9**	**514.1**
北　京 Beijing	37.8	0.4	2.6	0.2
天　津 Tianjin	249.9	2.8	17.1	1.0
河　北 Hebei	3825.1	55.8	265.7	33.9
山　西 Shanxi	1421.2	9.0	88.4	10.4
内蒙古 Inner Mongolia	3840.3	68.7	67.4	113.7
辽　宁 Liaoning	2538.7	31.5	238.8	6.9
吉　林 Jilin	4039.2	40.8	142.4	7.6
黑龙江 Heilongjiang	7867.7	50.7	184.8	15.0
上　海 Shanghai	94.0	0.2	7.1	0.3
江　苏 Jiangsu	3746.1	2.8	175.2	6.6
浙　江 Zhejiang	620.9	1.7	65.2	2.4
安　徽 Anhui	4087.6	11.2	238.7	21.9
福　建 Fujian	506.4	2.6	124.3	2.3
江　西 Jiangxi	2192.3	16.7	238.5	2.9
山　东 Shandong	5500.7	61.3	355.9	33.0
河　南 Henan	6544.2	35.5	426.8	28.9
湖　北 Hubei	2764.3	15.8	318.0	9.7
湖　南 Hunan	3074.4	21.3	443.1	17.5
广　东 Guangdong	1279.9	4.4	263.2	2.0
广　西 Guangxi	1386.5	14.0	245.2	4.0
海　南 Hainan	146.0	2.1	30.5	1.1
重　庆 Chongqing	1092.8	7.6	142.0	6.9
四　川 Sichuan	3582.1	36.9	460.5	27.1
贵　州 Guizhou	1094.9	23.6	166.2	4.9
云　南 Yunnan	1930.3	42.0	360.4	21.1
西　藏 Tibet	**106.2**	**20.5**	**1.3**	**5.1**
陕　西 Shaanxi	1270.4	9.0	97.6	10.2
甘　肃 Gansu	1231.5	27.0	64.1	33.5
青　海 Qinghai	109.1	21.2	6.0	12.3
宁　夏 Ningxia	368.4	11.8	9.1	11.5
新　疆 Xinjiang	1735.8	48.5	49.9	60.4

18-6 各省(区、市)规模以上工业企业主要经济指标(2021年)
MAIN ECONOMIC INDICATORS OF INDUSTRIAL ENTERPRISES ABOVE DESIGNATED SIZE BY REGION (2021)

单位：亿元 (100 million yuan)

地 区 Region	营业收入 Business Revenue	营业成本 Business Cost	销售费用 Selling Expenses	管理费用 Administrative Expenses	财务费用 Financial Expenses	利润总额 Total Profits
全 国 National	**1279226.5**	**1071247.1**	**32525.3**	**66115.0**	**11254.7**	**87092.1**
北 京 Beijing	28054.0	21710.0	1285.4	1461.9	244.1	3664.9
天 津 Tianjin	22571.2	19334.6	478.7	994.0	120.8	1456.9
河 北 Hebei	52125.4	45918.9	1018.3	1990.1	529.5	2294.3
山 西 Shanxi	32396.2	25561.5	648.4	1624.5	817.1	2949.9
内蒙古 Inner Mongolia	23947.1	18271.5	480.9	888.1	435.9	3380.8
辽 宁 Liaoning	35214.2	29672.0	738.2	1446.3	390.3	1699.6
吉 林 Jilin	14058.0	11608.6	461.9	808.1	101.3	1073.8
黑龙江 Heilongjiang	11253.1	9336.7	270.0	613.3	155.4	515.2
上 海 Shanghai	44173.0	36026.8	1488.3	3219.0	43.3	3032.0
江 苏 Jiangsu	149920.7	126829.6	3975.1	8502.0	866.6	9358.1
浙 江 Zhejiang	97967.6	81918.3	2642.9	6052.7	820.7	6788.7
安 徽 Anhui	44775.9	38191.0	1022.6	2264.5	344.7	2669.9
福 建 Fujian	64743.0	55815.5	1405.3	2529.6	381.7	4353.3
江 西 Jiangxi	43976.7	37969.9	741.8	1658.4	256.9	3122.4
山 东 Shandong	102271.5	88711.2	2163.2	4484.6	993.3	5268.8
河 南 Henan	54006.4	47301.5	1049.1	2019.4	630.1	2581.2
湖 北 Hubei	49215.7	41300.3	1287.9	2515.8	371.8	3189.5
湖 南 Hunan	42763.3	35350.4	1228.2	2879.1	324.6	2060.0
广 东 Guangdong	169785.1	141095.1	5560.6	11727.6	917.8	10927.6
广 西 Guangxi	21911.1	19081.5	397.1	724.1	205.9	1131.3
海 南 Hainan	2625.7	2052.8	118.6	123.4	34.5	212.1
重 庆 Chongqing	27118.9	22920.4	688.3	1302.1	147.2	1877.5
四 川 Sichuan	52583.4	43160.9	1561.5	2314.4	514.5	4359.2
贵 州 Guizhou	9712.5	7563.3	262.0	555.1	195.0	1063.5
云 南 Yunnan	17359.5	13735.8	375.5	732.8	286.0	1211.0
西 藏 Tibet	**401.7**	**291.3**	**13.7**	**34.6**	**12.9**	**48.9**
陕 西 Shaanxi	29585.6	22821.7	595.1	1243.9	349.8	3605.1
甘 肃 Gansu	9601.7	8075.2	131.3	310.8	162.5	516.5
青 海 Qinghai	3186.7	2512.6	45.1	143.4	94.0	301.6
宁 夏 Ningxia	6491.2	5389.8	87.7	246.2	188.9	462.6
新 疆 Xinjiang	15430.4	11718.5	302.7	705.0	317.7	1916.1

18-7　各省(区、市)社会消费品零售总额
TOTAL RETAIL SALES OF CONSUMER GOODS BY REGION

单位：亿元　　　　(100 million yuan)

地　区　Region	2016	2017	2018	2019	2020	2021
全　国 National	**315806.2**	**347326.7**	**377783.1**	**408017.2**	**391980.6**	**440823.2**
北　京 Beijing	13134.9	13933.7	14422.3	15063.7	13716.4	14867.7
天　津 Tianjin	4188.1	4210.4	4231.2	4218.2	3582.9	3769.8
河　北 Hebei	10191.4	11138.5	11973.9	12985.5	12705.0	13509.9
山　西 Shanxi	5699.2	6058.5	6523.3	7030.5	6746.3	7747.3
内蒙古 Inner Mongolia	4415.9	4642.6	4852.3	5051.1	4760.5	5060.3
辽　宁 Liaoning	8597.1	8696.4	9112.8	9670.6	8960.9	9783.9
吉　林 Jilin	3812.9	3992.3	4073.8	4212.9	3824.0	4216.6
黑龙江 Heilongjiang	4794.1	5077.4	5275.0	5603.9	5092.3	5542.9
上　海 Shanghai	12588.2	13699.5	14874.8	15847.6	15932.5	18079.3
江　苏 Jiangsu	29612.5	32818.2	35472.6	37672.5	37086.1	42702.6
浙　江 Zhejiang	20916.7	23121.3	25161.9	27343.8	26629.8	29210.5
安　徽 Anhui	12662.5	14328.8	16156.2	17862.1	18334.0	21471.2
福　建 Fujian	13703.0	15393.9	17178.4	18896.8	18626.5	20373.1
江　西 Jiangxi	7198.5	8118.0	9045.7	10068.1	10371.8	12206.7
山　东 Shandong	23482.1	25527.9	27480.3	29251.2	29248.0	33714.5
河　南 Henan	17274.5	19289.1	21268.0	23476.1	22502.8	24381.7
湖　北 Hubei	16601.9	18519.7	20598.2	22722.3	17984.9	21561.4
湖　南 Hunan	12500.0	13793.7	15134.3	16683.9	16258.1	18596.9
广　东 Guangdong	33303.2	36598.6	39767.1	42951.8	40207.9	44187.7
广　西 Guangxi	6349.8	7038.0	7663.5	8200.9	7831.0	8538.5
海　南 Hainan	1547.3	1729.4	1852.7	1951.1	1974.6	2497.6
重　庆 Chongqing	8728.4	9769.4	10705.2	11631.7	11787.2	13967.7
四　川 Sichuan	15519.7	17404.4	19340.7	21343.0	20824.9	24133.2
贵　州 Guizhou	5651.9	6449.4	7105.0	7468.2	7833.4	8904.3
云　南 Yunnan	7222.7	8194.8	9197.3	10158.2	9792.9	10731.8
西　藏 Tibet	**539.1**	**618.8**	**711.8**	**773.4**	**745.8**	**810.3**
陕　西 Shaanxi	7680.7	8611.2	9510.3	10213.0	9605.9	10250.5
甘　肃 Gansu	2984.2	3206.2	3435.6	3700.3	3632.4	4037.1
青　海 Qinghai	769.9	842.9	899.9	948.5	877.3	947.8
宁　夏 Ningxia	1130.6	1253.7	1330.1	1399.4	1301.4	1335.1
新　疆 Xinjiang	3005.2	3249.8	3429.1	3617.0	3062.5	3584.6

18-8 各省(区、市)人民生活(2021年)
PEOPLE'S LIVING CONDITIONS BY REGION (2021)

单位：元 (yuan)

地区 Region	城镇居民人均收支 Per Capita Income and Consumption Expenditure of Urban Households		农村居民人均收支 Per Capita Income and Consumption Expenditure of Rural Households	
	可支配收入 Disposable Income	消费支出 Consumption Expenditures	可支配收入 Disposable Income	消费支出 Consumption Expenditures
全 国 National	**47411.9**	**30307.2**	**18931.0**	**15915.6**
北 京 Beijing	81517.5	46775.7	33302.7	23574.0
天 津 Tianjin	51485.7	36066.9	27954.5	19285.5
河 北 Hebei	39791.0	24192.5	18178.9	15390.7
山 西 Shanxi	37433.1	21965.5	15308.3	11410.1
内蒙古 Inner Mongolia	44376.9	27194.2	18336.8	15691.4
辽 宁 Liaoning	43050.8	28438.4	19216.6	14605.9
吉 林 Jilin	35645.8	24420.9	17641.7	13411.0
黑龙江 Heilongjiang	33646.1	24422.1	17889.3	15225.0
上 海 Shanghai	82428.9	51294.6	38520.7	27204.8
江 苏 Jiangsu	57743.5	36558.0	26790.8	21130.1
浙 江 Zhejiang	68486.8	42193.5	35247.4	25415.2
安 徽 Anhui	43008.7	26495.1	18371.7	17163.3
福 建 Fujian	51140.5	33942.0	23228.9	19290.4
江 西 Jiangxi	41684.4	24586.5	18684.2	15663.1
山 东 Shandong	47066.4	29314.3	20793.9	14298.7
河 南 Henan	37094.8	23177.5	17533.3	14073.2
湖 北 Hubei	40277.8	28505.6	18259.0	17646.9
湖 南 Hunan	44866.1	28293.8	18295.2	16950.7
广 东 Guangdong	54853.6	36621.1	22306.0	20011.8
广 西 Guangxi	38529.9	22555.3	16362.9	14165.3
海 南 Hainan	40213.2	27564.8	18076.3	15487.3
重 庆 Chongqing	43502.5	29849.6	18099.6	16095.7
四 川 Sichuan	41443.8	26970.8	17575.3	16444.0
贵 州 Guizhou	39211.2	25333.0	12856.1	12557.0
云 南 Yunnan	40904.9	27440.7	14197.3	12386.3
西 藏 Tibet	**46503.3**	**28159.2**	**16932.3**	**10576.6**
陕 西 Shaanxi	40713.1	24783.7	14744.8	13158.0
甘 肃 Gansu	36187.3	25756.6	11432.8	11206.1
青 海 Qinghai	37745.3	24512.5	13604.2	13300.2
宁 夏 Ningxia	38290.7	25385.6	15336.6	13535.7
新 疆 Xinjiang	37642.4	25724.0	15575.3	12821.4

18-9　各省(区、市)居民消费价格分类指数(2021年)

CONSUMER PRICE INDICES BY CATEGORY AND REGION (2021)

(上年=100)　　(preceding year=100)

地区 Region	居民消费价格总指数 Consumer Price Index	食品烟酒 Food, Tobacco and Liquor	衣着 Clothing	居住 Residence	生活用品及服务 Articles for Daily Use and Services	交通和通信 Transport and Communications	教育文化和娱乐 Education, Culture and Recreation	医疗保健 Health Care	其他用品和服务 Other Articles and Services
全　国 National	**100.9**	**99.7**	**100.3**	**100.8**	**100.4**	**104.1**	**101.9**	**100.4**	**98.7**
北　京 Beijing	101.1	100.5	99.8	101.1	99.7	105.1	100.9	99.8	99.5
天　津 Tianjin	101.3	101.3	97.8	100.7	101.0	104.7	103.4	100.0	97.8
河　北 Hebei	101.0	100.9	99.3	100.2	99.7	104.5	101.2	100.3	99.3
山　西 Shanxi	101.0	100.4	100.3	100.4	100.4	104.4	102.6	99.5	98.1
内蒙古 Inner Mongolia	100.9	100.5	99.2	100.5	99.8	104.0	101.0	100.3	99.4
辽　宁 Liaoning	101.1	100.3	100.5	100.6	99.9	104.7	102.3	99.8	99.3
吉　林 Jilin	100.6	99.7	99.9	101.3	99.9	103.8	100.4	100.0	98.1
黑龙江 Heilongjiang	100.6	99.5	100.8	100.3	99.8	104.0	100.5	101.1	99.4
上　海 Shanghai	101.2	100.5	99.5	101.1	100.7	104.0	102.7	98.9	100.9
江　苏 Jiangsu	101.6	100.9	101.5	101.3	101.1	104.3	101.8	101.0	98.9
浙　江 Zhejiang	101.5	100.7	101.0	100.9	101.6	104.1	103.5	100.8	97.1
安　徽 Anhui	100.9	99.5	101.1	100.7	100.1	104.8	102.8	100.5	96.1
福　建 Fujian	100.7	98.9	101.5	101.3	100.7	103.7	102.0	100.0	96.3
江　西 Jiangxi	100.9	99.3	99.7	100.9	100.4	104.3	103.0	99.9	98.7
山　东 Shandong	101.2	100.9	100.1	101.1	99.8	104.5	101.3	100.1	98.5
河　南 Henan	100.9	100.2	99.4	100.7	100.0	102.8	103.5	100.4	98.2
湖　北 Hubei	100.3	98.5	100.0	100.0	100.4	104.0	102.4	100.1	97.7
湖　南 Hunan	100.5	98.0	100.7	101.2	100.3	104.8	101.0	100.7	97.9
广　东 Guangdong	100.8	99.4	100.3	101.0	100.6	104.4	101.8	100.2	98.5
广　西 Guangxi	100.9	98.8	101.0	100.8	100.4	102.7	103.7	102.4	99.7
海　南 Hainan	100.3	98.9	100.9	101.0	101.2	103.7	99.3	99.4	98.8
重　庆 Chongqing	100.3	97.8	101.4	100.4	100.7	104.7	101.7	99.6	97.3
四　川 Sichuan	100.3	98.0	99.8	100.3	100.6	104.1	100.9	101.9	100.1
贵　州 Guizhou	100.1	97.7	99.3	100.0	99.7	103.9	101.3	100.4	100.2
云　南 Yunnan	100.2	98.4	99.7	100.2	99.6	103.6	100.7	100.1	100.0
西　藏 Tibet	**100.9**	**100.5**	**100.7**	**100.2**	**99.8**	**103.8**	**100.4**	**100.8**	**99.2**
陕　西 Shaanxi	101.5	101.4	100.5	101.9	100.3	102.9	102.9	99.3	101.0
甘　肃 Gansu	100.9	100.3	100.0	101.1	100.3	103.8	100.6	100.2	100.5
青　海 Qinghai	101.3	100.1	101.0	101.3	99.9	103.7	102.0	102.2	98.8
宁　夏 Ningxia	101.4	101.5	99.0	100.8	100.7	104.1	101.5	101.7	98.5
新　疆 Xinjiang	101.2	100.7	102.0	101.2	100.4	104.5	99.9	100.2	99.3

18-10 各省(区、市)客运量和货运量(2021年)
PASSENGER TRAFFIC AND FREIGHT TRAFFIC BY REGION (2021)

地区 Region	客运量总计(万人次) Total (10000 person-times)	#铁路 Railways	#公路 Highways	#水运 Waterways	货运量总计(万吨) Total (10000 tons)	#铁路 Railways	#公路 Highways	#水运 Waterways
全国 National	**830257**	**261171**	**508693**	**16337**	**5298499**	**477372**	**3913889**	**823973**
北京 Beijing	36666	8607	28059		23425	350	23075	
天津 Tianjin	12391	3406	8916	70	56435	11750	34527	10159
河北 Hebei	15009	7931	7079		261208	29205	227203	4800
山西 Shanxi	11810	6454	5280	76	217623	102909	114698	16
内蒙古 Inner Mongolia	6283	3597	2686		215975	83128	132847	
辽宁 Liaoning	27408	7778	19362	268	179238	23151	152596	3491
吉林 Jilin	13470	4216	9155	98	53587	5912	47675	
黑龙江 Heilongjiang	13480	4867	8477	135	55116	12512	42086	519
上海 Shanghai	11125	9284	1480	361	154793	513	52899	101380
江苏 Jiangsu	67295	21367	43789	2140	294678	9738	186708	98232
浙江 Zhejiang	46355	18263	24246	3846	328041	5177	213653	109210
安徽 Anhui	27563	11118	16284	161	401415	7791	259044	134580
福建 Fujian	19614	8350	10522	742	166113	5112	110777	50224
江西 Jiangxi	24304	9167	14978	159	198685	4818	181024	12843
山东 Shandong	29975	13790	15139	1047	342728	32203	291196	19329
河南 Henan	50717	13126	37388	203	255551	11563	226447	17541
湖北 Hubei	33040	11627	21098	314	214762	5828	161310	47625
湖南 Hunan	50660	12865	37031	764	224465	4771	198423	21272
广东 Guangdong	53599	24452	27567	1580	386540	11844	267489	107206
广西 Guangxi	27918	9088	18326	504	216168	9119	169019	38030
海南 Hainan	8944	2771	4856	1317	27991	1100	7608	19282
重庆 Chongqing	32754	6497	25647	610	144593	1946	121185	21462
四川 Sichuan	60287	14073	45349	865	184312	7535	171377	5400
贵州 Guizhou	25855	6481	19004	370	96989	7276	89154	560
云南 Yunnan	20582	5253	14973	357	135007	5342	129090	576
西藏 Tibet	**939**	**327**	**612**		**4583**	**81**	**4502**	
陕西 Shaanxi	20587	7728	12794	66	160695	37894	122716	85
甘肃 Gansu	15494	4601	10813	79	76109	6444	69665	
青海 Qinghai	2474	821	1590	63	17817	3735	14083	
宁夏 Ningxia	3575	720	2713	141	46929	9423	37506	
新疆 Xinjiang	16026	2543	13483		73508	19199	54309	
不分地区 Regardless of Regions	44056				83418			152

注：1.客运量中不分地区合计为民航完成数。
2.货运量中不分地区合计中包括民航、管道等完成数。货运量的全国总计等于分省数与不分地区数据之和。

Note: 1.The total passenger traffic volume regardless of regions is the number of civil aviation completed.
2.The freight volume regardless of the region includes the completed amount of civil aviation, pipeline, etc.. The national total of freight volume is equal to the sum of provincial data and regional data.

18-11　各省(区、市)网上零售额(2021年)
ONLINE RETAIL SALES BY REGION (2021)

地　区　Region	网上零售额(亿元) Online Retail Sales (100 million yuan)	比上年增长(%) Growth Rate (%)	其中：实物商品网上零售额(亿元) Online Retail Sales in Goods (100 million yuan)	比上年增长(%) Growth Rate (%)
全　国 National	**130883.5**	**14.1**	**108042.4**	**12.0**
北　京 Beijing	11881.1	25.1	8712.4	14.8
天　津 Tianjin	1732.0	4.8	1379.4	-2.7
河　北 Hebei	3181.8	24.2	2877.2	22.0
山　西 Shanxi	871.2	24.9	566.4	24.2
内蒙古 Inner Mongolia	525.1	30.7	303.6	18.3
辽　宁 Liaoning	1654.1	12.4	1361.1	7.5
吉　林 Jilin	596.3	23.9	367.4	22.5
黑龙江 Heilongjiang	714.5	30.0	484.3	20.4
上　海 Shanghai	13783.6	13.3	11762.2	10.4
江　苏 Jiangsu	10870.8	6.3	9527.0	5.2
浙　江 Zhejiang	17634.6	2.3	14384.9	4.1
安　徽 Anhui	3049.8	15.9	2571.3	11.8
福　建 Fujian	6857.2	23.7	6279.8	25.5
江　西 Jiangxi	2163.9	25.5	1878.4	26.9
山　东 Shandong	5409.1	17.8	4763.3	16.5
河　南 Henan	2948.2	12.5	2426.4	10.1
湖　北 Hubei	3415.9	27.3	2896.8	24.3
湖　南 Hunan	2164.3	12.5	1755.2	12.1
广　东 Guangdong	28467.2	11.4	24563.0	10.4
广　西 Guangxi	1023.6	17.7	675.7	16.6
海　南 Hainan	626.5	44.2	375.3	54.3
重　庆 Chongqing	1353.2	23.0	963.3	18.2
四　川 Sichuan	3889.1	14.3	3094.9	11.6
贵　州 Guizhou	570.5	22.6	338.3	11.8
云　南 Yunnan	1006.1	15.5	721.7	20.8
西　藏 Tibet	**189.7**	**61.1**	**80.1**	**78.7**
陕　西 Shaanxi	1561.9	33.8	1202.4	30.2
甘　肃 Gansu	405.1	32.9	191.7	26.4
青　海 Qinghai	183.6	59.4	60.8	62.8
宁　夏 Ningxia	302.8	46.0	83.5	30.4
新　疆 Xinjiang	427.2	41.3	283.0	35.3

18-12 西部十二省(区、市)行政区划(2021年)
DIVISIONS OF ADMINISTRATIVE AREAS IN TWELVE WESTERN REGIONS (2021)

单位：个 (unit)

省级行政区划名称 Provinces, Autonomous Regions and Municipalities		地级区划数 Number of Regions at Prefecture Level	#地级市 Cities at Prefectural Level	县级区划数 Number of Regions at County Level	#市辖区 Districts under the Jurisdiction of Cities	#县级市 Cities at County Level	乡镇级区划数 Number of Regions at Townships Levels
全　国	**National**	**333**	**293**	**2843**	**977**	**394**	**38558**
西　藏	**Tibet**	**7**	**6**	**74**	**8**		**699**
重　庆	Chongqing			38	26		1031
四　川	Sichuan	21	18	183	55	19	3101
贵　州	Guizhou	9	6	88	16	10	1509
云　南	Yunnan	16	8	129	17	18	1418
内蒙古	Inner Mongolia	12	9	103	23	11	1025
广　西	Guangxi	14	14	111	41	10	1253
陕　西	Shaanxi	10	10	107	31	7	1316
甘　肃	Gansu	14	12	86	17	5	1356
青　海	Qinghai	8	2	44	7	5	404
宁　夏	Ningxia	5	5	22	9	2	242
新　疆	Xinjiang	14	4	107	13	28	1142

18-13　西部十二省(区、市)农林牧渔业总产值(2021年)
GROSS OUTPUT VALUE OF AGRICULTURE, FORESTRY, ANIMAL HUSBANDRY AND FISHERY OF TWELVE WESTERN REGIONS (2021)

单位：亿元　　(100 million yuan)

地　区 Region	农林牧渔业总产值 Total	农　业 Farming	林　业 Forestry	牧　业 Animal Husbandry	渔　业 Fishery	农林牧渔业总产值比上年增长(%) Increase Rate (%)
全　国 National	**147013.4**	**78339.5**	**6507.7**	**39910.8**	**14507.3**	**7.9**
西　藏 Tibet	**255.3**	**115.3**	**4.0**	**129.3**	**0.3**	**5.6**
重　庆 Chongqing	2935.6	1759.9	168.1	804.2	138.2	9.2
四　川 Sichuan	9383.3	5089.5	408.4	3305.3	327.8	7.5
贵　州 Guizhou	4692.0	3123.7	319.8	959.0	69.8	9.2
云　南 Yunnan	6351.8	3441.5	497.3	2113.3	112.4	10.4
内蒙古 Inner Mongolia	3815.1	1879.6	94.1	1755.3	29.8	5.1
广　西 Guangxi	6524.4	3690.7	538.1	1437.6	555.1	9.2
陕　西 Shaanxi	4313.4	3035.6	100.0	917.8	35.0	6.7
甘　肃 Gansu	2439.5	1623.2	32.8	619.9	2.0	11.3
青　海 Qinghai	528.5	204.7	13.2	298.6	4.1	4.5
宁　夏 Ningxia	759.8	412.7	11.4	280.7	25.0	4.8
新　疆 Xinjiang	5143.1	3489.0	79.1	1265.7	35.9	8.8

注：本表绝对数按当年价格计算，增长速度按可比价格计算。
Note: The absolute figures in this table are calculated at current prices, the increase rate are calculated at constant prices.

APPENDIX

附录 1：

主要统计指标解释
EXPLANATORY NOTES FOR MAJOR INDICATORS

可比价格　Comparable Prices

指计算各种总量指标所采用的扣除了价格变动因素的价格，可进行不同时期总量指标的对比。按可比价格计算总量指标有两种方法：一种是直接用产品产量乘某一年的不变价格计算；另一种是用价格指数进行缩减。

Refers to prices that are used to remove the factors of price change in calculating economic aggregates, so as to facilitate comparison of aggregates over time. Two methods are used for calculating economic aggregates at comparable prices: 1.multiplying the output of products by their constant prices of certain year; 2.deflation of data at current prices by relevant price index.

平均增长速度　Average Annual Growth Rate

平均增长速度表明社会经济现象在一个较长的时期内逐期平均增长变化的程度，它不能根据各个环比增长速度直接求得，但与平均发展速度之间存在着一定的数量关系：平均增长速度＝平均发展速度－1。

平均发展速度是一种根据环比发展速度计算的序时平均数，由于各时期对比的基础不同，所以计算平均发展速度不能采用一般的序时平均数的计算方法，计算方法分为水平法和累计法。水平法，又称几何平均法，即将环比发展速度按连乘法用几何平均数公式计算。累计法，也称方程法，根据一段时期内各年发展水平总和与基期水平的关系，列出方程式计算平均发展速度。水平法着重考虑最后一年所达到的发展水平；累计法着重考虑整个时期累计发展水平的总量。

Shows the average growth rate of social and economic development during a longer period. It cannot be directly calculated by chain based growth rate. The relation is:

Average Annual Growth Rate = Average Speed of Development – 1

Average speed of development is the time series average of speed which calculated by chain based. Because the reference bases during the different periods are not same, average speed of development cannot be calculated by the general method. Level approach and accumulative approach for calculating average speed of development rate are applied. The “level approach”, or the method of calculating the geometric average, is derived by the formula of geometric average of the chain-based speeds of development, or comparing the level of the last year of the interval with that of the beginning year; the other is called the “accumulative approach” or the “algebraic average”, “equation” method, which is derived by the summation of the actual figure of each year in the interval divided by the figure in the base year. The level approach focuses on the level of the last year, while the accumulative approach emphasizes the aggregate development in the duration.

企业（单位）登记注册类型　Registration Status of Enterprises（Units）

是以在工商行政管理机关登记注册的各类企业为划分对象，以工商行政管理部门对企业登记注册的类型为依据，将企业登记注册类型分为内资企业、港澳台商投资企业和外商投资企业三大类。内资企业包括国有企业、集体企业、股份合作企业、联营企业、有限责任公司、股份有限公司、私营公司和其他企业；港澳台商投资企业和外商投资企业分别包括合资经营企业、合作经营企业、独资经营企业和股份有限公司。对不在工商行政管理部门进行登记注册的行政机关、事业单位和社会团体，主要按其经费来源和管理方式进行划分。

Enterprises are classified into 3 categories, namely domestic-funded enterprises, enterprises with investment from Hong Kong, Macao and Taiwan, and enterprises with foreign investment, according to the registration status of an enterprise in industrial and commercial administration agencies. Domestic-funded enterprises include state-owned enterprises, collective-owned enterprises, cooperative enterprises, joint ownership enterprises, limited liability corporations, share-holding corporations Ltd., private enterprises and other enterprises. Included in the enterprises with investment from Hong Kong, Macao and Taiwan and enterprises with foreign investment are joint-venture enterprises, cooperative enterprises, sole investment enterprises and share-holding corporations Ltd. For government agencies, institutions and social organizations which are not registered in industrial and commercial administration agencies, they are classified mainly by their sources of funding and manner of management.

国有企业　State-owned Enterprises

指企业全部资产归国家所有，并按《中华人民共和国企业法人登记管理条例》规定登记注册的非公司制的经济组织。不包括有限责任公司中的国有独资公司。

Refers to non-corporation economic units where the entire assets are owned by the state and which have registered in accordance with the *Regulation of the People's Republic of China on the Management of Registration of Corporate Enterprises*. Not included from this category are solely state-funded corporations in the limited liability corporations.

集体企业　Collective-owned Enterprises

指企业资产归集体企业所有，并按《中华人民共和国企业法人登记管理条例》规定登记注册的经济组织。

Refers to economic units where the assets are owned collectively and which have registered in accordance with the *Regulation of the People's Republic of China on the Management of Registration of Corporate Enterprises.*

股份合作企业　Cooperative Enterprises

指以合同制为基础，由企业职工共同出资入股，吸收一定比例的社会资产投资组建，实行自主经营，自负盈亏，共同劳动，民主管理，按劳分配与按股分红相结合的一种集体经济组织。

Refers to a form of collective economic units (enterprises) where capitals come mainly from employees as their shares, with certain proportion of capital from the outside, where production is organized on the basis of independent operation, independent accounting for profits and losses, joint work, democratic management, and a distribution system that integrates remuneration according to work with dividend according to capital share.

联营企业　Joint Ownership Enterprises

指两个及两个以上相同或不同所有制性质的企业法人或事业单位法人，按自愿、平等、互利的原则，共同投资组成的经济组织。联营企业包括国有联营企业、集体联营企业、国有与集体联营企业和其他联营企业。

Refer to economic units established by two or more corporate enterprises or corporate institutions of the same or different ownership, through joint investment on the basis of voluntary participation，equality and mutual benefits. They include state joint ownership enterprises, collective joint ownership enterprises, joint state-collective enterprises，and other joint ownership enterprises.

有限责任公司　Limited Liability Corporations

指根据《中华人民共和国公司登记管理条例》规定登记注册，由两个以上、五十个以下的股东共同出资，每个股东以其所认缴的出资额对公司承担有限责任，公司以其全部资产对其债务承担责任的经济组织。有限责任公司包括国有独资公司以及其他有限责任公司。

Refer to economic units established with investment from 2-50 investors and registered in accordance with the *Regulation of the People's Republic of China on the Management of Registration of Corporations,* each investor bearing limited liability to the corporation depending on its share of investment, and the corporation bearing liability to its debt to the maximum of its total assets. Limited liability corporations include solely state-funded limited liability corporations and other limited liability corporations.

股份有限公司　Share-holding Corporations Ltd.

指根据《中华人民共和国公司登记管理条例》规定登记注册，其全部资本由等额股份构成并通过发行股票筹集资本，股东以其认购的股份对公司承担有限责任，公司以其全部资产对其债务承担责任的经济组织。

Refer to economic units registered in accordance with the *Regulation of the People's Republic of China on the Management of Registration of Corporations*, with total registered capitals divided into equal shares and raised through issuing stocks. Each investor bears limited liability to the corporation depending on the holding of shares, and the corporation bears liability to its debt to the maximum of its total assets.

私营企业　Private Enterprises

指由自然人投资设立或由自然人控股，以雇佣劳动为基础的盈利性经济组织。包括按照《公司法》《合伙企业法》《私营企业暂行条例》规定登记注册的私营有限责任公司、私营股份有限公司、私营合伙企业和私营独资企业。

Refer to profit-making economic units invested and established by natural persons, or controlled by natural persons using employed labor. Included in this category are private limited liability corporations, private share-holding corporations Ltd., private partnership enterprises and private-funded enterprises registered in accordance with the *Company Law*, *the Law on Partnership Business* and *Interim Regulations on Private Enterprises.*

其他内资企业　Other Domestic-funded Enterprises

指上述企业之外的其他内资经济组织。

Refer to domestic-funded economic units other than those mentioned above.

合资经营企业（港或澳、台资）Joint-venture Enterprises (Funds are from Hong Kong, Macao and Taiwan)

指港澳台地区投资者与内地企业依照《中华人民共和国中外合资经营企业法》及有关法律的规定，按合同规定的比例投资设立、分享利润和分担风险的企业。

Refer to enterprises jointly established by investors from Hong Kong, Macao and Taiwan with enterprises in the mainland of China in accordance with the Law of the People's Republic of China on Sino-foreign Joint Venture Enterprises and other relevant laws, where the share of investment, profits and risks is stipulated in the contract.

合作经营企业（港或澳、台资）　Cooperative Enterprises(Funds are from Hong Kong, Macao or Taiwan.)

指港澳台地区投资者与内地企业依照《中华人民共和国中外合作经营企业法》及有关法律的规定，依照合作合同的约定进行投资或提供条件设立、分配利润和分担风险的企业。

Refer to enterprises jointly established by investors from Hong Kong, Macao and Taiwan with enterprises in the mainland of China in accordance with the *Law of the People's Republic of China on Sino-foreign Contractual Joint Venture* and other relevant laws, where the investment or provision of facilities and the sharing of profits and risks are stipulated under cooperative contracts.

港澳台商独资经营企业　Enterprises with Sole (exclusive) Investment from Hong Kong, Macao and Taiwan

指依照《中华人民共和国外资企业法》及有关法律的规定，在内地由港澳台地区投资者全额投资设立的企业。

Refer to enterprises established in the mainland of China with exclusive investment from investors from Hong Kong, Macao and Taiwan in accordance with the *Law of the People's Republic of China on Wholly Foreign-owned Enterprises* and other relevant laws.

港澳台商投资股份有限公司　Share-holding Corporations Ltd. with Investment from Hong Kong, Macao and Taiwan

指根据国家有关规定，经原外经贸部依法批准设立，其中港、澳、台商的股本占公司注册资本的比例达25%以上的股份有限公司。凡其中港、澳、台商的股本占公司注册资本的比例小于25%的，属于内资企业中的股份有限公司。

Refer to share-holding corporations Ltd. established with the approval from the former Ministry of Foreign Trade and Economic Relations in line with relevant State regulations, where the share of investment from Hong Kong, Macao or Taiwan businessmen exceeds 25% of the total registered capital of the corporation. In case the share of investment from Hong Kong, Macao or Taiwan is less than 25% of the total registered capital, the enterprise is to be classified as domestic-funded share-holding corporation Ltd.

中外合资经营企业　Joint-venture Enterprises with Foreign Investment

指外国企业或外国人与中国内地企业依照《中华人民共和国中外合资经营企业法》及有关法律的规定，按合同规定的比例投资设立、分享利润和分担风险的企业。

Refer to enterprises jointly established by foreign enterprises or foreigners with enterprises in the mainland of China in accordance with the *Law of the People's Republic of China on Sino-foreign Equity Joint Ventures* and other relevant laws, where the sharing of investment, profits and risks is stipulated under contract.

中外合作经营企业　Cooperation Enterprises with Foreign Investment

指外国企业或外国人与中国内地企业依照《中华人民共和国中外合作经营企业法》及有关法律的规定，依照合作合同的约定进行投资或提供条件设立、分配利润和分担风险的企业。

Refer to enterprises jointly established by foreign enterprises or foreigners with enterprises in the mainland of China in accordance with the *Law of the People's Republic of China on Sino-foreign Contractual Joint Venture* and other relevant laws, where the investment or provision of facilities and the sharing of profits and risks are stipulated under cooperative contracts.

外资企业　Enterprises with Sole (exclusive) Foreign Investment

指依照《中华人民共和国外资企业法》及有关法律的规定，在中国内地由外国投资者全额投资设立的企业。

Refer to enterprises established in the mainland of China with exclusive investment from foreign investors in accordance with the *Law of the People's Republic of China on Wholly Foreign-owned Enterprises* and other relevant laws.

外商投资股份有限公司　Share-holding Corporations Ltd. with Foreign Investment

指根据国家有关规定，经外经贸部依法批准设立，其中外资的股本占公司注册资本的比例达 25%以上的股份有限公司。凡其中外资股本占公司注册资本的比例小于 25%的，属于内资企业中的股份有限公司。

Refer to share-holding corporations Ltd. established with the approval from the former Ministry of Foreign Trade and Economic Relations in line with relevant State regulations, where the share of investment from foreign investors exceeds 25% of the total registered capital of the corporation. In case the share of foreign investment is less than 25% of the total registered capital, the enterprise is to be classified as domestic-funded share-holding corporation Ltd.

行政机关事业单位和社会团体　Government Agencies, Institutions and Social Organizations

参照企业登记注册类型，主要按其经费来源和管理方式划分。具体规定如下：

(1)行政机关：包括国家机关和政党机关，原则上均列为“国有”。但有特殊规定的，如供销社等，则列为“集体”。

(2)事业单位：包括经国家机构编制部门和有关业务主管部门批准成立的各类事业单位，但不包括实行企业化管理的事业单位。事业单位的划分办法如下：

①由国家财政预算拨款或列入财政预算外资金管理以及经费主要来源于国有主管部门或国有上级单位的事业单位，列为“国有”。

②经费主要来源于集体单位的事业单位，列为“集体”。

③公民个人（或个人合伙）开办的事业单位，列为“私营”。

④上述以外的其他事业单位,如果其经费来源不明确,按管理方式进行划分。

(3)社会团体：包括经民政部门批准成立以及未纳入社会团体管理条例范围的工会妇联等各类社会团体。社会团体的划分办法如下：

①未纳入民政部社会团体管理条例范围的工会、妇联、共青团、青联、工商联、科协、侨联等社会团体，国家拨款设立的基金会或基金管理组织以及经费主要来源于国有业务主管部门或国有上级单位的社会团体，列为“国有”。

②经费主要来源于集体单位的社会团体，列为“集体”。

③公民个人（或各人合伙）开办的社会团体，列为“私营”。

④上述以外的其他社会团体，如果其经费来源不明确，按管理方式进行归类。

Are classified into the following categories by source of funds and manner of management taking reference of the registration status of enterprises:

(1) Government agencies: include State and party agencies, classified in principle as State-owned. There are exceptions, such as supply and marketing cooperatives which are classified as collective-owned.

(2) Institutions: include institutions of various types established with the approval by organization and staffing departments of the government, but exclude institutions where enterprise management system is introduced. Institutions are further classified as follows:

①Institutions for which their main budgets are from government budget appropriations or extra-budget funds, or allocated from the budget of their competent government agencies. Such institutions are classified as state-owned.

②Institutions for which their budget mainly come from collective units. Such institutions are classified as collective-owned.

③Social institutions established by individual or a group of citizens, which are classified as private.

④Institutions other than those mentioned above for which their sources of budget are not clear. Such institutions are classified by the manner of management.

(3) Social organizations: include social organizations established with the approval from the Ministry of Civil Affairs, and organizations that are not covered by social organization management regulations such as trade unions, women's federations etc.. Social organizations are further classified as follows:

①Social organizations that are not covered by social organization management regulations of the Ministry of Civil Affairs such as trade unions, women federations, communist youth leagues, youth associations, industrial and commerce associations, scientist associations, overseas Chinese associations, etc., foundations and fund management organizations established with funds from the state, and social organizations whose funds mainly come from the budget of their competent government agencies. Such institutions are classified as State-owned.

②Social organizations for which their budget mainly come from collective units. Such institutions are classified as collective-owned.

③Social organizations established by individual or a group of citizens, which are classified as private.

④Social organizations other than those mentioned above for which their sources of budget are not clear. Such organizations are classified by the manner of management.

国内(地区)生产总值（GDP）Gross Domestic Product

指一个国家（或地区）所有常住单位在一定时期生产活动的最终成果。国内（地区）生产总值有三种表现形态，即价值形态、收入形态和产品形态。从价值形态看，它是所有常住单位在一定时期内生产的全部货物和服务价值超过同期中间投入的全部非固定资产货物和服务价值的差额，即所有常住单位的增加值之和；从收入形态看，它是所有常住单位在一定时期内创造并分配给常住单位和非常住单位的初次收入分配之和；从产品形态看，它是所有常住单位在一定时期内最终使用的货物和服务价值与货物和服务净出口之和。在实际核算中，国内（地区）生产总值有三种计算方法，即生产法、收入法和支出法。三种方法分别从不同的方面反映国内生产总值及其构成。

Refers to the final products produced by all resident units in a country (region) during a certain period of time. Gross domestic product is expressed in three different perspectives, namely value, income, and products respectively. GDP in its value perspective refers to the balance of total value of all goods and services produced by all resident units during a certain period of time, minus the total value of input of goods and services of the nature of non-fixed assets; in other words, it is the sum of the value-added of all resident units. GDP from the perspective of income refers to the sum of all kinds of revenue, including Compensation of Employees, Net Taxes on Production, Depreciation of Fixed Assets, and Operating Surplus. GDP from the perspective of products refers to the value of all goods and services for final demand by all resident units plus the net exports of goods and services during a given period of time. In the practice of national accounting, gross domestic product is calculated from three approaches, namely production approach, income approach and expenditure approach, which reflect gross domestic product and its composition from different angles.

三次产业　Three Strata of Industry

三次产业的划分是世界上较为常用的产业结构分类，但各国的划分不尽一致。根据《国民经济行业分类》（GB/T 4754—2011），我国的三次产业划分是：

第一产业是指农、林、牧、渔业（不含农、林、牧、渔服务业）。

第二产业是指采矿业（不含开采辅助活动），制造业（不含金属制品、机械和设备修理业），电力、热力、燃气及水生产和供应业，建筑业。

第三产业即服务业，是指除第一产业、第二产业以外的其他行业。

Classification of economic activities into three strata of industry is a common practice in the world, although the grouping varies to some extent from country to country. In China, according to Industrial classification for National Economic Activities (GB/T 4754—2011), economic activities are categorized into the following three strata of industry:

Primary industry refers to agriculture, forestry, animal husbandry and fishery industries (not including services in support of agriculture, forestry, animal husbandry and fishery industries).

Secondary industry refers to mining and quarrying (not including support activities for mining), manufacturing (not including repair service of metal products, machinery and equipment), production and supply of electricity, heat, gas and water, and construction.

Tertiary industry refers to all other economic activities not included in the primary or secondary industries.

总人口　Total Population

指一定时点、一定地区范围内的有生命的个人的总和。

年度统计的年末总人口是指每年 12 月 31 日 24 时的人口数，未包括海外华侨人数。

Refers to the total number of people alive at a certain point of time within a given area.

The annual statistics on total population is taken at midnight, the 31st of December，not including Chinese national residing abroad.

城镇人口和乡村人口　Urban Population and Rural Population

城镇人口是指居住在城镇范围内的全部常住人口；乡村人口是指除上述人口以外的全部人口。

Urban population refers to all people residing in cities and towns, while rural population refers to population other than urban population.

出生率（又称粗出生率）　Birth Rate (or Crude Birth Rate)

指在一定时期内（通常为一年内）一定地区的出生人数与同期内平均人数（或期中人数）之比，用千分率表示。本资料中的出生率指年出生率，其计算公式为：

出生率＝（年出生人数 / 年平均人数）×1000‰

式中：出生人数是指活产婴儿，即胎儿脱离母体时（不管怀孕月数），有过呼吸或其他生命现象。年平均人数是指年初、年末人口数的平均数，也可用年中人口数代替。

Refers to the ratio of the number of births to the average population (or mid-period population) during a certain period of time (usually a year), expressed in ‰. Birth rate in the chapter refers to annual birth rate. The following formula is used:

Birth Rate = Number of Births / Average Number of Population ×1000‰

Number of births in the formula refers to live births, i.e. when a baby has breathed or showed any vital phenomena regardless of the length of pregnancy.

Annual average population is the average of the number of population at the beginning of the year and that at the end of the year. Sometimes it is substituted by the mid-year population.

死亡率（又称粗死亡率） Death Rate (or Crude Death Rate)

指在一定时期内（通常为一年内）一定地区的死亡人数与同期平均人数（或期中人数）之比，一般用千分率表示。本资料中的死亡率指年死亡率，其计算公式为：

死亡率＝（年死亡人数 / 年平均人数）×1000‰

Refers to the ratio of the number of deaths to the average population (or mid-period population) during a certain period of time (usually a year), expressed in ‰. Death rate in the chapter refers to annual death rate. The following formula is used:

Death Rate = Number of Deaths / Annual Average Population × 1000‰

人口自然增长率 Natural Growth Rate of Population

指在一定时期内（通常为一年内）一定地区的人口自然增加数（出生人数减死亡人数）与该时期内平均人数（或期中人数）之比，一般用千分率表示。计算公式为：

人口自然增长率＝(本年出生人口数－本年死亡人口数） / 年平均人数×1000‰

人口自然增长率＝人口出生率－人口死亡率

Refers to the ratio of natural increase in population (number of births minus number of deaths) in a certain period of time (usually a year) to the average population or(mid-year population) of the same period, expressed in ‰. The following formula is applied:

Natural Growth Rate of Population = (Number of Births-Number of deaths) / Annual Average Population×1000‰

Natural Growth Rate of Population = Birth Rate – Death Rate

就业人员 Employed Persons

指从事一定社会劳动并取得劳动报酬或经营收入的人员，包括全部职工、再就业的离退休人员、私营业主、个体户主、私营和个体从业人员、乡镇企业从业人员、农村从业人员、其他从业人员（包括民办教师、宗教职业者、现役军人等）。这一指标反映了一定时期内全部劳动力资源的实际利用情况，是研究我国基本国情国力的重要指标。

Refers to persons above a specified age who had labor capacity and performed some social work for compensation or business gains. Specifically, it refers to persons, aged 16 and over, who performed some work for compensation or business gains for one hour or more during the reference period; or persons who do not work for the reasons of study or on holiday, but had work units or sites during the reference period; or persons temporary absence from a job for disorganization or suspension of work, recession, etc., but not exceeding three months during the reference period.

单位就业人员 Persons Employed in Various Units

指在各级国家机关、政党机关、社会团体及企业、事业单位中工作，取得工资或其他形式的劳动报酬的全部人员。包括在岗职工、再就业的离退休人员、民办教师以及在各单位中工作的外方人员和港、澳、台方人员、兼职人员、借用的外单位人员和第二职业者。不包括离开本单位仍保留劳动关系的职工。各单位的从业人员反映了各单位实际参加生产或工作的全部劳动力。

Refers to the total number of employees who work at his unit and obtain wages or other forms of payment at the end of the reporting period. This indicator is a kind of time point index and it equals to the sum of the number of employed staff and workers, labor dispatch personnel and other employed persons. Employed persons do not include:

1) Persons who have left their working units while keeping their labor contract (employment relation) unchanged and receiving regular alimony;

2) All kinds of enrolled students who do internship in various units;

3) Persons employed due to labor outsourcing;

4) Persons who dissolve labor contracts with their units on the last day of reporting period or before.

城镇私营和个体就业人员　Persons Employed in Private Enterprises and Self-Employed Individuals in Urban Areas

城镇私营从业人员指在工商管理部门注册登记，其经营地址设在县城关镇（含城关镇）以上的私营企业从业人员；包括私营企业投资者和雇工。城镇个体从业人员指在工商管理部门注册登记，并持有城镇户口或在城镇长期居住，经批准从事个体工商经营的从业人员；包括个体经营者和在个体工商户劳动的家庭帮工和雇工。

Persons employed in private enterprises refer to the persons employed in the private enterprises which have been registered at the departments of industrial and commercial administration for which the business operation are situated at a county town (i.e. a town where the county government is located), or at urban areas with administrative hierarchy higher than a county town. The self-employed individuals in urban areas refer to persons who hold the certificates of residence in urban areas or have resided in the urban areas for a long time and have been registered at the departments of industrial and commercial administration and approved to be engaged in individual industrial or commercial business, including self-employed persons as well as helpers and hired laborers who work in individual households.

在岗职工　Employed Staff and Workers

指在本单位工作且与本单位签订劳动合同，并由单位支付各项工资和社会保险、住房公积金的人员，以及上述人员中由于学习、病伤、产假等原因暂未工作，仍由单位支付工资的人员。在岗职工还包括：

（1）应订立劳动合同而未订立劳动合同人员（如使用的农村户籍人员）；

（2）处于试用期人员；

（3）编制外招用的人员；

（4）派往外单位工作，但工资仍由本单位发放的人员（如挂职锻炼、外派工作等情况）。

Refers to persons who signed labor contracts with working units and working units would pay wages, social insurance and housing funds for them. Persons who have their work posts but are temporarily absent from work for reasons of study or on sick, injury or maternal leave and still receive wages from their working units are also included. Employed staff and workers also include:

1) Persons who should have signed the labor contracts but not (like people with rural household registration);

2) Employees on probation;

3) Employees beyond the staffing quota;

4) Employees who are sent to other working units but still obtain wages from their original units (situations like on-the-job placement, expatriated assignment, etc.)

工资总额　Total Wage Bill

指根据《关于工资总额组成的规定》(1990 年 1 月 1 日国家统计局发布的一号令)进行修订，在报告期内(季度或年度)直接支付给本单位全部就业人员的劳动报酬总额。包括计时工资、计件工资、奖金、津贴和补贴、加班加点工资、特殊情况下支付的工资，是在岗职工工资总额、劳务派遣人员工资总额和其他就业人员工资总额之和。

工资总额是税前工资，包括单位从个人工资中直接为其代扣或代缴的房费、水费、电费、住房公积金和社会保险基金个人缴纳部分等。

工资总额不论是计入成本的还是不计入成本的，不论是以货币形式支付的还是以实物形式支付的，均应列入工资总额的计算范围。

It is revised according to the "Provision of Composition of Total Wages" (Order No.1 by National Bureau of Statistics on January, 1st,, 1990), total wage bill refers to the total remuneration payment to all employed persons in various units during the reporting period (by quarter or by year), including hourly-paid wages, piece-rate wages, bonuses, allowance and subsidies, overtime wages and wages paid under special circumstances. It equals to the sum of total wages of employed staff and workers, dispatch labors and other employed persons.

Total wage bill is pre-tax wages, including the room charges, utility bills, housing funds and social insurance paid or withheld by employee's units.

Total wage bill, whether or not included in cost, whether or not paid in money or in kind, shall be included in the calculation of total wage.

平均工资 Average Wage

指单位就业人员在一定时期内平均每人所得的工资额。它表明一定时期工资收入的高低程度，是反映就业人员工资水平的主要指标。计算公式为：

平均工资＝报告期就业人员工资总额 / 报告期就业人员平均人数

Refers to the average per capita wage during a certain period of time for employed persons. It shows the general level of wage income during a certain period of time, one major indicator to reflect the wage level. It is calculated as follows:

Average Wage = Total Wage Bill of Employed Persons at Reference Time/Average Number of Persons Employed at Reference Time.

平均工资指数 Average Wage Indices

指报告期就业人员平均工资与基期就业人员平均工资的比率，是反映不同时期就业人员货币工资水平变动情况的相对数。计算公式为：

平均工资指数=报告期就业人员平均工资/基期就业人员平均工资×100%

Refers to the ratio of average wage of employed persons the reporting period to that at the base period, which reflects the change of wage of employed persons at the different period. It is calculated as follows:

Average Wage Indices = Average Wage of Employed Persons at Reference Time/Average Wage of Persons Employed at Base Period×100%

城镇登记失业人员 Registered Unemployed Persons in Urban Areas

指有非农业户口，在一定的劳动年龄内(16 周岁至退休年龄)，有劳动能力，无业而要求就业，并在当地劳动保障部门进行失业登记的人员。

Refer to the persons with non-agricultural household registration at certain working ages (16 years old to retirement age), who are capable of working, unemployed and willing to work, and have been registered at the local employment service agencies to apply for a job.

城镇登记失业率 Registered Unemployment Rate in Urban Areas

城镇登记失业人员与城镇单位就业人员(扣除使用的农村劳动力、聘用的离退休人员、港澳台及外方人员)、城镇单位中的不在岗职工、城镇私营业主、个体户主、城镇私营企业和个体就业人员、城镇登记失业人员之和的比。

Refers to the ratio of the number of the registered unemployed persons to the sum of the number of persons employed in various units (minus the employed rural labour force, re-employed retirees, and Hong Kong, Macao, Taiwan or foreign employees), laid-off staff and workers in urban units, owners of private enterprises in urban areas, owners of self-employed individuals in urban areas, employees of private enterprises in urban areas, employee of self-employed individuals in urban areas, and the registered unemployed persons in urban areas.

全社会固定资产投资 Total Investment in Fixed Assets in the Whole Country

是以货币形式表现的在一定时期内全社会建造和购置固定资产的工作量以及与此有关的费用的总称。该指标是反映固定资产投资规模、结构和发展速度的综合性指标，又是观察工程进度和考核投资效果的重要依据。全社会固定资产投资按登记注册类型可分为国有、集体、个体、联营、股份制、外商、港澳台商、其他等。

Refers to the volume of activities in construction and purchases of fixed assets of the whole country and related fees, expressed in monetary terms during the reference period. It is a comprehensive indicator which shows the size, structure and growth of the investment in fixed assets, providing a basis for observing the progress of construction projects and evaluating results of investment. Total investment in fixed assets in the whole country includes, by type of ownership, the investment by State-owned units, collective-owned units, joint ownership units, share-holding units, private units, individuals as well as investments by entrepreneurs from Hong Kong, Macao and Taiwan, foreign investors and others.

固定资产投资（不含农户）Investment in Fixed Assets (Excluding Rural Households)

指城镇和农村各种登记注册类型的企业、事业、行政单位及城镇个体户进行的计划总投资 500 万元及 500 万元以上的建设项目投资和房地产开发投资，包含原口径的城镇固定资产投资加上农村企事业组织项目投资，该口径自 2011 年起开始使用。

Refers to the investment in construction projects with a total planned investment of 5 million Yuan and over by enterprises of various ownerships, institutions, administrative units and urban self-employed individuals, and the investment in real estate development in both urban and rural areas. Since 2011, it covers the urban investment in fixed assets under the previous statistical coverage plus project investments by rural enterprises and institutions.

城镇固定资产投资　Urban Investment in Fixed Assets

指城镇各种登记注册类型的企业、事业、行政单位及个体户进行的计划总投资（或实际需要总投资）50 万元及 50 万元以上的建设项目投资、房地产开发投资、城镇和工矿区私人建房投资。县城及以上区域内发生的投资，县及县以上各级政府及主管部门直接领导、管理的建设项目和企业事业单位的投资均为城镇固定资产投资。

Refers to construction projects involving a total planned (or required) investment of 500,000 Yuan and over by enterprises of various types of ownership, institutions, administrative units and individuals in urban areas, investment in real estate development, and private investment in housing construction in urban areas and industrial and mining areas. In other words, all investments that take place in county towns and urban areas, investment in construction projects under the direct leadership and management of government agencies at and above county levels and investments by enterprises and institutions at and above county levels are covered in urban investment in fixed assets.

房地产开发投资　Investment in Real Estate Development

指房地产开发企业本年完的全部用于房屋建设工程、土地开发工程的投资额以及公益性建筑和土地购置费等的投资。

Refers to the investment made by real estate development companies in the construction of housing, development companies in the construction of housing, development of land, nonprofit buildings and value of land purchased.

农村投资　Investment in Rural Areas

包括在农村区域范围内进行固定资产投资活动的企业、事业、行政单位及农村个人投资。

Refers to investment in fixed assets by enterprises, institutions, administrative units and individuals in rural areas.

固定资产投资的实际到位资金　Actual Funds in Place for Investment in Fixed Assets

根据固定资产投资的资金来源不同，分为国家预算资金、国内贷款、利用外资、自筹资金和其他资金来源。

(1) 国家预算资金　国家预算包括一般预算、政府性基金预算、国有资本经营预算和社保基金预算。各类预算中用于固定资产投资的资金全部作为国家预算资金填报，其中一般预算中用于固定资产投资的部分包括基建投资、车购税、灾后恢复重建基金和其他财政投资。各级政府债券也应归入国家预算资金。

(2) 国内贷款　指报告期固定资产项目投资单位向银行及非银行金融机构借入用于固定资产投资的各种国内借款，包括银行利用自有资金及吸收存款发放的贷款、上级主管部门拨入的国内贷款、国家专项贷款（包括煤代油贷款、劳改煤矿专项贷款等），地方财政专项资金安排的贷款、国内储备贷款、周转贷款等。

(3)利用外资　指报告期收到的境外（包括外国及港澳台地区）资金(包括设备、材料、技术在内)。包括对外借款(外国政府贷款、国际金融组织贷款、出口信贷、外国银行商业贷款、对外发行债券和股票)、外商直接投资、外商其他投资(包括利用外商投资收益在国内进行固定资产再投资活动的资金)。不包括我国自有外汇资金(国家外汇、地方外汇、留成外汇、调剂外汇和国内银行自有资金发放的外汇贷款等)。各类外资按报告期末的外汇牌价（中间价）折成人民币计算。

(4)自筹资金　指固定资产投资单位在报告期收到的，由各企、事业单位筹集用于固定资产投资的资金，包括各类企事业单位的自有资金和从其他单位筹集的用于固定资产投资的资金，但不包括各类财政性资金、从各类金融机构借入资金和国外资金。

(5)其他资金　指在报告期收到的除以上各种资金之外的用于固定资产投资的资金，包括社会集资、个人资金、无偿捐赠的资金及其他单位拨入的资金等。

Actual Funds in Place for Investment in Fixed Assets are categorized as funds from the State budget, domestic loans, foreign investment, self-raised funds, and others, depending on the sources of investment.

(1) Fund from the State budget: State budget consists of general budget, government fund budget, operation budget of state-owned assets and social security fund budget. Funds for investment in fixed assets from various budgets are reported as fund from the state budget, of which, the general budget utilized on fixed assets investment includes investment on infrastructure construction, vehicle purchase tax, post-disaster restoration and reconstruction funds and other financial investment. Government bonds at all levels should also be included.

(2) Domestic loans refer to loans of various forms borrowed by investing units from banks and non-bank financial institutions during the reference period for the purpose of investment in fixed assets, including loans issued by banks from their self-owned funds and deposit, loans appropriated by higher responsible authorities, special loans by government (including loan for substituting petroleum with coal, special loans for reform-through-labor coal mines), loans arranged by local government from special funds, domestic reserve loan, and revolving loan, etc.

(3) Foreign investment refers to overseas (including foreign countries, Hong Kong, Macao and Taiwan) funds received during the reference period (covering equipment, materials and technology), including foreign borrowings (loans from foreign governments and international financial institutions, export credit, commercial loans from foreign banks, issue of bonds and stocks overseas), foreign direct investment and other foreign investments (including funds from foreign direct investment income that are reinvested in fixed assets domestically). Excluded from this category is capital in foreign exchanges owned by China (foreign exchanges owned by the central and local governments, foreign exchanges retained by enterprises, foreign exchanges by enterprises through the regulating mechanism, loans in foreign exchanges issued by the Bank of China with its own fund, etc.). In calculating the utilization of foreign capital, foreign currencies are converted into Chinese Renminbi applying the exchange rate (central parity rate) at the end of the reference period.

(4) Self-raised funds refer to funds for investment in fixed assets received during the reference period by investing units, including investment in fixed assets using own funds of various enterprises and institutions or funds raised from other units other than financial funds, funds borrowed from financial institutions and overseas funds.

(5) Others refer to funds for investment in fixed assets received from sources other than those listed above, including funds raised from individuals and through donations, and funds transferred from other units.

固定资产投资按国民经济行业分　Investment in Fixed Assets by Sector

指根据其从事的社会经济活动性质对各类单位进行的分类。应根据建设项目建成投产后的主要产品种类或主要用途及社会经济活动种类来划分，不能根据项目单位本身的行业类别来划分。如果项目投产后有几种产品，应根据主要产品来确定行业类别。一般情况下，一个建设项目只能属于一种国民经济行业。

Refers to the classification of investment by the nature of social economic activities the investing units are engaged in. The classification of construction projects by sector is determined by the major products or the purpose of the projects when they are put into production or use, and by the nature of their social economic activities, instead of being determined by industrial classification of the project enterprises. The project will be classified according to major product if there are several kinds of products yielded. In general, one project can only be classified into one sector.

固定资产投资按隶属关系分 Investment in Fixed Assets by Jurisdiction of Management

是按建设单位或企业、事业、行政单位的主管上级机关确定的。

(1)中央 是指中共中央、人大常委会和国务院各部、委、局、总公司以及直属机构直接领导的建设项目和企业、事业、行政单位。这些单位的固定资产投资计划由国务院各部门直接编制和下达，统一组织或委托下级实施。包括有中央垂直管理的部门（如国家统计局各级调查队）和中央直属企业、事业单位（如工商银行、中国电信、中国石油）等。

(2)地方 是由省（自治区、直辖市）、地（区、市、州、盟）、县（区、市、旗）三级政府及业务主管部门直接领导和管理的建设项目、企业、事业、行政单位。地方项目还包括不隶属以上各级政府及主管部门的建设项目和企业、事业单位，如外商投资企业和无主管部门的企业等。

Refers to the classification of investment by the competent authorities under which investment is made by construction units, enterprises, institutions or administrative units.

(1) Central investment refers to the investment in projects or by enterprises, institutions or administrative units which are under the direct leadership and management of the State Council and of the national commissions, ministries, agencies and State-owned large corporations. Various ministries and departments of the State Council prepare and implement plans through unified organization or lower-level commissions, which include departments direct under central government (i.e. survey offices at all level of the National Bureau of Statistics) and enterprises and institutions directly under central government (like the Industrial and Commercial Bank of China, China Telecom and China National Petroleum Corporation).

(2) Local investment refers to the investment in projects or by enterprises, institutions or administrative units which are under the direct leadership and management of competent departments and governments at the level of province (autonomous regions and municipalities directly under the Central Government), prefecture （prefectures, cities and leagues） and county (districts, cities and banners). Also included are projects by foreign-invested enterprises and enterprises without competent managing authorities.

固定资产投资按建设性质分 Investment in Fixed Assets by Type of Construction

按整个建设项目情况来确定。建设项目的性质一般分为新建、扩建、改建和技术改造、单纯建造生活设施、迁建、恢复、单纯购置。房地产开发单位、农户投资不划分建设性质。

(1)新建 指从无到有"平地起家"开始建设的项目。现有企业、事业、行政单位投资的项目一般不属于新建。但如有的单位原有基础很小，经过建设后新增的固定资产价值超过该企业、事业、行政单位原有固定资产价值（原值）三倍以上的，也应作为新建。

(2)扩建 指在厂内或其他地点，为扩大原有产品的生产能力(或效益)或增加新的产品生产能力，而增建的生产车间(或主要工程)、分厂、独立的生产线的企业、事业单位。行政、事业单位在原单位增建业务性用房(如学校增建教学用房、医院增建门诊部、病房等)也作为扩建。

现有企、事业单位为扩大原有主要产品生产能力或增加新的产品生产能力，增建一个或几个主要生产车间(或主要工程)、分厂，同时进行一些更新改造工程的，也应作为扩建。

(3)改建和技术改造 指现有企业、事业单位对原有设施进行技术改造或更新(包括相应配套的辅助性生产、生活福利设施) 的建设项目。改建项目包括现有企业、事业单位为适应市场变化的需要，而改变企业的主要产品种类(如军工企业转民产品等) 的建设项目，原有产品生产作业线由于各工序(车间)之间能力不平衡，为填平补齐充分发挥原有生产能力而增建不增加本企业主要产品设计能力的车间的建设项目。技术改造是指企业、事业单位在现有基础上，用先进的技术代替落后的技术，用先进的工艺和装备代替落后的工艺和装备，以改变企业落后的技术经济面貌，实现以内涵为主的扩大再生产，达到提高产品质量、促进产品更新换代、节约能源、降低消耗、扩大生产规模、全面提高社会经济效益的目的。技术改造具体包括以下内容：机器设备和工具的更新改造；生产工艺改革、节约能源和原材料的改造；厂房建筑和公共设施的改造；保护环境进行的“三废”治理改造；劳动条件和生产环境的改造等。

Construction projects in general can be classified, by the type of construction, into new construction, expansion, reconstruction and technical transformation, purely construction of living facilities, moving, restoration and purely purchasing. However, investment by type of construction is not applied to investment by real-estate development units and investment by rural households.

(1) New construction in general refers to construction projects, which start from scratch. The existing projects invested by enterprises, institutions and administrative agencies cannot be classified as new construction. In case the size of the existing unit is quite small, and the value of newly added fixed assets is more than three times of the original value, the expansion will be considered as new construction.

(2) Expansion refers to construction of new production workshop, branch factory or independent production line within a factory or in other locations, for the purpose of increasing the production capacity (or improving efficiency) or adding new production capacity by enterprises and institutions. Newly constructed accommodation for the operation of institutions and administrative organizations (such as newly constructed buildings for teaching in schools, buildings for clinics or wards in hospitals, etc.) are also classified as expansion.

Also included in expansion are investments by existing enterprises or institutions in building major production line(s) or branch factory (ies) along with some work on innovation, for the purpose of expanding the production capacity of original products or producing new products.

(3) Reconstruction and technical transformation refers to construction projects by existing enterprises or institutions in innovation or technical transformation of the old facilities (including auxiliary production equipment and welfare facilities). Also considered as reconstruction is the construction of new workshops by the existing enterprises or institutions to change the variety of products to meet the market demand (such as the production of civil products by defence industries), or to bring the designed production capacity into full play through a more balanced production process on production lines. Technical transformation refers to replacement of old technology or equipment by new technology or equipment, in order to expand the reproduction through improvement of technology contents in production, to improve product quality, to promote new products, to save energy, to reduce consumption, to expand the production scale and to improve overall social-economic efficiency. Contents of technical transformation include: updating of machinery, equipment and tools; reforming production process by using energy or materials saving technology; construction of factory workshops and transformation of public facilities; treatment transformation of “three wastes” (waste gas, waste water and industrial residue) aiming at environmental protection; improvement of working conditions and environment, etc.

固定资产投资按构成分　Investment in Fixed Assets by Structure

(1)建筑工程　指各种房屋、建筑物的建造工程，又称建筑工作量。这部分投资额必须兴工动料，通过施工活动才能实现，是固定资产投资额的重要组成部分。

(2)安装工程　指各种设备、装置的安装工程，又称安装工作量。

在安装工程中，不包括被安装设备本身价值。

(3)设备工具器具购置　指报告期内购置或自制的，达到固定资产标准的设备、工具、器具的价值。新建单位及扩建单位的新建车间，按照设计或计划要求购置或自制的全部设备、工具、器具，不论是否达到固定资产标准均计入“设备工具器具购置”中。

(4)其他费用　指在固定资产建造和购置过程中发生的，除建筑安装工程和设备、工器具购置投资完成额以外的应当分摊计入固定资产投资的费用，不指经营中财务上的其他费用。

(1) Construction refers to the construction of houses and buildings, also known as work volume of construction. This part of investment can only be achieved through construction activities, it is the major component of the total investment in fixed assets.

(2) Installation refers to the installation of various kinds of equipment and instruments, also known as work volume of installation.

The value of equipment installed itself is not included in the value of installation projects.

(3) Purchase of equipment and instruments refers to the total value of equipment, tools, and instruments purchased or self-produced which come up to the cut-off point for fixed assets during the reference period. Equipment, tools and instruments purchased or self-produced for new workshops by newly established or expanded units are categorized as "purchase of equipment and instruments" no matter whether they come up to the cut-off point for fixed assets.

(4) Other expenses refer to expenses arising during the construction or purchase of fixed assets other than those expenses on construction, installation and purchase of equipment and instruments. Other financial expenses arising in operation are not included.

施工项目个数　Number of Projects under Construction

是指本年正式进行过建筑或安装施工活动的建设项目个数。包括本年新开工项目，以前年度开工跨入本年继续施工项目，本年全部建成投产项目、以前年度全部停缓建在本年恢复施工的项目，本年进行过施工又在本年内全部停缓建的项目。施工项目个数可以反映一定时期固定资产投资的实际规模，与同期全部建成投产项目个数相比，可以从建设速度的角度反映固定资产投资的效果。

Refers to number of all projects with actual construction or installation activities in current year, including newly started projects, projects started previously and extended into the current year, projects completed and put into operation in current year, projects suspended previously and resumed in current year, and projects started this year but suspended or postponed in current year. The number of projects under construction can reflect the actual size of investment in fixed assets during a given period, and when compared with the number of projects completed and put into use during the same period, it demonstrates the results of investment in fixed assets from the angle of the speed of the construction.

本年投产项目个数　Number of Projects Put into Use This Year

指报告期内按设计文件规定建成主体工程和相应配套的辅助设施，形成生产能力或工程效益，经过验收合格，并且已正式投入生产或交付使用的建设项目。

Refer to projects have completed the main construction and correspondent auxiliary facilities in accordance with the design documents, resulting in forming production capacity (efficiency) and have been checked and accepted after relevant tests, and have been formally delivered for use.

新增固定资产　Newly Increased Fixed Assets

是指已经完成建造和购置过程，并已交付生产或使用单位的固定资产的价值，包括已经建成投入生产或交付使用的工程投资和达到固定资产标准的设备、工具、器具的投资及有关应摊入的费用。该指标是表示固定资产投资成果的价值指标，也是反映建设进度，计算固定资产投资效果的重要指标。

Refer to the value of fixed assets that has completed the construction and purchase, and has been delivered to the production or owner units, including investment in projects that have been completed and put into operation in current year and the investment in equipment, tools and appliance that meet the standard of fixed assets and fees that should be apportioned. This is an indicator that demonstrates the results of investment in fixed assets in monetary terms, and an important indicator to reflect the speed of construction and to calculate the efficiency of investment.

项目建成投产率　Rate of Construction Projects Completed and Put into Use

指一定时期内全部建成投产项目个数与同期施工项目个数的比率。该指标从建设单位建设速度的角度反映投资效果。

Refers to the ratio of the number of construction projects completed and put into use in a certain period of time to the number of projects under construction in the same period. This reflects the investment efficiency from the perspective of the speed of projects construction.

固定资产交付使用率　Rate of Projects of Fixed Assets Completed and Put into Operation

指一定时期新增固定资产与同期完成投资额的比率。该指标是反映固定资产动用速度，衡量建设过程中宏观投资效果的综合指标。由于新增固定资产是较长时期内形成的结果，而投资额则是当年完成的，因此，该指标一般适宜于反映较长时期内固定资产的动用情况。

Refers to the ratio of the newly increased fixed assets to the total investment made in the same period. This is a comprehensive indicator reflecting the speed of the employment of fixed assets and the investment efficiency at the macro-level. As the newly increase fixed assets is the result of a long period while the investment is completed in the current year, this indicator is expected to be used to reflect the employment of fixed assets over a long period of time.

财政收入 Government Revenue

指国家财政参与社会产品分配所取得的收入，是实现国家职能的财力保证。主要包括：

（1）各项税收：包括增值税、消费税、营业税、企业所得税、个人所得税、资源税、城市维护建设税、房产税、印花税、城镇土地使用税、土地增值税、车船税、船舶吨税、车辆购置税、关税、耕地占用税、契税、烟叶税等。

（2）非税收入：包括专项收入、行政事业性收费、罚没收入和其他收入。

Refers to income for the government finance through participating in the distribution of social products. It is the financial guarantee to ensure government functioning. The government revenue includes the following main items:

(1) Various tax revenues including domestic value added tax (VAT), domestic consumption tax, VAT and consumption tax from imports, VAT and consumption tax rebate for exports, business tax, corporate income tax, individual income tax, resource tax, city maintenance and construction tax, house property tax, stamp tax, urban land use tax, land appreciation tax, tax on vehicles and boat operation, ship tonnage tax, vehicle purchase tax, tariffs, farm land occupation tax, deed tax, and tobacco tax, etc.

(2) Non-tax revenue, including special program receipts, charge of administrative and institutional units, penalty receipts and others non-tax receipts.

财政支出 Government Expenditure

国家财政将筹集起来的资金进行分配使用，以满足经济建设和各项事业的需要，主要包括：一般公共服务、外交、国防、公共安全、教育、科学技术、文化体育与传媒、社会保障和就业、医疗卫生与计划生育、节能环保、城乡社区、农林水、交通运输、资源勘探信息等、商业服务业等、金融、援助其他地区、国土海洋气象等、住房保障、粮油物资储备、政府债务付息等方面的支出。

Refers to the distribution and use of the funds which the government finance has raised, so as to meet the needs of economic construction and various undertakings. It includes the following main items: expenditure for general public services, expenditure for foreign affairs, expenditure for national defence expenditure for public security, expenditure for education, expenditure for science and technology, expenditure for culture, sport and media, expenditure for social safety net and employment effort, expenditure for medical and health care and family planning, expenditure for energy conservation and environment protection, expenditure for urban and rural community affairs, expenditure for agriculture, forestry and water conservancy, expenditure for transportation, expenditure for resource exploration and information, expenditure for affairs of commerce and services, expenditure for finance, aid to other regions, expenditure for land, ocean and weather, expenditure for housing security, expenditure for grain & oil reserves, interest payment for public debts.

一般公共预算收入 General Public Budget Revenue

指国家财政参与社会产品分配所取得的收入，是实现国家职能的财力保证。主要包括：（1）各项税收：包括国内增值税、国内消费税、进口货物增值税和消费税、出口货物退增值税和消费税、营业税、企业所得税、个人所得税、资源税、城市维护建设税、房产税、印花税、城镇土地使用税、土地增值税、车船税、船舶吨税、车辆购置税、关税、耕地占用税、契税、烟叶税等。（2）非税收入：包括专项收入、行政事业性收费、罚没收入和其他收入。财政收入按现行分税制财政体制划分为中央本级收入和地方本级收入。

Refers to income for the government finance through participating in the distribution of social products. It is the financial guarantee to ensure government functioning. The government revenue includes the following main items: (1) Various tax revenues including domestic value added tax (VAT), domestic consumption tax, VAT and consumption tax from imports, VAT and consumption tax rebate for exports, business tax, corporate income tax, individual income tax, resource tax, city maintenance and construction tax, house property tax, stamp tax, urban land use tax, land appreciation tax, tax on vehicles and boat operation, ship tonnage tax, vehicle purchase tax, tariffs, farm land occupation tax, deed tax, and tobacco tax, etc. (2) Non-tax revenue, including special program receipts, charge of administrative and institutional units, penalty receipts and others non-tax receipts.

一般公共预算支出 General Public Budget Expenditure

指国家财政将筹集起来的资金进行分配使用，以满足经济建设和各项事业的需要。主要包括：一般公共服务、外交、国防、公共安全、教育、科学技术、文化体育与传媒、社会保障和就业、医疗卫生与计划生育、节能环保、城乡社区、农林水、交通运输、资源勘探信息等、商业服务业等、金融、援助其他地区、国土海洋气象等、住房保障、粮油物资储备、政府债务付息等方面的支出。财政支出根据政府在经济和社会活动中的不同职权，划分为中央财政支出和地方财政支出。

Refers to the distribution and use of the funds which the government finance has raised, so as to meet the needs of economic construction and various undertakings. It includes the following main items: expenditure for general public services, expenditure for foreign affairs, expenditure for national defence expenditure for public security, expenditure for education, expenditure for science and technology, expenditure for culture, sport and media, expenditure for social safety net and employment effort, expenditure for medical and health care and family planning, expenditure for energy conservation and environment protection, expenditure for urban and rural community affairs, expenditure for agriculture, forestry and water conservancy, expenditure for transportation, expenditure for resource exploration and information, expenditure for affairs of commerce and services, expenditure for finance, aid to other regions, expenditure for land, ocean and weather, expenditure for housing security, expenditure for grain & oil reserves, interest payment for public debts. General public budget expenditure is divided into general public budget expenditure of central government and general public budget expenditure of local government according to the different functions of the governments played in economic and social activities.

中央一般公共预算收入和地方一般公共预算收入 General Public Budget Revenue of the Central Government and the Local Governments

属于中央一般公共预算的收入包括关税，进口货物增值税和消费税，出口货物退增值税和消费税，消费税，铁道部门、各银行总行、各保险公司总公司等集中缴纳的营业税和城市维护建设税，增值税 1 月 1 日-4 月 30 日 75%部分，5 月 1 日-12 月 31 日 50%部分，纳入共享范围的企业所得税 60%部分，未纳入共享范围的中央企业所得税、中央企业上交的利润，个人所得税 60%部分，车辆购置税，船舶吨税，证券交易印花税，海洋石油资源税，中央非税收入等。属于地方一般公共预算的收入包括营业税（不含铁道部门、各银行总行、各保险公司总公司集中缴纳的营业税），地方企业上缴利润，城市维护建设税（不含铁道部门、各银行总行、各保险公司总公司集中缴纳的部分），房产税，城镇土地使用税，土地增值税，车船税，耕地占用税，契税，烟叶税，印花税（不含证券交易印花税），增值税 1 月 1 日-4 月 30 日 25%部分，5 月 1 日-12 月 31 日 50%部分，纳入共享范围的企业所得税 40%部分，个人所得税 40%部分，海洋石油资源税以外的其他资源税，地方非税收入等。

The general public budget revenue of the Central Government includes tariff, VAT and consumption tax from imports, VAT and consumption tax rebate for exports, consumption tax, business tax and city maintenance and construct tax from the Ministry of Railways, head offices of banks, head offices of insurance company, which are handed over to the government in a centralized way, 75% of the value added tax from 1, Jan. to 30, July, 50% the share part of the corporate income tax from 1, May to 31, Dec., unshared part of corporate income tax of the central enterprises, profit handed in by the central enterprises, 60% of individual income tax, vehicle purchase tax, ship tonnage tax, stamp tax on securities transactions, resource tax on the offshore petroleum resources. The general public budget revenue of the local governments includes business tax (excluding the part of the Ministry of

Railways, head offices of banks, head offices of insurance company, which are handed over to the government in a centralized way), profit handed in by the local enterprises, city maintenance and construct tax (excluding the part of the Ministry of Railways, head offices of banks, head offices of insurance company, which are handed over to the government in a centralized way), house property tax, urban land use tax, land appreciation tax, tax on vehicles and boat operation, farm land occupation tax, deed tax, and tobacco leaf tax, stamp tax (not including stamp tax on security exchange), the value added tax (25% from 1, Jan. to 30, July, 50% from 1, May to 31), 40% the share part of the corporate income tax, 40% of individual income tax, resource tax other than the tax on offshore petroleum resources, local non-tax revenue, etc.

中央一般公共预算支出和地方一般公共预算支出 General Public Budget Expenditure of the Central Government and Local Governments

指根据政府在经济和社会活动中的不同职责，划分中央和地方政府的责权，按照政府的责权划分确定的支出。中央一般公共预算支出包括一般公共服务，外交支出，国防支出，公共安全支出，以及中央政府调整国民经济结构、协调地区发展、实施宏观调控的支出等。地方一般公共预算支出包括一般公共服务，公共安全支出，地方统筹的各项社会事业支出等。

According to the different functions of the Central Government and local governments in economic and social activities, the rights of administration are demarcated between those of the Central Government and those of local governments; and the classification of the expenditure between the Central Government and local governments are made on the basis of the classification of the rights administration between them. The general public budget expenditure of the Central Government includes the expenditure for general public services, expenditure for foreign affairs, expenditure for public security, and the general public budget expenditure of the Central Government for adjusting the national economic structure; coordinating the development among different regions; and exercising macroeconomic regulation. The general public budget expenditure of the local governments includes mainly the expenditure for general public services, expenditure for public security, and expenditures for social development which are planned by local governments, etc.

居民消费价格指数 Consumer Price Indices

是反映一定时期内城乡居民所购买的生活消费品和服务项目价格变动趋势和程度的相对数，是对城市居民消费价格指数和农村居民消费价格指数进行综合汇总计算的结果。通过该指数可以观察和分析消费品的零售价格和服务项目价格变动对城乡居民实际生活费支出的影响程度。

Reflect the trend and degree of changes in prices of consumer goods and services purchased by urban and rural households during a given period. They are obtained by combining Consumer Price Indices of Urban Household and Consumer Price Indices of Rural Household. The Indices enable the observation and analysis of the degree of impact of the changes in the prices of retailed goods and services on the actual living expenses of urban and rural residents.

城市居民消费价格指数 Consumer Price Indices of Urban Household

是反映一定时期内城市居民家庭所购买的生活消费品价格和服务项目价格变动趋势和程度的相对数。通过该指数可以观察和分析消费品的零售价格和服务项目价格变动对城镇居民收入和消费支出的影响。

Reflect the trend and degree of changes in prices of consumer goods and services purchased by urban households during a given period. It can be used to observe and analyse the impact of price changes in consumer goods and services on urban household income and consumption expenditure.

农村居民消费价格指数 Consumer Price Indices of Rural Household

是反映一定时期内农村居民家庭所购买的生活消费品价格和服务项目价格变动趋势和程度的相对数。该指数可以观察农村消费品的零售价格和服务项目价格变动对农村居民收入和生活消费支出的影响。

Reflect the trend and degree of changes in prices of consumer goods and services purchased by rural households during a given period. It can be used to observe the impact of change in retail prices of consumer goods and service prices on rural household income and consumption expenditure on living.

商品零售价格指数 Retail Price Indices

是反映一定时期内城乡商品零售价格变动趋势和程度的相对数。商品零售价格的变动与国家的财政收入、市场供需的平衡、消费与积累的比例关系有关。因此，该指数可以从一个侧面对上述经济活动进行观察和分析。

Reflect the trend and degree of change in retail prices of commodities during a given period. The change in retail prices of commodities is related to government revenue, the equilibrium of market supply and demand, and the ratio of consumption to accumulation. Therefore, the retail price indices are useful from an oblique perspective for observing and analyzing the changes of the above economic activities.

工业生产者出厂价格指数　Producer Price Indices for Industrial Products

是反映一定时期内全部工业产品出厂价格总水平的变动趋势和程度的相对数，包括工业企业售给本企业以外所有单位的各种产品和直接售给居民用于生活消费的产品。该指数可以观察出厂价格变动对工业总产值及增加值的影响。

Reflect the trend and degree of changes in general ex-factory prices of all manufactured goods during a given period, including sales of manufactured goods by an industrial enterprise to all units outside the enterprise, as well as sales of consumer goods to residents. It can be used to analyze the impact of ex-factory prices on gross output value and value-added of the industrial sector.

城乡一体化住户收支与生活状况调查指标解释　Integrated Urban and Rural Households Survey on Income and Expenditures and Living Conditions

从 2012 年四季度起，国家统计局对分别进行的城乡住户调查实施了一体化改革，规范了城乡划分范围，统一了城乡居民收入指标名称、分类和统计标准，建立了城乡统一的一体化住户调查，并据此采集全国居民有关数据。

（1）居民可支配收入

居民可支配收入指居民可用于最终消费支出和储蓄的总和，即居民可用于自由支配的收入。既包括现金收入，也包括实物收入。按照收入的来源，可支配收入包含四项，分别为：工资性收入、经营净收入、财产净收入和转移净收入。

工资性收入　指就业人员通过各种途径得到的全部劳动报酬和各种福利，包括受雇于单位或个人、从事各种自由职业、兼职和零星劳动得到的全部劳动报酬和福利。

经营净收入　指住户或住户成员从事生产经营活动所获得的净收入，是全部经营收入中扣除经营费用、生产性固定资产折旧和生产税之后得到的净收入。计算公式为：

经营净收入=经营收入-经营费用-生产性固定资产折旧-生产税

财产净收入　指住户或住户成员将其所拥有的金融资产、住房等非金融资产和自然资源交由其他机构单位、住户或个人支配而获得的回报并扣除相关的费用之后得到的净收入。财产净收入包括利息净收入、红利收入、储蓄性保险净收益、转让承包土地经营权租金净收入、出租房屋净收入、出租其他资产净收入和自有住房折算净租金等。财产净收入不包括转让资产所有权的溢价所得。

转移净收入　计算公式为：转移净收入=转移性收入-转移性支出

转移性收入　指国家、单位、社会团体对住户的各种经常性转移支付和住户之间的经常性收入转移。包括养老金或退休金、社会救济和补助、政策性生产补贴、政策性生活补贴、救灾款、经常性捐赠和赔偿、报销医疗费、住户之间的赡养收入，本住户非常住成员寄回带回的收入等。转移性收入不包括住户之间的实物馈赠。

转移性支出　指调查户对国家、单位、住户或个人的经常性或义务性转移支付。包括缴纳的税款、各项社会保障支出、赡养支出、经常性捐赠和赔偿支出以及其他经常转移支出等。

（2）居民消费支出

居民消费支出是指居民用于满足家庭日常生活消费需要的全部支出，既包括现金消费支出，也包括实物消费支出。消费支出可划分为食品烟酒、衣着、居住、生活用品及服务、交通通信、教育文化娱乐、医疗保健以及其他用品及服务八大类。

食品烟酒 指用于各种食品和烟草、酒类的支出。

衣着 指与居民穿着有关的支出，包括服装、服装材料、鞋类、其他衣类及配件、衣着相关加工服务的支出。

居住 指与居住有关的支出，包括房租、水、电、燃料、物业管理等方面的支出，也包括自有住房折算租金。

生活用品及服务 指家庭及个人的各类生活品及家庭服务。包括家具及室内装饰品、家用器具、家用纺织品、家庭日用杂品、个人用品和家庭服务。

交通通信 指用于交通和通信工具及相关的各种服务费、维修费和车辆保险等支出。

教育文化娱乐 指用于教育、文化和娱乐方面的支出。

医疗保健 指用于医疗和保健的药品、用品和服务的总费用。包括医疗器具及药品，以及医疗服务。

其他用品及服务 指无法直接归入上述各类支出的其他用品与服务支出。

Since the fourth quarter of 2012, the NBS has launched its reform on the household survey programme, to form an integrated survey, instead of the two separate urban and rural household surveys. The reform regulates the division of urban and rural areas, integrates the concepts, classifications and standards, conducts the integrated household survey, and collects household data in the whole country thereafter.

(1) Disposable Income of Households

Disposable Income of Households refers to the income of households for purpose of final expenditure and savings. It includes income both in cash and in kind. By sources of income, disposable income includes four categories: income from wages and salaries, net business income, net income from properties and net income from transfer.

Income from Wages and Salaries refers to remuneration of labour and salaries from all kinds of sources, including those employed by other units or individuals, freelance work, part-time jobs, and sporadic labour.

Net Business Income refers to net income earned by households and their members engaged in production and business activities. It refers to the net income of operating revenue minus operating costs, depreciation of productive fixed assets, and production tax. The formula is:

Net Business Income=Operating Revenue-Operating Costs-Depreciation of Productive Fixed Assets-Production Tax

Net Income from Properties refers to the net income received as returns by households or members of financial assets, non-financial assets such as housing, to other institutions, households or individuals, and minus relevant costs. Net income from properties includes net income of interest, bonus income, net income of saving insurance, net income of rents of transferring management right of contract land, income of renting housing, income of renting other assets, net converted rents of self-owned housing. Net income from properties do not include premium of transferring ownership of assets.

Net Income from Transfer the formula is:

Net Income from Transfer=Income from Transfers-Expenditure from Transfer

Income from Transfer refers to the regular transfer from country, institutions, social communities to households and between households. It includes old-age and retirement pension, disaster relief funds, regular donation and compensation, applying for medical fees, supporting income between households, income from non-usual-residing members of households, etc. Income from transfer do not include presents in kinds between households.

Expenditure from Transfer refers to regular or deontic transfer from households to country, institutions, households or individuals. It includes taxes paid, expenditure of all kinds of social security, supporting expenditure, regular donation and compensation and other regular transfer expenditure, etc.

(2) Consumption Expenditure of Households

Consumption Expenditure of Households refers to all expenditure of households for living expenditure to satisfy family daily living. It includes expenditure in cash and in kind. It includes eight categories: food, tobacco and liquor; clothing; residence; household facilities, articles and services; transport and communications; education, cultural and recreational activities; health care and medical services, and miscellaneous goods and services.

Food, Tobacco and Liquor refers to expenditure for food, tobacco and liquor of all kinds.

Clothing refers to expenditure related to clothing, including clothes, clothing materials, footwear, other clothing and accessories, processing services related to clothing.

Residence refers to expenditure related to residence, including housing rents, water, electricity, fuel, property management, and including converted self-owned housing rents.

Household Facilities, Articles and Services refers to expenditure for family and individual articles for living purpose and family services. It includes furniture and interior decoration, home appliances, home textiles, household miscellaneous daily articles, personal articles, and family services.

Transport and Communications refers to expenditure for transport and communication and related services, maintenance and repairs, and vehicle insurance.

Education, Cultural and Recreational Activities refers to expenditure on education, cultural and recreational activities.

Health Care and Medical Services refers to expenditure on drugs, supplies and services of medical and health care. It includes medical appliances and drugs, and medical services.

Miscellaneous Goods and Services refers to expenditure of all kinds of expenditure of other articles and services that cannot divided into the category above.

2012 年及以前的分城镇和农村住户调查指标解释　Explanatory on Indicators before 2012

2012 年及以前年份，中国的住户调查一直分城乡分别开展。由于分别调查，农村与城镇居民收入、支出等指标的统计口径有所不同，数据也不完全可比，城镇调查城镇居民可支配收入，农村调查农村居民纯收入。城镇居民收入与支出数据，指现金收入或现金支出，不包括实物收支；其中，计算城镇居民人均可支配收入和消费支出时，不包括自有住房折算租金，也不包括购建房支出。农村居民收入与支出数据，分为总收支和现金收支，即农村居民的总收支部分包括了自产自用的实物收支；其中，计算农村居民人均纯收入和消费支出时，也不包括自有住房折算租金，但农村居民居住消费支出中，包括了购建房支出。

为了保持历史数据的可比，本年鉴中 2012 年及以前年份的数据和指标解释仍保持了原城镇住户调查和农村住户调查方案的原貌。

（1）城镇住户调查

城镇家庭人口　指居住在一起，经济上合在一起共同生活的家庭成员。凡计算为家庭人口的成员其全部收支都包括在本家庭中。

城镇居民家庭可支配收入　指家庭成员得到可用于最终消费支出和其他非义务性支出以及储蓄的总和，即居民家庭可以用来自由支配的收入。它是家庭总收入扣除交纳的个人所得税、个人交纳的社会保障支出以及记账补贴后的收入。计算公式为：

城镇居民家庭可支配收入=家庭总收入-交纳个人所得税-个人交纳的社会保障支出-记账补贴

（2）农村住户调查

农村住户　指农村常住户。农村常住户指长期(一年以上)居住在乡镇(不包括城关镇)行政管理区域内的住户，以及长期居住在城关镇所辖行政村范围内的农村住户。户口不在本地而在本地居住一年及以上的住户也包括在本地农村常住户范围内；有本地户口，但举家外出谋生一年以上的住户，无论是否保留承包耕地都不包括在本地农村住户范围内。

农村居民家庭纯收入　指农村住户当年从各个来源得到的总收入相应地扣除所发生的费用后的收入总和。计算公式为：

农村居民家庭纯收入=总收入-家庭经营费用支出-税费支出-生产性固定资产折旧-赠送农村内部亲友

纯收入主要用于再生产投入和当年生活消费支出，也可用于储蓄和各种非义务性支出。“农民人均纯收入”是按人口平均的纯收入水平，反映的是一个地区农村居民的平均收入水平。

Prior to 2012, household surveys in China were conducted separately in urban and rural areas. Statistical coverage of indicators of household income and expenditure of urban and rural households were different, data were not comparable completely. Disposable income was surveyed in urban households, and net income was surveyed in rural households. Income and expenditure of urban households refer to that in cash, not including physical payments; Among which, when calculating per capita disposable income and consumption, self-owned housing conversion rental is not included, and expenditure of purchasing housing is not included either. Income and expenditure of rural households are divided into that of total and in cash, that is, total income and expenditure include self-occupied physical payments; Among which, when computing per capita net income and expenditure of rural households, self-owned housing conversion rental is not included, but purchasing of housing is included in consumption expenditure of rural households.

For comparable reason, data prior to 2012 in this yearbook were still original urban households and rural households survey.

(1) Urban Household Survey

Population of Urban Households refer to members of households living and sharing economically together in the urban areas. All the income and expenditure of all the members of such households are included in the income and expenditure of the household.

Disposable Income of Urban Households refers to the actual income at the disposal of members of the households which can be used for final consumption, other non-compulsory expenditure and savings. This equals to total income minus income tax, personal contribution to social security and subsidy for keeping diaries in being a sample household. The following formula is used:

Disposable Income of Urban Households= total household income - income tax - personal contribution to social security - subsidy for keeping diaries for a sampled household

(2) Rural Households

Rural Households refer to usual resident households in rural areas. Usual resident households in rural areas are households residing on a long term basis(for more than one year) in the areas under the administration of township governments (not including county towns), and in the areas under the administration of villages in county towns. Households residing in the current addresses for over one year with their household registration in other places are still considered as resident households of the locality. For households with their household registration in one place but all members of the households having moved away to make a living in another place for over one year, they will not be included in the rural households of the area where they are registered, irrespective of whether they still keep their contracted land.

Net Income of Rural Households refers to the total income of rural households from all sources minus all corresponding expenses. The formula for calculation is as follows:

Net income of rural households = total income - household operation expenses - taxes and fees-depreciation of fixed assets for production - gifts to rural relatives.

Net income is mainly used as input for reinvestment in production and as consumption expenditure of the year, and also used for savings and non-compulsory expenses of various forms. "Per capita net income of farmers" is the level of net income averaged by population, reflecting the average income level of rural population in a given area.

农林牧渔业总产值 Gross Output Value of Agriculture, Forestry, Animal Husbandry and Fishery

指以货币表现的农、林、牧、渔业全部产品和对农林牧渔业生产活动进行的各种支持性服务活动的价值总量，它反映一定时期内农林牧渔业生产总规模和总成果。1957 年以前的农林牧渔业总产值中包括了厩肥和农民自给性手工业(如农民自制衣服、鞋、袜，自己从事粮食初步加工等)。1958 年及以后，林业中增加了村及村以下竹木采伐产值；牧业中取消了厩肥产值；副业中取消了农民自给性手工业产值，增加了村及村以下办的工业产值； 渔业中增加了海洋捕捞水产品产值。1980 年及以后，在副业中增加了农民家庭兼营工业商品部分的产值。从 1984 年起村及村以下工业产值划归工业。从 1993 年起取消副业，将野生动物的捕猎划入牧业，野生植物采集和农民家庭兼营商品性工业划归农业。从 2003 年起，执行新的国民经济行业分类标准，农林牧渔业总产值中包括了农林牧渔服务业产值。林业中增加了森林采运业产值。农业中取消了家庭兼营商品性工业产值，将野生林产品的采集划归林业。第一次农业普查以后，由于畜牧业产品年报数据与普查数据之间存在一定的差距，根据农业普查结果，对畜牧业年报数据和畜牧业产值进行了修正。2010 年执行《统计用产品分类目录》，对 2009 年的农业、林业产值做了相应调整。

农林牧渔业总产值的计算方法通常是按农、林、牧、渔业产品及其副产品的产量分别乘以各自单位产品价格求得；少数生产周期较长，当年没有产品或产品产量不易统计的，则采用间接方法匡算其产值；然后将四业产品产值及农林牧渔服务业产值相加即为农林牧渔业总产值。

Refers to the total value of products of agriculture, forestry, animal husbandry and fishery, and total value of services in support of agriculture, forestry, animal husbandry and fishery activities. It reflects the total scale and results of agricultural production during a given period. Prior to 1957, China's gross agricultural output value included barnyard manure and handicraft products for self-consumption (clothes, shoes, stockings, and initial grain processing undertaken by peasants). Since 1958, cutting and felling of bamboo and trees by villages and other cooperative organizations under villages have been included in forestry; value of barnyard manure has been excluded from animal husbandry; self-consumed handicrafts have not been included from side-line occupations, while the output value of industries run by villages and cooperative organizations under village has been included in side-line occupations; and the output value of fish catches by motor fishing boats has been added to fishery. Since 1980, the value of handicraft products made for sale by individuals in households has been added to side-line occupations. Since 1984, industries run by villages and under villages have been included in the sector of industry. Since 1993, the subdivision of side-line occupations has been cancelled, and the hunting of wild animals has been classified into animal husbandry, and the gathering of wild plants and commodity industry run by rural household have been included in farming. A new industrial classification of economic activities was introduced in 2003. Under the new classification, value of services to agriculture, forestry, animal husbandry and fishery is included in the gross output value of agriculture, value of wood felling and transport is included in forestry, value of industrial output by rural households is not included in agriculture. The First Agriculture Census of China revealed some discrepancy between the production of animal products from the annual reports and that from the census. According to the result of the First Agriculture census, efforts were made to adjust the annual reports of animal husbandry output and the output value of animal husbandry to make the figures from the annual reports consistent with the census data. "The Classification of Products for Statistical Purposes" implemented in 2010 made relevant revision on the output value of agriculture and forestry in 2009.

Gross output value of agriculture is obtained by multiplying the output of each product or by-product by its price, resulting in the output value of each single item. For a small number of products, annual output of which is not available or difficult to get due to the long production (growing) process involved, the output value is estimated through an indirect approach. The sum of output values of all products of agriculture, forestry, animal husbandry and fishery and services in support to those industries is then equal to the gross output value of agriculture.

粮食产量　Grain Output

指农业生产经营者日历年度内生产的全部粮食数量。按收获季节包括夏收粮食、早稻和秋收粮食，按作物品种包括谷物、薯类和豆类。其产量计算方法：谷物按脱粒后的原粮计算，豆类按去豆荚后的干豆计算；薯类(包括甘薯和马铃薯，不包括芋头和木薯)1963 年以前按每 4 公斤鲜薯折 1 公斤粮食计算，从 1964 年开始改为按 5 公斤鲜薯折 1 公斤粮食计算，2014 年开始按鲜薯计算；城市郊区作为蔬菜的薯类(如马铃薯等)按鲜品计算，并且不作粮食统计。1989 年以前全国粮食产量数据主要靠全面报表取得，1989 年开始使用抽样调查数据。薯类 2019 年开始按 5 公斤鲜薯 1 公斤粮食计算。

Refers to the total output of grains produced by agricultural producers within a calendar year. It includes summer grain, early rice and autumn grain if classified by harvest seasons; it covers cereal, tubers and beans if classified by type of crops. Output of cereal should be limited to husked grain only. Output of beans refers to dry beans without pods. The output of tubers (sweet potatoes and potatoes, not including taros and cassava) are converted into that of grain at the ratio 4∶1, i.e. 4 kilograms of fresh tubers were equivalent to 1 kilogram of grain up to 1963. Since 1964 the ratio for conversion has been 5∶1, and Starting from 2014, the ratio for conversion has been 1∶1. Tubers supplied as vegetables (such as potatoes) in cities and suburbs are calculated as fresh vegetables and their output is not included in the output of grain. Data on grain production before 1989 were obtained through the Comprehensive Statistical Reporting System. Since 1989, data from sample surveys are used.The output of tubers are converted into that of grain at the ratio 5：1 from 2019.

油料产量　Output of Oil-bearing Crops

指全部油料作物的生产量。包括花生、油菜籽、芝麻、向日葵籽、胡麻籽（亚麻籽）和其他油料。不包括大豆、木本油料和野生油料。花生以带壳干花生计算。

Refers to the total production of oil-bearing crops of various kinds, including peanuts (dry, in shell), rapeseeds, sesame, sunflower seeds, flax seeds, and other oil-bearing crops. Soybeans, oil-bearing woody plants, and wild oil-bearing crops are not included.

猪、牛、羊肉产量　Output of Pork, Beef, and Mutton

指当年出栏并已屠宰、除去头蹄下水后带骨肉(即胴体重)的重量。包括全社会范围内的产量。1996 年以前为全面统计并逐级上报数据。1996 年第一次农业普查以后，根据普查结果，对畜牧业主要年报数据进行了修正。1999 年以后，国家统计局在部分地区开展了猪、牛、羊、禽等主要畜禽品种的抽样调查，并用抽样数据作为国家定案数据使用。未开展抽样调查的地区和品种，仍使用各级统计部门逐级上报数据。2007 年，根据第二次农业普查结果，对 2000—2006 年畜牧业主要年报数据进行了修正。2008 年，建立了主要畜禽监测调查制度，猪、牛、羊、禽等主要畜禽数据均以抽样调查数为法定数据。

Refers to the meat of slaughtered hogs, cattle, sheep and goats with head, feet, and offal taken away. Data refers to the production of the whole country. Before 1996, it was a comprehensive reporting from the lower level to the upper one. The First Agricultural Census of China in 1996 revealed some discrepancy between the production of animal products from the annual reports and that from the census. Efforts were made to adjust the output value of animal husbandry to make the figures from the annual reports consistent with the census data. Since 1999, the NBS conducted sample surveys for the major animal husbandry products, such as hogs, cattle, sheep and goats and fowls, and the data from sample surveys are used as national finalized data. Those products, which are not covered by the sample survey, are still reported by statistical agencies level by level. In 2007, the data on animal husbandry from 2000 to 2006 were revised according to the results of the Second Agriculture Census of China. In 2008, A Monitoring and Survey Program was set up on main livestock, the data on the main livestock such as hog, cattle, sheep and poultry became the official data based on the sampling survey.

期初(末)畜禽存栏头(只)数　Number of Livestock or Poultry in Stock at Beginning (or End) of Period

指报告期初(末)农村各种合作经济组织和国有农场、农民个人、机关、团体、学校、工矿企业、部队等单位以及城镇居民饲养的大牲畜、猪、羊、家禽等畜禽的数量。数据上报方式及数据调整情况同猪、牛、羊肉产量。

Refers to the total number of large animals, pigs, sheep, fowls, etc. raised by rural cooperative organizations, State farms, rural individuals, government agencies, schools, industrial and mining enterprises, army, and urban residents at the beginning (or end) of the reference period. Data reporting system and data adjustment are the same as that in the output of pork, beef and mutton.

农作物播种面积　Sown Area of Crops

指农业生产经营者应在日历年度内收获农作物在全部土地（耕地或非耕地）上的播种或移植面积。凡是本年内收获的农作物，无论是本年还是上年播种，都算为播种面积，但不包括本年播种，下年收获的农作物面积。

Refers to area of all land (cultivated or non-cultivated area) sown or transplanted with crops that are harvested within the calendar year by agricultural producers. All crops harvested within the year are counted as sown area, regardless of being sown in this year or the previous year. Crops sown this year but will be harvested in the coming year are excluded.

耕地面积 Cultivated Area (Area under cultivation)

指年初可以用来种植农作物、经常进行耕锄的田地，除包括熟地、当年新开荒地、连续撂荒未满三年的耕地和当年的休闲地（轮歇地），还包括以种植农作物为主并附带种植桑树、茶树、果树和其他林木的土地，以及沿海、沿湖地区已围垦利用的“海涂”“湖田”等面积。但不包括属于专业性的桑园、茶园、果园、果木苗圃、林地、芦苇地、天然或人工草地面积。

Refers to farmland which is plowed constantly for growing crops, including cultivated land, newly cultivated land in the current year, farmland left without cultivation for less than three years and fallow land in the current year, rotation land, rotation land of grass and crops, farmland with some fruit trees, mulberry trees and other trees and cultivated seashore land, lake land, and etc. The land of mulberry fields, tea plantations, orchards, nurseries of young plants, forest land, reed land, natural and man-made grassland and other land are not included in cultivated land.

农用化肥施用量 Consumption of Chemical Fertilizers in Agriculture

指本年内实际用于农业生产的化肥数量，包括氮肥、磷肥、钾肥和复合肥。化肥施用量要求按折纯量计算数量。折纯量是指把氮肥、磷肥、钾肥分别按含氮、含五氧化二磷、含氧化钾的百分之百成分进行折算后的数量。复合肥按其所含主要成分折算。公式为：

折纯量=实物量×某种化肥有效成分含量的百分比

Refers to the quantity of chemical fertilizers applied in agriculture in the year, including nitrogenous fertilizer, phosphate fertilizer, potash fertilizer, and compound fertilizer. The consumption of chemical fertilizers is calculated in terms of volume of effective components by means of converting the gross weight of the respective fertilizers into weight containing effective component (e.g. nitrogen content in nitrogenous fertilizer, phosphorous pentoxide contents in phosphate fertilizer, and potassium oxide contents in potash fertilizer). Compound fertilizer is converted in regard to its major components. The formula is:

Volume of effective component= physical quantity× effective component of certain chemical fertilizer (%)

农业机械总动力 Total Power of Agricultural Machinery

指全部农业机械动力的额定功率之和。农业机械是指用于种植业、畜牧业、渔业、农产品初加工、农用运输和农田基本建设等活动的机械及设备。农机总动力按使用能源不同分为以下四部分：

柴油发动机动力：指全部柴油发动机额定功率之和；

汽油发动机动力：指全部汽油发动机额定功率之和；

电动机动力：指全部电动机（含潜水电泵的电动机）额定功率之和；

其他机械动力：指采用柴油、汽油、电力之外的其他能源，如水力、风力、煤炭、太阳能等动力机械功率之和。

这个指标的统计数据主要来源于农机部门。

Refers to the total rated capacity of all agricultural machinery. Agricultural machinery refers to the machineries and equipments which are used for activities of planting, animal husbandry, fishery, primary processing of agricultural products, agricultural transport and infrastructure construction of farmland. Total power of agricultural machinery is grouped into four parts according to the energy used:

Diesel engine power refers to the total rated capacity of all diesel engines.

Gasoline engine power refers to the total rated capacity of all gasoline engines.

Motor power refers to the total rated capacity of all motors (include submersible pump motors).

Other mechanical powers refer to the total mechanical capacity of the sources of energy besides diesel, gasoline and motor power, such as hydro power, wind power, coal and solar energy.

Data are mainly from agricultural machinery agencies.

工业 Industry

指从事自然资源的开采，对采掘品和农产品进行加工和再加工的物质生产部门。具体包括：(1) 对自然资源的开采，如采矿、晒盐等(但不包括禽兽捕猎和水产捕捞)；(2)对农副产品的加工、再加工，如粮油加工、食品加工、缫丝、纺织、制革等；(3)对采掘品的加工、再加工，如炼铁、炼钢、化工生产、石油加工、机器制造、木材加工等，以及电力、燃气及水的生产和供应等；(4)对工业品的修理、翻新，如机器设备的修理等。

工业统计调查单位为工业法人单位。

工业法人单位指从事工业生产经营活动的法人单位。工业法人单位应同时具备以下条件：①依法成立，有自己的名称、组织机构和场所，能够独立承担民事责任；②独立拥有（或授权）使用资产，承担负债，有权与其他单位签订合同；③具有包括资产负债表在内的账户，或者能够根据需要编制账户。

Refers to the material production sector which is engaged in the extraction of natural resources and processing and reprocessing of minerals and agricultural products, including (1) extraction of natural resources, such as mining, salt production (but not including hunting and fishing); (2) processing and reprocessing of farm and side-line produces, such as grain and oil processing, food processing, silk reeling, spinning and weaving and leather making; (3) processing and reprocessing of mineral products, such as steel making, iron smelting, chemicals manufacturing, petroleum processing, machine building, timber processing, and production and supply of electricity, gas and water; (4) repairing and renovating of industrial products such as the machinery.

In industrial surveys, the units of enquiry are industrial corporate units.

Industrial corporate units refer to corporate units engaging in industrial production and operation activities, which meet the following requirements: (1) They are established legally, having their own names, organizations, location, and are able to take civil liability independently; (2) They possess (or are authorized to use) assets independently, assume liabilities and are entitled to sign contracts with other units; (3) They have accounts including the balance sheets or can compile the accounts according to the need.

国有控股企业 State-holding Enterprises

即原来的国有及国有控股企业，根据企业实收资本中国有经济成分的出资人的实际投资情况，或国有经济成分的出资人对企业资产的实际控制、支配程度进行分类。以下情况为国有控股：(1）在企业的全部实收资本中，国有经济成分的出资人拥有的实收资本（股本）所占企业全部实收资本（股本）的比例大于50%的国有绝对控股。(2）在企业的全部实收资本中，国有经济成分的出资人拥有的实收资本（股本）所占比例虽未大于 50%，但相对大于其他任何一方经济成分的出资人所占比例的国有相对控股；或者虽不大于其他经济成分，但根据协议规定拥有企业实际控制权的国有协议控股。(3）投资双方各占 50%，且未明确由谁绝对控股的企业，若其中一方为国有经济成分的，一律按国有控股处理。

Cover the original state-owned enterprises and state-holding enterprises. They are classified according to the actual investment made by the contributor of state-owned part in the paid-in capital of the enterprises, or the degree of control or dominance of the contributor on the assets of the enterprises. The following cases are regarded as state-holding: (1) Absolute state-holding in which the contributors of state-owned parts possess more than 50% of all the paid-in capital (stocks) of the enterprises; (2) Relative state-holding in which the contributors of state-owned parts possess no more than 50% of the paid-in capital (stocks) of the enterprises, but more than that of any other contributors; or Agreed state-holding in which the contributors of state-owned parts possess no more than other contributors but have actual control over the enterprises according to agreements; (3) In the case both contributors possess 50% and it is not clear which one is in absolute holding position, the enterprise is regarded as state-holding enterprise if one of the contributor has state-owned elements.

资产总计 Total Assets

指企业过去的交易或者事项形成的、由企业拥有或者控制的、预期会给企业带来经济利益的资源。资产一般按流动性分为流动资产和非流动资产。其中流动资产可分为货币资金、交易性金融资产、应收票据、应收账款、预付款项、其他应收款、存货等；非流动资产可分为长期股权投资、固定资产、无形资产及其他非流动资产等。来源于会计“资产负债表”中“资产总计”项目的期末余额数。

Refers to all resources that are owned or controlled by enterprises through previous trades or transactions with expectation of making economic profits. Classified by the degree of liquidity, total assets include current assets and non-current assets. Current assets can be classified into monetary capital, trading financial assets, notes receivable, accounts receivable, advanced payments, other receivables and inventories. Non-current assets can be divided into long-term equity investment, fixed assets, intangible assets and other non-current assets. Data on this indicator can be obtained from the year-end figures of total assets in the Balance Sheet of accounting records.

流动资产合计 Total Current Assets

资产满足以下条件之一应归为流动资产：（1）预计在一个正常营业周期中变现、出售或耗用，主要包括存货、应收账款等；（2）主要为交易目的而持有；（3）预计在资产负债表日起一年内（含一年）变现；（4）自资产负债日起一年内，交换其他资产或清偿负债的能力不受限制的现金或现金等价物。包括货币资金、应收票据、应收账款、存货等项目。来源于会计“资产负债表”中“流动资产合计”项目的期末余额数。

Refers to the assets that meet one of the following requirements: (1) expected to be cashed, sold or used in a normal operation cycle, mainly including inventory and accounts receivable; (2) be owned for trading purpose mainly; (3) expected to be cashed in one year (including one year) from the day of the Balance Sheet; (4) unlimited cash or cash equivalents that can be exchanged with other assets or being capable of settling debts during one year since the day of the Balance Sheet. Included are monetary capital, notes receivable, accounts receivable and inventories. Data on this indicator can be obtained from the year-end figures of total current assets in the Balance Sheet of accounting records.

负债合计 Total Liabilities

指企业过去的交易或者事项形成的，预期会导致经济利益流出企业的现时义务。负债一般按偿还期长短分为流动负债和非流动负债。来源于会计“资产负债表”中“负债合计”项目的期末余额数。

Refers to payable liabilities of enterprises that accumulated from previous trades or transactions with expectation of economic profits leaking out. In terms of payment, it can be divided into liquid liabilities and long-term liabilities. Data on this indicator can be obtained from the year-end figures of total liabilities in the Balance Sheet of accounting records.

主营业务收入 Revenue from Principal Business

指企业确认的销售商品、提供劳务等主营业务的收入。来源于会计“主营业务收入”科目的期末贷方余额（结转前）。

Refers to the income confirmed of an enterprise from the principal business of selling products and providing labor services. Data on this indicator can be obtained from the year-end credit balance of “revenue from principal business” in the accounting record of enterprise (before carryover).

主营业务成本 **Cost of Principal Business**

指企业经营主要业务所发生的成本总额。来源于会计“主营业务成本”科目的期末借方余额（结转前）。

Refers to the total cost occurred from the principal business of the enterprise. Data can be obtained from the year-end debit balance of “cost of principal business” in the accounting record of enterprise (before carryover).

销售费用 Selling Expense

指企业在销售商品和材料、提供劳务的过程中发生的各种费用，包括保险费、包装费、展览费和广告费、商品维修费、预计产品质量保证损失、运输费、装卸费等以及为销售本企业商品而专设的销售机构（含销售网点、售后服务网点等）的职工薪酬、业务费、折旧费等经营费用。

Refers to the cost during the sale of goods and materials, providing labour services, including insurance, packing, exhibition fees and advertising fees, merchandise maintenance costs, expected product quality guarantee loss, transportation fees, handling fees, and operating expenses for the sales of the company's products such as employee compensation, business expenses, depreciation costs for dedicated sales offices (including sales outlets, after-sales service outlets, etc.).

管理费用 Administrative Expense

指企业为组织和管理企业生产经营所发生的费用，包括企业在筹建期间内发生的开办费、董事会和行政管理部门在企业经营管理中发生的，或者应当由企业统一负担的公司经费等。来源于会计“利润表”中“管理费用”项目的本期金额数。

Refers to the expenses for the organization and management of enterprise operating, including the start-up costs during the construction of enterprises, funds occurred during enterprises operating by board of directors and executive management in the enterprise management, or burden by enterprises. It comes from current amount of management cost in income statement.

财务费用 Financial Expenses

指企业为筹集生产经营所需资金等而发生的筹资费用，包括企业生产经营期间发生的利息支出（减利息收入）、汇兑损失（减汇兑收益）以及相关的手续费等。来源于会计“利润表”中“财务费用”项目的本期金额数。

Refers to cost of raising fund for enterprises to raise funds for production and operation, including interest payments (a reduction in interest income), exchange loss (less exchange gains) and related fees during the period of production. It comes from current amount of financial expenses in income statement.

利润总额 Total Profits

指企业在一定会计期间的经营成果，是生产经营过程中各种收入扣除各种耗费后的盈余，反映企业在报告期内实现的盈亏总额。来源于会计“利润表”中“利润总额”项目的本期金额数。

Refers to the operation results in a certain accounting period, and it is the balance of various incomes minus various spendings in the course of operation, reflecting the total profits and losses of enterprises in reference period. Data are obtained from the amount of total profits in the profit statement of the accounting record of enterprise.

平均用工人数 Annual Average Employees

指报告期企业平均实际拥有的、参与本企业生产经营活动的人员数。

Refers to the number of persons engaged in the enterprise production and operation activities in the reporting period, which are actually owned by the enterprise.

建筑业统计单位 Statistical Unit in Construction Industry

指从事房屋、构筑物建造和设备安装活动的法人企业。建筑业法人企业应具有建筑业资质并能够独立核算，同时还应具备以下条件：①依法成立，有自己的名称、组织机构和场所，能够承担民事责任；②独立拥有和使用资产，承担负债，有权与其他单位签订合同；③独立核算盈亏，能够编制资产负债表。

Refers to a corporate enterprise engaged in the construction of buildings and structures and in the installation of equipment. A corporate construction enterprise should have qualification certificates with independent accounting system, and should meet the following 3 requirements: a) being set up in line with relevant legal basis, having its full name, organization and location, and capable of taking civil liabilities; b) independently possessing and using its assets and assuming its liabilities, and entitled to sign contracts with other institutions; and c) making independent accounts of its profits and losses, and capable of compiling its own balance sheet.

建筑业总产值 Gross Output Value of Construction

是以货币形式表现的建筑业企业在一定时期内生产的建筑业产品和提供服务的总和。建筑业总产值包括：

⑴建筑工程产值：指列入建筑工程预算内的各种工程价值。

⑵安装工程产值：指设备安装工程价值，不包括被安装设备本身的价值。

⑶其他产值：建筑业总产值中除建筑工程、安装工程以外的产值。包括房屋构筑物修理产值、非标准设备制造产值、总包企业向分包企业收取的管理费以及不能明确划分的施工活动所完成的产值。

a.房屋构筑物修理产值：指房屋和构筑物修理所完成的产值，但不包括被修理房屋、构筑物本身价值和生产设备的修理价值。

b.非标准设备制造产值：指加工制造没有定型的非标准生产设备的加工费和原材料价值(如化工厂、炼油厂用的各种罐、槽，矿井生产统一使用的各种漏斗、三角槽、阀门等)以及附属加工厂为本企业承建工程制作的非标准设备的价值。

Refers to total of construction products and services, expressed in money terms, produced or rendered by construction and installation enterprises during a given period of time. It includes:

(1) Output value of construction projects: the value of projects covered by the project budgets;

(2) Output value of installation projects: the value of the installation of equipment, (excluding the value of the equipment to be installed);

(3) Other output values: the output value of construction industry apart from that of construction projects and installation projects. It includes: output value of repair of buildings and structures; output value of non-standard equipment manufacturing; overhead expenses received by contracted enterprises from the sub-contracted enterprises and the completed output value of construction activities for which there is no clear definition.

a. Output value of repair of buildings and structures: the value created through the repairs of buildings or structures. It does not include the value of buildings or structures being repaired and the value of the repair of production equipment;

b. Output value of manufactured non-standard equipment: the value of non-standard production equipment, including raw materials and manufacturing cost, made for the construction project (i.e., chemical plant; kettles or tanks used by refineries; various fillers, triangle tanks, valves used by mines). It also includes the output value of equipment manufactured by subsidiary workshops.

建筑业增加值 Value-added of Construction

指建筑业企业在报告期内以货币形式表现的建筑业生产经营活动的最终成果。

从 2004 年第一次全国经济普查开始，建筑业现价增加值按生产法和分配法(收入法)两种方法计算，以收入法的计算结果为准，即从收入的角度出发，根据生产要素在生产过程中应得的收入份额计算。具体计算方法：经济普查年度建筑业增加值按照《经济普查年度 GDP 核算方案》计算，非经济普查年度建筑业增加值按照《非经济普查年度 GDP 核算方案》计算。

Refers to the final result of the activities of production and operation of enterprises of the construction industry in monetary terms during the reference period.

Starting from the 2004 economic census, value-added of construction is calculated by both production approach and income approach, with the figures from the income approach as the final figures. Under the income approach, calculation starts from the perspective of income and is based on the share of income derived from the production process by the relevant factors of production. Specifically, value-added of construction for the Census years is calculated in accordance with the *Programme of Compilation of GDP and National Accounts for the Year of Economic Census*, and value-added of construction for other years is calculated in accordance with the *Programme of Compilation of GDP and National Accounts for the Non-Economic Census Years*.

房屋施工面积　Floor Space of Buildings

指报告期内施工的全部房屋建筑面积，包括本期新开工的房屋建筑面积、上期跨入本期继续施工的房屋建筑面积、上期停缓建在本期恢复施工的房屋建筑面积、本期竣工的房屋建筑面积及本期施工后又停缓建的房屋建筑面积。

Refers to floor space of buildings under construction in the reference period, including the space of buildings for which construction has newly started; buildings for which construction has started earlier and is continuing during the reference period; and buildings for which construction has been suspended earlier but has restarted during the reference period; buildings completed during the reference period; and buildings under construction but construction has subsequently been during the reference period.

房屋竣工面积　Floor Space of Buildings Completed

指报告期内房屋建筑按照设计要求已全部完工，达到住人和使用条件，经验收鉴定合格或达到竣工验收标准，可正式移交使用的各栋房屋建筑面积的总和。

Refers to the total floor space of each building that has been completed in the reference period in accordance with the requirements of the design, up to the standard for being resided in and put into use, or has been checked and accepted by departments concerned as qualified ones or up to the standard of buildings completed and can be handed over for putting into use.

公路里程 Length of Highways

指报告期末公路的实际长度。统计范围：包括城间、城乡间、乡（村）间能行驶汽车的公共道路，公路通过城镇街道的里程，公路桥梁长度、隧道长度、渡口宽度。不包括城市街道里程，断头路里程，农（林）业生产用道路里程，工（矿）企业等内部道路里程。统计原则：按已竣工验收或交付使用的实际里程计算；两条或多条公路共同经由同一路段的重复里程，只计算一次。

Refers to the actual length of highways at the end of reference period. It covers public roads running vehicles among cities, city and rural areas, township (villages), highways passing through streets at small cities and towns, length of bridges and tunnels, width of ferry piers. It does not include the length of streets in cities, dead end highways, the length of streets built for agricultural (forest) production and inside factories (mines). It can only be calculated with the actual mileage having been completed, checked and accepted or put into operation. If two or more highways go the same section of the way, the length of the section is only calculated for once.

货(客)运量 Freight (Passenger) Traffic

指在一定时期内，各种运输工具实际运送的货物重量(旅客数量）。货运按吨计算，客运按人计算。货物不论运输距离长短、货物类别，均按实际重量统计。旅客不论行程远近或票价多少，均按一人一次客运量统计；半价票、儿童票也按一人统计。

Refers to the weight of freight (number of passenger) transported with various means within a specific period of time. Freight transport is calculated in tons and passenger traffic is calculated in terms of number of persons. Freight transport is calculated in terms of the actual weight of the goods and takes no account of the type of freight and distance of travel. Passenger traffic is calculated by the principle that one person can be counted only once in one trip and takes no account of the travelling distance and ticket price. The passengers who travel with a half-price ticket or a child’s ticket is also calculated as one person.

货物(旅客)周转量 Freight Ton-kilometres (Passenger-kilometres)

指在一定时期内，由各种运输工具运送的货物(旅客)数量与其相应运输距离的乘积之总和。该指标可以反映运输业生产的总成果，也是编制和检查运输生产计划，计算运输效率、劳动生产率以及核算运输单位成本的主要基础资料。计算货物周转量通常按发出站与到达站之间的最短距离，也就是计费距离计算。计算公式为：

货物（旅客）周转量=Σ（货物（旅客）运输量×运输距离）

Refers to the sum of the product of the volume of transported cargo (passengers) multiplied by the transport distance. It is an important indicator to reflect the achievement of the transportation industry. This is an important indicator to show the total results of the transport industry; to prepare and examine the transport plan; and to serve as the main basic data for calculating the efficiency, labour productivity and unit cost of transport. Normally, the shortest distance between the departure station and the destination station (i.e., the payable distance) is the basis in calculating the freight ton-kilometres. The formula is as follows:

Freight ton-kilometres(passenger-kilometres)= Σ freight(passenger)traffic × distance of transportation

民用汽车拥有量 Possession of Civil Motor Vehicles

指报告期末，在公安交通管理部门按照《机动车注册登记工作规范》，已注册登记领有民用车辆牌照的全部汽车数量。汽车拥有量统计的主要分类：根据汽车结构分为载客汽车、载货汽车及其他汽车；根据汽车所有者不同分为个人(私人)汽车、单位汽车；根据汽车的使用性质分为营运汽车、非营运汽车；根据汽车大小规格不同，载客汽车分为大型、中型、小型和微型，载货汽车分为重型、中型、轻型和微型。

Refer to the total numbers of vehicles that are registered and received vehicles license tags according to the *Work Standard for Motor Vehicles Registration* formulated by the Transport Management Office under the department of public security at the end of the reference period. They are divided into categories. According to the structure of motor vehicles, they are divided into passenger vehicles, trucks and others; according to ownership into private vehicles and vehicles for the unit's use; according to kind of usage into working vehicles and non-working vehicles; and according to size of vehicles into large passenger vehicles, medium-sized passenger vehicles, small passenger vehicles and mini passenger vehicles, heavy trucks, light-heavy trucks, light trucks and mini-trucks.

邮政、电信业务总量　Business Volume of Post and Telecommunications

指以货币形式表示的邮政、电信通信企业为社会提供各类邮政、电信通信服务的总数量。计算方法为各类业务的实物量分别乘以相应的不变单价，求出各类业务的货币量加总求得。没有不变单价的业务按其业务收入直接相加。

Refers to the total amount of postal and telecommunication services, expressed in value terms, provided by the post and telecommunications departments for society. Business volume of post and telecommunications is the sum of each service in kind multiplying with its correspondent unit price (constant price). Business without constant price add their business revenue directly.

移动电话用户　Mobile Telephone Subscribers

指在电信运营企业营业网点办理开户登记手续，通过移动电话交换机进入移动电话网，占用移动电话号码的各类电话用户。包括各类签约用户、智能网预付费用户、无线上网卡用户。

Refer to persons who have gone through registration procedures in the operation points of enterprises engaged in telecommunications and are hence connected with the mobile telephone communication network through the mobile telephone switchboards and occupy mobile phone numbers. Included are various types of subscriber, prepaid users for intelligent network and wireless network card users.

固定电话用户　Local Telephone Subscribers

指在电信企业营业网点办理开户登记手续并已接入固定电话网上的全部电话用户。包括普通电话用户、无线市话用户、公用电话用户、窄带综合业务数字网（N—ISDN）用户、智能网专用接入终端用户等。

Refer to all subscribers who have gone through registration procedures in the operation points of enterprises engaged in telecommunications and are hence connected to the local telecommunications service provider through fixed line network. Included are general subscribers, wireless local telephone subscribers, public telephones subscribers, N-ISDN subscribers and intelligent network terminal subscribers.

城市电话用户　Urban Telephone Subscribers

指按行政区划属于中央直辖市、省辖市、地级市、县级市的市区、市郊区及县城区范围内的电话用户数。包括分布在农村地区但以县团级以上建制的独立工矿区、林区、驻军的电话用户。

Refer to the number of telephone subscribers, located at the municipalities directly under the Central Government, cities under the jurisdiction of province, cities at prefecture level, downtown and suburb of city at county level town and county towns according to the administrative division, including subscribers in rural mineral area, forest area, military area that are at or above county level.

农村电话用户　Rural Telephone Subscribers

指按行政区划属于城市范围以外的乡（镇）、村电话用户。

Refer to telephone subscribers, located at the towns and villages outside the coverage of urban areas according to the administrative division.

长途电话交换机容量　Capacity of Long Distance Telephone Exchanges

指电信企业用于接入长途电话网的电话交换机的设备额定容量。

Refers to the rated capacity of telephone exchanges to connect long distance telephone network by enterprises engaged in telecommunications.

局用交换机容量　Capacity of Office Telephone Exchanges

指安装在电信企业内用于接续本地固定电话的电话交换机容量，包括接入网设备容量（安装在电信运营企业用于连接语音用户的远端节点的设备容量）。

Refers to the capacity (measured in gate) of telephone exchanges installed in the offices of telecommunication service providers for communication between fixed telephones. It includes the capacity of access network equipment (capacity of equipment installed in the offices of telecommunication service providers for connecting distant nodes of voice users).

移动电话交换机容量　Capacity of Mobile Telephone Exchanges

指移动电话交换机根据一定话务模型和交换机处理能力计算出来的最大同时服务用户的数量。按报告期末已割接入网正式投入使用的设备实际容量统计。

Refers to the capacity of the maximum services provided to subscribers at any one time as computed based on a certain model of calls distribution and transacting capacity of the mobile telephone exchanges. It is calculated based on the actual capacity of equipments connected to network through cutover and put into operation officially at the end of the reference period.

社会消费品零售总额　Total Retail Sales of Consumer Goods

指企业（单位、个体户）通过交易直接售给个人、社会集团非生产、非经营用的实物商品金额，以及提供餐饮服务所取得的收入金额。个人包括城乡居民和入境人员，社会集团包括机关、社会团体、部队、学校、企事业单位、居委会或村委会等。

Refer to the amount obtained by enterprises (units, self-employed individuals) through direct sales of non-production and non-business physical commodity to individuals, social institutions, and revenue from providing catering services. Individuals include rural and urban households, population from abroad, social institutions include government agencies, social organizations, military units, schools, institutions, neighbourhood (village) committees.

批发业　Wholesale Trade

指向其他批发或零售单位（含个体经营者）及其他企事业单位、机关团体等批量销售生活用品、生产资料的活动，以及从事进出口贸易和贸易经纪与代理的活动，包括拥有货物所有权，并以本单位(公司)的名义进行交易活动,也包括不拥有货物的所有权，收取佣金的商品代理、商品代售活动；还包括各类商品批发市场中固定摊位的批发活动，以及以销售为目的的收购活动。

Refers to the activities of selling wholesale commodities for daily use and capital goods to enterprises of wholesale and retail trades (including self-employed individuals) and other enterprises, institutions and government organs and organizations, and the activities of engaging in import and export and acting as a trade agent. The wholesaler may have the ownership of the commodities for wholesale and trade in the name of its own (a company), and the wholesaler can act as commission agent or commodity broker without the ownership of commodities. Also included are the wholesale activities at the fixed stalls in wholesale market and the acquisition for sales purpose.

零售业　Retail Trade

指百货商店、超级市场、专门零售商店、品牌专卖店、售货摊等主要面向最终消费者（如居民等）的销售活动，以互联网、邮政、电话、售货机等方式的销售活动，还包括在同一地点，后面加工生产，前面销售的店铺（如面包房）；谷物、种子、饲料、牲畜、矿产品、生产用原料、化工原料、农用化工产品、机械设备（乘用车、计算机及通信设备除外）等生产资料的销售不作为零售活动；多数零售商对其销售的货物拥有所有权，但有些则是充当委托人的代理人，进行委托销售或以收取佣金的方式进行销售。

Refers to the activities of department store, supermarket, franchised store, brand store, retail stall and on-the-spot-making-selling store selling commodities to the final consumers (residents) by any means including internet, post, telephone, sales machine. It also includes shops with sales and production located in the same places (such as bakeries). Retail trade excludes the activities of sales of capital goods such as grain, seed, feed, livestock, mineral products, raw material for production, industrial chemicals, chemical products for agricultural use, machine and equipment (excluding vehicles, computers and communication equipment). Most retailers have the ownership of commodities to sell, but some are acting as agents or brokers to make transactions for a commission.

批发和零售业商品购进、销售、库存额　Purchase, Sales and Stock of Commodities by Wholesale and Retail Trades

指各种登记注册类型的批发和零售业企业(单位)以本企业(单位)为总体的，从国内、国外市场购进的商品总量，销售和出口的商品总量，库存的商品总量等情况。该指标可以反映商品流转过程中商品的购进、销售、库存之间的比例关系和存在的问题。

Refer to the total volume of commodities purchased, total volume of sales and exports, and the stock of commodities by wholesale and retail enterprises (establishments) of different status of registration from domestic and overseas markets. This indicator reflects the relationship among purchase, sales and stock of commodities in the circulation of goods and reveals the existing problems.

商品购进额　Total Purchases of Commodities

指从本企业以外的单位和个人购进（包括从国外直接进口）作为转卖或加工后转卖的商品金额（含增值税）。商品购进包括：（1）从工农业生产者、批发和零售业企业、住宿和餐饮业企业、出版社或报社的出版发行部门和其他服务业企业购进的商品；（2）从机关团体、事业单位购进的商品；（3）从海关、市场管理部门购进的缉私和没收的商品；（4）从居民收购的废旧商品等。不包括：（1）企业为本单位自身经营用，不是作为转卖而购进的商品，如材料物资、包装物、低值易耗品、办公用品等；（2）未通过买卖行为而收入的商品，如接受其他部门移交的商品、借入的商品、收入代其他单位保管的商品、其他单位赠送的样品、加工回收的成品等；（3）经本单位介绍，由买卖双方直接结算，本单位只收取手续费的业务；（4）销售退回和买方拒付货款的商品；（5）商品溢余。

Refer to the total value of purchases of commodities by enterprises (establishments) from other establishments or individuals (including direct import from abroad) for the purpose of re-selling, either with or without further processing of the commodities purchased. The commodities include: (1) commodities purchased from agricultural and industrial producer, wholesaler, retailer, publishing house and other service business; (2) commodities purchased from institutions and government departments; (3) confiscated goods purchased from the customs authorities or market management agencies; (4) second-hand goods and wastes purchased from residents. The commodities exclude (1) commodities purchased by enterprises (establishments) for use in their own business operation, commodities obtained without buying or selling procedures such as materials, consumable goods of low value, office appliance, etc. (2) received goods without trading, such as goods handed over from others, borrowed goods, preserved goods for others, donated goods from others, processed and retrieved goods, etc. (3) goods of direct settlement between buyer and seller with handling fees introduced by others; (4) goods returned or refused to pay by the buyer; (5) excessive goods.

商品销售额　Total Sales of Commodities

指对本单位以外的单位和个人出售的商品金额（包括售给本单位消费用的商品，含增值税）。商品销售包括：（1）售给城乡居民和社会集团消费用的商品；（2）售给农业、工业、建筑业、服务业等国民经济各行业用于生产、经营用的商品，包括售予批发和零售业作为转卖或加工后转卖的商品；（3）对国（境）外直接出口的商品。不包括：（1）未通过买卖行为付出的商品，如随机构变动移交给其他企业单位的商品、借出的商品、归还受其他单位委托代保管的商品、付出的加工原料和赠送给其他单位的样品等；（2）经本单位介绍，由买卖双方直接结算，本单位只收取手续费的业务；（3）购货退回的商品；（4）商品损耗和损失；（5）出售本单位自用的废旧物资。

Refer to value of commodities sold by the establishments to other establishments and individuals (including goods sold for self-consumption, including the value-added tax). The commodities include: (1) commodities sold to urban and rural residents and social groups for their consumption; (2) commodities sold to establishments in all industries for their production and operation, including agriculture, industry, construction, and catering services including commodities sold to wholesale and retail establishments for re-selling, with or without further processing; and (3) commodities for direct export to abroad. Excluded are (1) extended commodities without trading, such as goods handed over to other enterprises and institutions because of the change of organizations, lent goods, returned goods preserved for others, extended processing materials and samples donated to others; (2) goods of direct settlement between buyer and seller with handling fees introduced by others; (3) goods returned after purchase; (4) damaged and spoiled goods; (5) waste and used goods of self-use.

商品库存额 Total Stock of Commodities

对于批发和零售业法人单位和个体经营户，是指报告期末取得所有权的全部商品金额（含增值税）；对于批发和零售业产业活动单位，是指报告期末实际在库且归属法人具有所有权的全部商品金额（含增值税）。库存商品包括：(1)存放在本单位(如门市部、批发站、采购站、经营处)的仓库、货场、货柜和货架中的商品；(2)挑选、整理、包装中的商品；(3)已记入购进而尚未运到本单位的商品，即发货单或银行承兑凭证已到而货未到的商品；(4)寄放他处的商品，如因购货方拒绝付款而暂时存在购货方的商品；(5)委托其他单位代销(未作销售或调出)尚未售出的商品；(6)代其他单位购进尚未交付的商品。不包括：所有权不属于本单位的商品；委托外单位加工的商品；外贸企业代理其他单位从国外进口，尚未付给订货单位的商品；代国家储备部门保管的商品。

For the legal entities and self-employed individuals engaged in wholesale and retail trade, it refers to total value (including VAT) of commodities possessed at the end of the reference period; and for wholesale and retail establishments, it refers to the value (including VAT) of all commodities actually in stock and owned by their legal persons at the end of reference period. The commodities in stock includes: (1) commodities located in storage, garages, counters, and shelves of operating places of wholesale and retail trades (such as sale stores, wholesale centres, procurement stations and operating offices); (2) commodities in the process of being selected, sorted, and packed; (3) commodities not arrived but recorded as purchase in the account, i.e. commodities not arrived but payment receipts for the commodities from the sellers or the banks arrived; (4) commodities deposited in other places rather than places mentioned above, for instance: commodities in the hold of purchasers temporarily due to the refusal of payment; (5) commodities entrusted to other units to sell but not sold yet; (6) commodities purchased for other units but not delivered yet. Commodities not included as stock are those not owned by the enterprises (units), commodities on commission for processing, imported commodities of agency of foreign trade enterprise but not yet delivered to ordering units and finally those put in stock on behalf of the state reserves units.

亿元以上商品交易市场 Large Commodity Markets with Transaction Value over 100 Million

指年成交额在亿元及以上的商品交易市场。商品交易市场是指经有关部门和组织批准设立，有固定场所、设施，有经营管理部门和监管人员，若干市场经营者入内，常年或实际开业三个月以上，集中、公开、独立地进行生活消费品、生产资料等现货商品交易以及提供相关服务的交易场所，包括各类消费品市场、生产资料市场等。

Refers to the commodity markets with an annual transaction at and above 100 million. The commodity market refers to the markets approved and managed by related departments, where there are fixed sites, facilities, managers and administration offices, where there are a certain number of traders to operate for three month and above or all the year, where the commodities including the articles for daily consumption and capital goods and services are traded in a centralized, independent and open way. Such market includes markets of daily goods and market of capital goods, etc.

住宿业 Hotel Services

指为旅行者提供短期留宿场所的活动，有些单位只提供住宿，也有些单位提供住宿、饮食、商务、娱乐一体的服务，不包括主要按月或按年长期出租房屋住所的活动。

Refer to the accommodation services provided to visitors. Some units may provide only accommodation while others provide a combination of accommodation, meals, business services and/or recreational facilities. It excludes activities related to the provision of long-term primary residences in facilities such as apartments typically leased on a monthly or annual basis.

餐饮业 Catering Services

指通过即时制作加工、商业销售和服务性劳动等，向消费者提供食品和消费场所及设施的服务。

Refer to the activities of providing foods, serving locations and facilities to customers through instant processing, commercial sales and service-type labour.

营业额　Business Revenue

指住宿和餐饮业单位在经营活动中因提供服务或销售商品等取得的收入。包括：客房收入、餐费收入、商品销售额（含增值税）和其他收入。其中，客房收入指住宿和餐饮业单位在经营活动中因提供住宿服务取得的收入。餐费收入指本单位为顾客提供就餐服务取得的收入，包括：经烹饪、调制加工后出售的各种食品，如主食、炒菜、凉拌菜等的收入。

Refers to revenue of hotels and catering services received from providing services or selling commodities through business activities, including income from hotels, from catering services, from selling of commodities (including VAT) and from other services. Income from hotels refers to income of hotels and catering services by providing lodging services through business activities. Income from catering services refers to income from providing catering services, including selling of cooked or prepared foods, such as staple food, cooked dishes, or cold dishes.

入境游客　Overseas Visitor Arrivals

指报告期内来中国（大陆）观光、度假、探亲访友、就医疗养、购物、参加会议或从事经济、文化、体育、宗教活动的外国人、港澳台同胞等游客（即入境旅游人数）。统计时，入境游客按每入境一次统计 1 人次。入境旅游人数包括入境过夜游客和入境一日游游客。

Refers to the number of tourists of foreigners, Chinese compatriots from Hong Kong, Macao and Taiwan who come to China (mainland) within the reference period for sight-seeing, vacation, visiting relatives, medical treatment, shopping, attending conference, or to engage in economic, cultural, sports and religious activities (namely the number of overseas visitor arrivals). In compiling statistics, each arrival is counted as one person-time. The number of overseas visitor arrivals includes inbound overnight tourists and one-day tourists.

国内游客　Number of Domestic Tourists

指报告期内在中国（大陆）观光游览、度假、探亲访友、就医疗养、购物、参加会议或从事经济、文化、体育、宗教活动的中国（大陆）居民人数，其出游的目的不是通过所从事的活动谋取报酬。统计时，国内游客按每出游一次统计 1 人次。

Refers to the number of Chinese (mainland) residents who travel within China (mainland) for sight-seeing, vacation, visiting relatives, medical treatment, shopping, attending conference, or to engage in economic, cultural, sports and religious activities. In compiling statistics, each time of travelling is counted as one person-time.

国际旅游(外汇)收入　Foreign Exchange Earnings from International Tourism

指入境游客在中国（大陆）境内旅行、游览过程中用于交通、参观游览、住宿、餐饮、购物、娱乐等全部花费。

Refers to the total expenditure of foreigners, overseas Chinese, Chinese compatriots from Hong Kong, Macao and Taiwan during their stay in the mainland of China on transportation, sighting, accommodation, food, shopping and entertainment.

国内旅游收入　Income from Domestic Tourism

指国内游客在国内旅行、游览过程中用于交通、参观游览、住宿、餐饮、购物、娱乐等全部花费。

Refers to expenditure of domestic tourists on transportation, sighting, accommodation, food, shopping and entertainment while they travel.

存款　Deposit

指企业、机关、团体或居民根据资金必须收回的原则，把货币资金存入银行或其他信贷机构保管并取得一定利息的一种信用活动形式。根据存款对象或性质的不同可划分为住户存款、非金融企业存款、政府存款、非银行业金融机构存款等科目。它是银行信贷资金的主要来源。

Deposit is a form of credit by which enterprises, institutions, organizations or households can put money into banks and other credit institutions for safekeeping and interest earning under the principle of free withdrawal. According to different depositors, deposits are divided into household deposits, non-financial enterprise deposits, government deposits, non-banking financial institutions deposits. Deposits are major sources of the credit funds of banks.

贷款 Loan

指银行或其他信贷机构根据资金必须归还的原则，按一定利率，为企业、个人等提供资金的一种信用活动形式。我国银行贷款分为短期贷款、中长期贷款、融资租赁、票据融资、各项垫款、境外贷款等。

Loan is a form of credit by which banks and other credit institutions provide funds at certain interest rate to enterprises and individuals in the light of the principle of unconditional repayment. Loans from Chinese banks include short-term loan, medium-term and long-term loans, financial lease, bill financing, various money advanced, foreign loans.

保险金额 Amount Insured

指保险人承担赔偿或者给付保险金责任的最高限额。

Refers to the maximum that the insurant will get for the claim of the case insured.

保费 Premium

指投保人为取得保险人在约定范围内所承担赔偿责任而支付给保险人的费用。

Premium is the fee paid by the insurant to the insurer to obtain the obligation of compensation from the insurance within the agreed terms.

赔款 Settled Claim

指保险人根据保险合同的规定，向被保险人支付的赔偿保险责任损失的金额。

Settled Claim is the compensation paid by the insurer to the insurant in accordance with the insurance contract.

给付 Payment

包括死伤医疗给付和满期给付。死伤医疗给付是指保险人根据人寿保险及长期健康保险合同的规定，因被保险人在保险期内发生保险责任范围内的保险事故支付给被保险人(或受益人)的金额。满期给付是指被保险人生存期满，保险人按人寿保险合同规定支付给被保险人的满期保险金额。

Payment includes payment for death, injury or medical treatment and payment at maturity. Payment for death, injury or medical treatment refers to the money paid to the insurant (or the beneficiary) in accordance with the life or health insurance contract when the insurant encounters accidents within the insured period covered in the contract. Payment at maturity refers to the payment to the insurant in accordance with the life insurance contract at the end of the insured period.

普通高等学校 Regular Institutions of Higher Education

指通过国家普通高等教育招生考试，招收高中毕业生为主要培养对象，实施高等学历教育的全日制大学、独立设置的学院、独立学院和高等专科学校、高等职业学校及其他机构。

大学、独立设置的学院主要实施本科及本科层次以上的教育。独立学院主要实施本科层次的教育。高等专科学校、高等职业学校实施专科层次的教育。其他机构是指承担国家普通招生计划任务不计校数的机构，包括普通高等学校分校、大专班等。

Refer to educational establishments recruiting graduates from senior secondary schools as the main target through National Matriculation TEST. They include full-time universities, independently established colleges, colleges, and institutions of higher professional education, institutions of higher vocational education and others.

Universities and independently established colleges primarily provide undergraduate and above courses; colleges mainly impart undergraduate courses, institutions of higher professional education and institutions of higher vocational education primarily provide professional trainings; and others refer to educational establishments, which are responsible for enrolling higher education students under the State Plan but not enumerated in the total number of schools, including: branch schools of universities and colleges and junior colleges.

成人高等学校 Institutions of Higher Education for Adults

指通过国家成人高等教育招生考试，招收具有高中毕业或同等学力的人员为主要培养对象，利用函授、业余、脱产等多种形式，对其实施高等学历教育的学校。包括：职工高等学校、农民高等学校、管理干部学院、教育学院、独立函授学院、广播电视大学、其他机构。其他机构是指承担国家成人招生计划任务不计校数的机构。

Refer to educational establishments, enrolling personnel with senior secondary school or equivalent education through National Matriculation TEST for Adult, and providing higher education courses in forms of correspondence, spare time, or full time for adults. Institutions of higher learning for adults include schools of higher education for staff and workers, schools of higher education for peasants, colleges for management cadres, pedagogical colleges, independent correspondence colleges, radio and television universities and other educational establishments. Other educational establishments refer undertakings to enrol adult students but not enumerated in the number of schools under the State Plan.

小学学龄净儿童入学率　Net Enrollment Ratio of Primary Schools

指调查范围内已入小学学习的学龄儿童占校内外学龄儿童总数的比重。计算公式为：

小学学龄净儿童入学率＝已入学的小学学龄儿童数／校内外小学学龄儿童总数×100％

Refers to the proportion of school age children enrolled at schools to the total number of school age children both in and outside schools (including retarded children, but excluding blind, deaf and mute children). The formula is:

Net Enrollment Ratio of Primary Schools = Total Primary School-age Children at Schools / Total Primary School-age Children Whether or Not Attending School×100％

研究与试验发展　Research and Development (R&D)

指在科学技术领域，为增加知识总量，以及运用这些知识去创造新的应用进行的系统的创造性的活动，包括基础研究、应用研究、试验发展三类活动。国际上通常采用 R&D 活动的规模和强度指标反映一国的科技实力和核心竞争力。

Refers to systematic and creative activities in the field of science and technology aiming at increasing the knowledge and using the knowledge for new application. R&D includes 3 categories of activities: basic research, applied research and experiments and development. The scale and intensity of R&D are widely used internationally to reflect the strength of S&T and the core competitiveness of a country in the world.

基础研究　Basic Research

指为了获得关于现象和可观察事实的基本原理的新知识(揭示客观事物的本质、运动规律，获得新发现、新学说)而进行的实验性或理论性研究，它不以任何专门或特定的应用或使用为目的。其成果以科学论文和科学著作为主要形式。用来反映知识的原始创新能力。

Refers to empirical or theoretical research aiming at obtaining new knowledge on the fundamental principles regarding phenomena or observable facts to reveal the intrinsic nature and underlying laws and to acquire new discoveries or new theories. Basic research takes no specific or designated application as the aim of the research. Results of basic research are mainly released or disseminated in the form of scientific papers or monographs. This indicator reflects the innovation capacity for original knowledge.

应用研究　Applied Research

指为获得新知识而进行的创造性研究，主要针对某一特定的目的或目标。应用研究是为了确定基础研究成果可能的用途，或是为达到预定的目标探索应采取的新方法(原理性)或新途径。其成果形式以科学论文、专著、原理性模型或发明专利为主。用来反映对基础研究成果应用途径的探索。

Refers to creative research aiming at obtaining new knowledge on a specific objective or target. Purpose of the applied research is to identify the possible uses of results from basic research, or to explore new (fundamental) methods or new approaches. Results of applied research are expressed in the form of scientific papers, monographs, fundamental models or invention patents. This indicator reflects the exploration of ways to apply the results of basic research.

试验发展　Experiments and Development

指利用从基础研究、应用研究和实际经验所获得的现有知识，为产生新的产品、材料和装置，建立新的工艺、系统和服务，以及对已产生和建立的上述各项作实质性的改进而进行的系统性工作。其成果形式主要是专利、专有技术、具有新产品基本特征的产品原型或具有新装置基本特征的原始样机等。在社会科学领域，试验发展是指把通过基础研究、应用研究获得的知识转变成可以实施的计划(包括为进行检验和评估实施示范项目)的过程。人文科学领域没有对应的试验发展活动。主要反映将科研成果转化为技术和产品的能力，是科技推动经济社会发展的物化成果。

Refer to systematic activities aiming at using the knowledge from basic and applied researches or from practical experience to develop new products, materials and equipment, to establish new production process, systems and services, or to make substantial improvement on the existing products, process or services. Results of experiment and development activities are embodied in patents, exclusive technology, and monotype of new products or equipment. In social sciences, experiment and development activities refer to the process of converting the knowledge from basic or applied researches into feasible programmes (including conduct of demonstration projects for assessment and evaluation). There are no experiment and development activities in the science of humanities. This indicator reflects the capability of transferring the results of S&T into technique and products, and measures the realization of S&T in spearheading the economic and social development.

R&D 人员全时当量 Full-time Equivalent of R&D Personnel

指全时人员数加非全时人员按工作量折算为全时人员数的总和。例如：有两个全时人员和三个非全时人员(工作时间分别为 20%、30%和 70%)，则全时当量为 2+0.2+0.3+0.7=3.2 人年。为国际上比较科技人力投入而制定的可比指标。

Refers to the sum of the full-time persons and the full-time equivalent of part-time persons converted by workload. For instance, if there are 2 full-time persons and 3 part-time workers (20%, 30% and 70% of working hours respectively on R&D activities), the full-time equivalent are 2+0.2+0.3+0.7=3.2 person-years. This is an internationally comparable indicator of S&T manpower input.

R&D 经费支出合计 Total Expenditure of Funds on R&D

指调查单位用于内部开展 R&D 活动（基础研究、应用研究和试验发展）的实际支出。包括用于 R&D 项目（课题）活动的直接支出，以及间接用于 R&D 活动的管理费、服务费、与 R&D 有关的基本建设支出以及外协加工费等。不包括生产性活动支出、归还贷款支出以及与外单位合作或委托外单位进行 R&D 活动而转拨给对方的经费支出。

Refers to the real expenditure of surveyed units on their own R&D activities (basic research, applied research, experiments and development) including direct expenditure on R&D activities, indirect expenditure of management and services on R&D activities, expenditure on capital construction and material processing by others. Excluding the expenditure on production activities, return of loan, and fees transferred to cooperated or entrusted agencies on R&D activities.

广播/电视节目综合人口覆盖率 The Population Coverage Rate of Radio/Television

指根据原国家广电总局制定的《广播电视人口覆盖率统计技术标准和方法》进行统计调查的，在对象区内能接收到由中央、省、地市或县通过无线、有线或卫星等各种技术方式转播的各级广播/电视节目的人口数占全国总人口数的百分比。

Refers to the percentage of the whole country's population who can receive radio/television programmes transmitted by national, provincial, municipal or county stations through wireless, cable or satellite techniques, according to *Statistical Standard and Method on Television and Radio Coverage of Population* established by the former State Administration of Broadcasting, Film and Television.

医院 Hospitals

包括综合医院、中医医院、中西医结合医院、民族医院、各类专科医院和护理院，不包括专科疾病防治院、妇幼保健院和疗养院，包括医学院校附属医院。

Include general hospitals, hospitals specialized in traditional Chinese medicine, hospitals of integrated traditional Chinese and western medicine, ethnic hospitals, specialized hospitals and nursing hospitals, excluding specialized disease prevention and treatment institutes, maternal and child health care hospitals and convalescent hospitals, including affiliated hospital of medical college.

卫生技术人员　Medical Technical Personnel

包括执业医师、执业助理医师、注册护士、药师（士）、检验技师（士）、影像技师、卫生监督员和见习医（药、护、技）师（士）等卫生专业人员。不包括从事管理工作的卫生技术人员(如院长、副院长、党委书记等)。

Refer to the professional staff engaged in health care, including licensed doctors, licensed assistant doctors, registered nurses, pharmacists, laboratory technicians, imaging staff, health care supervisors and intern doctors, pharmacists, nurses, and technical personnel, excluding the medical technical personnel engaged in managerial job (e.g. president, vice president and secretary of the party committee etc.).

执业医师　Licensed Doctors

指《医师执业证》“级别”为“执业医师”且实际从事医疗、预防保健工作的人员，不包括实际从事管理工作的执业医师。执业医师类别分为临床、中医、口腔和公共卫生四类。

Refer to the medical workers who have obtained the licenses of qualified doctors and are employed in medical treatment, disease prevention or healthcare institutions, excluding the licensed doctors engaged in management job. The licensed doctors are divided into 4 categories: clinician, Chinese medicine physicians, dentist and public health physicians.

执业(助理)医师　Licensed Assistant Doctors

指《医师执业证》“级别”为“执业助理医师”且实际从事医疗、预防保健工作的人员，不包括实际从事管理工作的执业助理医师。执业助理医师类别分为临床、中医、口腔和公共卫生四类。

Refer to the medical workers who have obtained the licenses of qualified assistant doctors and are employed in medical treatment, disease prevention or healthcare institutions, excluding the licensed assistant doctors engaged in management job. The classification of licensed assistant doctors is clinician, Chinese medicine, dentist and public health.

每千人口卫生技术人员　Number of Medical Technical Personnel per 1000 Population

每千人口卫生技术人员=卫生技术人员数/人口数×1000。人口数系年末常住人口。

The formula is:

Number of Medical Technical Personnel per 1000 Population = Number of Medical Technical Personnel / Population×1000

The population is the figure of usual population at year-end.

床位数 Number of Beds

指年底固定实有床位（非编制床位），包括正规床、简易床、监护床、正在消毒和修理床位、因扩建或大修而停用的床位、不包括产科新生儿床、接产室待产床、库存床、观察床、临时加床和病人家属陪待床。

Refer to the fixed actual beds (non-authorized beds) at year-end, including regular beds, simple beds, monitoring beds, beds which are disinfected and repairing, beds deactivated due to expansion or overhaul, not including neonatal beds, predelivery bed, inventory bed, observation beds, temporary beds and family accompany beds.

每千人口医疗卫生机构床位　Number of Beds of Medical and Health Care Institutions per 1000 Population

每千人口医疗卫生机构床位=医疗卫生机构床位数/人口数×1000。人口数系年末常住人口。

The formula is:

Number of Beds of Medical and Health Care Institutions per 1000 Population = Number of Beds of Medical and Health Care Institutions / Population×1000

The population is the figure of usual population at year-end.

附录 2：

2022 年西藏自治区人民政府工作报告①

二〇二二年一月四日在西藏自治区第十一届人民代表大会第五次会议上

西藏自治区主席 严金海

各位代表：

现在，我代表自治区人民政府向大会作报告，请予审议，并请各位政协委员和列席人员提出意见。

一、2021 年工作回顾

光辉荣耀的 2021 年，习近平总书记亲临西藏视察指导，全区各族儿女沐浴幸福，共祝党的百年华诞，同庆西藏和平解放 70 周年，如期全面建成小康社会，社会主义现代化新西藏迈上新征程。在区党委坚强领导下，全区各族人民团结一心、奋勇攻坚，较好完成各项目标任务，实现“十四五”良好开局。

——社会大局和谐稳定。严密防范分裂破坏活动，保持违法犯罪严打高压态势，大庆之年社会治安形势持续向好，群众安全感满意度达 99.74%。民族团结进步模范区创建不断深入。宗教事务“三个不增加”持续落实，全区宗教和顺、民族和睦、社会和谐。

——经济发展态势良好。新冠疫情零输入、零感染，生产稳定有序，经济持续增长。地区生产总值突破 2000 亿元，增长 7%左右。规模以上工业增加值增长 11%以上，社会消费品零售总额增长 10%左右。城乡居民人均可支配收入增长 13%和 14%，位居西部地区前列。新增城镇就业 5.2 万人，城镇调查失业率控制在 5%以内。

——基础设施持续改善。拉那高速公路建成通车，拉日高速公路进展顺利，乡村公路通达率分别达 100%和 99.96%，公路通车总里程 12 万公里。新增航线 19 条，贡嘎机场 T3 航站楼投运。新建 5G 基站 3083 个，光缆线路近 28 万公里。青藏铁路格拉段完成扩能改造，川藏铁路全线开工、拉林段通车运营，“复兴号”首次开进雪域高原。

——乡村振兴深入实施。易地搬迁后续帮扶持续深化，监测预警机制健全完善，消除返贫风险 4467 户 18597 人。启动建设乡村振兴示范村 100 个，实施帮扶项目 2126 个。新型农村集体经济组织达 6172 个。完成农村户厕改造 4.66 万座。创建美丽宜居示范村 120 个。青稞、牲畜良种覆盖率分别达 90%和 32%以上。

——特色产业健康发展。粮食产量 106.5 万吨，青稞产量 82 万吨，创历史新高。肉奶、蔬菜产量分别达 82 万吨和 88 万吨，“三品一标”农产品总数 1014 个。旅游人次、收入分别达 4150 万人次、441 亿元。国家川藏铁路技术创新中心、西藏清洁能源创新发展中心挂牌成立。大古水电站投产发电，拉哇水电站成功截流，建成和在建电力装机 1371 万千瓦，外送电量 25 亿千瓦时。规模以上工业企业、高新技术企业、科技型中小企业数量分别增长 12.5%、18%和 127%。“地球第三极”区域公共品牌效应持续显现。

——改革开放纵深推进。“一网三平台”建成运营，五省“跨省通办”上线运行。纾困解难减税降费 41 亿元。各类市场主体超过 40 万户。招商引资到位资金 500 亿元。对尼援助有力落实。成功举办“环喜马拉雅”国际合作论坛生态环境保护专题研讨会，在外交部全球推介活动上展现西藏新形象。

——民生福祉有新提高。高校毕业生就业率达 99%。农牧民转移就业 69.3 万人，实现劳务收入 58.1 亿元。县域义务教育基本均衡通过国家验收。西藏技师学院建成开班。新冠疫苗免费接种超过 700 万剂次。

①报告来源于西藏自治区人民政府官网。（网址：http://www.xizang.gov.cn）

健康西藏行动深入开展，人均预期寿命提高到 72.19 岁。实行集中带量采购，药品、医用耗材价格持续下降。跨省异地就医直接结算。企业离退休人员基本养老金月人均 5629 元。保障性安居工程建成 1.12 万套。有序推广健康茶。实施文物保护利用项目 35 个。五级公共文化服务覆盖城乡，文艺队伍遍布村居，优秀文艺作品不断涌现。十四届全运会上，高原儿女展现雄健风采、取得历史最好成绩。西藏和平解放 70 周年纪念品全面发放，党中央关怀直达千家万户。

——生态环境保持优良。开展自然资源资产清查。50%的国土空间划入“三线一单”优先保护单元。发布第一批自治区级重要湿地名录。三江源国家公园唐北片区获批设立。第二次青藏科考深入开展。新增 3 个国家级生态文明建设示范县（区）。推动减污降碳协同治理，污染防治攻坚保持全国“优秀”，蓝天、碧水、净土良好态势持续巩固。

——固边强边有力推进。624 个边境小康村全部建成。派墨公路全线贯通，3 个支线机场加快建设。边境县城全部建成标准化供水厂和生活垃圾填埋场。21 个边境县定点帮扶开始实施，边境发展稳定进入新阶段。

——对口援藏不断深化。31 场对口援藏会议成果丰硕。“央企助力西藏高质量发展”专项活动取得成功。实施援藏项目 807 个，完成投资 40.2 亿元。教育、医疗“组团式”援藏深入推进，5000 余名援藏干部人才奋战高原、书写华章！

各位代表！过去一年，我们深入开展党史学习教育和“三更”专题教育，用心用情办了一批实事好事。坚持不懈加强法治政府建设，推行政务公开，自觉接受人大法律监督、政协民主监督、监委监察监督、社会舆论监督，强化审计监督。提请人大常委会审议法规 12 件，办理人大代表建议 239 件、政协委员提案 312 件，办复率 100%。

各位代表！过去一年的成绩，彰显着总书记的领袖伟力，凝结着党中央、国务院的亲切关怀，汇聚着全国人民的无私奉献，是历届班子接续努力的结果，是区党委坚强领导，区人大、区政协监督支持和广大干部群众团结奋斗的结果。在此，我代表自治区人民政府，向各位人大代表、政协委员和全区各族人民，向中央驻藏机构、援藏省市、援藏单位、离退休老同志、驻藏部队、武警官兵、政法干警、各人民团体和社会各界朋友，表示衷心的感谢，并致以崇高的敬意！

在肯定成绩的同时，我们也清醒地看到：反分裂斗争形势依然尖锐复杂，发展不平衡不充分的问题仍较突出，有效投资增长乏力，特色产业基础弱规模小，公共服务效能有待提升，乡村振兴任务繁重，强边固边责任重大。少数干部作风不实、担当不足现象不同程度存在。我们必须采取更加有力有效的措施，认真加以解决。

二、2022 年总体要求

2022 年，是深入贯彻落实自治区第十次党代会精神的开局之年，是全面实施“十四五”规划的重要之年，更是党的二十大召开之年，节点关键、意义重大。

做好 2022 年政府工作，要坚持以习近平新时代中国特色社会主义思想为指导，全面贯彻党的十九大和十九届历次全会精神，深入贯彻中央经济工作会议和中央第七次西藏工作座谈会精神，深入贯彻习近平总书记关于西藏工作的重要论述和新时代党的治藏方略，按照自治区第十次党代会的部署，全面落实区党委经济工作会议精神，以迎接服务党的二十大胜利召开为主线，弘扬伟大建党精神和“两路”精神、老西藏精神、孔繁森精神，坚持稳中求进工作总基调，完整、准确、全面贯彻新发展理念，服务融入新发展格局，全面深化改革开放，坚持创新驱动发展，推动高质量发展，以优化发展格局为切入点，以要素和设施建设为支撑，以制度机制为保障，统筹疫情防控和经济社会发展，统筹发展和安全，锚定“四件大事”“四个确保”，继续做好“六稳”“六保”工作，着力推进“四个创建”、努力做到“四个走在前列”，保持经济运行在合理区间，保持平稳健康的经济环境、国泰民安的社会环境、风清气正的政治环境。

今年工作的主要预期目标是：地区生产总值增长8%左右，城乡居民人均可支配收入增长8%和10%以上，城镇调查失业率控制在5%以内，居民消费价格涨幅控制在3%以内，能耗、碳排放强度和污染减排指标控制在国家核定范围内。

各位代表！在新征程上，习近平总书记和党中央的坚强领导、特殊关怀厚重如山，全国人民的大力帮助、全力支持情深似海，全区各族干部群众的团结奋斗、顽强拼搏气贯长虹。我们要牢记嘱托、抢抓机遇，全面落实新时代党的治藏方略，积极应对“五期叠加”风险挑战，贯彻落实“三个赋予一个有利于”，建设美丽幸福西藏，共圆伟大复兴梦想。我们要坚持系统观念，统筹疫情防控和经济社会发展，统筹发展和安全，坚定不移把维护稳定作为第一位的工作任务，警钟长鸣、警惕常在，科学精准防控新冠肺炎疫情，确保社会大局和谐稳定。我们要坚持稳字当头、稳中求进，突出保就业保民生保市场主体，在“稳”的基础上更加奋发有为地“进”，尊重规律、把握平衡、筑牢基础、稳扎稳打，推动经济实现“质”的稳步提升和“量”的合理增长。我们要以咬定青山不放松的执着，踏石留印、抓铁有痕，把党中央、国务院决策部署和区党委工作安排，一件件落到实处；把党和人民的重托，一项项化为行动；把老百姓对美好生活的向往，一步步变成现实！

三、2022年重点任务

2022年，我们要聚焦“四个创建”全面做好各项工作，努力推动高原经济高质量发展，重点抓好以下工作。

（一）抓重点支撑，加快融入新发展格局

深入推进区域发展布局。做大做强拉萨核心增长极，提升首府城市首位度。夯实日喀则面向南亚开放前沿基础，打造林芝改革开放先行区，发挥昌都连接藏青川滇枢纽作用，巩固那曲、阿里生态功能区地位。推动“两江四河”河谷经济带建设。推进拉萨山南一体化发展，建设“五城三小时经济圈”。加快县域经济发展，促进城乡融合、区域联动。

繁荣发展铁路经济带。完善节点城镇物流、仓储和产业配套，推进青藏、拉日、拉林铁路沿线开发。围绕川藏铁路建设，提升重点县城及沿线小镇功能，夯实对接成渝地区双城经济圈的通道基础。

加快建设边境沿线发展带。启动边疆明珠小镇建设，推进普兰镇、下司马镇、隆子镇、米林镇等兴边富民中心城镇试点，加快口岸建设，改善沿边发展条件，让各族群众同舟共济、安居乐业、兴边固边。

（二）抓根基支柱，培育壮大高原特色产业

大力发展高原特色农牧产业。坚持稳粮、兴牧、强特色，开展特色农产品营养品质评价和分等分级，加快绿色有机源头认证。高标准建设一批特色农畜产品生产基地和产业带，有条件的县区打造1—2个特色产业园区。引进和培育若干农牧业产业化龙头企业。实现肉奶产量87万吨以上，农畜产品加工业产值增长15%以上。

大力发展清洁能源产业。建设金沙江上游和雅鲁藏布江中游水风光储多能互补基地，加快雅江水电龙头工程前期工作，积极推进百万千瓦级光伏基地和高海拔风电建设，有序推进“新能源+储能”试点示范，力争建成和在建装机1600万千瓦。

大力发展绿色工业。开展战略性矿产资源勘查，开工建设扎布耶万吨电池级碳酸锂项目，推进铜矿开发扩能提质。加快建筑业、建材业转型升级，引导绿色健康发展。天然饮用水产销量增长20%。支持民族手工业发展，推动藏医药产业扩量提质增效。实现规模以上工业增加值增长10%。

大力发展文化旅游产业。提升“冬游西藏”“文创西藏”影响力，文化产业产值增长14%以上。优化旅游线路布局，打造G219、G318精品线路，推进文化旅游与乡村振兴、兴边富民深度融合，实现3A级以上景区智慧旅游覆盖面50%以上，力争4A级景区再增加4个、5A级景区再增加1个，旅游接待人次和收入分别增长10%、13%以上。让文化旅游充分展现雪域高原的自然之美，充分展现中华文化的多彩魅力！

加快发展高新数字产业。积极融入“东数西算”布局，打造拉萨绿色数据中心集群和核心节点。加快

工业互联网公共服务平台建设，在教育、医疗、交通、物流、矿山等领域培育 15 个 5G 应用示范，力争数字经济规模增长 10%，加速西藏数字“蝶变”。

加快发展边贸物流产业。建设 2 个以上冷链物流集散中心，构建城乡商贸流通一体化网络。推进边民互市贸易区、边贸市场和边贸点建设，实施边民互市进口商品落地加工，实现边境贸易和进出口贸易双增长。

加快发展现代服务业。积极发展研发设计、金融保险、节能环保等生产性服务业，支持发展健康医疗、养老育幼、家政物业等生活性服务业。培育新型消费热点，打造“西藏味道”美食街，发展假日经济、夜间经济。实现社会消费品零售总额增长 10%左右。

（三）抓宝贵机遇，全力推进重大项目建设

加强综合立体交通体系。支持配合川藏铁路建设，加快青藏铁路格拉段、拉日段电气化改造。推动实施 17 个川藏铁路配套国省公路项目，加快青藏高速试验段、G318 西藏段提质改造和 G219 察隅至区界段建设，实施拉萨至日喀则机场高等级公路等 14 个重点项目。加快改造贡嘎机场 T1、T2 航站楼，开工建设第二跑道。升级改造日喀则和平机场。

加强能源供应保障能力。建成投用格拉输油管道，加快川藏铁路供电工程二期项目，开工建设街需、冷达水电项目和雅中光伏基地，实现苏洼龙水电站投产发电，力争开工金上外送特高压直流通道，推进城网建设和农网改造升级，积极建设新型电力系统示范区、清洁可再生能源利用示范区。

加强水利工程建设。推进宗通卡、桑德等重大水利工程前期工作，建设湘河、帕孜、旁多引水工程。启动满拉灌区节水配套与现代化改造。深入开展雅江中游山南段、拉萨河城区段综合治理，拓出一江碧水，开辟绿色发展空间。

加强市政设施建设。补齐城镇道路、给排水、天然气管道等设施短板，实现城镇污水管网全覆盖。发展人民防空事业。承接适度超前基础设施建设政策，及时开展城市轨道交通、人工智能等重点项目的前期论证。多措并举解决城市交通拥堵、“停车难”问题。

我们要牢固树立抓项目就是抓发展、抓项目就是抓民生的理念，抢抓国家“十四五”支持西藏发展的重大历史机遇，一步一个脚印做实项目前期，储备一批、开工一批、在建一批、投运一批，让更多项目在雪域大地生根开花，让高原高质量发展春色满园！

（四）抓巩固衔接，加快实施乡村振兴战略

巩固拓展脱贫攻坚成果。加强返贫动态监测，坚决守住不发生规模性返贫底线。实施扶贫产业提档升级、脱贫人口增收、乡村建设三大行动。增强内生发展动力，做好易地搬迁后续帮扶，确保每个规模以上集中安置点至少有 1 个市场效益好、带动效应强的配套产业，让群众稳得住、有就业、可融入、逐步能致富。

打牢农牧业现代化基础。落实“米袋子”“菜篮子”行政首长负责制，确保粮食产量稳定在 100 万吨以上，扎实做好粮食收储和青稞安全保障。推广良田、良种、良法，新建高标准农田 75 万亩、县乡级农牧业防抗灾物资储备库 62 座，推广青稞良种 200 万亩以上，加大油菜等良种推广力度，建设一批青稞良种基地和特色牲畜良种场。在适宜地区连片建设人工饲草基地 11 万亩。支持龙头企业试点农牧业生产托管，实施老旧大棚升级改造。培育家庭农牧场，建强农牧民专业合作组织，实现粮食耕种收综合机械化率 69%、农畜产品加工综合转化率 25%。

持续改善农牧区面貌。实施 96 个农村公路项目，实现 95%的乡镇和 78%的建制村通硬化路。因地制宜推进农牧区户用厕所改造，提升生活垃圾村收集、乡转运、县处理能力。统筹县域内城镇和乡村规划建设，再创建美丽宜居示范村 100 个、巩固提升 100 个，着力解决乡村“有新房没新村、有新村没新貌”的问题。保护好传统村落和乡村特色风貌。实施 18 万人的农牧区供水保障提升工程，着力解决高海拔地区季节性断水问题。推进数字乡村试点。开展“树立农牧民新风貌”行动，引导群众更加讲卫生、讲文明、讲进步，培育时代乡风、传承良好家风、弘扬淳朴民风。

（五）抓内生动力，扎实推进改革开放创新

大力优化营商环境。坚持把发展经济的着力点放在实体经济上，深化“放管服”改革，深入推进“政务服务一网通办”“互联网+”模式，扩大“证照分离”改革和个体工商户“智能审批”改革覆盖面。落实“跨省通办”“一件事一次办”，努力实现审批事项最少、审批时间最短、审批效率最高、审批服务最好，市场主体增长6.5%。完善信用服务市场监管体制，健全守信激励和失信惩戒机制。实施优化营商环境建设年行动，加强营商环境考评，严肃查处典型问题。落实减税降费政策，对中小企业销往区外的加工特色产品给予50%单边运费补贴。扎实做好“双清欠”和劳资纠纷化解工作。加强政府采购后续管理。开展“招商引资百日攻坚”活动，实现招引规模和效益双提升。

深化重点领域改革。完成国企改革三年行动任务，优化国有资本结构和布局，确保总体营业收入、利润总额均增长10%。支持非公有制经济发展，筹备开好民营经济发展大会，完善政策措施，促进公平竞争。深化供销合作社、农村承包地“三权分置”改革，做好农村集体产权制度改革“后半篇”文章。强化国有金融资本管理，有序化解政府隐性债务风险。

持续扩大对内对外开放。深化各民族交往交流交融。加大“地球第三极”区域公共品牌推广力度。开展订单式产业援藏。集中力量打造一批产业园区，促进优化升级、健康发展。加快拉萨综合保税区、吉隆重点开发开放试验区和边境经济合作区建设，提升拉萨航空口岸和樟木口岸货物通道功能。积极融入“一带一路”，深化与尼泊尔等周边国家睦邻友好。办出一届务实开放、合作共赢的“藏博会”。

深入实施创新驱动发展战略。打造以拉萨、林芝为中心，带动辐射全区的科创新格局。加强前沿技术和高原适用关键核心技术攻关，建成拉萨青藏高原科学研究中心，加大科技成果转化应用，加快国家技术转移西藏中心建设。发挥地震、气象、地勘科技作用，加大灾害防治。支持科普工作。培养、引进、用好科技人才。实施质量强区战略，强化知识产权创造保护运用。推动国家级创新平台落地西藏，建成区级双创载体40家，力争高新技术企业达110家。让更多“千里马”驰骋高原，跑出创新“加速度”。

（六）抓急难愁盼，深入实施十大民生工程

促进就业增收。深化“N+3”岗位推介模式，实施5000名应届高校毕业生进企业就业计划，推进区外“组团式”就业，确保高校毕业生区外就业率10%以上、总体就业率95%以上。培训熟练技工技师500名，完成农牧民技能培训10万人。实现农牧民转移就业60万人以上、劳务组织输出36万人，劳务收入50亿元以上。

办好人民满意教育。创建100所民族团结进步示范校，推进学前教育普及普惠发展，启动县域义务教育优质均衡创建工作，深化“双减”，推进职业教育提质培优计划，实施振兴西藏高等教育行动。落实好15年公费教育，稳定学生资助政策，教育“三包”人均标准再提高240元。

提高卫生健康水平。深化“三医”改革，建好医共体，推进城乡居民基本医疗保险省级统筹，健全重特大疾病医疗保险和救助政策，实行职工基本医疗保险门诊共济保障。创建国家高原病医学中心和国家区域医疗中心，建成自治区医院，促进公立医院高质量发展。拓展医疗人才“组团式”援藏。实现城乡居民健康体检全人群覆盖，实施妇女“两癌”筛查救治，开展13—14岁在校女生HPV疫苗、60岁以上老年人及在校中小学生流感疫苗自愿免费接种。扎实做好新冠肺炎疫情防控，完成全部接种人群第三针加强免疫。传承发展藏医药。普及推广健康茶，加强食品药品监管，切实守护好百姓“舌尖上的安全”。

丰富文化生活。深入推进文化“润边”，实施文化惠民百千万行动。设立文化奖，举办艺术节，促进文艺繁荣。推动农牧区新一代直播卫星广播电视“户户通”。加强文物古籍保护、研究和利用，做好非遗传承发展和申报工作。完善体育设施，加大体育场（馆）社会开放，办好第十三届区运会暨第五届民运会。

加强安居保障。促进房地产业健康发展，加快培育长租房市场，满足群众住房需求。改造城镇老旧小区31个、棚户区5500户，建设公租房1728套、保障性租赁住房852套。实施5个海拔4000米以上县城的集中供暖工程。解决78所学校、13家区域中心医院供暖问题。试点推广高海拔农牧区热炕。

增进扶老育幼。建立以居家为基础、社区为依托、机构为补充的多层次养老服务体系，高龄老人健康补贴再提高 200 元。完善鼓励“三孩”政策措施，推进婴幼儿照护服务，全面开展未成年人保护，加强对困境儿童的关爱，呵护他们健康成长。

完善帮扶救助。支持工青妇工作，落实妇女儿童发展纲要，推进帮扶救助、社会团体、疗休养、慈善事业健康发展。落实困难群众价格临时补贴。促进专业社会工作和志愿服务。健全残疾人康复体系。

强化安全生产。深化安全生产专项整治三年行动，压实防灾减灾救灾和安全生产责任，推进“智慧应急”建设，全力做好“大应急、多灾种”预防和救援，完善公路安全防护设施和警示提示，严防重特大事故发生。

兜牢民生底线。实行农村居民收入保险试点。城乡居民基本医疗保险补助人均提高 30 元，基本公共卫生服务补助人均提高 5 元，城乡居民基本养老保险基础养老金人均提高 10 元，居民最低生活保障标准城镇年人均提高 200 元、农村年人均提高 100 元。特困人员救助供养标准农村分散供养年人均提高 150 元，集中供养和城市分散供养年人均提高 260 元。

民生无小事，枝叶总关情。办好民生实事，要五年谋划、分年实施，小步快走、稳步推进，一件接着一件办，一年接着一年干，让群众看到变化、得到实惠！

（七）抓重大责任，着力创建国家生态文明高地

加快绿色低碳发展。牢固树立绿水青山就是金山银山、冰天雪地也是金山银山的理念，深化生态文明示范创建。充分运用“三调”成果，推进国土空间规划与用途管制。强化资源利用刚性约束，严控“两高”项目。加强新能源汽车充电桩规划建设。开展生态价值本底调查，发展碳汇经济，促进生态富民。努力走出一条生产发展、生活富裕、生态良好的高原绿色之路！

实施生态保护修复。做好三江源国家公园唐北片区建设和管理。加快羌塘、珠峰、高黎贡山（西藏片区）等国家公园申建，推进世界自然文化双遗产申报。加强生物多样性保护。启动拉萨南北山大规模绿化工程，持续开展“两江四河”造林绿化和乡村“四旁”植树行动，完成营造林 112 万亩，让雪域高原绿起来、美起来。

加强环境综合治理。深入打好污染防治攻坚战，大力实施空气质量保持行动，推进河湖“清四乱”常态化规范化，强化江河源保护。加强森林草原防火灭火。积极配合中央第二轮生态环境督察，深化领导干部自然资源资产离任（任中）审计。确保天然水体全部优于Ⅲ类标准，实现地级以上城市空气质量优良天数比率 99%以上。

（八）抓守土担当，着力创建国家固边兴边富民行动示范区

改善基础条件。完成 12 个公路项目主体工程，实现 36 个村通硬化路。推进边境地区基础测绘，实现通讯网络全覆盖，建设智慧边防，加强智慧广电固边，进一步消除电网覆盖盲区，持续改善生产生活条件，实施好海拔 3500 米以上县城、乡镇供氧工程。

强化固边支撑。建设美丽边城，提升产业发展、基础设施、公共服务水平。发展边贸、旅游、农畜产品加工等特色产业，鼓励支持群众抵边创业就业，促进边境地区社会繁荣稳定、民族团结进步。

落实政策措施。进一步推进边境县定点帮扶，完善边境地区发展的政策措施，动态提高边民补助标准，稳步高质量做好极高海拔生态搬迁。持续加强联防联控，守牢神圣国土，建设幸福家园。

（九）抓支持保障，着力创建全国民族团结进步模范区

稳定团结是推动高质量发展的前提和根本，我们要把维护祖国统一、加强民族团结贯穿全区发展各领域和全过程。

铸牢中华民族共同体意识。办好铸牢中华民族共同体意识论坛，打造一批“中华民族一家亲、同心共筑中国梦”的文艺精品力作。繁荣发展哲学社会科学，推进编译、史志、档案、文博事业新发展。推广使用好国家通用语言文字。依法治理民族事务。深化民族团结进步模范区创建，让我们一起向未来，共圆伟大复兴梦想！

依法管理宗教事务。全面贯彻新时代党的宗教工作理论，全面贯彻党的宗教工作基本方针，深入落实

“五个有利于”，完善寺庙管理长效机制，常态化推进“遵行四条标准”教育实践活动，深入开展“国家意识、公民意识、法治意识”教育，突出爱国守法、同心同向、适应时代，着力推进藏传佛教中国化、宗教事务治理法治化，积极引导藏传佛教与社会主义社会相适应。

深化平安西藏建设。保持对分裂破坏活动的高压严打态势，加强风险研判预警、危机管控机制和能力建设，推进立体化、智能化社会治安防控体系建设。巩固深化扫黑除恶等专项斗争成果，深入推进系统治理、依法治理、综合治理、源头治理。加强社会稳定风险评估，深入落实“八五”普法。坚持和发展新时代“枫桥经验”，加强矛盾纠纷排查化解，扎实做好信访工作，维护人民利益，促进公平正义。

各位代表！军爱民、民拥军，军民团结一家亲。我们将全面支持国防和军队现代化建设，继续做好国防动员、国防教育、民兵预备役工作，推进军民融合深度发展，着力解决人民子弟兵“三后”问题，军民一心共筑牢不可破的国家安全屏障！

各位代表！打铁必须自身硬。我们要巩固思想武装成果，学史明理、学史增信、学史崇德、学史力行，深刻领会“两个确立”的决定性意义，更加自觉增强“四个意识”、坚定“四个自信”、做到“两个维护”。我们要坚持更高的政治标准，弘扬伟大建党精神，不断提高各级干部政治判断力、政治领悟力、政治执行力，坚决落实全面从严治党主体责任和“一岗双责”，严格执行中央八项规定及其实施细则精神和区党委实施办法，把纪律和规矩挺在前面，驰而不息纠治“四风”，不折不扣做好“六个表率”。我们要坚持更强的法治意识，坚持依宪行政、依法行政，推动有效市场和有为政府更好结合，科学民主决策，更加主动地将政府工作置于全面监督之下，提高行政效能。我们要坚持更浓的为民情怀，牢记江山就是人民、人民就是江山，严控“三公”经费和一般性支出，坚持花钱必问效、无效必问责，以政府的“紧日子”换取群众的“好日子”。我们要坚持更实的担当作为，不忘初心、牢记使命，深入开展改进作风狠抓落实活动，说干就干、马上就干，干就干好、干就干成，以实干实绩让党放心、让人民满意！

各位代表！东风浩荡，正当扬帆起航；任重道远，更需策马扬鞭。让我们更加紧密团结在以习近平同志为核心的党中央周围，坚持以习近平新时代中国特色社会主义思想为指导，在区党委坚强领导下，践行新使命，展现新作为，奋力谱写雪域高原长治久安和高质量发展新篇章，以优异成绩迎接党的二十大胜利召开！

附录 3：

西藏自治区 2021 年国民经济和社会发展计划执行情况与 2022 年国民经济和社会发展计划草案报告①

——2022 年 1 月 4 日在西藏自治区第十一届人民代表大会第五次会议上

西藏自治区发展和改革委员会

各位代表：

受自治区人民政府委托，现将 2021 年国民经济和社会发展计划执行情况与 2022 年国民经济和社会发展计划草案报告提请自治区第十一届人民代表大会第五次会议审议，并请自治区政协各位委员和各位列席人员提出意见。

一、2021 年国民经济和社会发展计划执行情况

2021 年以来，坚持以习近平新时代中国特色社会主义思想为指导，全面贯彻落实党的十九大和十九届历次全会精神，全面贯彻习近平总书记关于西藏工作重要论述、视察西藏时的重要讲话精神和新时代党的治藏方略，贯彻落实中央第七次西藏工作座谈会、中央民族工作会议精神，按照自治区党委、政府安排部署和自治区“两会”工作要求，聚焦“四件大事”，统筹疫情防控和经济社会发展，扎实做好“六稳”工作，全面落实“六保”任务，着力推进“四个创建”、努力做到“四个走在前列”，与全国一道全面建成小康社会，全年主要目标任务顺利完成，经济运行保持在合理区间，实现“十四五”良好开局。预计 2021 年全区地区生产总值增长 7%左右、总量突破 2000 亿元大关，城乡居民人均可支配收入分别增长 13%、14%，一般公共预算收入超过 200 亿元，规模以上工业增加值增长 11%以上，社会消费品零售总额增长 10%左右，居民消费价格指数增幅在 1%左右，城镇调查失业率控制在 5%以内，全区经济继续保持稳中有进、稳中向好的良好态势。主要体现在以下十个方面。

（一）经济运行健康有序。一是强化运行调度。坚持规划引领，编制实施“十四五”规划纲要、项目方案和重大专项规划，落实中央第七次西藏工作座谈会确定的优惠政策。统筹疫情防控和经济社会发展，加强“月调度、季分析、年总结”，促进经济平稳运行。二是强化保供稳价。针对居民生活必需品，重要时间节点采取日调度方式，合理引导市场预期。加大猪肉等重点生活物资储备和投放力度，建成果蔬配送中心 4 个、冷链库 5 座、配送网点 103 个，区、市和重点县乡初步实现电商服务全覆盖。三是强化要素支撑。预计累计完成客运量、货运量同比分别增长 15%、10%，金融机构人民币贷款余额同比增长 4%，各类市场主体超过 40 万户、同比增长超过 20%，发电量超过 110 亿千瓦时、同比增长 23%，用电量超过 100 亿千瓦时、同比增长 17%。

（二）项目工作推进有力。积极衔接国家印发“十四五”规划项目实施方案，规划“十四五”投资 6015 亿元、较“十三五”增长 58%。落实中央政府投资 718.8 亿元，超出 500 亿元目标任务 218.8 亿元。重大项目进展加快，预计重点项目完成投资 1600 亿元。拉林铁路建成通车、“复兴号”飞驰雪域高原，川藏铁路全线开工，拉那高速通车运行，贡嘎机场 T3 航站楼投入运营，定日隆子普兰支线机场开工建设，苏洼龙水

①报告来源于中国共产党西藏自治区委员会。（网址：http://www.xzdw.gov.cn）

电站下闸蓄水，大古水电站 4 台机组投产发电，叶巴滩、拉哇等水电站建设进展顺利。拉洛、湘河水利枢纽及配套灌区加快推进。西藏博物馆投入使用，西藏技师学院完工，西藏自治区医院、西藏藏医药大学新校区完成总工程量 90%以上。5432 套（户）棚户区改造、2406 套公租房、1 万套周转房加快推进，城镇道路、城镇防洪排涝等市政设施有序实施。

（三）产业效益逐步显现。文化旅游产业稳步推进。预计全年接待游客达 4150 万人次，旅游收入达 441 亿元。文化产业示范基地（园）达到 344 家，预计文化产业增加值 68.87 亿元、同比增长 13%。清洁能源产业加快推进。预计建成和在建电力装机容量达到 1371 万千瓦，累计送出电量 25 亿千瓦时、超出目标任务 20%以上。绿色工业有序推进。预计铜金属、铬矿石产量同比增长均超过 90%，以水泥为主的绿色建材产品区内市场占有率超过 70%。2 家企业被认定为国家级专精特新“小巨人”企业，1 家企业被认定为国家级工业设计中心，均填补了领域空白。现代服务业协同推进。预计规模以上服务业企业营业收入同比增长 12%以上，电信业务总量同比增长超过 20%，邮政业务总量同比增长 10%，快递业务量同比增长 25%。高原生物产业平稳推进。粮食产量连续 7 年稳定在 100 万吨以上。预计农牧业产业化龙头企业总产值 56.8 亿元、同比增长 11%，藏医药产业总产值 22.8 亿元、同比增长 25.5%。高新数字产业加快推进。累计建成 5G 基站 6660 个，南亚数字港完成主体建设。宁算大数据中心获评国家绿色数据中心、大数据产业发展试点示范项目。高新技术企业达到 103 家。预计高新数字产业产值达 175 亿元，同比增长 15%。边贸物流产业健康推进。城乡流通体系逐步完善，自治区级公共物流仓储配送中心和西南首个高智能地狼仓相继建成并投入使用。预计货物贸易进出口总额达 37 亿元，同比增长超过 70%。

（四）乡村振兴大力实施。扭住精准识别、有效帮扶、风险消除“三个关键”，建立健全风险预警、分析研判、协调处置“三项机制”，实现动态清零。实施安排到县帮扶项目 2126 个，启动扶贫资产后续管理工作。全面梳理脱贫攻坚政策，取消临时性政策 62 项，配套出台 20 余项关于实现巩固拓展脱贫攻坚成果同乡村振兴有效衔接实施意见的衔接政策。

（五）民生福祉全面增进。一是就业形势更加稳定。全区高校毕业生就业率达到 99%，其中通过市场就业占 2/3。各类“双创”载体 138 家，累计入驻企业达 2691 家，吸纳就业 2.42 万人。城镇新增就业 5.2 万人，城镇零就业家庭动态清零。培训农牧民完成年度目标的 110.6%。预计全区农牧民转移就业 69.3 万人、实现劳务收入 58.1 亿元，均完成年度目标的 116%。二是社会事业更加惠民。新建改扩建幼儿园 104 所、义务教育阶段学校 365 所、高中 14 所、职校 1 所。74 个县（区）义务教育均衡通过国家评估认定，义务教育控辍保学动态清零。贯彻落实“双减”行动，校外培训机构全面整治。成立铸牢中华民族共同体意识研究基地，支持西藏大学完成教育部“双一流”建设首轮评估。开展基层巡回诊疗 3800 余场，受益人数超过 129 万人次。推进卒中等“五大中心”建设，各类医联体达 176 个。建立居民健康电子档案 286 万余份。国家川藏铁路技术创新中心（西藏）、自治区级清洁能源领域技术创新中心相继成立，科技研发“揭榜制”试点实施。开展各类公共文化活动超过 5.4 万场次，新编藏戏《次仁拉姆》与话剧《八廓街北院》入选“庆祝中国共产党成立 100 周年优秀舞台艺术作品展演”优秀剧目。成功举办第十九届中国西藏登山大会，第十四届全运会我区获得金牌数及奖牌数均创历史最高纪录。三是社会保障更加牢密。城市低保标准提高至每人每月 910 元，农村低保标准提高到每人每年 5060 元，城乡居民基本养老保险基础养老金提高至月人均 205 元。690 万人次参加养老、医疗等各类社会保险，覆盖城乡的社会保障体系基本建立。

（六）美丽西藏建设加快。生态文明高地建设条例深入推进，污染防治攻坚战连续两年被国家考评为优秀。累计落实生态安全屏障保护与建设规划资金 127.1 亿元。工布江达县等 3 个县（区）荣获第五批国家生态文明建设示范县（区）称号，拉萨市达东村获“绿水青山就是金山银山”实践创新基地命名。服务保障第二次青藏科考队 280 余项野外科考活动，启动碳达峰、碳中和基础研究。实施“两江四河”流域造林绿化等工程，完成国土绿化面积 712.3 万亩。严格实行耕地保护，完成西藏自治区第三次全国国土普查。“三高”项目零审批、零引进。全区空气环境质量平均优良天数达 98.8%，主要江河湖泊水质保持良好，土壤环境质量总体稳定，全区生态环境质量持续保持良好。

（七）边境建设日益稳固。编制实施新时代西藏自治区边境地区高质量发展等各类规划，深入推进兴边富民行动试点中心城镇建设，624 个边境小康村全部建成，主电网延伸到全部边境乡（镇），公路通达通畅，实现了村村通邮和移动通信网络全覆盖。

（八）改革开放纵深推进。改革工作不断深化。推动实施高质量发展综合绩效评价，进一步规范招投标等公共资源交易，健全完善信用体系导向功能。农村供水工程水费收缴稳步实施，成品油价区改革有序推进，居民用电实现全区同价，西藏航空惠民票价补贴政策让利 8000 万元。基本完成农村集体产权制度改革阶段性任务，全面开展农村宅基地房地一体确权发证登记工作，组织开展国土面积数据统一管理工作，完成 6 个县草原承包经营权确权登记试点工作。推进粮食和物资储备安全管理体制机制改革。出台经营性国有资产集中统一监管实施方案，制定出租汽车行业健康发展实施意见和农村客货邮融合发展实施方案，推进供销合作社综合改革。开放步伐不断加快。组织开展地（市）营商环境评价，研究起草优化营商环境实施意见，预计到位招商引资资金 500 亿元。实施援藏项目 807 个，预计完成投资 40.2 亿元。中尼友谊工业园项目正式奠基。樟木、吉隆、普兰等口岸功能不断提升优化，吉隆边合区、国家重点开发开放试验区申建工作加快推进，拉萨陆港型口岸列入"十四五"首批国家物流枢纽建设名单，拉萨综保区通过预验收。

（九）疫情防控有力有效。落实外防输入、内防反弹总策略，坚持常态化防控和应急防控相结合，吉隆、樟木等口岸实行"点对点、零接触"模式大幅提升单向出口能力，加强疫苗接种工作，预计全年累计接种疫苗 700 万剂次，实现全年无新增确诊病例或疑似病例目标。覆盖区市县三级核酸检测体系基本形成，核酸检测实验室增至 113 家，日检测能力超过百万人次，累计开展核酸检测 308 万人次。向尼泊尔侨胞捐赠 20 万只医用口罩，调配 20 万剂新冠肺炎病毒疫苗援助尼泊尔。

（十）安全形势持续稳定。顺利完成国务院安委会安全生产考核，持续深化安全生产专项整治 3 年行动，实施自然灾害防治"九项工程"。加大食品监管力度，抽检合格率达 99.3%。建成各级救灾物资储备库 758 个，完成应急指挥信息网升级改造，建立应急力量分布"一张图"。成功处置昌都芒康"4•24"、林芝察隅"10•27"森林火灾和雪灾、雪崩、冰湖、堰塞湖等自然灾害，未发生重大及以上事故，国务院安全生产考核连续 5 年取得优良成绩，有力营造了和谐稳定的社会氛围。

总体看，2021 年以来在以习近平同志为核心的党中央的关心关怀下，在区党委的正确领导下，全区上下沉着应对百年变局和世纪疫情，克服经济增长放缓、固定资产投资下滑、经济下行压力加大等困难，采取有效措施确保了地区生产总值迈上 2000 亿元大关、两年平均增速位居全国前列，城乡人均可支配收入超额完成年度目标、增速有望继续保持全国前列，居民消费价格指数全年低位运行，主要目标任务圆满完成，经济运行保持在合理区间，进一步提升了人民群众的获得感幸福感安全感。成绩来之不易，这是以习近平同志为核心的党中央关心关怀的结果，是坚定不移贯彻新时代党的治藏方略的结果，是全国人民无私支援的结果，是区党委坚强领导、人大有效监督、政府强力推进和政协全力支持的结果，是全区各族人民勠力同心、奋力拼搏的结果。

二、2022 年经济社会发展形势

（一）当前面临的发展形势

2022 年是深入贯彻落实自治区第十次党代会精神的开局之年，是深入实施"十四五"规划的重要之年，我区经济社会发展既面临历史机遇也面临风险挑战，总体机遇大于挑战。

——机遇方面。在建党 100 周年、西藏和平解放 70 周年之际，习近平总书记亲临西藏视察指导，把西藏工作的战略地位提升到前所未有的高度，给予前所未有的关心关怀、特殊支持，将有力推动我区长治久安和高质量发展。川藏铁路加快推进，中尼铁路、滇藏铁路等重大项目提上重要日程，一带一路、西部大开发、乡村振兴等战略纵深推进，各民族交往交流交融持续深化，将有力加快推进我区服务融入全国发展整体格局。我区水光风热资源十分丰厚，被定位为国家清洁能源基地，将为国家实现"双碳"目标发挥独特作用、贡献重要力量，为全区经济社会高质量发展提供重要支撑。

——挑战方面。世纪疫情冲击下，百年变局加速演进，外部环境更趋复杂严峻和不确定，面临需求收缩、供给冲击、预期转弱三重压力，统筹能源安全、粮食安全、产业链供应链安全难度进一步加大。营商环境有待进一步优化，金融支持和服务实体经济能力有待进一步提高，“放管服”改革基层承接能力不足，项目审批难、审批慢不同程度存在。发展不平衡不充分问题仍较为突出，交通、能源、城镇基础设施等方面存在不少短板，农牧区发展基础相对薄弱，城乡教育医疗等公共资源亟待优化均衡，区域发展差距较大。产业存在小散弱现象，特别是扶贫产业较为严重依赖财政输血，巩固拓展脱贫攻坚成果、实现乡村振兴任务艰巨。

（二）总体要求和发展目标

——2022 年经济社会发展的总体要求。坚持以习近平新时代中国特色社会主义思想为指导，贯彻落实党的十九大和十九届历次全会精神，深入贯彻中央第七次西藏工作座谈会、中央经济工作会议及区党委经济工作会议精神，深入贯彻习近平总书记关于西藏工作的重要论述和新时代党的治藏方略，按照自治区第十次党代会的部署，弘扬伟大建党精神和“两路”精神、老西藏精神、孔繁森精神，坚持稳中求进工作总基调，完整、准确、全面贯彻新发展理念，服务融入新发展格局，全面深化改革开放，坚持创新驱动发展，推动高质量发展，以优化发展格局为切入点，以要素和设施建设为支撑，以制度机制为保障，统筹疫情防控和经济社会发展，统筹发展和安全，锚定“四件大事”“四个确保”，继续做好“六稳”“六保”工作，着力推进“四个创建”、努力做到“四个走在前列”，保持经济运行在合理区间，以优异成绩迎接党的二十大胜利召开。

——2022 年经济社会发展的主要预期目标。全区地区生产总值增长 8%左右，城乡居民人均可支配收入分别增长 8%以上、10%以上，固定资产投资增长 12%以上，规模以上工业增加值增长 10%，社会消费品零售总额增长 10%左右，居民消费价格指数增幅控制在 3%以内，城镇调查失业率控制在 5%以内，能耗、碳排放强度和污染减排指标控制在国家核定范围内，地级及以上城市空气质量优良天数比率保持在 99%以上。上述指标把贯彻新时代党的治藏方略、新发展理念与贯彻党的十九届六中全会、中央经济工作会议、自治区第十次党代会、区党委经济工作会议、“十四五”规划纲要结合起来，充分体现一张蓝图绘到底的信心决心，同时考虑我区经济发展形势，强调稳字当头、稳中求进，主动担负解决发展不平衡不充分问题的责任担当。

三、2022 年经济社会发展的主要任务和措施

按照自治区第十次党代会、区党委经济工作会议安排部署，重点做好以下工作。

（一）坚持党的集中统一领导，进一步强化使命担当。全面贯彻自治区第十次党代会精神，锚定“四件大事”，保持战略定力，继续做好“六稳”“六保”工作，把“三个赋予一个有利于”的高质量发展要求贯穿始终，继续加强宏观经济运行分析调度，有效增强宏观调控前瞻性、针对性、协调性，确保经济运行在合理区间。研究制定着力推进“四个创建”、努力做到“四个走在前列”实施意见，细化实化目标任务，提出切实可行措施举措，全力推进雪域高原长治久安和高质量发展。

（二）深入推进基础设施建设，进一步扩大有效投资。把稳投资作为稳增长的重中之重，抓住中央“政策发力适度靠前”的机遇，继续加大向上汇报衔接力度，争取 2022 年落实中央政府投资 700 亿元。坚持“项目跟着规划走、要素跟着项目走”，加快推进项目前期工作，严防资金等项目现象。全力推进川藏铁路建设，重点推动国道 318 线西藏段提质改造，实现国道 219 线区内黑色化，建成拉萨至日喀则高速公路，加快帕孜和帕古等水利工程、市政基础设施等建设，加快推进易贡湖等重大水利工程前期工作，加快 5G 等新型基础设施建设，持续扩大有效投资，确保固定资产投资增速达到 12%以上。

（三）深入推进特色产业发展，进一步增强长效动能。坚持优化一产、壮大二产、提升三产，大力发展特色优势产业。加快发展文化旅游产业，推动“旅游+”“+旅游”模式，壮大红色游、高原体验游等新业态，提升品牌影响力，促进文旅融合，确保旅游接待人次和旅游收入均实现超过两位数增长、文化产业产值同

比增长超过 14%。加快发展清洁能源产业，加快推进清洁能源基地建设，持续扩大藏电外送通道，全力构建清洁能源“一基地、两示范”发展新格局，建成和在建装机规模达到 1600 万千瓦、外送电力超过 22 亿千瓦时。加快发展绿色工业，推进扎布耶现代盐湖等产业开发，深入推进绿色矿山建设，组织开展水泥等建材产品产销对接会。加快发展现代服务业，着力发展金融保险、节能环保等生产性服务业，重点发展养老育幼、家政物业等生活性服务业，确保服务业领域新增就业 3 万人以上。推动发展假日经济、夜间经济，推动农村消费升级，实施家具家装下乡补贴。加快发展高原生物产业，新建高标准农田 75 万亩，推动品种改良，确保粮食产量稳定在 100 万吨以上。加快藏医药产业发展，确保藏医药企业产值年增长 10%以上。加快发展高新数字产业，打造 10 个以上产业数字化转型标杆企业，培育 15 个 5G 试点示范应用，高新数字产业增加值增长 10%。加快发展边贸物流产业，优化城市商业网点布局，加快构建城乡商贸流通一体化网络，加快推动边民互市贸易区、边贸市场和边贸点建设，力争进出口总额增长 20%以上。

（四）深入推进创新驱动发展战略，进一步加大科技支撑。加快拉萨青藏高原科学研究中心、藏医药研究中心等科技创新平台建设，吸引区内外科研力量，持续开展关键核心技术攻关和转化应用。加大“双创”载体培育力度，推动国家级创新平台落地西藏，建成自治区级载体 40 家。重视创新型、应用型、技能型人才培养，加大高层次人才引进和培养力度，推广“揭榜挂帅”，推动西藏与其他省区市人才共享，鼓励引进人才向艰苦边远地区和基层一线流动。

（五）深入推进乡村振兴战略，进一步深挖乡村潜力。深入实施以“神圣国土守护者、幸福家园建设者”为主题的乡村振兴战略，稳步推进美丽宜居乡村建设，完成 100 个美丽宜居乡村建设和 100 个村的巩固提升。坚持藏粮于地、藏粮于技，开展种业振兴行动，加强耕地保护，提升耕地质量，建立健全粮食产购储加销体系，确保粮食安全。继续巩固脱贫攻坚成果，持续加大易地扶贫搬迁后续扶持力度，摸清扶贫项目资产底数，加强运行监管、效益发挥，确保规模以上集中安置点至少有 1 个前景广、效益好、带动强的配套产业。

（六）深入推进新型城镇化战略，进一步加快提质扩容。实施城市更新行动，补齐市政道路、给排水管网等基础设施短板。推动拉萨山南一体化发展，加强森布日幸福家园建设。大力实施“县域突破”战略，培育一批人口多、基础好、潜力大的县城，提高城镇综合承载力，推动“两江四河”河谷经济带建设，带动做大做强做优一批特色农业强县、牧业强县、旅游强县。打通城乡要素自由流动制度性通道，推进农牧业转移人口市民化，确保城镇化率提高 1 个百分点。

（七）深入推进区域发展布局，进一步深化协调联动。大力提升拉萨核心能级，发挥其对全区新型城镇化和经济社会发展的重要引领作用。着重打造“五城三小时”经济圈，促进设施联通、产业协同、要素流动。加强川藏铁路沿线区域中心城镇及重要节点城镇建设，发挥交通枢纽作用，打造推动我区服务和融入新发展格局的铁路城镇带。强化边境沿线城镇建设，完善边境城镇功能，打造服务国家安全战略需要的体系化固边型边境城镇带。统筹推进藏中南重点开发区、藏东清洁能源开发区、藏西北生态涵养区建设。

（八）深入推进民生均衡发展，进一步扩大成果共享。着力抓好稳就业工作。加大援企稳岗力度，确保应届高校毕业生就业率超过 95%、有就业意愿的困难学生 100%就业。强化城镇困难人员、残疾人和退役军人重点群体就业援助，确保零就业家庭动态清零。提升职业教育质量，大力培养“西藏工匠”。加大组织化劳务输出力度，打造劳务输出品牌，实现农牧民转移就业 60 万人以上、劳务收入 50 亿元以上。着力抓好惠民生工作。深入推进十大民生工程。着力办好人民满意教育，力争学前毛入园率达到 88%、义务教育巩固率超过 96%、高中阶段毛入学率达到 91%、高等教育毛入学率达到 57%。充分发挥西藏技师学院引导作用，巩固职业教育发展成果，启动实施振兴西藏高等教育行动计划。加快实施文化惠民、文化“润边”和文艺创新能力提升工程。全面开展县域综合医改绩效评估。推动 100 个乡镇卫生院达到基本标准，力争全区村（居）公共卫生委员会实现全覆盖。着力抓好兜底线工作。加大城乡低保、特困供养、居民基本医疗保障等工作力度，建立健全以居家为基础、社区为依托、机构为补充的养老服务体系。全面落实“米袋子”“菜篮子”责任制，加强市场价格监测，加强电力保供调度，确保供应充足、价格稳定。

（九）深入推进生态文明建设，进一步转化生态价值。继续打好污染防治攻坚战，加大环境污染防治和综合治理力度，确保地级及以上城市空气质量优良天数比率超过 99%、主要江河湖泊水质达到或优于III类水体比例保持在 100%、土壤环境质量总体稳定。编制实施青藏高原生态保护和可持续发展实施方案，深入落实河长制、湖长制、林长制，加快建立以国家公园为主体的自然保护地体系，持续实施“两江四河”、“南北山”造林绿化、防沙治沙等重点工程，深入开展“绿盾”行动。完善森林、湿地、草原等生态效益补偿机制，力争将 74 个县（区）纳入支付范围。推动碳达峰碳中和专项研究成果转化，积极发展碳汇经济、绿色金融。禁止引进“三高”项目，实施循环经济示范行动，支持发展林下资源开发生态富民产业。

（十）深入推进改革开放，进一步激发市场活力。把优化营商环境作为促进经济高质量发展的重要基础，以营商环境的“优”促进市场主体的“活”、带动投资项目的“增”、保障经济运行和社会大局的“稳”。构建亲清新型政商关系，全面提升市场主体满意度。深化“放管服”改革和商事制度改革，积极推行“政务服务一网通办”“最多跑一次”等模式。推动承包土地经营权有序流转，稳慎推进农村宅基地制度改革试点。深化国资国企改革，实施国企振兴三年行动。推动成品油价区价差调整，推进农业水价综合改革，逐步建立区内电力直接交易机制，落实减税降费政策。充分发挥园区载体功能，提升拉萨经济技术开发区、拉萨高新技术开发区等各类园区发展水平，支持发展“飞地经济”。提升拉萨航空口岸功能，推进昆莎航空口岸建设，推动里孜、陈塘、日屋等口岸开放，争取拉萨综保区通过国家验收，加快吉隆国家重点开发开放试验区和边境经济合作区建设，深化与尼泊尔等周边国家交流合作。坚持创新观念抓招商、强化服务抓招商、创新手段抓招商，充分发挥援藏省市招商引资平台优势，拓宽企业“走出去”渠道，确保招商引资项目到位投资 500 亿元以上。

（十一）确保社会和谐稳定，进一步优化发展环境。统筹疫情防控和经济社会发展，将防边境输入摆在首位，着力加强口岸防疫检查和边境一线防控工作，加强进藏人员监测，持续巩固疫情防控良好态势。持续深入落实各项维稳工作措施，落实安全生产责任、管理制度和考核机制，严格监管执法，抓好交通、危险化学品、建筑施工、森林草原等重点行业领域的安全监管，严防重特大安全事故发生。持续推进自然灾害防治“九项工程”和智慧应急工程，强化自然灾害防治和监测预警能力。加大食品药品安全管理工作力度，建立完善食品药品标准体系和检验检测体系，保障人民生命安全和身体健康，确保以祥和安定的社会氛围迎接党的二十大胜利召开。

附录 4：

关于西藏自治区 2021 年预算执行情况和 2022 年预算草案的报告[①]

西藏自治区财政厅

各位代表：

受自治区人民政府委托，现将西藏自治区 2021 年预算执行情况和 2022 年预算草案提请自治区十一届人大五次会议审议，并请自治区政协各位委员和列席人员提出意见。

一、2021 年预算执行情况

2021 年是中国共产党成立 100 周年、西藏和平解放 70 周年，在以习近平同志为核心的党中央坚强领导下，在自治区党委的正确领导下，在自治区人大及其常委会的监督指导下，全区各级各部门坚持稳中求进工作总基调，统筹疫情防控和经济社会发展，扎实做好“六稳”工作，全面落实“六保”任务，严格执行自治区十一届人大四次会议审查批准的预算，如期全面建成小康社会，社会主义新西藏迈上现代化新征程，实现“十四五”良好开局。预算执行总体良好。

（一）2021 年预算执行情况

1.一般公共预算。全区收入总量 2970 亿元，增长 11.5%，为预算的 141.3%。其中，地方收入 213 亿元，下降 3.6%，为预算的 104.7%，下降的原因主要是落实减税降费和增值税留抵退税政策，加之上年度一次性缴库因素较多；中央补助 2146.7 亿元，比上年增长 8.7%；一般债务收入 104.2 亿元，动用预算稳定调节基金、上年结转等 506.1 亿元。支出总量 2425.6 亿元，增长 0.9%，为预算的 115.4%。其中，一般公共预算支出 2060.4 亿元，下降 6.8%；债务还本支出 41.6 亿元，安排预算稳定调节基金等 323.6 亿元。收支相抵，结转下年 544.4 亿元。

自治区本级收入总量 2657.5 亿元，为预算的 147.6%。其中，地方收入 28.5 亿元，下降 12.6%，为预算的 114%，下降的原因主要是上年度罚没、森林植被恢复费等一次性缴库因素较多；中央补助 2146.7 亿元，比上年增长 8.7%；一般债务收入 104.2 亿元，动用预算稳定调节基金、上年结转等 378.1 亿元。支出总量 2451.5 亿元，为预算的 136.2%。其中，一般公共预算支出 679.4 亿元，增长 19%；补助地市 1550.4 亿元，债务还本支出 11.3 亿元、转贷支出 80.2 亿元，安排预算稳定调节基金等 130.2 亿元。收支相抵，结转下年 206 亿元。

2.政府性基金预算。全区收入总量 122.5 亿元，为预算的 164.6%。其中，地方收入 46.1 亿元，下降 47.8%，为预算的 87.3%，下降的原因主要是地市土地出让收入大幅减少；中央补助 8.7 亿元，专项债务收入 58.1 亿元，上年结转 9.6 亿元。支出总量 84 亿元，为预算的 112.9%。其中，政府性基金预算支出 81 亿元，下降 59.5%；调出资金等 3 亿元。收支相抵，结转下年 38.5 亿元。

自治区本级收入总量 71.5 亿元，为预算的 467.3%。其中，地方收入 3.4 亿元，下降 43.3%，下降的原因主要是高频快开型彩票停止发售，彩票公益金和发行费收入大幅减少；中央补助 8.7 亿元，专项债券收入 58.1 亿元，上年结转 1.3 亿元。支出总量 69.7 亿元，为预算的 455.6%。其中，政府性基金预算支出 4.3 亿元，下降 12.2%；补助地市 7 亿元，债务转贷支出 57.1 亿元，调出资金 1.3 亿元。收支相抵，结转下年 1.8 亿元。

① 报告来源于西藏自治区人民政府官网。（http://www.xizang.gov.cn）

3.国有资本经营预算。全区收入总量 10.8 亿元，为预算的 119.9%。其中，国有企业上缴收入 8.5 亿元，增长 70.1%；上年结转 2.3 亿元。支出总量 9.1 亿元，为预算的 101%。其中，国有企业资本金注入等支出 6.5 亿元，增长 16.3%；调出资金 2.6 亿元。收支相抵，结转下年 1.7 亿元。

自治区本级收入总量 6.2 亿元，为预算的 95.7%。其中，国有企业上缴收入 4 亿元，增长 35%；上年结转 2.2 亿元。支出总量 5.2 亿元，为预算的 80.2%。其中，国有企业资本金注入等支出 3.9 亿元，下降 6.2%，调出资金 1.3 亿元。结转下年 1 亿元。

4.社会保险基金预算。全区收入总量 255.4 亿元，为预算的 116%。其中，保险费收入 196.9 亿元，财政补贴、利息等其他收入 58.5 亿元。支出总量 187 亿元，为预算的 98%。收支相抵，当年结余 68.4 亿元，年末滚存结余 466.7 亿元。

需要说明的事项：一是相比往年，一般公共预算和政府性基金预算结转规模较大，主要原因是为真实反映当年预算支出，增强预算编制统筹能力，《国务院关于进一步深化预算管理制度改革的意见》（国发〔2021〕5 号）规定，从 2021 年起市县级财政国库集中支付结余不再按权责发生制列支，以当年实际发生的拨款数反映支出，未形成实际支出的资金全部结转下年。二是上述预算执行情况待财政部批复决算后，会有所变化，届时将依法向人大报告相关事项。

（二）地方政府债券发行使用情况

发行地方政府一般债券 104.2 亿元（新增债券 51 亿元，再融资债券 53.2 亿元）、专项债券 58.1 亿元（新增债券 48.1 亿元，再融资债券 10 亿元），支持交通、市政、水利等基础设施建设。截至 2021 年底，全区地方政府债务限额 554.3 亿元（一般债务 397.3 亿元，专项债务 157 亿元），余额 495.7 亿元（一般债务 340.7 亿元，专项债务 155 亿元），风险总体可控。

（三）落实人大决议及财政重点工作开展情况

2021 年，财政部门认真贯彻落实党中央、国务院决策部署，围绕自治区党委中心工作，严格落实自治区十一届人大四次会议决议和审议意见，兼顾稳增长和防风险需要，提质增效实施积极的财政政策，加强财政资源统筹，以更大力度调整优化支出结构，不断提高财政管理水平，促进财政可持续发展。

1.支持社会大局和谐稳定。加大反分裂斗争和维护稳定工作投入力度。健全政法转移支付分配机制，统筹支持政法部门业务办案、司法救助、法律援助、人才培养等，提升政法机关履职能力。完善公安机关公用经费保障标准。提高普法经费标准。稳步推进法检两院财物统管。寺庙财税监管覆盖率达到 30%，重点寺庙实现全覆盖。做好建党 100 周年、西藏和平解放 70 周年庆祝活动经费保障。

2.支持基础设施持续改善。累计安排基建投资 193.7 亿元，保障农村饮水安全、卫生健康、文化旅游等基础设施建设。安排“十四五”重大项目前期经费 41.5 亿元。安排资金 246.1 亿元，支持公路建设。拉那高速公路建成通车，拉日高速公路进展顺利。全力保障公路养护经费。支持推进“3+1”机场建设。安排资金 6.4 亿元，支持供氧建设和供暖运营。

3.支持乡村振兴深入实施。严格落实“四个不摘”要求，整合资金 153.8 亿元，支持优势特色产业发展、小型基础设施建设、易地扶贫搬迁后续帮扶等，推动巩固拓展脱贫攻坚成果同乡村振兴有效衔接。安排巩固脱贫攻坚生态保护岗位 46.62 万个，年人均劳动报酬 3500 元。助力提升农业发展质量，支持农村集体经济发展、高标准农田和美丽乡村建设，推进农村厕所革命。加强农村基层组织运转经费保障，稳步提高村干部待遇。

4.支持特色产业健康发展。支持以青稞、牦牛为代表的特色农牧业发展。安排旅游发展专项资金 1.4 亿元，促进全区旅游产业恢复良好。设立中小企业发展专项资金、“地球第三极”区域公共品牌建设发展专项资金。组建自治区级融资担保公司，设立 3 亿元融资风险补偿基金，缓解小微企业和“三农”融资难融资贵。实施航空惠民票价和低氟健康茶补贴政策，支持“金秋嗨购•惠暖藏冬”促消费活动。推动商贸物流体系向偏远乡村延伸。

5.支持民生福祉持续改善。坚持 80%以上的财政支出用于保障和改善民生。落实就业优先政策。累计安排各类就业补助资金 24.2 亿元，千方百计稳定和扩大就业，促进高校毕业生更充分、更高质量就业。加大有组织转移就业和技能培训力度，促进农牧民持续就业增收。促进教育高质量发展。实施 15 年公费教育。县域义务教育基本均衡发展通过评估验收。义务教育阶段学生营养改善标准提高到年生均 1000 元。西藏技师学院建成开班，西藏藏医药大学建设稳步推进。支持加强教师队伍建设，深化教育人才“组团式”援藏。强化卫生健康投入。做好疫情防控工作，重点加大边境地区疫情防控力度，实施新冠疫苗免费接种。完善公共卫生服务体系，基本公共卫生服务补助标准提高到人均 100 元。支持基层卫生健康人才队伍建设和医疗人才“组团式”援藏。推动跨省异地就医直接结算。城乡居民基本医疗保险财政补贴标准提高到年人均 615 元。稳步提高社会保障水平。城乡居民基本养老保险基础养老金标准提高到月人均 205 元，企业离退休人员基本养老金提高到月人均 5629 元。城乡居民最低生活保障标准分别提高到年人均 10920 元、5060 元。做好退役军人、自主择业军队转业干部的安置保障。支持实施城镇保障性住房建设和农村危房改造。支持文体事业发展。安排资金 9.4 亿元，支持县（区）艺术团公益演出、村级文化活动室建设、“三馆一站”免费开放等。支持县级融媒体中心建设。支持加强文物保护利用和非物质文化遗产保护传承。支持高原体育事业发展。

6.支持筑牢生态安全屏障。不断健全完善与生态文明建设任务相适应的投入保障机制，守好生态安全底线。安排资金 88.3 亿元，开展新一轮国土绿化行动，实施“两江四河”流域造林绿化、防沙治沙、草原生态修复治理、退化湿地治理等重点工程，推进海拔 4300 米以下“四旁”植树行动，日喀则市成功入围国家国土绿化试点示范，支持山南雅江流域山水林田湖草生态保护修复治理。安排资金 27.9 亿元，支持极高海拔生态搬迁。安排重点生态功能区转移支付 17.3 亿元，重点用于保护生态环境和改善民生，支持拉萨市水生态系统治理修复。安排资金 10.2 亿元，支持大气减污降碳、水污染防治和水生态环境保护、土壤环境风险管控和综合防治等，打好蓝天、碧水、净土保卫战。支持地质灾害防治体系建设和自然灾害风险普查。

7.支持固边强边深入推进。加强财政资源统筹，加大边境市县转移支付力度，对边境地区的转移支付明显高于腹心地区。安排边境地区转移支付 23.4 亿元，优先保障边境地区发展和边民生产生活需要。建立多元化资金筹措机制，巩固边境小康村建设成果，加快推动极高海拔地区生态搬迁向边境一线转移。完善护边员补助机制，稳步提高边民补助标准。支持完善边境地区综合交通网络体系。

8.持续提升财政管理水平。创新开展“2+1”财政综合改革。统筹推进绩效预算、零基预算和预算管理一体化建设深度融合的“2+1”财政综合改革，用绩效的手段和零基预算的理念，完善能增能减、有保有压的预算分配机制，打破基数概念和支出固化格局。进一步扩大预算管理一体化改革范围，全流程整合绩效、零基预算等，着力构建“制度+技术”的管理机制。改革得到自治区党委和财政部的肯定和表扬。持续深化财税体制改革。进一步健全地方税体系，在全区范围内开征契税。持续减轻企业税费负担，累计减税降费 41 亿元。交通运输、应急救援、教育等领域财政事权和支出责任划分改革方案印发实施。建立财政资金常态化直达机制。坚决兜牢“三保”底线，“三保”预算自治区审核范围扩大至 31 个县。稳妥推进出租及闲置国有资产集中统一管理。积极防范化解债务风险。严格债务限额管理，按照“资金跟着项目走”的原则，健全政府债务项目和资金管理机制，足额保障债务还本付息支出需求。坚决刹住违法违规举债行为，稳妥化解隐性债务存量，争取中央财政试点资格，组织做好全区县级隐性债务清零工作，积极采取债务展期等方式缓解化债压力。坚持政府过紧日子。坚持勤俭节约办一切事业，深入挖掘节支潜力。自治区本级非刚性、非重点项目支出压减 3%以上，公用经费压减 15.5%，“三公”经费压减 10%。收回存量资金 68.1 亿元，节省资金全部用于重点民生领域。自觉接受各方监督。依法接受人大预算审查监督，落实自治区人大及其常委会有关预算决议，抓紧抓实审计查出问题整改，及时向自治区人大常委会报告审计查出问题整改情况。依法做好预算调整。向自治区人大常委会报告国有资产管理和绩效管理情况。及时公开预决算。积极回应人大代表关切。

过去一年，财政发展改革各项工作取得积极进展，为推进我区长治久安和高质量发展提供了有力保障。成绩的取得，根本在于以习近平同志为核心的党中央的坚强领导，根本在于习近平新时代中国特色社会主义思想和习近平总书记关于西藏工作的重要论述及新时代党的治藏方略的科学指引，离不开自治区党委的正确领导，离不开人大、政协及代表委员们的监督指导，也离不开中央和国家部委、对口支援省市、中央企业的大力支持，凝结着全区各族干部群众的智慧和心血。

在肯定成绩的同时，我们也清醒地认识到，财政工作还面临一些问题和挑战。主要是：财政收入增长基础不稳，重点和刚性项目支出需求增速较快，财政收支矛盾依然突出；部分地区和部门项目前期准备不科学、不充分，预算执行缓慢与预算追加频繁并存；财政专项资金管理还有薄弱环节，重规模轻绩效问题较为突出。我们将高度重视这些问题，采取有力措施，认真加以解决。

二、2022 年预算草案

2022 年是深入贯彻落实自治区第十次党代会精神的开局之年，是全面实施“十四五”规划的重要之年，更是党的二十大召开之年，做好财政预算编制意义重大。根据预算法及其实施条例、《国务院关于编制 2022 年中央预算和地方预算的通知》等要求，按规定程序征求各方意见后，编制形成 2022 年预算草案。

（一）2022 年财政收支形势分析

从收入看，疫情变化和外部环境存在诸多不确定性，国内经济恢复仍不稳定不平衡，制约经济高质量发展的结构性、体制性矛盾仍然突出。作为落实积极财政政策的首要任务，国家继续面向市场主体实施新的减税降费政策。近年各级财政大力盘活存量资源资产，产生大量一次性收入，挖潜增收空间越来越小。收入增长的不确定性因素仍然较多。从支出看，着力推进“四个创建”，努力做到“四个走在前列”，加快推进重大项目建设、弥补基本公共服务短板，新增支出需求大，对财政保障提出更高要求。保障“三保”、债务还本付息、隐性债务化解等刚性支出压力较大。综合判断，2022 年预算收支安排依然是紧平衡。

（二）2022 年预算编制的指导思想和基本原则

2022 年预算编制的指导思想是：坚持以习近平新时代中国特色社会主义思想为指导，全面贯彻党的十九大和十九届历次全会精神，深入贯彻中央经济工作会议和中央“七次会”精神，深入贯彻习近平总书记关于西藏工作的重要论述和新时代党的治藏方略，按照自治区第十次党代会和自治区党委经济工作会议的部署，以迎接服务党的二十大胜利召开为主线，弘扬伟大建党精神和“两路”精神、老西藏精神、孔繁森精神，坚持稳中求进工作总基调，完整、准确、全面贯彻新发展理念，服务融入新发展格局，全面深化改革开放，坚持创新驱动发展，推动高质量发展，以优化发展格局为切入点，以要素和设施建设为支撑，以制度机制为保障，统筹疫情防控和经济社会发展，统筹发展和安全，锚定“四件大事”“四个确保”，继续做好“六稳”“六保”工作，着力推进“四个创建”、努力做到“四个走在前列”，积极的财政政策要提升效能，更加注重精准、可持续，实施新的减税降费政策，保证财政支出强度，加快支出进度，推动财力下沉，坚持党政机关过紧日子，严肃财经纪律，坚决遏制新增地方政府隐性债务，促进经济稳中向好、稳步提质，持续改善民生，保持社会大局稳定，以优异成绩迎接党的二十大胜利召开。

按照上述指导思想，预算编制遵循以下原则：

一是稳字当头，稳中求进。坚持量入为出、以收定支，收支安排积极稳妥，确保财政可持续。坚持算政治账、长远账，实施新的减税降费政策，增强市场主体活力，形成“水多鱼多”良性循环。二是紧盯形势，突出重点。立足建设社会主义现代化新西藏的新形势新任务，围绕着力推进“四个创建”、努力做到“四个走在前列”，更大力度优化支出结构，集中财力保障党中央和自治区党委重大决策。三是下沉财力，防范风险。自治区本级带头，持续压减非刚性、非重点支出，把宝贵的财政资源腾出来，加大对市县基层的转移支付力度，兜牢“三保”底线。加强政府债务管理，稳妥化解地方政府隐性债务。四是深化改革，突出绩效。深入推进“2+1”预算管理改革，全面提升财政管理水平。严肃财经纪律，严格绩效约束，对绩效评估不合格、年度执行效果差的项目，大力压减或取消预算安排。

（三）2022 年财政预算安排的重点

按照自治区总体决策部署，重点支持以下领域工作：

1.着力创建全国民族团结进步模范区，确保国家安全和长治久安。

深化平安西藏建设。坚定不移把维护稳定作为第一位的工作任务，支持更高水平的平安西藏建设。强化基层政法能力建设，支持开展扫黑除恶、打非治乱专项斗争，加快提高技防能力。提升社会治安管理体系和治理能力现代化水平，深入推进立体化、信息化社会治安防控体系，完善群防群治工作机制，增强驻村和寺管会干部、村居干部、“双联户”等基层管理力量。

铸牢中华民族共同体意识。支持开展民族团结、爱国主义、反分裂斗争、新旧西藏对比和马克思主义“五观”“两论”教育。深入落实自治区民族团结进步模范区创建条例和规划，推进模范区创建“九进”。支持文化产业发展和文艺创作与扶持，引导推出更多精品力作。强化学校思政教育。加强国家通用语言文字教育和培训。推动报刊、电视、电台和新闻网站等主流媒体建设。支持进一步促进各民族交往交流交融。

依法管理宗教事务。完善寺庙管理长效机制，推动寺庙财税监管全覆盖。推进公共服务进寺庙，全面落实在编僧尼医疗保险、养老保险、低保、免费健康体检等利寺惠僧政策，不断改善僧尼生活条件，解决老弱病残僧尼生活困难。着力推进藏传佛教中国化。支持办好西藏佛学院。

2.着力创建高原经济高质量发展先行区，确保人民生活水平不断提高。

深入推进基础设施建设。支持完善以铁路、高等级公路和民航机场为骨干，普通国省道为主体的综合立体交通体系。全力配合和支持川藏铁路西藏段建设。安排资金 238 亿元，加快国省道干线公路和“四好农村路”建设。安排资金 3.9 亿元，继续实施航线补贴、优惠票价补贴政策，加快民航事业发展。安排地方预算内基本建设投资 11 亿元，支持重点建设项目落地。支持加快补齐水、电、路、讯、网基础设施短板。

加快实施乡村振兴战略。推动巩固拓展脱贫攻坚成果同乡村振兴有效衔接，过渡期内保持财政支持政策和资金规模总体稳定，持续加强返贫动态监测帮扶，做好易地搬迁后续帮扶，安排资金 109.2 亿元、增长 21.8%，重点向巩固脱贫攻坚成果任务重、乡村振兴底子差的地区倾斜。安排资金 102.8 亿元、增长 17.7%，支持推进种业振兴行动、高原草业发展、农业资源保护与利用、水利发展改革、新一轮高标准农田建设等，打牢农牧业现代化基础。安排农业保险保费补贴资金 8 亿元，增强农牧业抗风险能力。深入推进农村综合改革，加快农村公益事业建设、美丽乡村建设和村集体经济发展。加强农村基层组织运转经费保障，提高村干部待遇标准。推进惠民惠农补贴资金“一卡通”管理。

培育壮大高原特色产业。完善特色优势产业财政支持政策，引导市县做大做强重点产业，夯实财源税基。高标准建设一批青稞、牦牛等特色农畜产品生产基地和产业带。推动藏医药产业扩量提质增效。支持文化旅游产业发展，助力提升“冬游西藏”“文创西藏”品牌影响力。支持发展边贸物流产业，加强边民互市贸易区、边贸市场、边贸点建设。支持清洁能源产业、绿色工业、现代服务业、高新数字产业发展。

深入推进创新驱动战略。安排资金 2.8 亿元，支持前沿技术和高原适用关键核心技术攻关，加大科技成果转化运用力度，加强创新平台、双创载体建设。支持拉萨青藏高原科学研究中心建设。深入推进科学技术普及，支持开展科技人员下基层服务行动。

深入推进改革开放。实施新的减税降费政策，帮助市场主体特别是中小微企业、个体工商户减负纾困、恢复发展。完善财政资金直达机制，优化资金分配使用流程，加快资金使用进度，确保资金直达使用对象、直接惠企利民。安排资金 5 亿元，支持加强招商引资工作。安排资金 3 亿元，助推中小企业发展。安排资金 1.74 亿元，推进地球第三极区域公共品牌建设。

着力提高就业质量。深入实施就业优先战略，安排就业补助资金 29.8 亿元。坚持市场化方向，落实好扶持奖励政策，引导高校毕业生市场就业、自主创业。加大有组织转移就业和技能培训力度，促进农牧民持续就业增收。强化困难群众就业援助，扎实抓好城镇困难人员、残疾人和退役军人等重点群体就业。

着力办好人民满意教育。完善教育投入保障机制，扩大教育资源供给，安排教育事业费 268.4 亿元、增长 13.5%。落实好 15 年公费教育政策，教育“三包”经费标准年生均提高 240 元。支持义务教育优质均衡创建工作，办好学前教育、特殊教育、继续教育和西藏班。支持高等教育、职业教育发展，继续实施师范及农牧林水地矿类专业免费教育政策，培养更多专业技能型实用人才。支持创建 100 所民族团结进步示范校和 78 所学校集中供暖建设。加强师资队伍建设，支持深化教育人才“组团式”援藏。

着力提高卫生健康水平。做好常态化疫情防控经费保障，加强疫情防控应急处置能力建设。将城乡居民基本医疗保险补助标准提高到年人均 645 元，将基本公共卫生服务补助标准提高到年人均 105 元。加强卫生健康人才队伍建设，推进优质医疗资源扩容下沉、均衡布局，巩固拓展医疗人才“组团式”援藏成果。实施先天性心脏病、大骨节病救治行动和遏制肺结核行动。推进实施妇女“两癌”筛查救治，开展 13-14 岁在校女生 HPV 疫苗、60 岁以上老年人及在校中小学生流感疫苗自愿免费接种。支持自治区医院建成投用。推动构建覆盖全区的智慧医疗服务体系。推进藏医药事业传承与发展。支持普及推广健康茶。

着力丰富群众文化生活。深入推进文化“润边”，实施文化惠民百千万工程，加大基本公共文化服务投入，建强基层文化阵地。推进农牧区新一代直播卫星广播电视“户户通”。支持文物古籍保护、研究和利用，做好非遗申报工作。加大体育场（馆）社会开放支持力度，办好第十三届全区运动会暨第五届民族传统体育运动会。

着力完善社会保障体系。适度调整退休人员基本养老金水平。将城乡居民基本养老保险基础养老金提高到月人均 215 元。推进城乡居民基本医疗保险省级统筹，健全重特大疾病医疗保险和救助政策。落实社会救助政策，加强困难群众基本生活保障，将城乡居民最低生活保障标准分别提高到年人均 11120 元、5160 元。高龄老人健康补贴提高 200 元。

着力推进住房保障工程。支持实施 5500 户棚户区改造、31 个城镇老旧小区改造，建设一批公租房和保障性租赁住房，解决城镇低收入家庭住房困难，实施农村危房改造。安排资金 28 亿元，支持加快干部休养基地建设。支持援藏干部公寓设备配备。

3.着力创建国家生态文明高地，确保生态环境良好。

支持全面推进生态保护修复，安排资金 61.7 亿元，统筹推进山水林田湖草沙冰一体化保护和修复，大力推进拉萨南北山绿化，深入实施“两江四河”流域造林绿化和乡村“四旁”植树行动。打好污染防治攻坚战，安排资金 6.7 亿元，全面强化环境综合治理，促进节能减排，发展清洁能源，推动生态环境质量持续改善。加快生活垃圾、污水处理设施建设，推进城镇污水管网全覆盖。支持做好全区自然灾害综合风险普查工作。因地制宜推进农村厕所革命。全面实施生态富民工程，加大重点生态功能区转移支付力度，提高生态补偿标准，完善森林、湿地、草原生态效益补偿机制，建立水生态保护补偿机制，推动符合政策的新增公益林纳入国家补偿范围。落实草原生态保护补助奖励和生态就业岗位补贴政策。支持建立以国家公园为主体的自然保护地体系，统筹做好自然保护区内矿业权退出工作和耕地后备资源调查评价。支持发展碳汇经济。

4.着力创建国家固边兴边富民行动示范区，确保边防巩固和边境安全。

统筹推进经济社会和边防建设，研究出台财政支持边境建设一揽子政策，安排边境地区转移支付 29.6 亿元，健全边民补助动态调整机制，探索边境抵边一线农牧民逐步转为“职业边民”的办法措施，加大边境地区产业扶持力度，推动物防技防建设。加快推进抵边搬迁和边境村镇建设，补齐边境地区公共服务设施短板，制定边境地区群众教育、医疗、就业等特殊优惠政策，吸引腹心地区、极高海拔地区群众重点向边境一线转移，鼓励区外有意愿的群众跨省向边境一线搬迁，推进人口抵边安居。实施海拔 3500 米以上县城乡镇供氧工程。支持军民融合发展。

（四）2022 年预算收支安排

1.一般公共预算。全区收入总量 2849.2 亿元，比上年预算增长 35.6%。其中，地方收入 208.8 亿元，比上年预算增长 2.6%；中央补助 1761.4 亿元，一般债务收入 22 亿元，动用预算稳定调节基金 305.9 亿元，调入资金 6.7 亿元，上年结转 544.4 亿元。支出总量 2849.2 亿元，比上年预算增长 35.6%。收支平衡。

自治区本级收入总量 2136.6 亿元，比上年预算增长 18.7%。其中，地方收入 26.5 亿元，比上年预算增长 6%；中央补助 1761.4 亿元，一般债务收入 22 亿元，动用预算稳定调节基金 120 亿元，调入资金 0.7 亿元，上年结转 206 亿元。支出总量 2136.6 亿元，比上年预算增长 18.7%。其中，用于自治区本级部门单位的支出 641 亿元；安排自治区本级预备费 16 亿元；安排对地市补助 1251.6 亿元，增长 31%；安排一般债务转贷支出 22 亿元；上年结转支出 206 亿元，执行中分解下达部门、地市。收支平衡。

2.政府性基金预算。全区收入总量 94.7 亿元，比上年预算增长 26.3%。其中，地方收入 45.5 亿元，比上年预算下降 17%；中央补助 4.7 亿元，专项债务收入 6 亿元，上年结转 38.5 亿元。支出总量 94.7 亿元，比上年预算增长 26.3%。收支平衡。

自治区本级收入总量 15.1 亿元，比上年预算下降 1.2%。其中，地方收入 2.6 亿元，比上年预算下降 8%；中央补助 4.7 亿元，专项债务收入 6 亿元，上年结转 1.8 亿元。支出总量 15.1 亿元，比上年预算下降 1.2%。其中，用于自治区本级部门单位的支出 5.2 亿元；安排对地市补助 2.1 亿元，增长 78.2%；安排专项债务转贷支出 6 亿元；上年结转支出 1.8 亿元，执行中分解下达部门、地市。收支平衡。

3.国有资本经营预算。全区收入总量 7.2 亿元，比上年预算下降 20.3%。其中，国有企业上缴收入 5.5 亿元，上年结转 1.7 亿元。支出总量 7.2 亿元，比上年预算下降 20.3%，其中调出资金 1.7 亿元。收支平衡。

自治区本级收入总量 3.5 亿元，比上年预算下降 45.5%。其中，国有企业上缴收入 2.5 亿元，上年结转 1 亿元。支出总量 3.5 亿元，比上年预算下降 45.5%，其中调出资金 0.7 亿元。收支平衡。

4.社会保险基金预算。全区社会保险基金预算收入总量 256.4 亿元。其中，保险费收入 204.5 亿元，财政补贴、利息等其他收入 51.9 亿元。全区社会保险基金预算支出 216.2 亿元。收支相抵，预计当年结余 40.2 亿元，年末滚存结余 506.9 亿元。

需要说明的事项：一是地市预算由地市负责编制，本报告中全区收支安排均为自治区财政初步汇总数。二是财政部提前下达 2022 年新增债务限额 27 亿元（一般债务 21 亿元，专项债务 6 亿元），下达 2021 年剩余新增一般债务限额 1 亿元，已分别列入 2022 年一般公共预算和政府性基金预算收入，目前正在开展债券前期准备工作，债券资金使用方案将在执行中向人大报告。三是根据预算法规定，预算年度开始后，在自治区人民代表大会批准预算草案前，已提前安排必须支付的人员、基本运转等支出。

三、推进 2022 年财政改革与管理工作

（一）深入统筹推进绩效预算、零基预算、预算管理一体化“2+1”财政管理改革

推动预算绩效管理提质增效。推动形成财政、审计、用钱单位多方联动、“花钱必问效、无效必问责”的绩效管理机制。强化源头管理，提升绩效目标质量。创新评价方式方法，加强绩效外部评价。加强重大财政政策事前评估、事中监控、事后评价，健全预算安排与绩效结果的有效衔接机制。加大绩效信息公开力度。加强零基预算理念运用。以项目库为基础改进预算编制，按照轻重缓急做实做细项目储备。评估现有支出政策，清理退出到期和不符合条件的项目，严控新增项目。严禁自行出台增支政策，严禁出台溯及以前年度的增支政策。坚持政府过紧日子，进一步压减一般性支出和非急需、非刚性支出，节约资金全部用于保障和改善民生。全面推广预算管理一体化。以预算管理一体化业务规范为引领，夯实项目库和业务管理“两个基础”，全区统一运用预算管理一体化系统，开展预算编制，办理支付业务，实现预算管理、上下级财政、政府和部门单位预算“三个贯通”。

（二）完善自治区以下财政体制

落实已出台的财政事权和支出责任改革方案，推进其他领域财政事权和支出责任划分改革。完善自治区对下转移支付制度，逐步提高一般性转移支付规模和比重，足额安排共同财政事权转移支付，合理控制专项转移支付项目数量和资金规模。研究建立“以奖代补”税收返还机制。

（三）进一步深化预算管理制度改革

加强财政资源统筹，提高财政资源配置效率。实施项目全生命周期管理，做好项目前期谋划和储备，严格项目入库审核，加强中期财政规划对年度预算的约束，完善项目预算分年度安排机制。加强对项目执行情况的分析和结果运用。加快支出标准体系建设，推进项目要素、项目文本、绩效指标等标准化规范化。

（四）加强风险防控

管好用好专项债券资金，加强与发展改革委、行业主管部门协同配合，梳理项目资金需求，提高项目储备质量，把项目做精做细做实，努力做到开工建设一批、储备一批，拉动有效投资。夯实部门和单位化解地方政府隐性债务主体责任，坚决禁止增量，妥善化解存量，对化债不实、新增隐性债务的严肃问责，开展地市级隐性债务清零试点。有效防范基层财政运行风险，加大财力向基层倾斜，加强运行监控，合理调度资金，帮助基层解决实际困难和突发问题。指导基层财政统筹好各类支出安排，稳妥消化暂付款，确保财政平稳运行。

（五）严肃财经纪律

对财经纪律始终保持敬畏，一切按照制度和规矩办事，严格执行各项财经法规和管理制度，对国家统一的财税政策，不折不扣执行到位，坚决维护制度的严肃性。切实加强财政管理，规范收支行为，落实部门和单位预算管理主体责任，以可执行为目标编实预算，把既定要做的工作全部纳入年初预算，不甩“硬缺口”，严禁无预算超预算列支，严控频繁多头追加预算，严禁违规建设楼堂馆所，严禁搞政绩工程、形象工程。对任何违反财经纪律的行为，真抓真管，让财经纪律成为不可触碰的“高压线”。

（六）积极主动接受各方监督

认真落实人大预算审查监督重点向支出预算和政策拓展有关要求，积极听取人大代表和人大有关方面的意见建议，支持人大依法行使预算审查监督职权。认真整改审计查出的问题，及时完善相关政策措施和制度办法。实施审计查出问题与预算安排挂钩机制。打造“阳光财政”，扩大公开范围，全面推进部门所属单位预算公开。

各位代表，做好2022年财政工作，责任重大，使命光荣。我们将更加紧密团结在以习近平同志为核心的党中央周围，以习近平新时代中国特色社会主义思想为指导，认真贯彻党中央、国务院决策部署，在自治区党委的坚强领导下，自觉接受自治区人大的监督，认真听取自治区政协的意见和建议，朝着自治区第十次党代会描绘的宏伟目标，埋头苦干、勇毅前行，扎实做好各项财政工作，努力建设团结富裕文明和谐美丽的社会主义现代化新西藏，以优异成绩迎接党的二十大胜利召开！